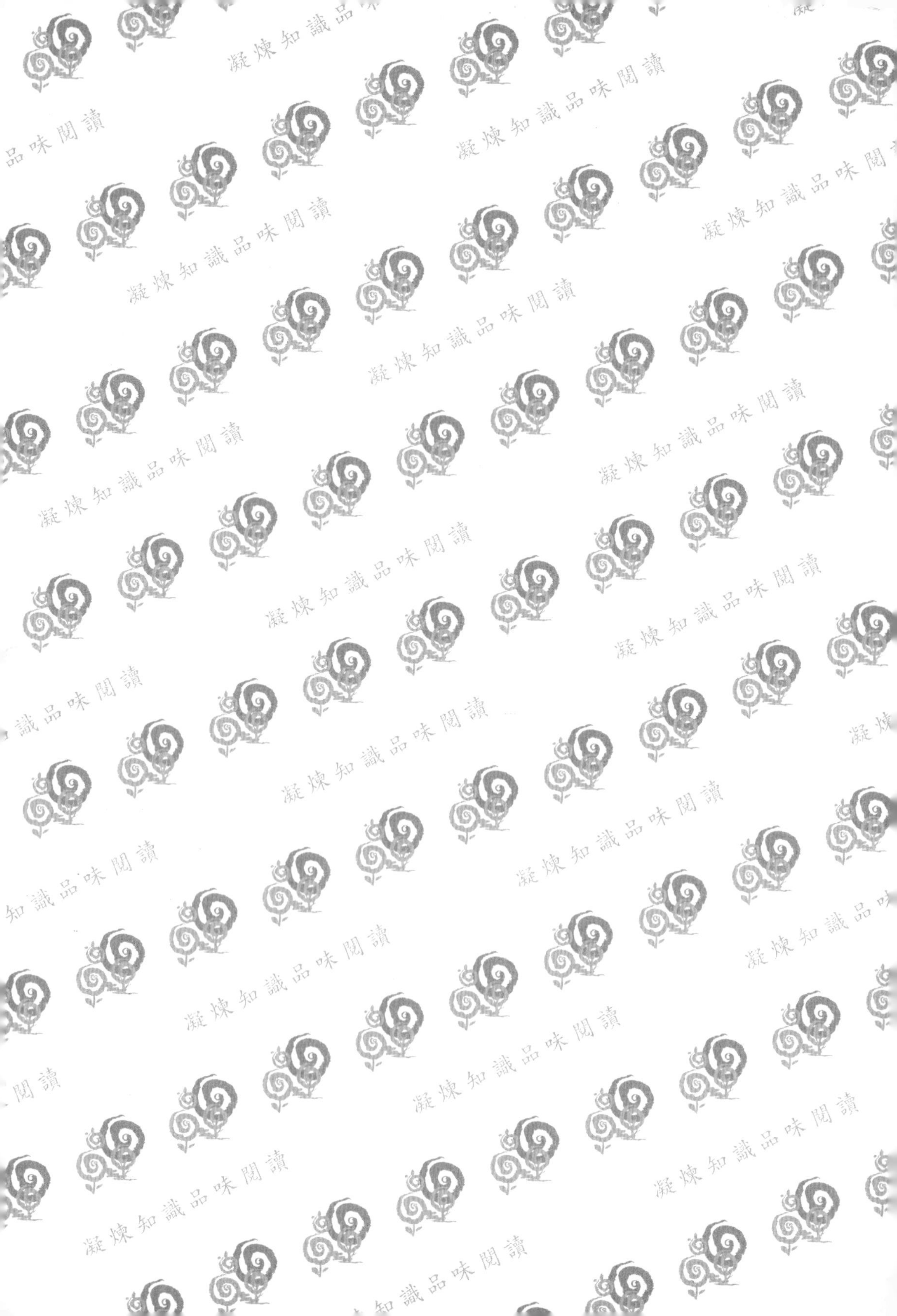
凝煉知識品味閱讀

凝煉知識品味閱讀

女性主義與性別關係

林麗珊　著

五南圖書出版公司 印行

推薦序

當 Kitty 不再需要 Daniel

Hello Kitty 很紅，紅得發紫，是無論大人小孩都喜愛的圖騰，然而因為 Kitty 是個女的，孤陰不長，於是人們便給她配個叫 Daniel 的男友出來，Daniel 不紅，他的存在只是 Kitty 的附屬品，可有可無，樣子和 Kitty 沒什麼差別，只是聊備一格，就像電影《侏羅紀公園》裡那般，雖然全部都是母恐龍，但生命終究會找到出口。

這種全是母龍的世紀似乎已經快要到來。我常想，在人類的發展史上，女性一直在進化的過程裡保持優勢，先從人猿說起，有一說，當人猿能夠舉起前肢，用後腳站起來行走後，女性便討得了第一回進化的便宜，為什麼？人類學家說，母猴有沒有發情，從屁股有無紅腫即可一目了然，但人類因為站起來了，遂長出「臀部」來隱藏她們的陰部，換句話說，夏娃面對亞當，就算流水有情，落花無意，也可以裝成一副我一定會跟你上床的樣子來，反正就算只消一片葉子遮住前方，亞當就察覺不出夏娃到底有沒有發情，這是女性在進化史上的第一次勝利，遠古時代，她們可以和眾多男性虛與委蛇，直到選擇了最能覓食且最可靠者後，才露出她們的需求。

女性之所以要小心翼翼地擇偶，乃在於魚水之歡後，女人必須負擔巫山雲雨的所有後果，如不幸遇到膨肚短命的負心漢，忽然晴天霹靂，此時，苦守寒窯還不算什麼，得負起養家活口的重責大任才叫夭壽，於是有了避孕藥的發明，這味仙丹，又在人類進化的過程裡讓女人再得一著，從此，來吧，who 怕 who？女人終於能在性愛上獲得自主性，又不必隔天早上抓著棉被一角飲泣，要求男方負責，時移勢轉，鏖戰之後，勞燕分飛，於是女性主義因為有了生物科技的力挺，乃吾黨所宗，咨爾多士，為民前鋒，夙夜匪懈了。

可惜的是，在父性社會裡所規劃出來的家庭生活，仍然羈絆著那些獨立自主的女性們。婚姻制度，依我看，其實是父性社會所規劃出來的，並不符合優生學的原理，非洲原始部落有以婚後刺青臉部，或行閹割（circumcise）女人陰唇以防止女性外遇的非人道陋習。咱們看臺灣獮猴每年在發情期時，總有初生之犢的小公猴向猴王挑戰，打得你死我活，成為猴王者，君臨天下，所有食物全歸牠分配，所有的母猴通通成為後宮佳麗三千人，敗者則率忠臣若干，遠走他鄉，另覓棲息地，以免坐吃山空，這新猴王是新誕生的世界拳王，可以確保種族的優異血統，可憐這並不適合進化後的人類社會，即便盧梭絞盡腦汁想出的民主選舉制度，都不能保障不會選出愚蠢的政客，男人也總不能為了爭奪女人而天天打破頭，就算天天打，也總有色衰體弱，尚能飯否之歎，於是乎發明各式各樣的制度來限制女性，大紅燈籠高高掛，就等女人成為男人的財產，男人才可安身立命，在財產中老去。

有些女人不想成為男人的財產，不想淪落婚姻桎梏，於是流行起「未婚生子」，忽然「桃莉羊」出現了，人類又往前進化了一大步，精子不能自體複製，卵子卻可造人，侏羅紀公園裡的母龍終究找到了生命的出口，男人真命苦，連最後一點繁衍後代的一粒精子的貢獻都慘遭剝奪，科技的進化，使得這個世界乾坤大挪移，DNA 居然可以摒棄雄性的因子，男人在宇宙繼起之生命裡已然缺席！Kitty 真的不再需要 Daniel 了。

當然，女性主義的論述不只在生物性別的不同而已，還有許許多多的領域尚未開發出來了，令人錯亂的是，近年來，臺灣似乎出現了一些所謂的女性主義者，我們也有了第一位的女性副總統，然而臺灣真正的女性主義者，絕非全在檯面上，準確的說，應該不是媒體所喜歡的那些奇形異狀的女人，媒體嗜血的本質，絕不會培養出女性主義者，所以要研究女性主義，還是得從實際的理論做起。

這本書，不再給你盲目的崇拜媒體玉女，它有冷靜紮實的學理研究，從生物學、人類學、社會學……各領域裡來探討兩性的差異，真正將女性主義給開光點眼。本書作者林麗珊教授，從來不像我是在媒體前曝光的人，她默默地研究女性主義這個領域，思索兩性關係的真正本質，多年來經常與在五光十色的電視圈裡的我，反覆辯論駁詰，汲取我的男性見解與實際的生活經驗，加上她個人哲學訓練的背景，就像在廚房裡層層剝開洋蔥般，「女性主義」這個人類的重大命題，在她的這本著作中有相當精湛的詮釋。我很榮幸地向讀者們推薦，本書作者，就是我的親妹妹，我以她的成就為榮。

臺南應用大學榮譽教授、作家、漫畫家
交通大學建築研究所博士研究
政治大學科技管理研究所碩士
甲馬創意股份有限公司創辦人 & 執行長
前中天〈哈拉夜新聞〉、三立〈8 點大小聲〉、TVBS〈麻辣新聞網〉等
節目主持人

書 評

林麗珊《女性主義與性別關係》

林麗珊教授所著《女性主義與性別關係》，乃是一本文字流暢，脈絡清晰的論著。書中既提供各項歷史性敘述，也提供了臺灣地區與婦女相關的各項資訊。採用哲學的筆觸，帶有批判味的字眼，林教授不僅關照社會現象面，更是用深刻的方式來看待及釐清兩性問題。從內容看來，這是從社會的關注及哲學的批判切入而寫出的兩性相關的著作，作者探索兩性問題是兼顧感性經驗與理性思辨的方式，是一本具有高度可看性的兩性專著，適合關注兩性論題的學者引用在與性別相關的課程裡作為讀本。

 現況概述與歷史的回顧

此書首章對於目前我們社會所顯露的兩性問題有一個概括性的說明，並將東西方的女權運動與困境扼要介紹。在第二章中回顧了女性的地位，分別敘述了中國文化中的女性地位、日本文化中的女性地位，以及西方文化中的女性地位，並對女權運動的成果與矛盾進行回顧。林教授一方面細述女性長久以來所受到的差別待遇，另一方面進行深刻思索，不僅述說女性地位低落的歷史與經過，並經由女性的抗爭與覺醒經驗，逐步誘發新一代女性深思與自我覺醒。在現況的闡述與歷史的回顧之後，安排的是女性主義的論述。

 女性主義論述及其代表人物介紹

〈女性主義論述〉一章裡，有簡潔的理論內涵以及時代背景的介紹，

讓讀者能用最少的篇幅把握各家各派女性主義的理論，在敘述了學派理論之後並有「理論應用」的撰寫，用以突顯各學派女性主義觀點的社會意義及其特色。作者言簡意賅的論述，能適度地將各女性主義的內涵與主張陳列在讀者眼前，這個寫作方式不僅讓讀者看到各學派女性主義的主張，更因為經由作者的吸收消化，使得讀著對各學派女性主義的理論與實踐能有初步而完整的理解。

女性主義代表人物的介紹，對於一般女性而言具有典範的意義，透過作品或故事的陳述，有助於理解女性在覺醒歷程上所必須承當的責任或付出的代價。以女性代表人物為研究對象，其實相當於以代表人物的思想及實踐行動為對象，這種論述方式和以理論為研究對象有差別。女性主義代表人物的介紹因為屬於生活化的描述，讀者翻閱時比較容易受到感動，筆者有時候會隨著作者的筆觸帶入感性情愫，如同情與悲憫等情緒。當情感運作時最能喚起同理心，也容易達成將心比心、互為主體性的交流情境與效果。換言之，女性代表人物的介紹除了提供理性思索外，還容易激發讀者感性追隨的效果，這感性層面的效果是進行理論研究及反省批判時不容易產生的。

今日女性從反省自身的處境到關心大環境議題如社會正義、婦女解放行動等，或多或少受到昔日女性主義者的啟迪。從提升兩性良好互動關係的考量而言，各學派女性主義及其代表人物的扼要介紹實為一項重要的準備工作。

 女性哲學家的介紹及所代表的意義

介紹過女性主義的發展脈絡及其代表人物之後，林教授對於女性哲學家的介紹，可以說是這本書籍的最大特色所在。女性哲學家和女性主義者活躍方式不同也不一定有身分的重疊，雖然有些女性哲學家同時是女性主義者，卻不宜認定女性哲學家都會針對性別議題進行探索。林教授撰述女性哲學家的用意，依筆者之見，主要展現了女性能力不受性別侷限的

事實。

對於女性哲學家漢娜．鄂蘭的介紹，可以把讀者從性別書寫的脈絡帶到一處更寬廣的，針對「人」的範疇而不是「女人」、「男人」的權益作論爭的脈絡。從哲學的觀點來看，「人」比起了「女人」、「男人」更具普遍意義。一個「女人」或「男人」同時都不外乎「人」這個普遍性的概念與意義，這是基於一種「完整」或「健全」的發展歷程與目的而說的。性別論題與哲學的結合，某個意義下正好說明「性別」論述中有關「女人」、「男人」的發展必須建基於「人」的發展這個更普遍的層次。女性哲學家的介紹，對於女性在政治的參與、學術的探索以及思想的開拓上都具有重要的引導意義。

漢娜．鄂蘭並沒有針對女性議題做出清晰的討論，雖未列名於女性主義者之列，但是她在政治領域的深刻探討對於女性的參政意識，以及後起的婦女解放運動實能發揮深刻的影響。這一方面乃由於婦女或女權運動從爭取實質的權利過渡到第二階段的主權與自由的爭取，更需要的是理性的思辨能力。這是性別議題往前開展不可忽視的時代意義。

雖然林教授並沒有採用「女權發展」的角度來詮釋漢娜．鄂蘭的政治哲學，而是作一般性的、哲學的批判，但是女性哲學家在女性主義與兩性關係的讀物或教材上出現，真正的影響，估計是出現在女性的理性能力之肯定上，或者是表彰了兩性在思想觀念的並駕齊驅這個意義上。換句話說，因為哲學思想的帶動，女性的解放運動，不僅僅是物質性的擁有，或感官接物上的偏重而已，更深透到思想層面的開發或說精神層面的開拓。林教授以「女性哲學家」為楷模，透過女性哲學家對於系統理論的吸收瞭解，以及在知識論、倫理學上的成績，展現了女性研究哲學的能力，而顛覆了「理性」作為男性優勢能力的迷思。更可以傳達「平等」概念在性別論題上的意義。

漢娜．鄂蘭所面對的是納粹政權，她的主要貢獻在政治哲學上，而不是以女性的解放為訴求。由於漢娜．鄂蘭關心的是「人」的「行動」與政治意義，強調人具有追求「自由」、參與「行動」的權利。她找出「行動」

與「勞動」、「行動」與「工作」之差別，這項論點應用在婦女解放之相關論題上具有重要的意義。

女性也應該走到哲學層次瞭解「平等」的意義，然後走入社會，從歷史文化的層次檢查過去以男性為核心的事實，思索女性普遍受壓抑而不平等，是何因素使然？女性應如何調適自己？如何改變過去的積習與慣性？如何走向更「合理、合宜」的兩性關係？答案的求索不能忽略問題的結構性掌握，以及哲學的思辨與追問。至於內容的充實則有賴實踐家因時制宜地加以填充。

「哲學」這個一般人認為艱澀幽深的領域，女哲學家漢娜．鄂蘭可以闖出可觀的成績，正可以證明女性的本質一點也不遜於男性。藉由漢娜．鄂蘭的哲學慧思，林教授有力地說明了女性的能耐。筆者在閱讀了漢娜．鄂蘭的「哲學創見與理論缺失」之後，期待這位女性哲學家的思想能在女性議題裡出現「理論應用」，不過漢娜．鄂蘭終究沒有凸顯出女性主義意識，她的哲學創見與應用還有待讀者細細思索。

 性別正義的思索與涵義

「性別正義的思索」是性別議題從過去綿延至今日，以及伸展到未來的重要議題。隨著婦女工作權的進展，婦女在自信與具有自主能力之後，接著付出關心的是什麼？林教授在最後一章中對於性別正義的探討提供了一項重要的思索，這也是一項兩性發展的願景。換句話說，「性別正義」並不是一個階段性工作與目標的問題，它的重要意義彰顯在「性別正義」乃隨時隨地都需要思索的重點上。

從林教授的著作中可以讀出她對於公義與正義的關注，她論述了亞里斯多德和約翰．羅爾斯的正義思想，援引出性別正義的思辨與求索的重要性，並彰顯性別正義在目前兩性教育裡的重要意義。

「性別正義」這個觀念，宜放在「差異」的層次強調兩性有別、彼此尊重？還是應回到更普遍的同質性的層次，從「人」生而同然的層次上強

調「平等」？林教授的見解如後：

「尊重差異是『性別正義』論題中的重要內涵。性別正義的思索必須照料『生物性別』和『社會性別』所形成的差異，也不宜忘忽人性生而同然的共識。兩性在社會化的過程中，立基於生物性別而發展出社會性別，就前者而言，男女是有所不同，但優劣差別卻是後者的界定。」（林麗珊，2001：364）

如果性別差異不是單從後天的環境及社會文化等因素促成，先天的生理因素也是造成差異的原因，那麼求索「正義」，必須照料的就不只是可以變化發展的「社會性別」部分而已，同時應該從補償的角度來思考、解決先天差異所帶來的落差。

探索性別正義不可避免地需要考量差異與平等的辯證意義，因為對於「差異」與「平等」概念的探討與理解，將會影響到補償原則的提出以及正義的實質涵義。林教授指出：

「差異是指不同，而非優劣之別，有些女性主義者卻認為，接受補償原則就無異於承認傳統認知中『女性就是差人一等的看法』。事實上，許多男性也因為這樣的認知而願意『優待』女性，因此部分女性主義者反而主張齊頭式的平等，以貫徹男女平等的精神。但正義應優先於平等，只求平等，反遭不義之責。」（林麗珊，2001：362）

在書本的最後一章〈均衡差異和平等的性別正義〉裡，林教授針對「性別正義的可行性」提出三個實作的指標：一、在法律上落實平等自由原則；二、在教育上制訂兩性平等教育；三、在社會上貫徹公平機會原則（林麗珊，2001：367～369）。依筆者的解讀，這三項撰述實際上可以看待是林教授在解析亞里斯多德和約翰．羅爾斯兩位哲學家的「正義觀」後，做出的「理論應用」。

林麗珊教授的著作——《女性主義與性別關係》從文章結構觀之，完整而有體系；從內容觀之，資料豐富、思緒縝密，提供了衆多的思索脈絡在文中。舉凡需要歷史資料的人，或需要行動能量的人，或求索概念引導的人，都可以從中獲取所需，是一本值得推介的優質讀物。

Ps.本文原載《哲學與文化》月刊，第32卷第3期（2005. 03），臺北：五南，2005，頁179～183。

楊秀宮
東海大學哲學系博士
樹德科技大學通識教育學院副教授

自 序

感謝男人，這本《女性主義與性別關係》才得以順利完成。這樣說好像有點挑釁的意味，其實我是真心誠意的。

感謝我輔大哲研所的學長陳錦鴻教授（前東吳哲學系系主任），在我遭遇人生瓶頸時，他拿了一本 "*Women's Oppression Today*" 送給我，從此以後，我竟不知不覺地走上研究女性主義的不歸路；求學期間學長常以嚴厲、反諷的方式，批判我略具形式的女權意識，在幾番錯愕之中，常有意外的醒悟。我的研究所畢業論文指導老師、臺大哲學系陳文團教授，支持、鼓勵我研究當時臺灣學界尚十分陌生的女哲學家漢娜．鄂蘭（H. Arendt），記得每一次我的束脩僅只是麥當勞咖啡一杯，竟能讓老師在許多中午原本要休息的時刻，撥出寶貴時間與我討論鄂蘭原著中艱澀的論述。中央大學黃藿教授不吝提供我甫出版的 "*A History of Women Philosophers*" 四大冊，並且經常主動告知相關書籍最新的出版訊息，使本書參考、取材的資料源源不絕。輔仁大學陳福濱教授（現任文學院院長），在他擔任哲學系系主任時，首開風氣，讓我成為哲學界開設「女性主義」和「女性哲學家」課程的第一人，他以具體的行動表達對女性主義的支持。

我親愛的父親已經逝世兩年，本書能夠順利付梓，也要感謝他平常的鼓勵與重視，像家父這種受過日式教育的大男人，從來就不知道女權運動是什麼玩意兒，但他曾經在姊姊讀小學一年級時，帶她上法院旁聽席觀摩並認真告訴她：「坐在上面的都是男法官，爸爸希望有一天，你也能坐上那個位置」；父親從不像一般人一樣限制女孩子繼續求學，只要肯讀、願意讀，不分男女他都栽培，有好幾次兄弟姊妹龐大的註冊費用幾乎讓他捉襟見肘，但家父從未要求女兒放棄就學。此外，也要感謝外子，在日常仍可見到習慣以謾罵、嘲弄妻子來壯大自己聲勢的男人群中，他卻自奉是

「大女人主義」的小男人，經常把我寫的書當作禮物贈送親朋好友，一副「夫以妻為榮」的模樣；我因研究工作造成無法達成傳統賢妻良母的角色，他不但由衷地包容、體諒與尊重，還軟硬兼施地要我和他一起嘗試所謂「男性」的興趣：嚼檳榔、抽菸喝酒、研究汽機車……，尤其是開車上路，在他的威脅利誘下，我終於突破對機械類的莫名恐懼，而能完全體會身手矯捷地穿梭在人陣、車陣中的快意，以及奔馳在高速公路上時，隨著自己喜愛的音樂大聲「吼叫」的激昂感動，那是深陷都市叢林的現代人雖短暫卻盡興的澈底解放。

可以這麼說，女性主義是在批判父權體制並不是在反抗男人，不管男、女皆是父權體制的受害者，而支持女權運動者也非全是女人，許多男性不僅在爭取女性權益的努力上不遺餘力，他們也經常扮演啟蒙者的重要角色。因此，本書有兩個重點，一在探討女權運動和女性主義，二是尋求性別關係和諧發展的可能性，並且嘗試提出可行的方案。每章開始之前，都會設計兩道「思考題」，以便導引進入主題；每章最後，也會列出該章的「影片資料」和「主要參考文獻」，提供讀者進一步自修或教學之用。全書分成七章：第一章「緒論」，主要說明女權運動發展至今所面臨的困境。第二章隨著對「女權運動」的回顧，在每個階段裡面，女性傑出人物和女哲學家會穿插其中，讓年輕的女性讀者藉由這些曾被隱姓埋名的女傑，激勵自己樹立學習的典範。第三章「女性主義」方面，則介紹六個主要的派別，分別追溯其原初之論述來源，再列舉代表人物的思想重點和主要著作，隨後並對該派別論述不足之處提出反省批判。女哲學家未必就支持女權運動，漢娜．鄂蘭就是最明顯的例子，因此，第四章專門討論她精湛的哲學思維，以及她自願委身為海德格（M. Heidegger）情婦的崇男情結。第五章開始進入現代兩性關係的主題，從性別差異的分析，到性別平等教育的具體方式。第六章討論友情、愛情、婚姻、外遇……，各方面可能面臨的情慾、墮胎、性暴力、家庭暴力、亂倫等問題，並且也嘗試深入瞭解同志文化的現象。最後第七章，則以「均衡差異和平等的性別正義」，作為對女權運動未來的展望。

我並非生來就是女性主義者，我的自覺歷程是在閱讀中匍匐前進的，打從首次展讀第一本女性主義的著作開始，就已經不由自主的走入質疑、反抗、顛覆、掙扎、調整……的漫漫長路中，這其實是一種重新定義自我的歷程。在每一次的衝擊、反省過程中，彷彿都在否定、出賣昔日篤定的情感與價值，這種對立衝突，就如同黑格爾（G. W. F. Hegel）的正反合辯證歷程，在不斷揚棄和提升中看見螺旋式緩慢推升的曙光，而非只是原地打轉的困窘。因此，如果閱讀女性主義的作品能夠產生感動，我認為女權意識即已萌芽，接下來，要準備迎接憤怒、焦慮、恐懼、孤獨、虛無……五味雜陳的情緒，這對人際關係可能造成負面的影響；當然，人總要懷抱希望尋求生存的意義，任何探索是要發現驚奇和感動，而不是準備毀滅一切，研究女性主義不是要作繭自縛，而是期待成為破繭而出翩翩飛舞的彩蝶。

如今，就在此書完稿之時，我自認對傳播女性論述的任務已經略盡棉薄，在一開始就已纏捲其中的自我實踐卻仍將繼續。陽光燦爛，但卻可能刺眼，成長之路有時常是荊棘滿地，很難毫髮無傷，可是就在結疤的傷口上，我們可以為自己的堅毅喝采。自我成長之路幾乎至死方休，每個人都用自己的方式在摸索出口，我是個女人，從出生即貼上的標籤，讓我能夠輕易地從女性角度切入反省自身的處境，不是要革什麼命，只為活得更自在。就如同泰戈爾（R. Tagore）優美的詩文提到：「使生如夏花之絢爛，死如秋葉之靜美」（《飛鳥集》）；讀書、寫書對我而言，都是在尋找天涯知音，並且期許自己也能像波娃（S. Beauvoir）的名言一樣：「勿負此生」，如此而已。

林麗珊

2001年7月12日

謹識於　康詩丹郡

再版序

每個人的生命中都擁有某些東西，或許在他人眼中無足輕重，但卻是當事者刻骨難忘的記憶。

多年前，在我攻讀博士學位的時候，我遭遇人生的最低潮，哲學研究的艱澀、繁瑣、孤獨……，曾一度讓我深陷虛無主義的泥沼中，就像尼采（F. Nietzsche）的醒世箴言：「虛無主義就矗立在門前」（Nihilism stands at the door）一般，不斷質疑人生的意義，有時嚴重到連走出家門的力氣都沒有，因為我知道大門之外，狀似喧鬧的街頭，其實仍只是一成不變的生活。人生到底追求的是什麼？這或許是所有哲學家思考的重點，卻是我平順的求學生涯中，最可怕的波濤。

當時已以評論時事漫畫成名的哥哥為沮喪的妹妹畫了這麼一張速寫，提醒我：每天抱著書本、兩眼呆滯、頭髮蓬鬆稀疏的我，可是哲學的「折磨」還是「智慧」的豁達？如今，雖已克服年輕時的躁動，但一看到這張圖片，使我不禁想起我的學生與年輕的朋友們，是否也必須或正經歷相同的煎熬，才能走出自己的路？

本書再版除了部分資料更新與文字、圖片修改增添外，特別放上這張「麗珊速寫」，我想說的是：剛開始，研究女性主義是為了自身的需求，因為教科書上沒有女性哲學家可作為典範效法，加上已故授業恩師項退結老師「再聰明的女生，結完婚就完蛋了」的忠告，讓正面臨婚姻與學業的我陷入兩難，既質疑自己性別身分的能力，又不甘心、不服氣。現在，繼續從事女性主義的研究與教學，是為了越來越多傑出優秀的女性後學：

「女人自知受到她所鍾愛的男人欣賞後，應當敢於獨身自立，執著追求自己的慾望。……永遠不要指望別人，要靠自己！」（S. Beauvoir）而且「我將自己憂傷的網，撒向你雙眸的海洋，……我不是來解決什麼，我到這裡來是唱歌，爲了讓你跟我一起唱！」（P. Neruda）我想告訴他們，不論男生或女生，「別忘了，越過千山萬水是爲了走向自己！」

林麗珊

2007年7月12日

謹識於　康詩丹郡

目　錄

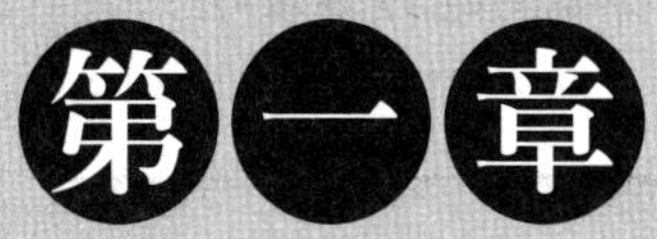

緒論

思考題

Q：如果有來生，你會選擇當男生或是女生？為什麼？

Q：如果只能生一個小孩，不過可以讓你選擇孩子的性別，你會希望是男孩還是女孩？為什麼？

「上帝賦予世間子民許多黑暗、荊棘的冠冕，但他在盛怒中加諸女性頭上最刺痛的那一頂卻是——才氣。」

～～～Louise Otto-Peters, 1819～1895[1]

第一節 性別議題的意義

在亞洲地區，臺灣的女權運動算是相當蓬勃發展了，女性地位也相對地較爲提高，不過，有許多根深柢固的觀念卻仍深植國人心中，這不但限制女性本身的自我發展，也成爲致力於女權運動者最大的阻力。

首先，傳統的兩性觀念，表面上已起了若干變化，但實質的改善仍屬有

1 Louise Otto-Peters 寫給喬治．桑（George Sand, 1804～1876）的一首詩，引自安茱兒．蓋博（Andrea Gabor），《愛因斯坦的太太——百年來女性的挫敗與建樹》（*Einstein's Wife: Work and Marriage in the Lives of Five Great Twentith-Century Women*），蕭寶森譯，臺北：智庫文化，1997，頁 003。此書作家平路的序寫得精彩，她說當年愛因斯坦與他的太太梅麗可在大學相遇時「兩人當初莫之能禦的吸引力，可能源由於相匹配的才智」，可是後來「才華被丈夫吸納殆盡之後，反而成為丈夫亟欲甩脫的負擔」，「婚姻仍然是分水嶺，就是從這個時刻開始，女人漸漸接受性別分工，退居第二線，成為襄助的角色。而弔詭地，嫁的越是才智匹配的男人，越是才智耀眼的男人，妻子越可能自願忘懷自己的天才，日後在領獎的時刻，只作丈夫長長一串感謝名單上一個名字。」愛因斯坦婚後十六年與原配離婚，迎娶他外遇多年的表妹。

限。在以男性爲主導的華人社會裡，爲配合男性身分、地位與尊嚴，爲女性定下的諸種限制，至今依然是品評女性行爲優劣與否的準繩，只是化明爲暗，巧妙地包裝在禮遇女性的旗幟之下，使人不易察覺。例如：對傑出的女性冠以「女強人」的稱號，除了凸顯舊價值觀中「強人」是男性的專有名詞外，也在無意中表達對該女性之女性氣質及其家庭圓滿的質疑；又如，坊間喧騰一時的，某女作家描述女性政治人物情慾發展有如「北港香爐」般鼎盛的作品，表面看來是主張女性主義者的創作，但若仔細讀來，不禁令人十分驚訝地發現，其實作者已不自覺地陷入男性慣常將女人劃分爲「好女人」與「壞女人」的窠臼中：情慾自主不是好女人的優良品行，犧牲奉獻才是偉大女性的美德。這種表面倡議女權至上，骨子裡卻隱藏難以根除的憎女情結，和以男性眼光品評女性的態度，其實是目前許多從事女權運動者，應該不斷自我警覺的心理障礙。

其次，不容諱言地，女性在今日已擁有更多的社會資源、更多的工作機會，甚至更多的政治權力，自我實現的可能性不再只是男性的專利，只要女性自己願意，通常都不會有太大的外在阻力。爲了實現眞正的兩性平等，有許多人提出「性別正義」的觀念：亦即，基於平等的要求，應給予所有人實現自我的平等機會；又基於男女性別的差異，則應給予不同的對待，否則無視於性別差異卻給予相同的對待，反而是不正義的。在這類性別正義的主張下，容易讓女性自陷於「選擇性的正義」之中，亦即，不想要的就縮回傳統角色中，想要的就搖身一變成爲女性主義者。這造成許多男性的反感，認爲女性主義者幾乎都是囂張跋扈之流，她們要不是一群未婚、失婚、離婚者，就是患有「歇斯底里性精神官能症」（hysterical neurosis）的病人。男性這種排斥心態縱有非議之處，但女性自己只要權利卻不盡相對義務的心態，仍應自我檢討。

社會應該提供給每一個人實現自我的機會，雖然目前我們所處的環境，已經不容許絕對專橫霸道的男性威權主義存在，我們也不希望漫無節制的女權至上的觀念到處充斥，兩性的議題，不是委屈任何一方以求全於另一方的方式，應該是植基於先天的差異上，給予後天各適其所的對待，以便建立兩性相互尊重的理想。有關男女平等的諸多見解，本人認爲，女性自身就肩負著不可推卸的重責大任。因爲，除了批判歷史文化的影響、針砭社會制度的缺失，讓男性意識到抗議之聲下的合理訴求而有所改善外，女性是否已有足夠的自覺與自我解放更是關鍵之處：對女性主義的主張只是陽奉陰違，其實自己也正是父權結構的共犯？對性別議題的討論，是站在「女性」的框框裡搖旗吶喊、增威助陣，或立基於「兩性」、「多元性別」的立場，要求一個公平的待遇？特別是在教育下一代方面，女性對家中男女兒童的教養方式，是否只是舊瓶新酒，性別依然決定了一切？至於男性對女性主義的議題，不論是在參與運動或文獻研究的程度上，顯然誤解多於瞭解，有些男性仍以「女人就喜歡吵吵鬧鬧」的措辭，不願正視女性主義論述中日益呈顯的嚴肅議題，或以表面的寬容掩飾內心的不屑和維護男性的優越意識，以至於女性主義一直難登主流研究的領域。

女權運動的發展，將近三百多年方有今天的建樹，近幾年來，女性主義的論述更有如雨後春筍般地層出不窮。本章先簡單地介紹東、西方的女權運動，尤其是中國方面，因爲與我們較有切身關係，在急速發展的臺灣社會裡，希望藉由利弊得失的檢討，提供兩性未來相處的因應之道；至於女性主義的論述，則可由下列各章詳細的引介和分析中，幫助瞭解其重要學說主張，以及釐清女性主義者，並非只是一味爭奪女權的狂妄女子，基於解構方能建構的策略，她們的眞知灼見對於促進性別平等的發展，確實具有不可抹滅的功勞。

第二節　女權運動的發展

壹　西方的女權運動

和其他學說思想一樣，「女性主義」（Feminism）這個名稱也包含許多不同的見解與流派，然而從女性群體的觀點出發，以取代對個人利益的爭取之精神，應該就是「女性主義」立論的關鍵所在。因此，我們大致可將女性主義溯源至 17 世紀末葉，以英美和西歐的婦女們，爲爭取教育機會的平等與諸種基本權利所發起的女權運動，作爲此一學說的濫觴。

17、18 世紀，是昔日封建社會逐步被工業革命帶來的各項變革所取代的新世紀，不僅在經濟方面發生巨大的轉變，也在政治上引燃激烈的爭鬥。許多女性知識分子，由於參與男性所主導的社會運動逐漸體驗到，男人爭取自由、平等、快樂、揚名於世，何以女人獨被排除於這些權利之外？於是著書立說起身反抗者日漸增多，她們反省傳統歌頌「女性氣質」其實是限制女性自我發展的陰謀，並且極力譴責社會普遍存在的雙重道德標準，倡言女性和男性一樣同具理性能力，應該有作爲人類一分子的基本尊嚴，凡男性所擁有的教育權、經濟權、政治權……，女性都不應缺席。值此時期，參與社會運動的婦女也逐漸醒悟到，唯有把女性視爲一個普遍遭受壓迫的團體，而非個人單獨不幸的命運，團結所有女性獨立於其他的社會運動，建立專論女性議題的女權運動，才有可能爲女性爭取到實質的利益。

這類主張具體催生出兩大國際性婦女組織的產生，一爲 19 世紀末創辦的「國際婦女會」（International Council of Women，簡稱 ICW），目前已在世界各地普遍成立分會，呼籲全世界的女性不分種族不分國籍，團結一致，積極爭取女性在家庭、社會、經濟、政治等各方面的權利。1904 年，另一個國際性的婦女組織，「國際婦女參政聯盟」（International Women Suffrage Alliance，簡稱 IWSA）也相繼在美國和英國成立，爭取全球婦女的參政權，對抗其他反對組織。

20 世紀發生的兩次世界大戰，大量婦女被招募以代替入伍作戰的男子，婦女地位在戰爭期間急速竄升，不僅成爲生產線上的重要人手，也是戰場上不可缺少的護理人員，舉凡男性因上戰場所遺留的空缺，女性都可遞補，突破女性只能擔任家務事的侷限，長久以來定位男女的觀念也似乎暫時獲得解放。ICW 組織曾趁此時機，強力促成將女性主義者多年來要求男女「同工同酬」的主張，正式納入「凡爾賽合約」（Treaty of Versailles）和「國際公約」（International Convention）中。同此時期，繼 1906 年芬蘭婦女取得投票權後，1918 年在英國、加拿大，1919 年在美國、西德，1949 年在中國等世界各地，婦女也陸續取得了該項權利。女權運動獲得了實質的勝利，不僅逐漸取得平等受教的權利，同時也擁有較好的工作條件與機會，同工卻不同酬的現象獲得改善，經濟狀況漸能獨立自主，加上新興科技對控制生育給婦女帶來的福音，都使得女權運動的發展有了長足的進步和成效。

兩次世界大戰結束後，這些成果卻反遭凍結，主要是爲因應大量解甲歸田的男子，縱然女性在工作場所有傑出表現，也以半薪或無給職的方式被迫讓出勞動市場，父權體制再度以穩定社會的理由，教育婦女學習、發揮女性氣質，宣傳、歌頌並美化婦女回歸家庭的崇高價值，壁壘分明的「男主外女主內」的觀念，以及配合這套觀念所衍生出來對女性的諸種限制與不平等對待，經過二百多年的努力，幾乎功虧一簣。然而思想一經啟蒙，就很難回歸於原點，20 世紀末的女權運動非但未見銷聲匿跡，反而以更成熟穩健的方式，繼續其長期的抗戰。

1946 年，即聯合國成立的次年，就在「經濟和社會理事會」（UN Economic and Social Council，簡稱 ECOSOC）的「婦女發展部」（Division for the Advancement of Women，簡稱 DAW）內，成立了「婦女地位委員會」（Commission on the Status of Women，簡稱 CSW）。1975 年聯合國第一屆世界婦女大會在墨西哥首都墨西哥城舉行時，宣布未來十年是「婦女的十年」（Decade for Women），旋即於 1979 年，於聯合國大會通過《消除對婦女一切形式歧視公約》（Convention on the Elimination of all Forms of Discrimination Against Women，簡稱 CEDAW），提供完整的婦女人權保障清單；1980 年第二屆和 1985 年第三屆世界婦女大會，分別在丹麥首都哥本哈根和肯尼亞首都內羅畢召開，後者首度提出「性別主流化」（Gender Mainstreaming）的主張，要求各國政府將性別意識廣泛實施於政治、經濟、社會、教育等各層面；1995 年在中國北京舉行第四屆世界婦女大會時，正式確認以「性別主流化」爲發展主題，通過「北京宣言行動綱領」（Beijing Declaration and Platform for Action，簡稱 BDPA），要求各會員國將性別平等的議題作爲政策的主流，民間團體可依憑此一宣言與綱領，持續監督與檢視各國政府實施的成果。爲落實性別主流化、提升性別平權標準，臺灣於 2007 年簽署 CEDAW，2011 年 5 月 20 日通過《消除對婦女一切形式歧視公約施行法》（簡稱 CEDAW 施行法），並自 2012 年 1 月 1 日起正式實施。

 中國的女權運動

西風東漸，中國女性意識的抬頭可從 18 世紀的末期說起。首先把中國婦女問題較爲完整地呈現出來的論述，要推李汝珍（1763～1830）的《鏡花緣》，作品內容反映出中國傳統社會對待女性的不合理現象，爲女性地位的不平等打抱不平，其中更以遊歷女兒國，描述男女易地而處的情節，暢言女子教育、女子參政的新觀念。李汝珍作品中所呈現的性別議題，雖然已點出中國普遍存在對婦女的不公平待遇，但眞正賦予行動、推動改革的，則是在 1882 年，由康有爲（1858～1927）、康廣仁（1867～1898）兄弟，先後於廣東、上海創立的「不纏足會」才揭開序幕。爾後，西方教會在中國廣興的女學堂帶動了此一風潮，中國的積弱不振也適時提供新時代的兒女求新求變的契機，在婦女紛紛投入救國、建國行列的同時，女性爭取社交、婚姻及教育平等的女權運動也應運而生。

1911 年，辛亥革命推翻滿清政府延續兩千餘年來的皇帝統治制度，造成中國傳統倫理價值的重大變革，較爲明顯的就是忠於君的思想轉換成忠於國家、忠於社會的觀念；自由、平等、人權的價值被落實在政府的革新方案中，當時孫文大總統即率先以「公僕」自居，規定各級官員一律以「先生」相稱，取消「大人」、「老爺」的稱呼；值此時期，女性權利意識也相對獲得提升，從革命之前，女性知識分子就積極組織「女子軍事團」、「女子國民軍」……，實際參與救國行列，革命成功之後，更獲得孫文大總統統帥的臨時政府之贊助，成立「女子參政同盟會」，爭取女性的參政權、教育權、就業權等權利的平等。

民國前後，中國女權運動表面看來似乎沸沸揚揚、熱鬧萬分，然而，仔細推敲此一時期的婦運將不難發現，其立足點仍然是站在父權意識下所做的考量，是父系利益的延伸，並非眞正以女性意識爲後盾的改革。以當時鼓吹最力的梁啟超（1873～1929）爲例，在他所著的〈論女學〉一文中，極力主張女子應該要求學、強身、就業，但這不是爲女子本身的利益權衡，而是：女子求學可以「保教」，提升兒童的母教品質；強身是爲了「保種」，健康

的身體可孕育優良的下一代；就業主要是爲了「保國」，以免二分之一的人口不事生產，拖累國家的經濟負擔。由此可見，在自由、平等的口號下，其實是婦女資源的重新發現，強調女性地位的重要以及教育女人，是爲使她們更能扮演賢妻良母的角色，更有增產報國、富國強兵的能力，至於傳統中重男輕女、男尊女卑的觀念，在這段看似風起雲湧的女權運動中，並沒有撼動其根基。

1949 年，國民政府播遷來臺之後，有鑒於我國婦女實際所處的劣勢情況，乃漸次透過立法建立制度，以保障婦女的權益；近幾年來，許多女性傑出人才，更不斷在各個專業領域中展現令人刮目相看的成就，尤其是女性民意代表，在女性權益的促進上不斷交出漂亮的成績單；加上民間婦女團體的相繼成立，對於女性主義的引介，婦女意識的推動，成立婦女問題諮商、救援中心等等，也在潛移默化中發揮了教育女人的功勞。1997 年，「民進黨」在黨綱中明訂「四分之一女性條款」，主張公職人員將至少保障四分之一的席次給女性，2000 年的總統選舉，陳水扁代表民進黨第一次取得中央政權，5 月 20 日就職時，副總統呂秀蓮成爲中華民國有史以來第一位民選的女性首長，新內閣中的內政部長張博雅、交通部長葉菊蘭、新聞局長鍾琴、陸委會主委蔡英文、勞委會主委陳菊、青輔會主委林芳玫、文建會主委陳郁秀、僑委會主委張富美和公平會主委趙揚清等，九位女性閣員更是刷新女性當家的紀錄，讓「兩性共治」的理想稍露曙光，不再遙不可及。

根據《商業週刊》2003 年 833 期的報導，臺灣女性的活力已經「攻上男人的權力與財富的山頭」，封面標題十分醒目地寫著「美國：今年〈400 大富豪〉女人財富首度超越男人，韓國：新設女性部靠女人突破國民所得 10,000 美元，聯合國報告：臺灣全亞洲女力最強」。內文中詳細報導世界各國「女人革命」有成，逐漸全面當家的現象，並且預言新兩性失衡即將產生，因爲不僅在學業表現上女性一路領先，女性擔任政治領袖（全球有 12 個國家爲女元首）、企業家（美國每 11 個成年女性就有 1 個是企業負責人）的人數逐步攀升，男性備受威脅甚至漸漸成爲弱勢。亞洲女性競爭力最強的臺灣（排名全世界第 21 名，遠超過日本、韓國和新加坡）「每三個男人就有一個感受女人的威脅」，臺灣有第一位女性副總統呂秀蓮、第一位女性行政院副院長葉菊蘭，2003 年行政院主計處的統計資料也顯示，臺灣女性閣員占 21%，女性國會議員占 22.2%（高於日本 10%、南韓 5.9% 和新加坡的 11.8%），此外，女性受大學高等教育的比例是 51%，已經略高於男性的 49%。

有許多人認爲，以臺灣目前社會開放的情形來看，女權運動或女性主義已無太大的發展空間，甚至面對許多層出不窮的社會問題，已有人開始歸罪於女權意識的過度高漲，使傳統女性隱忍順從的美德蕩然無存，家庭生活支離破碎，問題兒童成爲社會治安潛在的憂慮。「女性主義教壞了女人」、「女性主義者都是自私自利的女人」，成爲女權運動者極力要擺脫的標籤，很多人也忍不住奉勸女人回歸家庭，他們普遍認爲臺灣社會已經非常尊重女性、照顧女性了，女性不該再得寸進尺。的確，我們今天可以看到許多男性對他身邊女性親屬十分尊重，但這只是「私人父權」（意指家庭中父親的角色）的讓步，它並不就等同於「公共父權」（意指整個社會文化的形式）的萎縮。女性依然置身於整個父權體制所主導的社會中，傳統男性價值掛帥的迷思，所造成對男性的過分期許、對女性的不當貶抑，使兩性關係始終存在著壓力與隔閡，加上現代女性教育、經濟能力的普遍提升，兩性之間的緊張關係勢必將持續延燒下去。

第三節 東西方共同困境

壹 男女工作報酬和升遷機會仍不平等

在世界各地，男女兩性在就業方面的成就差異至今仍是相當普遍，女性的工作報酬率之低於男性也可說是一個世界性的現象。這主要在於女性在發展事業的過程中，往往多了一層性別上的障礙，在普遍仍是男性主管居領導地位的社會中，因對女性本身生性柔弱依賴、缺乏獨立能力的認知仍未消除，使得在人才的選用上，女性較難被委以重任，相對地，女性也因此失去接受磨練的機會，進而不易獲得升遷。除非女性以積極主動的態度取代被動消極的等待，表現出與男性一般的陽剛特質，勇敢果決、膽大有主見，又要同時具備女性善於表達溝通、溫婉和諧的傳統特質，方能脫穎而出，爭取到同等的機會。在此同時，女性尚要顧慮被描述爲「尖銳」、「厲害」的負面評價，如果稍具姿色，更要小心防範以「性」作爲晉升手段的惡意攻擊。總之，即使打著性別平等的口號，女性在組織內的升遷，仍然受到一種無形的、人爲的阻礙，此即一般所稱的「玻璃天花板效應」（glass ceiling effect）。

 男主外女主內的觀念依然深植人心

傳統「男性養家女性持家」的觀念，依舊是理想的兩性分工方式，以至於婚姻形式對女性的束縛，仍然是女性無法充分支配自己的生活與時間的最大因素。就女性與家庭的親密關係來看，妻母的角色一直是女人無法放棄的「天職」。法國存在主義思想家西蒙．德．波娃（Simone de Beauvoir, 1908～1986）就曾指出：女性從屬於男性、居於次要地位的存在事實，阻礙了女性充分發揮個人才智的機會，但是，即使女人可以獲得和男人一樣的條件，女人也無法得到全面的解放，因爲女人的生育作爲傳宗接代的「天職」，注定了女人遭受奴役的命運，除非她能解決這種天賦的繁殖作用，與作爲一個自由人所必須具備的經濟生產之間的衝突。對多數的現代女性而言，當事業發展與婚姻生活發生衝突時，她們多半仍會捨棄事業以遷就家庭之需，妻母角色的重要性，在她們心目中仍優先於職業角色。在結婚、生育、養育和以照顧家庭爲優先考慮的前提下，女人投注於經營事業的精力當然比不上男人的全心參與，加上家庭責任對時間的分割，女人的事業乃呈現斷斷續續，無法累積成一定的成就。

 兼顧婚姻與事業的困難仍未獲解決

社會對女性的期待是雙重的，一方面認同女性在事業上的大展鴻圖，以

便承擔更多的社會責任，另一方面又鼓勵女性回家好好照顧家庭，減少社會問題。所謂成功的女性往往是事業與婚姻皆能兼顧的象徵，但這在人格的發展上是可能造成衝突矛盾的。如前所述，成功的職業婦女，常需具備穩健果斷的陽剛特質，但就家庭中的女性角色而言，她卻又必須是溫良柔順的陰性面貌。想要在男性主導的社會體制中占有一席之地的女性，她必須展現男性的特質，甚至表現出領袖的風範與能力，這對習慣居於統治地位的男性而言是一大威脅，縱然男性有意扮演傳統女性的角色，以目前的社會風氣來看仍然沒有這項條件，以至於，男人對這類男性化作風的女性還是望之卻步。即使在家庭中居於主導地位的女性，在一般的社交場合裡，也必須自我收斂，以維護男性伴侶的尊嚴，以免造成對方的壓力及挫折感。這在未婚但具有相當才華的女性身上，更是一種嚴重的隱憂，許多未婚女性害怕職業上的成就過高而阻隔了男性的追求，因此，常常有放棄升遷或朝傳統的女性行業發展的情形出現，以避免比較所形成的壓力。女性害怕成功失去吸引力的疑慮，致使女人在事業上無法放手一搏，事業成就退爲女人次要的需求，婚姻才是女人最終的歸宿。

 女性依賴成習不肯也不敢獨立自主

傳統家庭、社會教育從小就要求男孩，要學習勇敢接受挑戰，要獨立自主有主見，不要哭哭啼啼、婆婆媽媽像個女人一樣，「男人有淚不輕彈」的訓誡，使男性在孩提時代就能發展自覺意識，較早學習爲自己行爲負責、承擔後果、創造自己的命運。比較起來，女性就顯得依賴成習。依賴對女性而言，不僅不是負面因素，反而是沒有太多意見、溫柔順從的美德。其實，仔細推敲起來將不難發現，首先，依賴常讓人們覺得不公，因爲它享有許多的特權（例如言行的免責權、改善家庭經濟的責任權……），並且是只享權利不盡義務；其次，依賴常是導致被宰制的原因，進一步造成女性的墮落，無法自我實現。不肯爲自己的行爲負責，把自己的命運交託在別人的手中，甚至，沒有勇氣面對獨立自主可能導致的風險，可以用來解釋，何以至今仍有許多女人寧可忍受不幸的婚姻，也不敢逃出婚姻的枷鎖嘗試獨居的可能，更

沒有爲自己開創第二春的自信。依賴享有許多好處，但也要看人臉色；獨立自主難免曲折不少，但可擁有更多的自尊。只是，很多女人不覺得自尊很重要，或者也不知道要自我實現什麼，反而丈夫能不能讓自己過得養尊處優才是幸福的指標。

以上所述，仍然普遍存在我們現存的社會環境中，不但事實情況如此，女性本身也有此認同。女性的自我設限是女性自覺意識之發展的首要障礙，它使得「女人是依戀且寄生於男人底下」的觀念持續存在，事業再成功的女性都比不上被男人寵愛的女人幸福，無知而依賴的女人反而是值得誇耀的本事。不論時代如何進步，觀念如何推陳出新，男女兩性平等共處的理想，以目前來看，實在尚待努力，女性主義的論述正是朝這方面繼續發展。

第四節　研究內容與展望

截至目前，研究女權運動和女性主義的各項文獻、著作早已琳瑯滿目，它不同於以往的婦女研究，現在有關性別議題，已廣泛涉及到生物學、醫學、心理學、社會學、文化人類學、文學等等，幾乎橫跨各項學科，不僅研究與女性有關的各種問題，把女性本身作爲研究的對象，且更透過精細的社會福利主張和規劃，力圖消除迄今妨礙女性進行社會參與的各種因素（例如陳腐的偏見和刻板印象、男女不平等的社會習慣及法律），爲女性提供符合其需求及特點的教育和就業機會。

此外，在不斷強調女性自主和自我實現的論述中，不知不覺也帶動起一連串的男性問題之研究，例如「男性學」（Men's Studies）這類學科的出現，以對比於「女性學」（Women's Studies）的發展。女性因爲受教率的提升，加上經濟的獨立自主，越來越勇於表現自我的主張，這與離婚率的攀升的確有相當程度的關聯，兩性關係的劇烈變化，已到了男、女都必須嚴正以待的時刻。女人變了，男人若不跟著改變，兩性之間很難取得新的和諧關係。所以，在女權運動、女性主義蓬勃發展的今天，男女性別的意義、角色的分工，以及異性戀、同性戀、雙性戀、情慾解放等議題，都有了不同於以往的詮釋，透過這類議題的分析、解讀，可以幫助我們釐清因爲性別角色、性別刻板化的過程，所造成的限制、障礙與偏見。女性解放的同時也是男性解放的時刻，反之亦然，對彼此角色的理解與包容體諒，才可望能在性、愛情、婚姻、工作，以至於自我發展、家庭關係、社會關係等人際關係中建立良好的基礎。

自 2007 年起，隸屬於教育部的「國家教育研究院」，爲落實與推廣性別平等教育，特別聘請晏涵文教授爲召集人，邀請洪蘭、林麗珊、姚淑文、賴芳玉、黃蕙欣、羅珮勻、龍芝寧、鄭其嘉、高松景等學者、專家、律師、國高中、大專院校老師，共同研議招標審查適格媒體，製作活潑生動的戲劇短片，以便呈現重要的性別平等概念。至 2014 年止，已經出版《性別平等教育》共 7 集光碟（每集約有 6 部 18 分鐘左右的短片），和教師使用手冊，主動發送到各級學校鼓勵教師課堂教學使用，並同步公開上網提供各界無償下載觀賞，希望積極發揮影片效用、擴展教育的影響力。其中探討男性少年被性侵的影片《如果早知道——男生也會被性侵》，在網路上引起巨大迴響，上架不久即突破百萬人次的點閱率，創下我國政府單位宣導片的紀錄。劇中男性少年的「杰哥，不要啦！」成爲網路流行語，媒體也曾經報導主角一夕爆紅後增加許多困擾尷尬，例如常在街頭被認出時，就被劈頭詢問：「請問你是被性侵的那個嗎？」、「你被性侵我們全家都有看喔！」

由於本人也是製作團隊成員，在預算短絀的情形下，爲撙節開銷有時也要粉墨登場，尤其第 7 集爲增添戲劇的品質，每部短片皆特別量身訂做主題曲，由本人創作歌詞，讓正在高中就讀的女兒譜曲並演唱，雖非盡善盡美，但已是在經費限制下最大的成果。這些性別平等教育的影片上網搜尋片名即可觀賞，第 7 集 6 部短片的片名與歌詞如下：

6-1《愛情平衡木——交往中的性別框架》

作詞：林麗珊　作曲：廖薇　主唱：廖薇

（主）

我願化作窗前閃爍的星
每晚向你眨眼睛
天亮藏入你的心
我願是你雙眼溢出的淚
是悲是喜無所謂
只願相依偎
（副）
浮動的心讓我們只能彼此猜疑
愛情平衡木上上下下擺盪個不停
花木蘭？小王子？我只想做我自己
跟隨心跳的聲音
尋找愛情的旋律

6-2《重生——明天的微笑》
作詞：林麗珊　作曲：廖薇　主唱：廖薇
（主）
有些事想從記憶中抹去　想忘記
神奇的魔法可帶來幸福的羽翼
飛奔向藍天　沉浸在燦爛的陽光下
重生　嗚～
（副）
你是魔法　是愛的奇蹟
你是魔法　是愛的奇蹟

6-3《讓夢想起飛——走出性別框架》
作詞：林麗珊　作曲：廖薇　主唱：廖薇
（主）
讓人疲憊的不是路途的遙遠

眼角流下的也不是辛酸的淚
而是小石礫的撒野
（副）
夢想已起飛
鵬鳥展翅擊起浪高堆
行動是澆灌果實的水
夢想已起飛

6-4《心裡的彩虹》
作詞：林麗珊　作曲：廖薇　主唱：廖薇
（主）
繽紛彩虹
雨霧人生
我也有夢
只是與眾不同
曲折交錯
猶如手紋盤臥
肯定自我
命運可緊握
（副）
彩虹的夢
盪漾在波濤中
彩虹的夢
掌握在手心中
噢～

6-5《就是要幸福》
作詞：林麗珊　作曲：廖薇　主唱：廖薇

（主）
輕而易舉的辜負
馬不停蹄的追逐
指尖溜走的幸福
謝幕不了的朝夕
甦醒不來的晨曦
只因為愛情始終無邊際
（副）
幸福
是不鬆開緊握的手
幸福
是不放任徬徨失措
不再辜負
不再錯過
幸福
始終都圍繞著我
只要能好好把握
不再錯過

6-6《性／性別的多樣性》
作詞：林麗珊　作曲：廖薇　主唱：廖薇
（主）
世界太安靜
只聽見自己的心跳聲音
世界太吵雜
只看見不想見的出現
（副）
和而不同

接納異己互寬容
彩虹出現
雨後的天空
遼闊的蒼穹

影片資料

・簡偉斯影像工作室製作，《回首來時路——她們從政的足跡》，臺北：民進黨中央黨部出品，1997，片長約60分鐘。

簡介：一部描述臺灣婦運、女性從政歷程的紀錄片。擔任串場解說的彭婉如女士，在該片即將完成時，不幸因乘坐計程車而遇害，成為臺灣女權運動爭取婦幼安全最殘酷的見證。雖全片以婦女問題為主軸，但仍可從中瞭解臺灣近幾十年來民主運動的軌跡。

主要參考文獻

中央研究院近代史研究所編輯，《近代中國婦女史研究》（第一～九期），臺北：中央研究院近代史研究所，1993、1994、1995、1996、1997、1998、1999、2000、2001。

中國論壇編委會主編，《女性知識分子與臺灣發展》，臺北：聯經，1989。

女性學學會著，《臺灣婦女處境白皮書：1995年》，臺北：時報文化，1995。

安茱兒·蓋博（Andrea Gabor），《愛因斯坦的太太——百年來女性的挫敗與建樹》（*Einstein's Wife: Work and Marriage in the Lives of Five Great Twentith-Century Women*），蕭寶森譯，臺北：智庫文化，1997。

李又寧、張玉法主編，《近代中國女權運動史料》（上冊）、（下冊），臺北：傳記文學社，1975。

李又寧、張玉法編，《中國婦女史論文集》（第一輯）、（第二輯），臺北：商務印書館，1981、1986。

呂秀蓮著，《新女性主義》，臺北：敦理，1986。

張妙清、葉漢明、郭佩蘭合編，《性別學與婦女研究——華人社會的探索》，臺北：稻鄉，1987。

鮑家麟編著，《中國婦女史論集》（第一～五集），臺北：稻鄉，1979、1991、1993、1995、2001。

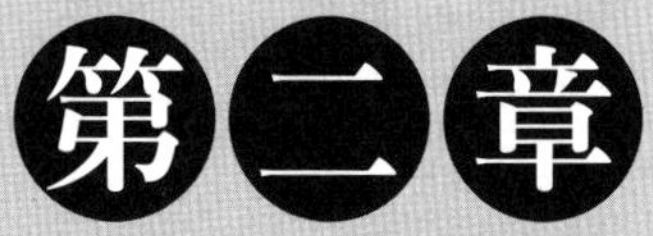

第二章

歷史性的回顧

思考題

Q：在你的交友經驗中，男生和女生除了性特徵之外最不同的地方是什麼？這不同的地方是先天還是後天造成的？

Q：看醫生、找律師、工程師、設計師……你會不會以性別做選擇？你認為哪一種性別或特質，比較有利於未來的發展？

「一無所知的人，就一無所愛；
一事不做的人，就一事不懂；
一事不懂的人，就一無所值。
那能夠懂得的人，就能夠愛，能夠關懷，能夠瞭解……。
對於一件事情越有所知，愛越大；
認為一切果實都像草莓一樣同時成熟的人，
對於葡萄一無所知。」

～～～Paracelsus, 1493～1541[1]

第一節　中國文化中女性地位與發展

西蒙．波娃曾在自傳中提到：她從來沒有因爲自己是個女人而覺得低人一等，男人與女人之所以不同，純粹是一種文化現象，文化既爲人類自己所創，自當也可爲另一種文化所推翻。自從女性主義興起以來[2]，對於男女兩性

---

1 Paracelsus，16 世紀瑞士醫生、占星家、哲學家。引自佛洛姆（Erich Fromm），《愛的藝術》（*The Art of Loving*），孟祥森譯，臺北：志文，1986，頁 9。

2 早期的「女權運動」（movement for women's rights; feminist movement）並沒有成熟的論述，大抵是簡單明瞭的口號和具體的抗爭行動，「女性主義」（feminism）完整而多元的論述可說是在行動中逐步建構的。女性主義的研究者大都認為，

角色的探討，在今天已經開闢出一片園地，不論其中的立說如何繁雜，東西方的見解有何差異，它們都離不開兩個基本的問題型態：一是「女人究竟是什麼」？二是「女人到底要什麼」？波娃從文化上的因素去解釋女性角色被形塑的過程，藉以破解兩性社會的諸種迷思，爲女性的自我發展，建立另一種可能的向度；反觀中國的歷史文化，我們同樣也可以從中找到被特有的文化所塑造出來的女性典範，它傳播出女人就是什麼的概念，從而讓我們接受女人要的就是什麼的模式。本章擬從此處出發，扼要說明中國文化中女性角色的特殊性質，以指明傳統在女性身上所斧鑿出現的刻板印象，繼而以近代女性主義的學說要點，爲今日的婦女同胞到底需要什麼之問題，提出一個嘗試性的解答。

 傳統文化中的女人

在傳統的中國文化裡，孟子曾經以「居天下之廣居，立天下之正位，行天下之大道」（《孟子．滕文公下》）勾勒出「大丈夫」的形象，至於女人呢？女人大致說來就是欠缺大丈夫性格的「小女子」。這兩類印象的對立組合，並非爲男女兩性的本性所固有，文化上的塑造是主要的形成原因。

一　從易經思想發端

《易經．繫辭上傳》開宗明義言：「天尊地卑，乾坤定矣。卑高以陳，貴賤位矣。動靜有常，剛柔斷矣。」以乾爲天，爲純陽之卦，象徵尊貴與剛健，動爲其常性；乾坤對待，坤爲地，爲純陰之卦，象徵卑下與柔順，以靜爲常性。《說卦傳》云：「乾，天也，故稱乎父。坤，地也，故稱乎母」；又云：「乾爲天，爲圜，爲君，爲父，爲王，……。坤爲地，爲

「女性主義」和「女權運動」是分不開的，因為女性主義研究的目的，是以女性群體的觀點出發，企圖創造新的人際關係、改變不平等的法律規範與社會制度，其終極目標就是改善現狀。所以，一旦標榜著是女性主義的研究，就必然涵蓋著「行動」，拒絕現狀、追求個人以及社會的改變之行動。

母，……。」〈家人〉彖曰：「家人，女正位乎內，男正位乎外。男女正，天地之大義也。家人有嚴君焉，父母之謂也。父父子子，兄兄弟弟，夫夫婦婦，而家道正，正家而天下定矣。」易首乾坤，以乾坤之義定男尊女卑之名，尊卑之分，由此而來。天道爲乾，地道爲坤，乾爲陽，坤爲陰，陽成男，陰成女，故男性應該剛強，女性應該柔順，男子是主動積極的，女子則是被動消極，陽剛陰柔，因此而定。乾爲天、爲父，坤爲地、爲母，一家之中，子視父母皆爲其尊長，然父親在子對母不能伸其私尊，所以，父親才是一家之長、家中至尊，母親應該統帥家中其他成員服從父親的領導。父、夫、男人是家中的統治者，子、婦、女人是被統治者，如此分理陰陽，教化成俗，內外和順，天下就可得治。

眾所周知，易經強調陰陽合和、剛柔相濟的原理。易經上的卦，陽卦多陰，陰卦多陽，例如「復」（震下坤上）爲陽卦，只有主爻一爻爲陽，其餘爲陰；又「姤」（巽下乾上）爲陰卦，只有主爻一爻爲陰，其餘皆陽[3]。這是以陽剛入於坤柔體內（復卦），以陰柔入於乾剛體內（姤卦）的剛柔相濟之理。舉凡宇宙萬物，其能生生不息、不斷發展，皆是得力於這個原理，所謂「剛柔相推而生變化」（《繫辭上傳》）。將這個原理應用於人事猶見其重要，生命的延續不輟與社會的和諧進步，正是有賴於男女各守其分，尊卑分明，一如陰陽之理，男主陽剛女主陰柔，相反卻相生相成，剛柔相濟，因此「一陰一陽之謂道。繼之者善也，成之者性也」（《繫辭上傳》）。中國傳統社會中，陽剛陰柔、男尊女卑、父嚴母慈的雛形肇端於此，但這個粗糙的理論之所以能成爲嚴密紮實的宰制力量，則要溯因於禮教文化的形成。

二 從禮教文化盤根

乾坤陰陽的觀念在最初並不是那麼具體成爲支配人倫的哲理，惟自周朝以降，「宗法精神」的形成，規定於制度，筆之於詩書，久而久之深入人

---

3 「復」（震下坤上）䷗；「姤」（巽下乾上）䷫。

心，乃成爲中國社會盤根錯節、難以撼動的潛在勢力。所謂「宗法」，意指嫡系長子繼承的制度。宗爲祖廟，主祭者爲宗子，即嫡長子，它以家族爲單位，無論天子或平民皆循此精神，尊嫡立嗣。這種建立在宗法精神上的社會，實際是一個以父系之家族系統爲主的社會，家族內統於一尊，由父而子，子而孫，子子孫孫，一系相承，期於不絕。男子因負有傳宗之使命，其地位之重要乃逐漸衍生出重男輕女的觀念，並在易理中尋得男尊女卑的理論基礎，而進一步加以演繹發揚。此外宗法社會的嫡庶之分，在於母親而非父親，如爲妻所出則爲嫡子，爲妾所生則爲庶子，爲免嫡妻無子，系統中斷，所以男子可以擁有無數的小妾，無嫡有庶，可以立庶繼承，以免絕後。家中成員既然眾多，爲維護彼此之間的和平共處，也爲避免女人出軌以亂本根，所以女人的安守本分、溫柔順從，乃是成全父系正統的必然要求，它藉助於陽剛陰柔的原理而逐漸成爲理所當然的規範。

㈠教以婦順

宗法制度以「子」相傳，婦人非子，子是男子的專稱，他是傳宗接代的主體，女人是寄生且依戀於男子底下，《白虎通．嫁娶》云：「男女者，何謂也？男者任也，任功業也；女者如也，從如人也。……夫婦者，何謂也？夫者扶也，扶以人道者也；婦者服也，服於家事，事人者也」，女人是要服從男人接受男人統治的，所以「女子無才便是德」、「女人識字多誨淫」，無知無識，惟夫命是從，是女人的美德。按照陽統陰、陰服從於陽的陰陽之理來看，女人自己根本無獨立性可言，「陰卑不得自專，就陽而成之」（《白虎通．嫁娶》），女人的一生幾乎都是依附在男人身上，「幼從父兄，嫁從夫，夫死從子」（《禮記．郊特牲》）。

爲維護家族制度而制禮立說，不但顯示出男女地位的懸殊，且禮教越來越繁縟的結果，究其實是對女子之順服更加極端的要求。所謂「婦順者，順於舅姑，和於室人，而后當於夫，以成絲麻布帛之事，以審守委積蓋藏。是故婦順備而后內和理，內和理而后家可長久也，故聖王重之」（《禮記．昏義》）。嚴父慈母的角色從此定型成爲傳統的家庭型態，父權之大，不但擁有懲罰、生殺之權[4]，也可以出賣其妻妾子女，或將他們當作抵押品以償還債務，更總攬家中的經濟大權，「子婦無私貨，無私畜，無私器，不敢私假，不敢私與」（《禮記・內則》），一切俸祿收入，盡歸家長處理分配。

因此，教導女人「婦德、婦言、婦容、婦功」以便利女人學習事人，服從男人的領導，這不僅是禮教的規定，更是父母必須耳提面命、從小教育，社會必須督促責成的倫理道德。

㈡男女有別

宗法社會的理論精義建立在「三綱」之說上，即「君爲臣綱，父爲子綱，夫爲妻綱」的禮教規範，後人將天地、陰陽的關係附會於三綱，以強調它的主從地位之合理性，所謂「君臣父子夫婦六人也，所以稱三綱何？一陰一陽謂之道，陽得陰而成，陰得陽而序，剛柔相配，故六人爲三綱」（《白虎通・三綱六紀》）。三綱中君臣、父子、夫婦的關係是尊卑分明，猶如天道中的陰陽關係，相輔相成，剛柔相配的。三綱中這種天經地義的尊卑關係，必須以上下有別、各守其分的方式去貫徹，其中夫婦的關係尤其重要，因爲它是一切倫常的基礎。「女正位乎內，男正位乎外」，男主外、女主內，男女有別，各有其分，這樣的觀念必須從小開始灌輸培養。所以，男女從幼年開始就分受不同的教養，男子可出外闖蕩，女子則不能隨便拋頭露面，要深處閨房，承受母教。內外分明，不得逾越，「禮，始於謹夫婦，爲

---

4 春秋戰國時代，齊桓公最倚重的宰相管仲生病了，齊桓公前往探視並向其請益，管仲說希望桓公能夠疏遠易牙、豎刁、常之巫、衛公子啟方等這些人，因為易牙把自己的兒子烹煮了以便讓桓公嚐嚐人肉的滋味、豎刁閹割了自己以侍奉桓公、常之巫能占卜生死去病除災、衛公子啟方服事桓公多年連父親過世都不願回家奔喪，這些事情管仲斥之為違背常理、違反天命之舉，桓公卻認為是對他忠貞的表現。原文參見《韓非子・十過》、《呂覽・知接》、《說苑・權謀》、《管子・戒》。易牙殺其子以做羹湯，衆人斥責他殘忍，桓公卻稱其無罪，理由是，父之殺子，無傷於義；吳起得魯國國君賞識，後遇齊魯交戰，吳起為博得魯人信任以保住將位，乃殺了有齊國宗氏血統的妻子，殺妻求將，魯人譖之。父權之大，可見一斑。

宮室、辨內外。男子居外，女子居內，深宮固門，閽寺守之，男不入，女不出」（《禮記・內則》），嚴設禮教之防，以示男女有別。《禮記・內則》中更指出，從7歲開始就得「男女不同席，不共食」、「外內不共井，不共湢浴，不通寢席，不通乞假，男女不通衣裳」，將男女區分開來，並且教導他們各守其分，「男不言內，女不言外」、「內言不出，外言不入」。

嚴守男女大防的結果，實際是對女性的片面限制，女性被狹限於深閨之中，失去政治、經濟的地位，對男人無從瞭解、無從比較，對外在世界冷漠淡然、盲昧無知，這不但是女性自身命運的澈底喪權，也是女人仰慕男人，將自己的命運和希望寄託於男人身上的主因。

㈢守貞盡節

周朝制禮之初，即以男子為中心，迫令女子遵守片面貞操的觀念，以免亂倫紀、亂宗支，而傳之古聖先賢們，也多著書立說、穿鑿附會，責成婦女守貞盡節，加強禮教的規範。例如：西漢劉向的《列女傳》、東漢班昭的《女誡》，是最早也是影響最廣的專論女教之作。尤其是班昭的《女誡》，把婦女的「三從四德」之說發揮得淋漓盡致，是一套相當有系統的灌輸男尊女卑之觀念的著作。婦人的卑弱，是全書的立論中心，「陰陽殊性，男女異行。陽以剛為德，陰以柔為用，男以強為貴，女以弱為美」（《女誡・敬慎》），由此再延伸出對女性的諸種限制與德行要求，特別是在守貞盡節方面，也費力著墨，大力鼓吹。

所謂「貞節」，就如同「忠臣不事二君」般，強調「烈女不事二夫」的觀念。女性的貞節是為其丈夫所獨占，「夫有再娶之義，婦無二適之文」（《女誡・夫婦》）。婦之於夫，不但視之如天，不可逃、不可離，而且要服從他、侍奉他，對他忠貞不二，即使夫亡亦不得隨意改嫁。貞節是女性的專利，也是對女性最高的評價，「餓死事小，失節事大」，於是，手臂被男子觸引，就舉斧斷臂，以表節烈[5]，被男人以言語戲弄，就投河自盡，以示堅

5 根據宋朝歐陽修的《新五代史・雜傳序》：「予嘗得五代時小說一篇，載王凝妻李氏事，以一婦人猶能如此，則知世固嘗有其人而不得見也。凝家青、齊之間

貞[6]。情勢、時代不同，行爲卻如此驚人的一致，女人的生命因困守禮教而變得緊張脆弱，但也因世人的旌表節烈，更反襯出婦女奉行禮教的堅毅信念。

外在禮教規範在父權社會不斷鼓勵與強化下，早已落根爲內在深層的心理結構，就以今日社會來看，許多男性常以貞操觀念已經落伍的託詞來鼓勵女性解除武裝，但是打破「貞女烈婦」的荒誕，或拆解「處女崇拜」的圖騰，除了讓男人更可以隨心所欲的逢場作戲外，女人對於非「完璧之身」的自卑陰影，依然會殘存在日後與非同一男人的婚姻生活中。貞操觀念的解放，絕不是行爲態度的改變即能臻至，如何從對傳統文化的認同中覺醒才是首要針砭之處。

三 從法律制度規範

男尊女卑的文化型態，透過法律制度的建立，更加牢不可破。

（筆者按：古代北方之意應屬今山東地區），為虢州司戶參軍，以疾卒於官。凝家素貧，一子尚幼，李氏攜其子，負其遺骸以歸。東過開封，止旅舍，旅舍主人見其婦人獨攜一子而疑之，不許其宿。李氏顧天已暮，不肯去，主人牽其臂而出之。李氏仰天長慟曰：『我為婦人，不能守節，而此手為人執邪？不可以一手並汙吾身！』即引斧自斷其臂。路人見者，環聚而嗟之，或為彈指，或為之泣下。開封尹聞之，白其事於朝，官為賜藥封瘡，厚恤李氏，而笞其主人者。嗚呼，士不自愛其身而忍恥以偷生者，聞李氏之風，宜少知愧哉！」

6 《列女傳》卷五〈節義傳〉記載「魯秋潔婦」的故事：魯人秋胡，結婚五日就從軍戎守邊疆，隔了五年後返家途中，臨時起意戲弄路邊美麗的採桑婦，並以金銀誘惑她「力田不如逢豐年，力桑不如見國卿。吾有金，願以與夫人」，沒想到採桑婦卻怒斥他不要有邪惡之念，她只知侍奉雙親供養丈夫毫無淫泆之心，秋胡自討沒趣回到家後叫人把妻子找來，才發現採桑婦正是自己的妻子，妻子大罵他「好色淫泆，是汙行也，汙行不義。夫事親不孝，則事君不忠。處家不義，則治官不理。孝義並亡，必不遂矣。妾不忍見子改娶矣，妾亦不嫁」，說完跑出家門投河自盡。秋胡戲妻的故事最早出現在西漢劉向的《列女傳》與晉葛洪的《西京雜記》，以此故事為主軸，衍生出許多歌頌貞節婦女在桑野拒絕誘惑的故事基型，例如晉傅玄曾以相和歌辭清調曲作〈秋胡行〉二首，唐高適則有〈秋胡行〉一首，漢朝佚名作品〈陌上桑〉中羅敷和使君的精彩對白，曾是筆者中學時期必須背誦的詩詞名作。

從出生之時的待遇說起，生男可繼承香火，「載寢之床，載衣之裳，載弄之璋」，故曰「弄璋」，生女只是傳宗接代的工具，「載寢之地，載衣之裼，載弄之瓦」，故曰「弄瓦」，宗法觀念使古代「溺女」之事屢見不鮮，因此，元代特爲此設立溺女之禁令[7]。次就財產的繼承而言，「唐宋元明暨清代法律關於財產之繼承，只承認嫡庶子男分析家財，除嫁資外，女子未有明文規定。」[8]女子經濟權沒有保障，生命權也附屬在父兄的命運上，「一家之中父兄犯罪，其女或姊妹均不免被誅累」[9]。

就夫婦之間的關係而言，「夫婦間彼此之犯罪，其處罰以不相平等爲原則。即夫犯妻者，其處罰較夫犯一般人爲輕；而妻犯夫者，則較妻犯一般人爲重。」[10]若是妻毆打夫之父母，其罪也較夫之毆打父母爲重[11]，而且也可能因此而被強制離婚[12]，夫妻之間的不平等，在法律條文方面昭然若揭。此外守貞盡節的觀念，也透過法治之干涉與獎勵，成爲天經地義的善良風俗。秦朝只是勸導貞節，漢朝是封建禮教形成的重要時代，直接用法律來獎勵貞節，例如公元前 58 年（漢神爵四年）詔賜「貞婦順女帛」，這是中國有史以來第一次褒獎女子的貞順；公元 118 年（漢元初六年），又有旌表貞節的紀錄，《後漢書．安帝本紀》上記載：「元初六年二月，詔賜貞婦有節義穀十斛，甄表門閭，旌顯厥行」，朝廷威脅利誘促進貞節，加強對女子的控制[13]。各個朝代也幾乎都有表彰貞女烈婦的記載，在清代時，連「未婚夫死，聞訃自盡者」及「未婚夫死，哭往夫家守節者」，都在表揚之列。

「男主外女主內」的禮教規範，形成女子與社會的隔絕與對政治的無知，所以，在中國，女子爲皇帝者，僅有上古神話時期的女媧氏，和篡唐爲

---

7 趙鳳喈，《中國婦女在法律上之地位》，臺北：食貨出版社，1977，頁 6。

8 趙鳳喈，《中國婦女在法律上之地位》，頁 12。

9 趙鳳喈，《中國婦女在法律上之地位》，頁 16。

10 趙鳳喈，《中國婦女在法律上之地位》，頁 62。

11 趙鳳喈，《中國婦女在法律上之地位》，頁 70～71。

12 趙鳳喈，《中國婦女在法律上之地位》，頁 52～53。

13 陳東原，《中國婦女生活史》，臺北：商務印書館，1994，頁 45。

周的武則天。雖然歷代沒有明文規定女子不得參政，但事實上，卻是已成共同墨守的禁令。女人不得拋頭露面，不得與男性爭權，她們的社會地位是從其夫而定的，「凡婦人無爵，從其夫之爵位」（《禮記．雜記上》），或者因其夫、子或孫的品官高低而封贈，「妻以夫爲貴」的觀念循此衍生。凡此種種，皆是法律制度的實際規範，它助長禮教文化所宣揚的價值觀念，更加烙印於人心。

四 從生理結構形塑

陽剛陰柔的觀念也從男女兩性的生理結構，推論到人格特質的表現上。

從生理結構來看，男人顯然比女人高大、壯碩、肩膀寬厚、肌肉發達，女人則相對的體型較爲嬌小、手腳纖細、肌膚細膩。根據醫學上的研究指出，男人不僅在外表上比女人魁梧，其內臟也比較大、比較重，新陳代謝的速度也較快，因此男人需要較多的食物，其蓄積潛在能源的力量因而提高，所以男人顯得孔武有力是有其原因的。男女兩性不論就身材比例、第一第二性徵，或從生理學、解剖學上來看，都有著明顯的不同，此雖爲不爭的事實，但不能因此而類推到精神、心理方面的差異上。換句話說，男人的肌肉較爲發達，並不意味著在性格上就比女人剛強，在智力的發展上也比女人進步，何況生理上的差異，也非那麼絕對，經由後天的訓練是可縮小差距。

目前針對男女兩性的差異研究，傾向以兩種方式區分，一是指生物學上的差別，簡稱之爲「性」（sex），一是指文化上的或心理上的差別，簡稱之爲「性別」（gender）。首先，就「性」而言，男女兩性在生物學上的差別是多層次的，但不管從哪一方面解剖分析，都不能證明叔本華（Arthur Schopenhauer, 1788～1860）說的：大自然偏愛男性，給男性較高的智力、體格，甚至外貌，女性則是發育不良的劣質性別。男女雙方眞正的區別主要有四項：月經、生育、哺乳和射精，以生物性的區別來看，只能說明男女有別，並不能做價值性的分判。其次，以後天社會發展出來的「性別」分析，男女兩性在文化上的差別也是多樣的，能夠清楚顯示確實的差別不但有限，且也因近來女性主義帶來的社會變革，個體的多元發展早已打破許多既定的印象。例如：一般認爲，女性的語言表達較好，男性的數學能力較高，女性較乖巧聽話，男性較喜競爭支配等等，已有許多專論指出，這歸因於社會化的結果比認定是生物性的決定要有意義，換句話說，透過社會要求的轉變，男女的性別差異也會跟著轉變。

由於父母對男孩的教育傾向「期望型」，對女孩則是「保護型」的，加上男女因性別的差異造成性心理發展的歧異，都使得男性的自我意識發展較女性早也較明確[14]，所以，我們不但應改變傳統對女性的錯誤認知，更應在教育上視個別能力因材施教，而非因性別而產生不同的對待。

五 從藝術作品渲染

男女性別外在線條的剛柔對照，在成爲各項藝術作品的創作題材後，更合理化文化中的規範。例如：在戲劇上，男子威風凜凜的裝扮，女子柔順賢淑的公開示範；在雕塑、繪畫上，男子的外貌大多體態剛健，與虎、豹同其象徵，代表力量與權勢，女性則以展示柔美的曲線爲主，表現嫵媚、典雅、賞心悅目的和諧之美。這種創作上的表面取樣，在日常生活中的反覆再現，乃從欣賞的角度逐步深化成男女理想的永恆形象。

文學作品也常見到對男尊女卑之觀念的極度誇張與渲染，它們在潛移默化中，不但助長傳統禮教文化的影響力，更使婦女的形象遭受扭曲。例如：歷史上夏桀因寵愛妹喜，爲她築瑤臺、建瓊宮、造酒池，而以暴虐荒淫之名遺臭千古；商紂王設炮烙之刑，藉囚犯的體膚之苦以博取妲己一笑，終爲文王、武王的「仁義之師」取而代之；周朝不幸也同樣出現一位足以迷亂君王的大美女褒姒，使得幽王亦難逃眾叛親離、天下崩裂的命運。舉凡貌美或用權之女性，皆非善類，這是史家主觀記錄的歷史，但卻在許多文學作品中

---

14 根據佛洛依德（Sigmund Freud, 1856～1939）的《性學三論》（*Three Contributions to the Theory of Sex*, 1920），以及後來精神分析學派的分析，男女性心理發展的首要關鍵，在於兒童對於「伊底帕斯情結」和「閹割情結」解決方式的不同，男童因有害怕被父親閹割之恐懼，故能內化父親所代表的社會價值，在「本我」和「超我」的衝突過程中建立「自我」意識；女童則欠缺陽具不會害怕被閹割，或者已經認為和母親一樣早就被閹割，因此認同母親，與母親共生而未能感受自我。

反覆出現，或是奉勸人君，或是警惕世人，皆無非是在強調「女人是禍水」的歷史見證，督促人們女人如不善加管教，易惹禍端。即使是在通俗小說中，許多作者也肆意渲染「紅顏禍國」的觀念，例如《水滸傳》就有「美女不好，好女不美」之論；《封神演義》將妲己寫成是千年狐狸精轉世，以她的陰狠、殘酷……襯托出「紅顏禍國殃民」的主旨。

女人形象受到扭曲，是多管齊下的。傳說中的洛神，有閉月羞花之貌、沉魚落雁之姿；唐朝的楊貴妃，李白讚揚她美如白雲、花朵、春風、瑤臺仙女，白居易形容得更傳神，說她「回眸一笑百媚生，六宮粉黛無顏色」，她嫵媚動人令玄宗「春宵苦短日高起，從此君王不早朝」；明末蘇州名妓陳圓圓，美豔絕倫、傾國傾城，冒辟疆在《影梅菴憶語》中描述道：「其人淡而韻，盈盈冉冉，衣椒繭，時背顧湘裙，眞如孤鸞之在煙霧。」從這些文人的讚嘆中，可以嗅聞出男性的審美標準：美女是出塵絕俗、不食人間煙火的神仙佳人；是風姿綽約、千嬌百媚的狐狸精；是溫柔飄逸、孤高清雅的夢中情人。這些描述，實在說來，期望的成分多於事實的陳述，在以男性爲主的社會中，不但造成女性竭力隱藏自己的眞性情，紛紛效顰，也催生出「女人是玩物」的觀念。以至於，清初李笠翁竟然囂張地以男性立場大談女性美爲何物，公開表示「美人是五官四體皆爲人設的」[15]，從皮膚顏色、眉目濃淡潤澤、手腳纖細無骨等等，描述女人的姿色容貌，強調女人嫵媚柔順的重要。這不但是對女性人格美的漠視，更使生活在男性威權主義下的女人，不得不趨附於這些價值觀，而掩飾自己原有的盼望。

貳 近代中國的婦運

從以上五個面向來看，傳統文化中的女人，已有其根深柢固的形象，女人眞正的特質也在文化泥漿的粉飾中喪失其原有的意義。重男輕女的文化，使得女性向來就沒有地位可言，只有身爲母親之後，在子媳兒孫面前可

---

15 陳東原，〈男子眼中的女性美〉，收錄在李又寧、張玉法主編之《近代中國女權運動史料》（上冊），臺北：傳記文學，1975，頁1。

以有較高的家庭身分，不過也不會跨越家庭門檻之外。漢初的呂后、唐代的武則天和清代的慈禧太后，可算是女性擺脫傳統形象的一些特例，但稱不上是提升女權的運動，那僅是歷史長河中偶一竄起的浪花。

一 滿清末年

眞正廣泛倡議中國男女平權之說，是在滿清末年，由於西方現代思想的衝擊而出現的轉機。1825 年，李汝珍（1763～1830）的小說《鏡花緣》，大談女人治國的理想，全書一百回，前半部描寫唐敖與妻兄林之洋、舵工多久公，三人乘船到海外遊歷的故事，他們經歷了大人國、跂踵國、君子國、元股國、無腸國、黑齒國、勞民國、智佳國、靖人國、白民國、聶耳國、巫咸國、女兒國、崎舌國、厭火國、兩面國、無繼國、壽麻國、深目國、翼民國、淑士國、伯慮國、結胸國、軒轅國、犬封國等國家，藉由這些國名就可瞭解李汝珍對當時社會的一種批判與譏諷的態度，例如君子國、淑士國，就是以君子、淑士的美稱來反諷當代文人，兩面國、跂踵國是對於美德養成的期盼；其中第三十二回到了「女兒國」，「男子反穿衣裙，作爲婦人，以治內事；女子反穿靴帽，作爲男人，以治外事。男女雖亦配偶，內外之分，卻與別處不同」[16]是對男子壟斷科舉、文化的不滿，與對女性才學的肯定；李汝珍也反對女子纏足，第三十三回中敘述孔武有力的「黑鬚宮人」，強行爲林之洋纏足，讓林之洋「只覺腳上如炭火燒的一般，陣陣疼痛。不覺一陣心酸，放聲大哭道：『坑死俺了』」[17]，林之洋被纏足，又與女兒國的國王「調情」，都極具諷刺色彩，在這男女角色顚倒的世界，李汝珍不僅探討女性飽受纏足的痛苦煎熬，也同時表達對女子教育、女子參政，反對雙重貞操標準與關心婦女福祉的主張。至於第二部從後面五十回開始，則敘述武則天開科考試，準備錄取才女一百名，以回應小說一開始武則天稱帝

16 李汝珍，《鏡花緣》，臺北：世一文化，1991，頁 197。胡適曾經評論李汝珍的《鏡花緣》是一部討論婦女問題的小說，也是中國提出婦女問題的第一人，他認為此書將來在中國女權史上一定占有一個光榮的位置。

17 李汝珍，《鏡花緣》，頁 204。

後，於寒冬下令「百花齊放」，職司該責的百花仙女遭到天帝譴責「呈豔於非時之候，獻媚於世主之前」，而有一百位花神被罰降爲凡女的事件，其中一生不得志的秀才唐敖之女唐小山就是百花仙女下凡。

除了文學作品外，1851～1864 年間，洪秀全（1814～1864）所領導的太平天國，常被推崇爲中國女權最高的時期，太平天國信仰「上帝教」，主張「博愛、平等」，男女皆是上帝的子民，應該一視同仁，因此，女人除了未被封王外，女丞相、女軍師、女將軍、女士兵……皆開放給女性，當時甚至出現了首位女狀元[18]。1894年，甲午戰爭之後，中國出現兩項重要的運動：一是「不纏足」，二是「興女學」。早在 1882 年時，康有爲（1858～1927）即在廣東省創辦「不纏足會」；1898 年戊戌政變後逃難印度期間，康有爲寫下《大同書》，全書數十萬言，內容博雜，其中對中國傳統男尊女卑、陽剛陰柔、女性的片面貞操、三從四德的教養等不合理現象大加批判，尤其是女性的纏足，康氏直指爲是政治上統治與被統治關係的延伸，是一種控制的伎倆。解放女性小腳的運動，成爲當時中國女權運動的重要指標，各地紛紛成立不纏足會。1886 年，梁啟超（1873～1929）曾草擬一份不纏足會的簡明章程，第一條的立會大意即提到：「此會之設，原爲纏足之風，本非人情所樂，徒以習俗既久，苟不如此，即難以擇婚，故特創此會，使會中同志，可以互通婚姻，無所顧慮，庶幾流風漸廣，革此澆風」[19]。

---

18 據載「太平天國，共有女軍四十軍，每軍有女兵二千五百人，共計十萬人……，女官總數為六千五百八十四人。太平軍自起義時，即設有女營制度」（頁 723）；又「同時婦女開科，應試的約有二百餘人，題目是『惟女子與小人為難養也』，這對於女性，明明含有侮辱的意味，可是傅善祥竟高踞鰲頭，號稱為女狀元，這倒是有史以來破題兒第一聲」（頁 729）。收錄在李又寧、張玉法主編之《近代中國女權運動史料》（下冊），臺北：傳記文學，1975，頁 721～732。

19 入會之後尚有五條重要的規定：(1) 凡入會人所生子女，不得纏足。(2) 凡入會人所生男子，不得娶纏足之女（此指入會後所生男而言。若入會前年已長大，無不纏足之女可娶，或入會人尚少，擇配不易相當，則不在此例）。(3) 凡入會人所生子女，其已經纏足者，如在 8 歲以下，須一律解放，如在 9 歲以上不能放解者，須於會籍報明，方准其與會中人婚娶。(4) 凡入會者書其姓名年歲籍貫居寓仕履，之後，去世時年僅 31 歲的革命女傑秋瑾（1875～1907）女士，不但在上海創辦《中國女報》，鼓吹女性爭取自身的權利，也成立「天足會」，秋瑾認爲，欲興女學、提倡女權，應該先從「放足」開始[20]。

圖 2-1　康有為
（1858 ～ 1927）

圖 2-2　梁啟超
（1873 ～ 1929）

圖 2-3　秋瑾
（1875 ～ 1907）

至於在廣興女學堂方面，最早設立的應該是西方人爲傳教之目的所開辦的女私塾，據考證，1884 年，由美以美會設於鎮江寶蓋山的女子學校，是最早的女學堂[21]。甲午戰後，西方教會在中國開辦女學堂蔚爲風潮，女性受到知識的啟蒙，眼界大開，紛紛以新時代兒女自居，鼓吹新思想，推動新觀念，女權運動的號角顯然已經響起。然而，如果我們仔細探究，將不難發現，這個時期的女權運動，究其實仍然是站在父權意識下所做的考量，是父系利益的延伸，並非眞正以女性意識爲後盾的改革。以當時鼓吹最力的梁啟超爲例，在他所著的〈論女學〉一文中，他提出興女學的目的主要有四個

及妻之姓，子女之名（凡未訂婚者皆報名，已訂婚者無須報名），以備刊登會籍之用。(5) 凡入會後所生子女，當隨時陸續報名，以備續刊會籍。陳東原，《中國婦女生活史》，頁 317～318。

20 關於秋瑾之生平記載、追悼祭文，廣泛收錄在李又寧、張玉法主編之《近代中國女權運動史料》（下冊），頁 1,469～1,486。

21 陳東原，《中國婦女生活史》，頁 319。

意義[22]：

㈠「凡一國之人，必當使之人人各有職業，各能自養，則國大治」，而今卻是「女子二萬萬，全屬分利，而無一生利者」，所以，爲減輕男人的負擔，需要培養女子的職業技能，以便累積民富，民富則可望國強。

㈡ 爲學可以「內之以拓其心胸，外之以助其生計」，女子因爲沒有接受教育，欠缺這方面的薰陶，所以造成「家庭之間，終日不安，入室則愀，靜斯歎，此其損人靈魂，短人志氣」，即使是豪傑倜儻之士，長年累月下來，會「志量局瑣，才氣消磨」。因此，教化女子，可免婦人之拖累男子。

㈢「治天下之大本二，曰正人心，廣人才，而二者之本，必自蒙養始，蒙養之本，必自母教始，母教之本，必自婦學始，故婦學實天下存亡強弱之大原也。」這是以婦學來提升母教，以母教來正人心、廣人才。

㈣ 一個國家想要擁有強兵，莫不令其「國中婦人，一律習體操，以爲必如是，然後所生之子，膚革充盈，筋力強壯也」，所以「婦學爲保種之權輿也」。

從以上四個理由看來，女子求學、強身、就業，是爲了要保教、保種、保國，這並非女性意識的伸張，女人非但沒有因此獲得解放，反而更加深女性本身的可利用性。換句話說，在自由、平等的名目下，其實是婦女資源的重新發現，強調女性地位的重要及教育女人，是爲使她們更能扮演賢妻良母的角色，更有增產報國、富國強兵的能力，至於傳統性別角色的社會結構，並未受到認眞的質疑進而提出批判。

二 民國之後

民國前 9 年（1903 年，署名「愛自由者」之金一，撰寫《女界鐘》[23]，

---

22 梁啟超，〈論女學〉，收錄在李又寧、張玉法主編之《近代中國女權運動史料》（上冊），頁 549～555。

23 金天翮，《女界鐘》，陳雁編校，上海：古籍出版社，2003。「愛自由者」之金一本名金天翮，是一位詩人也是學者，曾短暫擔任過吳江縣教育局長、江南水利局局長，主要從事教育工作，曾在蘇州國學會講學，任教於上海光華大學。所著

建議婦女應該改變傳統生活的方式，作自己的主人，他的論述實在相當精彩，在許多堅持傳統的衛道人士之口誅筆伐中，更顯現其見解的獨樹一格。他認爲中國婦女有「四大障礙」：㈠是纏足，「吸煙纏足，男女分途，皆日趨於禽門鬼道」；㈡是裝飾，「皆足以玩物喪志，借瑣耗奇，夫安有餘暇以攻書史談天下事也」；㈢是迷信，「日念普門大士湄洲聖母，不如自爲大士聖母之爲愈也，楊枝甘露，灑遍大千，披髮仗劍，逍遙海上，慧眼微觀，眾生之苦惱如此矣」；㈣是拘束，「權力圈限，去筐筍數十步，即不敢聞問，出門半里了，不辨方向，世間普通情事，說之猶多茫昧，此非其生而愚也」。因此，他倡議女子應該走出卑弱的窠臼，爭取「六項權利」：㈠入學之權利；㈡交友之權利；㈢營業之權利；㈣掌握財產之權利；㈤出入自由之權利；㈥婚姻自由之權利。現代女性應該有「八項目標」：㈠高尚純潔完全天賦之人；㈡擺脫壓制自由自在之人；㈢思想發達具有男性之人；㈣改造風氣女界先覺之人；㈤體質強壯誕育健兒之人；㈥德行純粹模範國民之人；㈦熱心公德悲憫眾生之人；㈧堅貞節烈提倡革命之人。

思想的啟迪與不斷的教育，在國事紛亂的民國前後，不論男女，只要是有識之士，人人都有救亡圖存的愛國熱誠，當時婦女爲響應革命行動，也紛紛成立女子軍、女子光復軍、女子北伐隊等軍事組織，迨民國成立之後，這些組織，乃順理成章的成爲女子參與政治的生力軍，積極爭取立法落實男女平權。但是，民國元年（1911 年）3 月公布的《臨時約法》，並未實現當時女性團體針對男女平權要求立法的請願，於是，乃有女子參政同盟會的唐群英率眾打進議院的抗議事件發生。1919 年，五四運動時女權運動風雲再

的《女界鐘》一書內容大綱為：第一節緒論，第二節女子之道德（所謂女訓、相夫、閨範之意義），第三節女子之品行（探討中國女子之品行的養成須先屏除之四害——纏足之害、裝飾之害、迷信之害、拘束之害），第四節女子之能力（引用醫學理論「身體越大者，腦之比例越絀」，以證明女子天賦優於男子），第五節女子教育之方法（說明為何而學、學成之用，以及教育所希望培養的女子特質），第六節女子之權利（有六項權利），第七節女子參與政治（駁斥自古反對婦女取得參政權的因素，並提出理想中的中國女權之發展和期望），第八節婚姻進化論（探討婚姻自由之風的源起和發展），第九節結論。

起，爲反抗舊禮教的束縛，離家求學的女子、出洋留學的女子、反抗婚姻制度的女子、大談自由戀愛的女子、從軍報國的革命女子……，越來越多突破舊式規範的新女性，儼然爲下一代的女權運動者立下更加理直氣壯的典範。適時，男性知識分子的大作文章積極鼓吹，也是功不可沒，例如：1916年，陳獨秀在《新青年雜誌》上撰文呼籲女性「勿爲他人的附屬品」之後，陶孟和、胡適、劉半農等當時的名流雅士，也投入討論婦女問題的行列中。

1931 年，國民政府北伐成功統一全國之後，公布《訓政時期約法》，其中第 6 條規定：「中華民國國民無男女、種族、宗教、階級之區別，在法律上一律平等」，中國婦女的參政地位獲得確認。1946 年《憲法》公布，女性的選舉與被選舉權也得到了憲法上的保障。1947 年，行憲後的第一屆國大代表、立法委員、監察委員的選舉中，女性的當選率可謂成績斐然。1949 年，國民政府播遷來臺之後，更漸次透過立法建立制度，以保障婦女的權益。2000 年的總統選舉，臺灣婦運的先鋒呂秀蓮女士當選有史以來第一位民選的女性副總統，而新內閣也大量晉用女性優秀人才參與決策。

女權運動不僅要爭取政治參與，更要廣泛從事社會參與。臺灣婦運自 1970 年代呂秀蓮的「新女性運動」以來，已有許多傑出的女性在努力爭取政治權力之同時，也意識到傳統中重男輕女、男尊女卑的觀念，依舊是女人眞正要突破的框限。她們接續婦運多年的努力，以女性的觀點再出發，組織婦女團體、發行刊物、著書立說、演講請願，教育婦女先建立經濟上的獨立，努力提升知識水平，鼓吹婚姻的自主性，並積極串連女性各項資源，創立法律改善婦女處境。女權運動在臺灣已有許多豐碩的成果，然而，由於本身基礎不夠穩定，加上社會條件尚未成熟，婦女問題雖獲得部分解決，但是父權社會的宰制力量，卻反而化明爲暗，以更迂迴的方式護衛男性的利益。顯明的現象一旦化爲潛存的問題，就不易被察覺，更無從使力以破解。舉例來說，在今天的社會，女性地位雖獲得很多改善，但在面對許多層出不窮的社會問題之時，有許多人（包括女人在內），反而開婦運之倒車，明白表示對女權運動的排斥與厭惡，他們不希望女性主義肆無忌憚地繼續發展，高呼女人的舞臺在家庭，把成功的女人定位在輔助先生的事業、教養傑出的子女上，失去這兩者的女人依然被視爲有殘缺的女人，女性主義者常意味著愛情、婚姻不得意的女人之代名詞。由目前的各種現象看來，女權運動距其最終之理想，仍然相當遙遠。

 性別教育的新方向

梁啟超對富國強兵始於婦女受教的確是要論，但婦女受教的意義不僅僅只在於相夫教子上可以提升品質而已，主要乃是可藉此激發女性的自覺意識、實現自我。

一　加強女性自覺意識

一般人的行爲舉止，常常是一種習慣性的反應，很少認眞去分析行爲的動因，所以，自欺不但可能而且是常見的現象；此外，如果是審慎考慮後的行動，也可能在付諸實現的當下，完全背離理性的選擇，因爲，行動者在行爲的當時所最強烈感受到的，一定是該行動的所有利益已勝過平時的一切考慮。爲了避免此類的懊惱悔恨不斷發生，預見事件發生的後果，而在行動上努力促成或極力避免的自覺意識，是必須不斷用功加強的。經常性的審視自己的行爲，以遠離一種機械狀態，給予自己的行動有明確的交代、完整的理由，那麼更自主、自信的人格可以如此培養成形，且爲自己帶來更寬廣、穩健的人生視野。人類性格的完善，在於盡可能地達到完全自覺的境界，以往這是屬於男人才可盼望的特權，現在女性主義也不斷強調女人在這方面的可能性，甚至是無分性別、任何個體未來的發展方向。一如臺灣倡導女性主義的先鋒呂秀蓮女士的口號：「先做人，再做男人或女人」，社會資源應該盡可能分配給所有的居民，消除性別偏見，讓每一個人都有實現自我的機會。

今天以女性作爲主要訴求的對象，是因爲女性在傳統中的角色承受較多的壓抑，女性的自我設限亦較爲嚴重，所以，提升社會整體性的女性自覺乃有其必要。有鑒於此，現代女性在分析自己的性向、開發個人的潛能、培養獨特的人格上，應當視之爲當務之急而勤加琢磨陶鍊，不是刻意隱藏自己的性別，也不是以模仿男人作爲解放，而是去尋找自我、實現自我。事實上，一個將自己的角色限制於家庭中，或長年累月任勞任怨充當男人影子

的女人，反而是社會問題的潛在危機。因爲一個未曾保有「自我」的女人，易將全部的注意力擺在先生及子女的身上，對他們產生過度的期望，形成對方的壓力，女人自己也容易變得嘮嘮叨叨、惹人厭煩；相反地，一個懂得經營自我領域的女人，在人格特質的表現上，比較會顯現出平穩自信、圓融輕鬆的態度。常言道，擁有自我的人比較有能力帶給別人歡樂，所以，擁有自我、實現自我，不但是爲了女人自己，也可以說是間接地促進和諧的人際關係。

二 落實性別平等教育

在私人領域裡，原本被教育要認命的婦女，一旦接受女性主義的洗禮，自覺意識提升，那麼，如果她們急欲追求自我實現的熱誠，遠超過家中其他成員的認知腳步時，將如何去平衡成長的喜悅與家庭和諧之間的衝突？臺灣地區離婚率的逐年升高，已反映出這個問題的嚴重性。婦女問題的諮商專家針對此一現象，已有許多切中時弊的解決方案，但眞正的癥結是，社會表面現象的改變，並不能撼動文化深植於人心的偏見。例如：「重男輕女」的觀念今天雖見改善，卻仍然還是社會普遍存在的價值觀念；而對於願意顚倒「男主外女主內」的夫婦來說，在面對親友時仍有難以啟齒的心理壓力。所以，落實性別平等教育，從根本觀念澈底革新做起，才是釜底抽薪之方。在無分性別的眞正平等，各盡其能、各司其職，只考慮個人適當的發展，沒有性別束縛存在的理想尚未實現時，慎選另一半是目前女性婚前的首要責任，這樣婚後才有可能獲得配偶的體諒與支持，建立與對方同步成長的基礎。

至於在公共領域裡，制度的改革與推動，更有賴於男性的大力幫助。自從西方的女權思想擴及本土後，男性的觀察、體驗與著書立說，率先爲女性受壓迫的形式發出不平之鳴，他們所傳達的問題感，把普遍潛存於社會中的婦女問題公諸於世，因此，在女權運動的發展上，男性的聲音雖然仍見與女性切身問題的隔閡，但依然有其不可抹煞的重要貢獻。已發展三百多年的婦運，在社會制度的改革與推動上仍然有待努力，男女同工不同酬、升遷管道的不平等、照顧老人小孩的責任等等，還要繼續尋求改善[24]。如果社會能夠全面建立共識，從家庭生活、學校教育、社會制度、國家政策多方面入手，倡導性別平等的觀念，讓任一個體都能享有同樣的獨立自主權，擁有實現自我的同等機會，幫助女性解決實際的困難，透過立法保障婦女權益，改善她們的社會福利，那麼，無論是在個體的自我發展或社會價值的實現方

---

24 註表 -1　女性擔任民意代表、主管及經理人員情形　單位：千人

項目別	總計			工業			服務業		
	女性主管 (1)	主管人數 (2)	(1)/(2) %	女性主管 (1)	主管人數 (2)	(1)/(2) %	女性主管 (1)	主管人數 (2)	(1)/(2) %
2002 年	62	424	14.62	16	195	8.21	47	227	20.70
2007 年	81	462	17.53	19	203	9.36	62	258	24.03
2012 年	98	422	23.22	24	185	12.97	74	236	31.36
2017 年	106	383	27.68	27	158	17.09	79	225	35.11
較 2002 年增減 %（百分點）	70.97	–9.67	(13.06)	68.75	–18.97	(8.88)	68.09	–0.88	(14.41)

資料來源：行政院主計總處「人力資源調查」。

說明：1. 行業係分別按中華民國第八次及第十次修訂之行業標準分類統計。職業係分別按中華民國第五次及第六次修訂之職業標準分類統計。

2. 總計包含農、林、漁、牧業。

註表 -2　女性擔任專技人員情形　單位：千人

項目別	總計			工業			服務業		
	女性專技人員 (1)	專技人員 (2)	(1)/(2) %	女性專技人員 (1)	專技人員 (2)	(1)/(2) %	女性專技人員 (1)	專技人員 (2)	(1)/(2) %
2002 年	1,008	2,311	43.62	171	634	26.97	836	1,673	49.97
2007 年	1,340	2,886	46.43	252	851	29.61	1,087	2,031	53.52
2012 年	1,522	3,194	47.65	280	994	28.17	1,242	2,197	56.53
2017 年	1,740	3,452	50.41	328	1,056	31.06	1,411	2,391	59.01
較 2002 年增減 %（百分點）	72.62	49.37	(6.79)	91.81	66.56	(4.09)	68.78	42.92	(9.04)

資料來源：行政院主計總處「人力資源調查」。

說明：同表 -1，專技人員爲專業人員和技術員及助理專業人員合計。

註表 -3　民意代表、主管及經理人員女性之比率　單位：%

年別	臺灣	韓國	新加坡	日本	美國	法國	德國	義大利	英國	荷蘭	挪威
2007	17.5	8.8	30.4	9.2	42.7	37.8	28.7	33.7	34.4	28.0	31.6
2008	17.9	9.5	31.4	9.3	42.7	38.5	29.2	33.4	34.8	28.1	31.5
2009	19.4	8.6	31.3	10.7	42.7	38.1	29,7	33.8	35.6	28.5	34.0
2010	20.5	9.4	34.3	11.1	43.0	38.5	29.9	32.8	35.7	28.6	34.4
2011	21.6	10.1	33.9	11.4	43.1	39.3	30.3	25.1	34.6	29.3	31.5
2012	23.2	11.0	33.8	11.0	43.7	39.3	28.6	26.0	34.4	28.8	32.2
2013	25.0	11.5	33.7	11.2	43.4	36.0	28.9	26.9	34.0	24.6	32.8
2014	25.4	11.1	33.9	11.3	43.7	32.7	29.0	26.6	35.3	25.4	35.4
2015	25.3	10.3	34.0	12.4	43.6	31.7	29.3	26.6	35.4	26.0	36.0
2016	26.8	9.9	35.2	12.9	43.8	32.9	29.3	27.6	36.0	25.4	37.6
2017	27.7	12.5	34.5	13.2	44.0	33.4	29.2	27.5	36.2	26.6	38.4

資料來源：1. 我國－行政院主計總處「人力資源調查」。
2. 日本－http://www.stat.go.jp/。
3. 韓國－http://kosis.kr/eng/。
4. 新加坡－http://www.mom.gov.sg/。
5. 美國－http://www.bls.gov/cps/tables.htm#charemp。
6. 其餘－ILOSTATDatabase。

註表 -4　專技人員女性之比率　單位：%

年別	臺灣	韓國	新加坡	日本	美國	法國	德國	義大利	英國	荷蘭	挪威
2007	46.7	44.1	45.7	46.2	56.2	48.4	51.2	47.0	48.1	50.0	51.1
2008	47.1	43.4	45.6	46.6	56.7	48.9	51.1	47.4	48.6	49.7	51.5
2009	47.4	44.5	46.0	45.0	57.5	49.4	51.6	47.5	48.3	49.9	51.7
2010	47.3	44.4	44.5	46.0	57.4	49.1	51.8	47.6	49.0	50.2	51.2
2011	47.3	44.9	46.3	46.1	57.1	46.8	49.9	46.3	49.4	47.1	48.0
2012	47.7	45.3	45.7	46.2	57.2	47.3	50.7	45.9	49.2	47.2	48.2
2013	48.5	45.9	46.3	46.2	57.1	48.1	50.9	45.1	49.5	48.6	48.6
2014	49.8	46.5	47.1	46.2	57.2	49.6	51.2	45.6	49.4	48.5	51.6
2015	50.8	47.7	47.6	46.8	57.2	50.5	51.4	45.2	49.2	48.8	52.0
2016	51.3	47.6	47.8	46.9	57.0	50.5	51.3	45.4	49.3	48.9	52.3
2017	50.4	48.4	47.6	47.3	57.0	50.3	51.5	46.2	49.9	49.3	52.9

資料來源：同表 -3。

註表 -5　行政機關公務人員之各官等性別結構　單位：%

項目別		2007	2008	2009	2010	2011	2012	2013	2014	2015	2016	2017
總計	男	67.55	66.87	66.13	65.02	64.46	63.85	63.18	62.26	61.59	61.18	61.26
	女	32.45	33.13	33.87	34.98	35.54	36.15	36.82	37.74	38.41	38.82	38.74
民選首長	男	89.35	89.39	89.24	88.66	88.51	88.94	88.94	85.53	84.21	82.02	83.56
	女	10.65	10.61	10.76	11.34	11.49	11.06	11.06	14.47	15.79	17.98	16.44
政務人員	男	86.10	85.04	83.73	83.72	81.94	81.68	81.58	80.33	80.27	77.98	78.74
	女	13.90	14.96	16.27	16.28	18.06	18.32	18.42	19.67	19.73	22.02	21.26
簡任（派）	男	79.01	77.72	76.35	74.56	73.10	72.83	71.86	70.43	69.37	68.21	66.99
	女	20.99	22.28	23.65	25.44	26.90	27.17	28.14	29.57	30.63	31.79	33.01
薦任（派）	男	55.93	54.88	53.88	52.47	51.09	49.93	49.00	47.88	47.13	46.63	46.13
	女	44.07	45.12	46.12	47.53	48.91	50.07	51.00	52.12	52.87	53.37	53.87
委任（派）	男	45.92	45.67	45.26	44.78	43.65	43.22	42.79	43.04	42.87	43.06	42.98
	女	54.08	54.33	54.74	55.22	56.35	56.78	57.21	56.96	57.13	56.94	57.02
雇員	男	31.33	30.02	29.95	27.00	26.86	26.21	26.12	26.34	26.13	25.53	28.59
	女	68.67	69.98	70.05	73.00	73.14	73.79	73.88	73.66	73.87	74.47	71.41
法官檢察官	男	...	...	...	...	...	59.91	58.75	58.37	57.14	56.67	56.12
	女	...	...	...	...	...	40.09	41.25	41.63	42.86	43.33	43.88
警察人員	男	96.12	95.50	95.04	94.28	93.87	93.56	93.30	92.84	92.21	91.52	90.68
	女	3.88	4.50	4.96	5.72	6.13	6.44	6.70	7.16	7.79	8.48	9.32

資料來源：銓敘部性別統計。
說明：「...」表示數字不明。

註表 -6　已婚女性無工作狀況　單位：%

2017 年	總計		結婚離職至今無工作	生育（懷孕）離職至今無工作	其他原因離職至今無工作	婚前至今無工作
	人數（千人）	%				
教育程度	2,212		29.11	18.26	25.77	17.85
國中以下	674	55.95	29.99	12.81	19.68	27.58
高中（職）	833	43.24	33.71	18.11	21.77	17.15
大專以上	706	34.54	22.83	23.63	36.30	9.38

資料來源：行政院主計總處「婦女婚育與就業調查報告」2017 年 6 月編印。
說明：調查對象 15 至 64 歲已婚女性。

註表 -7　有工作能力之無就業意願原因　單位：%

2017 年	人數（千人）	需要照顧家人（子女、長者、失能者）	家事需求	家庭經濟許可不需工作	健康不良或傷病
男	822	4.77	1.05	18	19.46
女	2,314	18.07	47.03	14.79	5.55

資料來源：行政院主計總處「人力運用調查」2017 年 12 月編印。
說明：調查對象 15 至 64 歲。

註表 -8　男女初任人員之平均每月經常性薪資　單位：元，%

項目別	總計	國中及以下	高中或高職	專科	大學	研究所及以上
總計						
2008 年	24,061	19,688	21,117	23,908	26,563	31,453
2009 年	23,896	19,543	20,869	23,588	26,175	31,214
2010 年	24,240	19,848	21,155	23,891	26,455	31,679
2011 年	24,655	19,822	21,183	23,388	26,577	32,321
2012 年	25,036	20,375	21,727	23,732	26,722	31,639
2013 年	25,175	20,690	21,946	23,890	26,915	32,017
2014 年	25,634	20,986	22,341	24,304	27,193	32,269
2015 年	26,230	21,836	22,980	24,824	27,655	32,638
2016 年	26,723	22,221	23,380	25,198	28,116	33,313
2017 年	27,055	22,841	23,806	25,527	28,446	33,633
女性						
2008 年	23,671	19,244	20,615	23,477	26,212	31,168
2009 年	23,513	19,052	20,396	23,175	25,820	30,959
2010 年	23,831	19,350	20,635	23,422	26,078	31,405
2011 年	24,251	19,526	20,702	22,981	26,197	32,079
2012 年	24,741	20,130	21,376	23,425	26,454	31,426
2013 年	24,880	20,473	21,631	23,593	26,618	31,790
2014 年	25,337	20,816	22,026	24,003	26,905	32,044

項目別	總計	國中及以下	高中或高職	專科	大學	研究所及以上
2015 年	25,946	21,666	22,672	24,518	27,383	32,434
2016 年	26,450	22,082	23,085	24,924	27,848	33,077
2017 年	26,822	22,731	23,558	25,289	28,209	33,449
男性						
2008 年	24,438	20,090	21,599	24,334	26,908	31,730
2009 年	24,263	19,978	21,322	23,990	26,520	31,459
2010 年	24,635	20,288	21,651	24,355	26,831	31,942
2011 年	25,055	20,114	21,658	23,798	26,954	32,554
2012 年	25,328	20,617	22,072	24,039	26,987	31,846
2013 年	25,468	20,902	22,257	24,189	27,210	32,237
2014 年	25,928	21,157	22,652	24,607	27,480	32,486
2015 年	26,512	22,004	23,284	25,129	27,925	32,836
2016 年	26,992	22,357	23,668	25,473	28,379	33,540
2017 年	27,284	22,947	24,049	25,764	28,680	33,811
女／男（男=100）						
2008 年	96.86	95.78	95.44	96.47	97.41	98.22
2009 年	96.91	95.36	95.65	96.61	97.36	98.41
2010 年	96.74	95.38	95.31	96.17	97.19	98.32
2011 年	96.79	97.08	95.59	96.57	97.19	98.54
2012 年	97.68	97.64	96.84	97.45	98.03	98.68
2013 年	97.69	97.95	97.19	97.54	97.82	98.61
2014 年	97.72	98.39	97.23	97.54	97.91	98.64
2015 年	97.87	98.47	97.37	97.57	98.06	98.78
2016 年	97.99	98.77	97.54	97.84	98.13	98.62
2017 年	98.31	99.06	97.95	98.16	98.36	98.93

資料來源：行政院勞動部「職類別薪資調查」。

註表 -9 男女薪資差距 單位：元，%

項目別	男性			女性			女 / 男（男性 =100）（%）平均時薪比	男女差距（%）
	總薪資（元）(1)	總工時（小時）(2)	平均時薪（元/小時）(1)(2)	總薪資（元）(3)	總工時（小時）(4)	平均時薪（元/小時）(3)(4)		
2008 年	48,944	181.9	269	38,829	177.1	219	81.4	18.6
2009 年	46,376	178.4	260	37,206	174.8	213	81.9	18.1
2010 年	48,716	183.3	266	39,195	178.4	220	82.7	17.3
2011 年	50,045	181.2	276	40,160	175.7	229	82.8	17.2
2012 年	49,935	180.7	276	40,486	175.6	231	83.4	16.6
2013 年	49,931	179.5	278	40,673	174.2	233	83.9	16.1
2014 年	51,464	180.3	285	42,481	175.0	243	85.0	15.0
2015 年	52,653	177.6	296	43,709	172.5	253	85.5	14.5
2016 年	52,824	171.7	308	44,168	166.9	265	86.0	14.0
2017 年	54,066	171.5	315	45,333	167.2	271	86.0	14.0

資料來源：行政院主計總處「受僱員工薪資調查」。

說明：總薪資 = 經常性薪資 + 非經常性薪資 (含加班費)，總工時 = 正常工時 + 加班工時。

註表 -10 主要國家同酬日 單位：元，%

年別	臺灣	美國	瑞士	德國	奧地利	法國	西班牙	歐盟（27 國）
2014	2 月 28 日	4 月 08 日	3 月 07 日	3 月 21 日	3 月 19 日	4 月 07 日	2 月 21 日	2 月 28 日
2015	2 月 24 日	4 月 14 日	3 月 09 日	3 月 20 日	3 月 31 日	3 月 26 日	2 月 21 日	...
2016	2 月 23 日	4 月 12 日	2 月 24 日	3 月 19 日	3 月 10 日	3 月 29 日	2 月 22 日	...
2017	2 月 21 日	4 月 04 日	2 月 24 日	3 月 18 日	3 月 04 日	3 月 31 日	2 月 22 日	...
2018	2 月 21 日	4 月 10 日	2 月 24 日	3 月 18 日	2 月 27 日	3 月 26 日	...	...

資料來源：1. 美國由於統計資料無法及時取得，選定每年 4 月之某一個星期二爲同酬日。http://www.pay-equity.org/day.html。

2. 瑞士職業婦女協會（BPW）：http://www.equalpayday.ch/。

3. 德國職業婦女協會（BPW）：http://www.equalpayday.de/。

4. 奧地利職業婦女協會（BPW）：http://www.equalpayday.at/

面，一個能夠兼顧整體性與包容性的社會，才可望能夠眞正實現。其實，女人解放的同時也是男人解放的契機，傳統社會加諸在女人身上的束縛，也加深男人的沉重負擔，性別的刻板印象只會讓男女雙方活在莫須有的期望中，如何適才適性（個性）的發展，才是我們應該考量的方向。

 臺灣婦女組織機構

在亞洲地區，臺灣的女權運動可以說是成績斐然的，透過許多女性先進的奔走籌劃，不但女性書籍、研究論述大量出版，婦女組織、救援團體也相繼成立。早期，臺灣的婦女團體以及相關機構，約可分爲下列幾種並介紹幾個代表性的團體[25]：

---

equal-pay-day。

5. 法國職業婦女協會（BPW）：http://www.bpw.fr/fr/accueil.html。
6. 西班牙職業婦女協會（BPW）：http://bpw-spain.org/。
7. 歐盟執委會：http://europa.eu/rapid/press-release_IP-13-165_en.htm。

說明：2013年時我國女性薪資較男性少16.1%，女性需增加工作59天，薪資才能和男性相同，所以2014年的同酬日是2月28日。「同酬日」（Equal Pay Day）的概念源自於「美國國際職業婦女協會」（Business and Professional Women, BPW）在1988年發起的「紅皮包運動」（在活動日當天全部背起紅皮包，一來醒目，二指負數，意指女性的收入跟男性比起來始終處於負數的狀態），之後美國「全國同酬委員會」（National Committee on Pay Equity, NCPE）爲喚起各界對於男女薪資差異之重視，於1996年發起同酬日活動，因粗估女性須工作至週二才能和男性前一週所賺取薪資相等，故象徵性地選定每年四月的某一個星期二就是同酬日。

25 關於女性團體組織機構的相關資料，乃是在參加泛太平洋暨東南亞婦女協會中華民國分會（PPSEAWA），於1999年3月12日至14日，在臺北世貿中心舉辦的「分享與交流——跨世紀全國婦女博覽會」上，蒐集之導覽手冊和各組織機構的出版品，加上多年之剪報資料編寫而成。並根據2001年4月15日成立的「臺灣婦女團體全國聯合會」的大會資料，做若干新資訊的修正。

一 官方及附屬官方的婦女組織

㈠團體

婦聯會、婦工會、省婦女會、臺北及高雄市婦女會。

㈡特色

婦聯會於 1950 年 4 月 17 日成立，創始人爲蔣宋美齡女士，其成立的宗旨是「聯合中華民國各界婦女，志願參加反共陣線，團結奮鬥」。

婦工會成立於 1953 年，正式的名稱是中國國民黨黨中央婦女工作會，以「維護婦女權益爲經，輔導婦女就業爲輔」，來貫徹中國國民黨的婦女政策。

二次世界大戰之後，臺灣各地百廢待興，在政府的鼓勵之下，於 1946 年成立臺灣省婦女會，其宗旨爲「喚起婦女之責任心，提高道德智能，促進對國家及社會之服務，增進自身及社會之福利」，至 1999 年時，全臺已有 21 個縣市 334 個鄉鎮市區成立婦女會，會員約有 50 餘萬人，會員最多、組織龐大、經費豐厚，但多受官方主導，是官方的附屬組織。

北高兩市的婦女會經費多半接受市府補助，也是官方的附屬組織，於 1946 年成立，其宗旨及實際工作內容，多與省婦女會重疊，但爲因應都會地區的特別需求，臺北市婦女會擴大志工招募，特別提供「諮詢、諮商輔導」、「庇護中心」、「中途之家」、「愛心基金專戶」等多項服務。

二 國際分支及教會分支的婦女組織

㈠團體

臺北國際婦女協會、終止童妓協會、國際崇她社中華民國總社、基督教女青年會協會、基督教長老教會臺北婦女展業中心、天主教善牧社會福利基金會。

㈡特色

臺北國際婦女協會（TIWC）是一國際性的婦女組織，成立於 1951 年，總會為美國華府婦女聯合會（GFWC），設於美國華盛頓。協會之宗旨在於「團結臺北及其附近地區之中外婦女，共同爭取及提升有關之權益」，由於係公益性的組織且非營利事業，故經常受到社會工商界人士的熱心贊助。

1990 年 5 月，數個國際組織在泰國清邁召開國際研討會，發現亞洲地區婦女、兒童幾乎淪為性觀光品，因而成立國際終止童妓組織（ECPAT），目前成員已超過 250 個團體，分布在 30 多個國家，1994 年在臺灣成立分會，以保護兒童免於商業性之剝削，終止童妓、終止色情，和關心婦女之權益為宗旨。

國際崇她社中華民國總社，成立於 1982 年 9 月 25 日，其國際名稱為國際崇她 26 區（包括日、中、韓三國）第二分區，總社在美國紐約州的水牛城。崇她社是以「結合各行各業的傑出婦女回饋社會」為宗旨，並認為舉辦活動應超越狹義的慈善救濟，朝更有深度及影響力的方面發展，曾催生成立一座兒童博物館、舉辦婦女學術研討會、協助社友參與民意代表選舉。

基督教女青年會協會（YWCA），成立於 1977 年 5 月 28 日，是世界基督教女青年會的分會，總部設於瑞士日內瓦，其基本信條是「本著基督之精神，促進婦女德、智、體、群、美五育的協調發展」，強調是「具有基督精神的機構、婦女界的先鋒、青年人的運動」，平日活動以參觀、旅遊、座談、演講、聯誼及講習為主，亦鼓勵婦女參與社區愛心服務隊，為貧苦殘老者服務。至 1999 年已有十個分會，會員人數約為一萬餘人，只需繳費即可加入，無宗教信仰之限制。

基督教長老教會臺北婦女展業中心，成立於 1948 年 1 月 9 日，以「協助家庭變故婦女」為主，除了幫助家庭變故婦女的心理復健外，並免費提供職業訓練，也對一般家庭主婦提供參與進修的機會。另外一個也是隸屬於基督教長老教會的彩虹婦女事工會，成立於 1986 年 6 月，該會是以中介站的角色，協助原住民與鄉村婦女，在進入都市謀職時，有個可供諮詢、輔導的地方。該會曾於 1987 年 1 月 10 日在臺北華西街發起

「抗議人口販賣、關懷雛妓」的示威遊行活動，震驚朝野，令許多人士正視臺灣色情氾濫問題。

1987 年時，臺灣雛妓問題嚴重惡化，國際善牧修女會應臺北天主教會的邀請，於該年 9 月成立天主教善牧社會福利基金會，並陸續附設五所婦幼中途之家、二所少女中途之家，和三個少年服務中心（善牧學園）。該基金會在保護、安置及輔導被押賣、亂倫、受虐待、遭惡意遺棄，以及從事不正當職業或行爲之少女、少男，使他們能夠重新回歸社會、走上正途的努力上貢獻良多；而在保護、安置、治療被丈夫毆打之婦女、未婚媽媽及其子女和性侵害方面，亦提供許多的協助，不但加以庇護，在離開庇護中心之後大都仍繼續定期追蹤輔導。

三 民間自組的婦女組織

㈠團體

財團法人婦女新知基金會、臺北市婦女新知協會、財團法人主婦聯盟環境保護基金會、財團法人婦女救援基金會、晚晴婦女協會、中華民國保母策進會。

㈡特色

在 80 年代新興的婦女組織中，以婦女新知基金會成立最久（1982 年），經費來自董監事及贊助者捐獻外，亦向亞協申請支助，以及出版雜誌叢書和對外募捐而來。其宗旨主要有四項：「1. 倡議婦女議題，爭取婦女權益，改變婦女處境；2. 建立女性主體，促進女性自我覺醒與成長；3. 動員婦女力量，開創男女平等、公平正義的社會；4. 堅守婦運立場，致力消除一切壓迫與歧視」。自成立以來，不但每個月出版《婦女新知通訊》，而且因應社會發展與婦女需求，每年推出年度活動，例如 1985 年的「家庭主婦年」（活動主題爲「家庭主婦的成長與再發展」）、1989 年的「政治參與年」，此外，1984 年曾聯合七個婦女團體，發表「墮胎合法化意見書」，促成優生保健法的立法通過。1994 年 4 月 16 日，基金會成立「臺北市婦女新知協會」，藉以培育女性人才、厚植婦運實力、擴大群眾參與。

1986 年底，一群家庭主婦不願坐視周圍環境惡化的現象，以「勇於開口，敏於行動」的決心，於 1987 年的 3 月 8 日成立「主婦聯盟」，1989 年時「主婦聯盟環境保護基金會」正式立案，以「結合婦女力量，關懷社會，提升生活品質，促進兩性和諧，改善生存環境」爲宗旨，並設環保委員會、教育委員會、婦女成長委員會、消費品質委員會等，在短短的幾年間，諸如「垃圾分類、資源回收」、「使用購物袋」、「環保媽媽」等活動積極推出，對於改善環境、提升生活素質方面貢獻良多。

婦女救援基金會在 1987 年 8 月 2 日成立，宗旨及服務工作皆十分明確：「協助遭受迫害的不幸婦女，並提供其法律、醫療、生活等各方面之協助。」成立至今，接受其救援之個案無數，尤其是在 1992 年時，證實二次大戰期間，確實有臺灣婦女被迫送到日本前線戰地，從事性服務的工作（慰安婦）後，基金會多方奔走，不但找出當年的受害婦女，以影像和文字記錄她們的口述歷史[26]，同時更積極透過國際輿論向日本政府施加壓力，要求賠償與正式道歉。除此之外，基金會亦不斷地向法務部及立法院要求修訂少年福利法，及有關販賣人口的刑法，對於保護少年和雛妓問題，始終不遺

---

26 1998年9月17日，婦女救援基金會資助拍攝的《阿嬤的祕密——臺灣慰安婦紀實》舉行首次試映，三位曾經在二次世界大戰期間，遭日軍強徵做慰安婦的阿嬤，出面控訴日本政府的惡行。第一位是當年做藝旦的高女士，她坐了兩個月的船到緬甸，進了港口，日軍用大卡車將她們這群年輕女孩載往山上軍營，她才發現上當受騙卻已經逃不出來，只好自殺以明志，但三次都沒有成功，她說：「我的工作從早上八點開始到下午五點，眼睛一睜開就要開始接客，日本軍人根本不把我們當人看，有一次我們在吃飯，一個日本軍人看我們不高興，罵我們中國奴，接著打翻我們吃的飯並對我們拳腳相向。」第二位是陳女士，為了償還欠別人的三十塊錢，只好答應對方到餐廳去幫忙泡咖啡端盤子，沒想到卻是被騙去緬甸做慰安婦，五年後回到臺灣，不能告訴家人也不敢結婚，連哭也不敢讓人知道。第三位是臺灣首位出面控訴日本政府的阿桃阿嬤，當年因家貧從中壢跑到臺北艋舺替人煮飯，因為在旅社前看到日本軍隊在徵「看護婦」的單子，所以跑去應徵，阿桃阿嬤淚流滿面地說：「我當時是 20 歲的千金小姐，卻被日本人這樣糟蹋，回家後還要對父母隱瞞這件事，帶著滿身的傷，我的後半生全都毀了。」

餘力。

臺北市晚晴婦女協會於 1988 年 6 月正式立案，其宗旨爲「結合關心婚姻問題及離婚、喪偶婦女來互相扶持關愛，激勵彼此成長以建立自信，從而回饋他人及社會」，經常舉辦各種讀書會，激勵婦女上進，並以親密小組的方式聯繫各會員，也參與社會公益及婦女爭取權益的活動。經過十多年來的努力，工作成果績效斐然：1. 協助許多失婚婦女渡過人生困境；2. 推動「民法親屬編」修法；3. 推動「兩性平權教育」運動，出版「兩性平權教育」基本教材；4. 承辦臺北市政府「單親家庭服務中心」業務，臺中、高雄也成立分會。

爲解決雙薪家庭急切需要的家庭保母、居家保母和精緻托嬰之趨勢，保母策進會於 1995 年 3 月 5 日正式成立，除了積極策劃訓練保母專業知識，發揚保母倫理以及保障保母權益，對父母親提供專業保母轉介、幼兒保育諮詢等多項服務之外，也同時設立聯誼、成長、榮譽、服務、諮詢和公關等六個委員會，落實保母育兒的專業知識之訓練，促進專業保母制度的建立。

四 學術單位的婦女組織

(一)團體

臺大人口研究中心婦女研究室、臺大城鄉所性別與空間研究室、中央大學性／別研究室。

(二)特色

三個研究室皆是臺灣第二波婦運下興起的婦女研究與性別研究的產物，發行婦女研究刊物，經費或來自亞洲協會的資助，或向政府及民間企業尋求資助。臺大人口研究中心婦女研究室成立最早，於 1985 年 3 月舉辦「婦女在國家發展中的角色」學術研討會後，在亞洲協會的資助下旋即於 9 月成立專門研究室，堪稱爲國內第一個婦女研究機構。每年發行《婦女與兩性研究通訊》季刊和《婦女與兩性學刊》，並設立一個小型的圖書館，蒐集國內外婦女與性別研究相關書籍與資料，開放各界閱覽，也舉辦學術研討會和小型非學術性的討論會。民國 86 年時，更在臺大成立全國第一個「婦女與性別研究學程」，同時也透過國內外學術網路之建立，提供各界學術諮詢服務。

成立於 1995 年的臺大城鄉所性別與空間研究室，位於臺灣大學工學院綜合大樓三樓 310 室，目前擁有研究討論室與小型圖書館，蒐集性別與空間相關的書籍、期刊、雜誌、漫畫、幻燈片與錄影帶，可供外界借閱，該研究室以「打造無性別歧視的生活空間」爲創立目標。

中央大學成立於 1995 年 10 月的性／別研究室，不但關注性和女性方面的議題，也以族群、年齡、性別等社會差異，進一步研究有關同性戀的性議題，並且陸續召開研討會、集結論文出版，提供許多重要的研究資料。

五 提供性別服務的機構

爲因應層出不窮的性別問題，以及強化推動婦女權益工作之整體效能，行政院已於 1997 年 5 月 6 日成立任務編組的「行政院婦女權益促進委員會」，希望藉此「以凝聚政府與民間不同專業背景的智慧力量，發揮政策規劃、諮詢、督導及資源整合的功能，有效推動婦女權益工作」。十年來已經陸續通過「婦女政策綱領」、「婦女政策白皮書」、「婦女權益工作重點分工表」、「跨世紀婦女政策藍圖」、「婦女教育政策」、「新世紀婦女勞動政策」、「婦女健康政策」、「行政院各部會推動性別主流化實施計畫」、「各機關學校公務人員性別主流化訓練計畫」、「行政院暨所屬各機關女性人才培育計畫」、「婦女人身安全政策及實施方案」等重要議案，並由內政部捐資成立「財團法人婦女權益促進發展基金會」，繼續㈠積極落實各項婦女權益工作；㈡建立我國性別統計資料；㈢持續追蹤列管相關部會執行委員會決議事項[27]。

2001 年內政部成立「113 婦幼保護專線」，這是二十四小時免付費的求

27 參見「行政院婦女權益促進委員會」網站資料 http://cwrp.moi.gov.tw/index.asp。因應政府組織改造，自 2012 年 1 月 1 日起已改組為「行政院性別平等會」，http://www.gec.ey.gov.tw/。

助電話，「113」這個號碼，代表的是「1 支電話、1 個窗口、3 種服務（家庭暴力、兒童保護、性侵害）」，不管在任何地方，民眾只要撥打這支電話求助，專線系統就會將電話轉接到求助者所在位置當地縣市政府的「家庭暴力及性侵害防治中心」，由專業的工作人員提供各項線上的諮詢服務，必要的時候，也可立即聯絡當地警察人員前往現場，協助緊急救援保護其安全。如非暴力侵害，各縣市政府的社會局也都有一般針對兩性問題的諮詢專線，例如：新北市社會局於 2004 年 7 月成立的「兩性關係諮詢及未婚懷孕諮詢專線」（02-89145580），就提供包括：法律諮詢、心理諮商、團體輔導、生涯輔導及經濟扶助等項目的諮詢；也有委託民間團體承辦的，例如下表 2-1 所示：

表 2-1　全國未成年未婚懷孕「諮詢專線」及「求助網站」

標題	全國未成年未婚懷孕「諮詢專線」及「求助網站」相關訊息
內文	一、內政部兒童局委託辦理「全國未成年未婚懷孕諮詢專線」及「未成年未婚懷孕求助網站」，請參考使用。 二、專線「愛我請你幫我」（0800-25-7085）及網站「未成年懷孕求助站」（http://www.257085.org.tw）係委託財團法人勵馨社會福利事業基金會建置，針對未成年未婚懷孕者及其重要他人實際需求，提供就學、就業、醫療、法律、經濟、出養、安置及轉介等諮詢服務，具緊急救援及諮詢功能，以保障懷孕或育有子女學生之權益。 三、另有文宣品電子檔請參考運用，下載路徑：教育部性別平等教育全球資訊網－中文版（https://www.gender.edu.tw/index.asp）→首頁「新聞專區」→「全國未成年未婚懷孕諮詢專線」文宣品。
服務時間	星期一至五：9:00 a.m.～9:00 p.m. 星期六：9:00 a.m.～6:00 p.m.
公告日期	2013 年 4 月 9 日

六 企業經營的女書專賣店

90 年代初，關於女性議題的中文專書很難在臺灣的書店看到，大多仰賴進口的西文書籍。90 年代中期過後，隨著第一家女性書籍專賣店（1994

年4月17日臺北女書店）的成立，帶動與女性議題相關的本土作家作品、翻譯書籍、座談會、女性電影等等，熱熱鬧鬧的研究、出版風氣。現今在各大書店都可以見到女性書籍的專櫃，而以專賣女書起家的「臺北女書店」（臺北市新生南路三段56巷7號2樓，Tel：02-23638244，Fax：02-23631381，網址：http://www.fembooks.com.tw/）對這股風潮的興起貢獻良多，不僅出版各式各樣的女書，其中多本榮獲中國時報開卷版、聯合報讀書人版、金鼎獎、北市優良圖書等推薦與肯定，而且也以女性觀點出發，策劃各系列講座、電影賞析、女性主義課程等等。

第二節　日本文化中女性地位與發展

壹　日本大學中性別議題之研究

《中國時報》1994年7月21日報導：因應女權運動、女性主義的蓬勃發展，歐美有關男性研究、男性運動的風潮正方興未艾，已有若干著作被引介進入臺灣，這股「男性學」的論述動向值得留意觀察[28]。同年，《民生

---

28 目前在臺灣可看到與男性學研究相關、可讀性相當高的中文書籍簡單介紹幾本如下：

(1) 渥倫．法若（Warren Farrell），《男性解放》，鄭至慧等譯，臺北：婦女新知出版社，1984。〈簡介：受女性主義者所帶動的性政治之影響，重新思考以往從未曾質疑過的男性性質和男性權力位置〉。

(2) 謝瀛華等著，《男人，難——新男性研討會》，臺北：宇宙光，1994。〈簡介：在坊間女性議題越來越強強滾的同時，1993年6月25～26日在中國國際商業銀行會議廳，也舉辦了一場有史以來的「新男性研討會」，會議邀請許多專家學者，討論現代男性的身心健康，以及面臨的各種壓力與挑戰，曾轟動一時，此書為會議論文之集結〉。

(3) 麥柯．赫奇森（Michael Hutchison），《性與權力——身心政治的剖析》，廖世德譯，臺北：自立出版社，1994。〈簡介：質疑女權運動和女性主義者的立報》在 8 月 24 日也報導指出：一種研究男性的生理、心理，以及一種探討面對男性之態度的學問，從今年春季起，正式被列爲日本大學的科目，並成爲熱門的課程之一。這就是由日本國立大阪大學所率先開設的「男性學」，在今年春季新學年開始時，正式列爲一、二年級學生共同必修的科目而拉開序幕。課程每週上課一次，共有七名社會與心理學教授擔任此課程，以實際的例子，分別由社會、思想、人權、文化和宗教等各種不同的角度，來探討性別差異、同性戀、性騷擾等等性標上的特性，並介紹男性優越主義、男性解放運動等社會潮流。目前日本已開設「女性學」的公私立大學已達兩成以上，由大阪大學「男性學」課程受到熱烈歡迎的反應來看，今後開設此一課

論，認為長久發展下去，將撼動生態的平衡，故大量引用近年來動物行為學、行為學派心理學和生物心理學所發表的學術報告，以強調男女有別，特別是在權力上就有其先天因為要生存、要交配等等不得不的差異，我們的世界，其實就是一場戴上性道德面具的權力追逐遊戲〉。

(4) 羅勃．布萊著（Robert Bly），《鐵約翰——一本關於男性啟蒙的書》，譚智華譯，臺北：張老師文化，1996。〈簡介：此書在美國甫一出版，即登上各大暢銷書排行榜，更被奉為美國新男性運動的「聖經」，作者極力闡揚他心目中的男性典範，對於時下流行的「新好男人」多所批評，故引來女性主義者的唇槍舌戰〉。

(5) 渥倫．法若（Warren Farrell），《男性學》（上卷）（下卷），張琰譯，臺北：健行文化，1997。〈簡介：美國知名兩性議題專家的又一力作，作者以實際的訪談資料，說明男性的魅力、女性的最愛是什麼，並進一步剖析男性的壓力、委屈與困惑，男女皆可藉此書之分析進一步地瞭解男人〉。

(6) 王浩威，《臺灣查甫人》，臺北：聯合文學，1998。〈簡介：作者是本土作家也是醫生，他從心理、社會、文化各個層面，追憶、探討其成長歷程中男性的責任、語言、挫折等等現象，對於在臺灣土生土長的青年朋友，不但讀來熟悉親切，且頗能引發共鳴〉。

(7) 渡邊淳一，《男人這東西》，炳坤、鄭成譯，臺北：麥田，1999。〈簡介：撰寫兩性情慾深刻入裡的日本作家又一精彩的作品，文中以一位男性的觀點，具體而微地描述男性自少年期、青年期至壯年期的身心發展歷程，對於家中有子初長成、首次談戀愛或邁入中年的夫妻，此書無疑可增進對男性的理解，同時也能釋放男性承受的罪惡感〉。

程的大學勢必不斷增加。

日本男性學的研究，實是對女性學熱潮的一種抗衡。眾所周知，在亞洲地區，日本和韓國女性的地位都相當卑微，日本婦女至今，不但在工作場合上，每天要爲男性同輩、主管倒茶水、整理桌面，向訪客鞠躬、請安，更要忍受性別歧視、性騷擾，並且即使是擁有博士頭銜的女性，婚後也被要求要退居幕後，清晨爲丈夫準備早餐和午餐便當，繫起圍裙，專心當個稱職的「家庭『煮』婦」、養兒育女[29]。日本深受中國儒家思想的影響，女子自幼被灌輸三從四德的禮教觀念，吃飯進食男人優先，進出電梯、地鐵男子先行，只有一個座位的場合當然男性先入座；日本男性的特權不勝枚舉，上班族下了班和同事鬼混喝酒深夜不歸、商業酬酢不流行攜眷參加等等，使得日本婦女通常僅能在星期假日，才能見到丈夫，夫妻尊卑分明、感情疏離。

向有「日本女權運動的先覺者」之美譽的福田英子（ふくだ えいこ ，1865～1927），對於日本女權運動的提升，功不可沒，她在所處的那個封閉的年代所提出的建言，至今仍擲地有聲。例如，1907 年，她在創辦的《世界婦女》雜誌上就標舉著如下之主旨：過去的法律、習慣與道德都讓婦女奴隸化，斲喪了她的天職，《世界婦女》站在這個基礎上，報導、討論及

---

29 繼日本明仁天皇的第一位平民皇后正田美智子之後，現任德仁天皇的皇后小和田雅子也是平民，畢業於哈佛大學，曾任外交官，相當活躍。1993 年嫁入日本皇室後，卻深居皇宮，放棄自己擅長的舞臺和個人的職業興趣，以皇室為主，肩負起慈善活動和慶典儀式等繁重的官方職責，這種皇室身分以及婚後未能如願懷孕生下子嗣的壓力，使得雅子始終有抑鬱寡歡的傳聞。2001 年小公主愛子雖然誕生，依然無法解除雅子憂鬱的現象，日本皇室最後只得公開承認雅子確實患有「適應障礙症」，必須接受治療而讓她完全淡出公共場合。2006 年底時，曾榮獲澳洲「沃爾克雷獎」（Walkley Award）的澳大利亞記者 Ben Hills 出版了英文版傳記《太子妃雅子——菊花皇室的囚犯》（*Princess Masako: Prisoner of the Chrysanthemum Throne*）一書，講述雅子如何遭受皇室官僚體制的壓迫，並宣稱雅子之女愛子是試管嬰兒、雅子一直渴望離婚等等，結果引起日本政府強烈抗議，要求作者公開道歉，但遭到拒絕。雅子初入皇室，日本民衆引頸期盼她能為皇室注入一股鮮活的動力，改變皇室的刻板印象，更能樹立日本現代女性美麗又有能力的新典範，無奈這些期盼卻成了囚禁她青春年華的沉重枷鎖。

圖 2-4 福田英子
（ふくだ えいこ，1865～1927）

圖 2-5 樋口一葉
（ひぐちいちよう，1872～1896）

研究世界的宗教、教育、社會、政治及文學等問題[30]。她曾因案入獄暢述己懷時也說道：「我們民權向來不擴張，因此婦女習慣於自古以來的陋習，卑卑屈屈，甘於做男子的奴隸，而不知有所謂天賦自由權。……如果女權能擴張，男女居於同等地位，則三千七百萬同胞姊妹必競相參與國政，絕不會不顧國家的危急。」[31]日本女權運動進展相當緩慢，近年來，日本女性學的出現較能讓人有耳目一新之感，對於女性地位的提升也較有明顯的貢獻。因爲日本女性學的跨學科性質，以及從女性的觀點，重新挑戰、批判以往文化的態度，已能吸引越來越多婦女的關注與認同。所以，不僅日本社會各階層正密切注視著女性學的發展，也感受到長期下去對男性可能帶來的威脅與考驗，兩性關係的研究應該已是日本學界不得不密切注意的課題了。2004 年的11月，日本中央銀行發行的新一套紙幣中，五千圓鈔票上的肖像是有「現代紫式部」之稱的樋口一葉（ひぐちいちよう，1872～1896）[32]，這在以擔保

30 李永熾，《日本式心靈——文化與社會散論》，臺北：三民，1991，頁 132。

31 李永熾，《日本式心靈——文化與社會散論》，頁 130。

32 樋口一葉是日本近代第一位以小說為志業的女性，在日本家喻戶曉，其作品大都以日本婦女在家父長制之下艱辛度日的故事為主題，深受歡迎。樋口一葉是東京一位小官之女，11 歲時被母親強迫退學，15 歲與 17 歲時，哥哥和父親相繼去世，

國家財政榮譽的日本紙鈔上可以說是破天荒頭一遭，顯見日本文化的微妙轉變。

在此，先做一個簡單的歷史性回顧，考察日本文化與日本女性的固有問題，以便與中國文化中女性地位與發展略做比較[33]。

日本傳統文化中的女性地位

一　繩紋時代

公元前9000年左右至公元前300年，依賴石器工具進行捕魚打獵以獲取自然界食物的日本新石器時代，其出土之陶製器物上畫有繩紋圖樣，故稱之爲繩紋時代。從其人死後共葬於同一墓穴、相同的陪葬品，並且住屋形式無優劣之分看來，當時應該並無貧富之差異，是一個尙未有階級劃分的社會，整個部落的居民一起工作，沒有性別分工的現象，弓箭、船隻、魚網等主要工具，共同製作、共同擁有，是個純粹的原始共產制的社會。在出土的文物當中，發現有許多顯示女性性特徵的土偶，按照考古人類學家的解釋，這些土偶可用來推測當時的社會組織，應是以環繞女性爲主的母系社會[34]，它們表達了人們對大自然生生不息的力量，一種戒愼恐懼的態度，反

使她肩負起照顧母親和妹妹的生活重擔，因為筆耕維持生計養活一家，過度操勞罹患肺結核過世，年僅24歲。目前日本國内共有四種紙鈔，紙鈔上的面額和肖像分別是一千日圓野口英世（1876～1928，生物細菌學家）、二千日圓（正面是沖繩縣首里城守禮門，背面是紫式部《源氏物語》繪卷）、五千日圓樋口一葉、一萬日圓福澤諭吉（1835～1901，教育學家、慶應大學創辦人）。

33 日本歷史部分，主要參考李永熾《日本史》（臺北：水牛，1972）、趙建民等主編《日本通史》（臺北：五南，1991）、井上清《日本婦女史》（周錫卿譯，北京：三聯書店，1958）、富士谷篤子編《女性學導論》（林玉鳳譯，臺北：南方出版社，1988）等著作綜合寫成。

34 關於「神」的概念，經常受歷史條件所左右，因為人類在某個特定時期，對於人類自身能力的體驗和期許，決定了神的概念和對神的態度。若以人類的發展做一草圖解釋，部分宗教學者認為，神的概念就可做如下的界定：人從自然、母親、

映在女性身上就是承擔生命生產的特殊能力，從對大自然的敬畏延伸至對女性的尊重是個合理的推論，顯見當時女性的地位至少並不卑微。

二 彌生時代

公元前300年至公元300年，日本金、石器並用的時代，因爲是在東京都文京區彌生町發現代表這一時期文化特徵的陶器，故命名爲彌生時代。根據研究，這個時期已經進入農耕階段，以稻作爲主，兼種雜糧，農業的發展促進村落的形成。若以女性長達九個多月的孕期和哺乳照顧幼兒的活動來看，對於需要攻擊或逃跑的狩獵活動女性是較不適宜的，這可以說是男女性別分工中一種自然演化的結果；不過，若是農業耕作的話，婦女在這方面的作用與男子並無明顯差異，因爲除草、插秧、灌溉、治水、耕作和農具的使用，並不特別需要狩獵時追捕獵物的爆發力、體力、肌力等較屬於男性的優越能力，所以，依賴農業爲主的村落組織，並沒有發展出男尊女卑的社會條件。

在日本的原始社會裡，人們常把生殖器官視爲宇宙生命力的象徵，不但將其型態雕刻製作成實體，或在土偶上強調其性器官的存在加以膜拜，在稻作慶典時，還會找來舞者表演有性交內容的舞蹈，或男女演出性交的場

血與土的締結束縛中浮升「女神崇拜」；尚無法脫離與動植物的世界是一體的觀念時，宗教儀式或戰爭中經常可見彩繪或佩戴動物面具、模仿動物之嗥叫，是為「動物圖騰崇拜」；人類的技巧發展到工匠與藝術家的階段，以泥土、金、銀塑造「偶像崇拜」，其實就是崇拜人類自身的好本事；當人類發現自己才是世界上最高級的存在之後，神是人類理想的化身，「人格神的崇拜」階段逐漸形成。一般研究較傾向於支持「女神崇拜」時期早於「男神崇拜」時期，這是女性的生殖能力和自然之生生不息的現象息息相關的結果，而「家畜的豢養」從而發現男性在生殖上的主導力，以及「私有的財產」衍生的父權體制之出現，導致父神崇拜的建立。女神和男神信仰的不同，主要立基於人類生活的實際體驗，母親愛所有的孩子，所以女神之愛也沒有差別待遇，不會附加條件；相對地，父親因為要傳承他一輩子辛苦掙來的產業、權勢，所以必須挑選出最像他、最服從、最適於繼承他的一切的兒子，因此，男神的愛是有等級的，端賴信仰者的表現而定。

面，表達宣洩快樂、歡慶豐收、祈求興旺、取悅鬼神和驅邪辟禍的意義。這種特殊的儀式現今依然存在，例如位於關東地方的茨城縣（Ibaraki-ken）至今仍保留著「豐年祭」或「豐田祭」的民族節日，這種節日多在每年春天舉行，以祈求當年的穀物豐收，居民於插秧後，會以稻草編織成男女生殖器官的型態，吊掛在稻田旁，讓它們隨風飄動，互相接觸，彷如性交；又如位於東北地方的秋田縣（Akita-ken），插秧之後，就特別僱用男女表演性交，以祈禱此季碩果累累。生殖器官，尤其是女性的生殖器官，成爲農業生產力的象徵，也是信仰的對象之一，這種崇拜已融入農耕儀式之中。

日本在 5 世紀以前的性觀念是很開放的，這大概和當時的婚姻制度有關。研究指出，日本原始社會，男女婚姻關係是以夫至妻家的形式爲主，亦即所謂的「妻問婚」（tsumadoikon）制[35]。妻子住在母家，不必隨同夫住，子女與母親同居，不與父親同居，過著以母子關係爲主軸的母系家庭生活，家庭的一切資產是由母親傳給女兒繼承。不同居的夫妻關係始於性

35「妻問婚」、「嫁娶婚」，還有所謂的「走婚制」，都隱含著一種特殊的性別與性的關係。在中國西南方，三分之二屬於雲南省三分之一屬於四川省的鹽源縣內瀘沽湖邊，有一個以母系為主的摩梭族所建立的「女兒國」，其最為人們所津津樂道的就是至今仍存在的「走婚制」，即夜間男子翻越特有的木楞房子（故又俗稱「翻木楞子」）到女方家裡，夜合晨離，男不娶女不嫁，以母系為主，男人女人圍繞在母親身旁生活、工作，夜晚才與情人相會的婚姻關係。參見周華山，《無父無夫的國度？——重女不輕男的母系摩梭》，杜宗智、莫英才、王翔、梁博宏攝影，香港：正港資訊，2001。摩梭人「重女不輕男，男男女女皆自得其樂而各自精采」（頁 19）；「摩梭男女大多一起勞動，性別分工不太明顯，但山區勞動大多由婦女負責」（頁 35）；「摩梭人把自己的生母，生母的姊妹，生母兄弟的伴侶，一律視作『自己的母親』，把自己的子女，自己姊妹的子女，一概視作『自己的子女』。這也是摩梭約定俗成的道德觀，照顧（侄）子女們是母親們的共同責任，贍養年老母親，即是（侄）子女的共同責任」（頁 73），「傳統摩梭文化不會認為一生只與一人廝守就美好，與多人親密交往就濫交或淫亂。感情的自由自在，令傳統摩梭人不會挖空心思去追求對方，開展關係後也不會千方百計去獨占對方，萬一分手也不會懷恨在心。相反，他們大都能輕鬆自在享受及發展關係，沒有太大的精神壓力」（170 頁）。

交，終於夫之離去，雙方都具有相當的獨立性，在婚姻的習俗上罕有性之禁忌，也尚未出現約束對方的貞操觀念，男人有許多妻子，妻子也有許多丈夫，夫妻之間沒有主從關係也沒有尊卑之別。此外，因爲兒子只與母親同居，所以和同父異母的兄弟姊妹之間，血緣意識相當薄弱，和父親其他妻子之間也難以產生親族的關係，所以並未制訂同父異母的男孩與女孩，或兒子與父親之其他妻子間不得通婚的「亂倫」禁忌。

三 大和朝廷

約在 1 世紀末 2 世紀初，出現於九州北部的邪馬臺國，曾經遣使至中國，獻上 160 人，與東漢皇帝締結君臣的關係，來自中國文化的影響，循此管道逐漸進入日本。4 世紀的後期，約當中國之魏晉南北朝時期，日本大致上已經建立了一個統一的國家，史上稱爲大和朝廷。大和朝廷曾舉兵攻占朝鮮，在朝鮮的勢力雖時有進退，但大都能按照邪馬臺國立下的傳統，與中國建立臣屬關係。直至 5 世紀之後，大和地區逐漸形成一個強大的王國，爲了顯現王國與中國的勢均力敵，乃取中國道教中「統治上天的皇帝」之意，尊稱本國國王爲「天皇」，以與中國皇帝相抗衡。王國起先是諸部落族長的聯合政體，後來經過一連串的內外交戰，逐漸成爲日本權力的領導中心，爲鞏固政權，天皇獨攬大權，掌握宗教、政治、軍事、祭祀等權力，同時也確立了王權的男人世襲制度。

從 5 世紀到 6 世紀，歸化中國的日本人回歸故土，他們大都是精通漢學的學者與技術人員，移入日本後，自然造成日本文化與工業技術的革命。中國的影響不斷衝擊日本的社會，尤其是統治階級最爲明顯，在政治上早已形成的父系繼承制度更加鞏固，統治階級裡男女不平等的關係率先發生，一夫多妻制的現象已經出現。到了 6 世紀之後，由於中央貴族與地方豪強勢力坐大，嚴重威脅大和政權的穩定，於是在公元 593 年時，推古女王乃立廄戶皇子爲太子，即聖德太子，把朝政大權交給野心勃勃的聖德太子全權處理。聖德太子主政期間積極作爲，大量採用中國漢學與佛教教義，頒布著名的《十七條憲法》，將君、臣、父、子等不同的社會地位所對應的權利義務關係建立理論的基礎，這不僅是日本歷史上首次提出完整和具體的中央集權統治綱領，也是日後的政治革新運動取法於中國的開始。公元 645 年，日本統治階級發生政變，孝德天皇即位，他以中國唐朝的君主制度爲典範，吸收和消化唐制以推行新政，革新政治制度，使中央集權的封建體制更加完善與鞏固，孝德天皇並仿照唐朝君主，首先使用年號爲「大化」，史稱「大化革新」。

至此，日本已經由原始氏族制的社會進展到透過律令統治之官僚制的社會，成爲一個中央集權的國家；而在文化上，因爲模仿中國漢、唐體制的結果，中國倫理道德觀念也一併輸入。在當時的律令中，已有明訂以禮治國、以和爲貴的儒家倫理觀，官吏必須忠於職守，子孫必須孝養父祖，否則會受到嚴厲的處罰，同時也有規範女性的「七出」[36]之條文。不過，當時這套倫理價值規範，僅及於統治階級，一般的平民百姓較沒有感受到中國文化的影響。以記錄大和民族傳統的口傳文學《萬葉集》[37]中，各階層男女對戀情的歌詠、對大自然的抒懷吟唱來看，當時的性愛仍相當自由自在，雖然政府律令有意導向嫁娶婚制，並規定男女結婚需有長輩的同意見證，但形同虛設，妻問婚制仍然盛行，男女關係依舊是平等開放的。

四　平安朝時代

公元 794 年至 1192 年，以平安（今京都）爲京城的時期，稱爲平安朝時代。在這四、五百年間，古代的天皇制度已漸趨沒落，中國文化的輸入也因爲遣唐使的停止而告中斷，文化狀況發生明顯的轉移，即從所謂的「唐風」文化轉向所謂的「國風」文化。9 世紀中葉以前，唐風文化在貴族社會

---

36 所謂「出」者，是丈夫可以遺棄妻子的「理由」，有七項，故曰「七出」。《大戴禮記・本命》：「婦有七去，不順父母去，無子去，淫去，妒去，有惡疾去，多言去，竊盜去。」

37《萬葉集》收錄日本 5 至 8 世紀中葉 4,500 首的流行歌謠，創作者上自天皇下至庶民，用中國文字，即日本所謂的漢字，作音標來表現日本語意，題材以詠歎戀情及風景者最多，經由採錄者與編輯者潤飾完成，是反映當時各階層人們的生活型態與內心情感的文學巨著。

中極爲盛行，漢詩、漢文的學習是貴族教育的重要項目，對中國文學知識的豐富與否往往成爲衡量貴族學養的標準。正當男性大多採用漢字寫作之同時，省略漢字字畫，取其偏旁以代之（此爲「片假名」的起源），或按照漢字草書予以簡化（即今所謂「平假名」）之萬葉假名的使用，卻從女性慣用的書寫中，逐步蔚爲主流[38]。亦即，日本人雖然沒有創造出自己的文字，卻

---

[38] 在中國南部湖南省的江永縣，發現了世界唯一的女性文字，這是一種只有母傳女、老傳少，女性方能意會言傳的性別文字——「女書」（又名江永女書），「女書文字的特點是書寫呈長菱形，字體秀麗娟細，造型奇特，也被稱為『蚊形字』。蒐集到的有近 2,000 個字元，所有字元只有點、豎、斜、弧四種筆劃，可採用當地的江永土話（屬湘語一永全片）吟誦或詠唱。……關於『女書』文字的記載，至今最早能見到的是太平天國（清朝咸豐年間）發行的『雕母錢』。該錢背面用『女書』字元鑄印有『天下婦女』、『姊妹一家』字樣。」（參見「維基百科」http://zh.wikipedia.org/wiki/ 女書）。男人學漢字，女人則藉由這種男人不識的女書互訴衷腸；女書通常是以刺繡、刻劃、戳印、書寫於紙、扇、巾、帕等四大類載體上的女紅作品，主人去世後，大都作為殉葬品焚化或掩埋，目前蒐集到的約近 20 萬字的「女書」作品。參見義年華、高銀仙《女書》（臺北：婦女新知，1990）、姜葳《女性密碼：女書田野調查日記》（臺北：三民書局，2002），以及駱曉戈《女書與楚地婦女》（北京：中央編譯出版社，2004）。女書源自漢字，是漢字的變體，底下為女書與漢字之比較，摘自中國清華大學中文系趙麗明教授〈女書文字孤島現象簡析〉，網路文章。

基本借形	
變異造形	母 把 春 吞 在 交 眼 何 流 红 焦 空 合 月 四 世 少 福 茶 妹 所 难 光 田 天 年 连 点 念 前 听 见 安 五 贤 言 牵 成 正 伶 冷 明 命 归 亏 它 路 子 初 苦 了 礼 住 尽 晋 心 分 取 文 非 声 清 清 手 丑 早

註圖：女書與漢字之比較

改變了漢字的型態與機能，以便更能生動地表達日本的語言，這不但是日本國風文化得以獨立發展的契機，也成爲日本文學常有濃厚的「陰性」特色之源由。研究日本文學之學者大致都同意，日本文化的「女人味」是勝於「男人味」的，自創的書寫文字比起外來語言當然更能抒發情感，所以，可以說，「日本是主要靠女性確立其民族文化特點的國家」[39]。

日本文化的女性味在平安朝時代最爲顯著，主要是和中國古典文學名著《紅樓夢》齊名的《源氏物語》，正創作於此一時期，此書是日本宮廷文學的極致表現，在日本文學史上有極崇高的地位。取材於中國文學、佛教經典或民間傳說的「物語」文學，是平安朝時期主要的消閒作品，11 世紀時，紫式部（むらさきしきぶ，約978～1026）[40]擺脫物語慣常的取材模式，以書寫女性日記的創作方式，將當時貴族光源氏的一生及其第二代之間的男歡女愛、情慾糾紛等等複雜關係，描述得淋漓盡致，書中對諸多人物性格不但細膩刻劃、寫實生動，對於一夫多妻制的貴族社會裡，女性的哀怨淒苦之情也寫得入木三分，對人生意義的嚴肅探討更提出許多發人深省的哲理。《源氏物語》的創作年代正是貴族社會的全盛時期，紫式部、清少納言（せいしょうなごん，約 966～1028）[41] 等侍奉天皇的中宮[42]們，因爲接近最高權力中

---

39 富士谷篤子編，《女性學導論》，林玉鳳譯，臺北：南方，1988，頁 17。

40 紫式部出身名門貴族，早年喪母，從父習漢文，聰穎慧黠，精通佛典。22 歲時嫁給年長她歲數一倍且已妻妾數人的官員，翌年生下一女，不到三年丈夫病故，因有感於人世淒涼，乃開始著手撰寫世界第一部長篇小說《源氏物語》。書還未寫完，手抄本早已流傳於上層貴族之間，因為才情遠播，所以被召進宮廷侍奉一條天皇的中宮娘娘，讓她更增閱歷，更瞭解後宮爭寵的勾心鬥角、爾虞我詐，有助於《源氏物語》的後續完稿。全書約在她 36、37 歲時完成，因體弱多病，40 歲左右離開人世。參見朱虹、文美惠主編，《外國婦女文學辭典》，桂林：漓江，1989，頁 562。

41 清少納言原名不詳，生卒年亦不確定，此名是在宮中供職時的稱號。清少納言祖先是天武天皇的後裔，自幼家學淵源，擅長和歌，又熟知漢學，28 歲時離開丈夫入宮擔任定子皇后的女官，與當時平安朝另一位才女紫式部齊名。清少納言入宮後眼界大開，又藉助定子皇后的勢力，成立宮廷沙龍，廣結文士、吟詩作賦。代表作《枕草子》為日本隨筆文學的始祖，她將在宮廷裡日常生活的觀察與隨想，

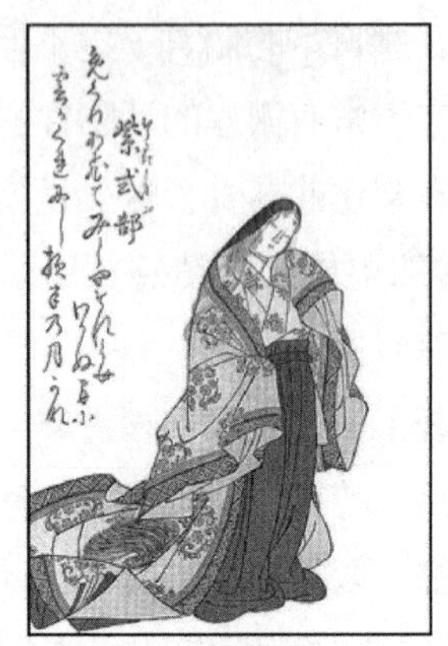

圖 2-6 紫式部（むらさきしきぶ，約978～1026）

圖 2-7 清少納言（せいしょうなごん，約966～1028）

心，許多謀官求職的男子經常往來穿梭其中，使得宮廷中的才女們，在參與天皇的文化社交場合時，不但眼界開拓，也激發文學創作的潛能，於是形成以女性書寫文字爲主的宮廷沙龍文學。

《源氏物語》記載著貴族社會的浪漫情愛與現實故事，當時的貴族女性是處於等待男子上門求愛的地位，通常會由服侍的女房（紅娘）先故意散播女方的才情、美貌，以吸引男性的興趣，女方再從男方送來的求見書信中，根據誠意、文采、身分地位決定是否更進一步交往。這段過程頗爲漫長，不過卻正好形成了一種審查原則，即以創作「和歌」的才能，作爲擇婿的標準，當然，女方不僅要有鑑賞詩文的能力，也要有寫作的才華，女人

以斷片式的寥寥數語卻充滿意趣的方式，創作此一流傳千古之名著，哺育和滋潤日本人的審美情趣，對現代日本文學影響甚巨，而與《源氏物語》並列為平安文學的雙璧。定子皇后過世後，清少納言改嫁並生下一女，不久丈夫過世，攜女返回娘家，晚景淒苦。参見朱虹、文美惠主編，《外國婦女文學辭典》，頁 363。

42 日本平安時代後宮妃嬪的名稱、位階大致如下：「中宮」（地位等同於「皇后」）→「女御」（皇族或大臣階級之女）→「更衣」（大臣以下的公卿女兒），皇后是「中宮」從「女御」中選出。日本因為沒有宦官，所以需要女官入宮工作，女官並不是天皇的妃嬪，但若為天皇看上，可成為中宮之下的女御和更衣，不過仍為女官，若為皇上生下皇子或公主，則一律可稱為「御息所」。

在此一時期的創作力是相當旺盛的。待男女可以直接對話時，男的坐在廊沿，女的端坐窗簾後面，隔帳交談，男方始終無法瞧見女方的長相，即使有過幾次的肉體關係後，仍不見女方之廬山眞面目，只能就女方移動身子時衣服裙襬的細微摩擦聲，揣摩女方的個性，或藉由遮臉的扇子露出的臉龐周圍，猜測女方的長相，幸運的才會透過月光窺視到花容月貌。男方到女方家過夜，必須天未亮就要起身離去，即使結婚之後，男女也不同住，男方也是第二天一早就得回到自己的家。這種婚姻的形式，其實主控權是掌握在男性手中，因爲貴族社會裡已經形成一夫多妻制度，在夫婦不同居的情況下，男性自由與其他女性交往（光源氏即擁有多名妻妾，其中就有因爲無法獨占光源氏之愛，而含恨以終，化爲厲鬼附身他人使之罹病的女人），女性處於被動等待男性造訪的局面，非但無法享有民間女性的婚姻自主性，同時逐漸成爲男性的性愛對象。影響所及，在文學的創作上，當然就形成女性獨守空閨、嫉妒哀怨的書寫風格，也延伸對青春年華、生命意義的諸般探討。

五 封建時代

古代天皇體制在解體的過程中，武士階級正好以莊園爲基礎逐漸擴展其勢力，當天皇的權力名存實亡之際，許多貴族階級的莊園領主遭遇外力脅迫時，不向天皇反而向地區性的武士集團尋求協助，從 11 世紀初期開始，武士集團的勢力逐漸超越莊園範圍，造成以武士階級作爲政權基礎的武家政治的萌芽，此亦即封建時代「幕府體制」的前奏。在天皇已然無法有效仲裁領主和領主之間的紛爭，或制止各地領民的反抗時，幕府幾乎完全取代這些功能。「鎌倉幕府」可以算是創立最早的武士國家，不過其權力範圍尚不穩定，社會動盪隨之加劇。12 世紀末，以封建武士爲主的幕府勢力還在風雨飄搖之際，來自中國的蒙古英雄鐵木眞（1162～1227），統一諸部族，被推舉爲成吉思汗，不但在中國建立元朝，勢力更擴展至朝鮮，其後忽必烈（1215～1294）即位，兩次渡海險些征服日本，雖然最後功敗垂成，但這兩次元軍大舉入侵的危機，使得武士窮於應付，幕府元氣大傷。

公元 1336 年，室町幕府的第一代將軍足利尊氏（1305～1358）任征夷大將軍，在京都室町建立幕府，至 1573 年被織田信長（1534～1582）推翻，史稱「室町時代」，然後從 1573 至 1600 年的「織豐時代」（又稱安土桃山時期），到德川家康（1543～1616）打敗豐臣秀賴（1593～1615）一派後，在江戶，即今日的東京，於 1603 至 1867 年期間的「江戶時代」，日本又開始受到中國大陸文化的薰陶，南洋文化在這段期間也逐漸進入日本，對於日本的烹調藝術、衣服裝飾、日常器具等等皆產生廣泛的影響。其中影響最爲深遠的，莫過於爲了建立武家政治、強化幕藩體制割據統治的基礎，統治階級引用儒教思想，加強人民的服從觀念，也同時矮化女性的地位。當時，朱子學當道，堪稱是統治階級的倫理價值根源，加上武士時代，男人必須赴戰場、爭領地，男性地位益形重要，朱子學說給予男性優越意識建立理論基礎，也從而規範女性的行爲舉止，女性淪爲附屬之地位。

事實上，在室町時代以後，日本男女的婚姻形態已由「妻問婚」制，逐漸轉向以父系家長爲主的「嫁娶婚」制，大約在 15、16 世紀時，嫁娶婚已普及於民間，嫁入夫家並遵守儒教的三從四德，女性陷入了不得不依附於婆家的困境，中國文化中妻以夫爲貴、以子爲尊的現象，這時也成爲日本文化中的一環，女性也只有在生出能繼承家業的長子，才有可能提高自己的身分。當時法令確立男性繼承的合法性，使男女在經濟上的差別越來越大，同時也規定，女兒可以抵押借款，女性不但淪爲宣洩情慾的對象，也成爲政治結盟的工具，女性地位一落千丈。當時最著名的例子是，織田信長有一「絕世美女」稱號的妹妹織田市（1547～1583），22 歲時由信長作主嫁給近江豪族淺井長政（1545～1573），藉以結合淺井家的勢力進攻朝倉家，但是因爲淺井家與朝倉家是盟友，朝倉家又曾有恩於淺井家，長政無法與信長合作而遭到攻打，最後不敵自殺身亡，阿市與三個女兒被帶回兄長家；30 歲時，爲政治目的又被迫嫁給年長她 25 歲，是織田信長每次出征時均擔任先鋒的猛將也是首席家臣的柴田勝家（1522～1583），一年後，豐臣秀吉（1536～1598）舉兵滅掉柴田勝家，秀吉覬覦阿市美貌，阿市被迫必須再改嫁秀吉，但她堅持不從而自殺殉夫，三個女兒淪爲戰利品，其中長女茶茶因爲容貌酷似母親，乃代替母親被秀吉納爲側室。女性地位從獨立自主轉化成爲屈從於男子的現象，由此可見。

圖 2-8　淺井長政（1545～1573）

圖 2-9　織田市（1547～1583）

圖 2-10　豐臣秀吉（1536～1598）

六 明治維新時代

江戶時代匯集了唐風、國風和蘭風文化[43]，是日本文化的全面形成期，1867 年，明治天皇（1852～1912）即位後，日本善吸收的民族性使這種融合發揮得更爲成功，日本民族消化中國文化，發展自己的民族文化，再進一步大量吸收歐洲文明，終於使日本成爲近代強權之一。大致說來，日本自江戶幕府的封建幕藩體制之後，主要經歷下列幾個事件而孕育出近代化的日本：

㈠民族主義的興起

自 18 世紀初期之後，國際勢力逐漸入侵日本，孤軍奮戰已無法抵禦強大的外國勢力，於是，「大日本國」、「皇國」之類中央集權的呼聲日益高漲，激發民族統一的思想興起。

43 公元 1720 年時，幕府將軍德川吉宗（1684～1751），為了加強統治，開始以長崎為對外貿易商口，從荷蘭商人學習荷蘭語和歐洲的各項科學文明，這種以荷蘭語為媒介在日本傳播歐洲文明的風氣稱為「蘭學」或「蘭風」。参見趙建民、劉予葦主編，《日本通史》，臺北，五南，1991，頁 153～155。

㈡教育識字的普及

幕府時代的末期，平民教育逐漸普及，到明治初期時，男子能讀能寫幾乎已接近全國人口的一半，知識分子頓時增加，資訊傳遞也日益迅速，對國事的關心成爲全民運動。

㈢西洋思想的刺激

進入 19 世紀後，接受洋學薰陶的知識分子越來越多，這不僅擴展日本人的視野，也促成他們將目光轉向經濟、政治、社會，企圖振衰起弊、救亡圖存的雄心壯志。

㈣武士精神的影響

日本的武士道以廉恥、正直、剛武、盡忠的封建道德自我要求，由此形成自我壓抑的屈從精神，這和歐洲資本主義興起時理性的禁慾思想，頗有融通之處，所以，當近代資本主義輸入日本時，立即爲日本文化所接納、吸收。

㈤町人之道的觀念

交通發達促進商品的流通，造就出一批新興的商人，稱爲「町人」，町人大都勤儉持家，憑著卓越的毅力，吃苦耐勞而致富，他們正直、節儉、禁慾的觀念形成所謂的「町人之道」，這與近代日本經營產業的理念有一脈相成的淵源。

史家一致認爲，近代日本之強，自明治始，明治天皇不但有上述外在環境的有利演變，再加上他勤修內政，制訂憲法，建立國會，1871 年時，更廢除幕府，改藩設縣，簽訂《中日友好條約》，領土擴及琉球、臺灣、澎湖、朝鮮及庫頁島南半部，史稱「明治維新」時期。明治維新以後，日本國勢漸強，爲加強作爲國家基礎的封建家族制度，在推行與婦女有關的政策上，則是增加更多的限制，例如禁止婦女集會結社、提倡賢妻良母主義、頌揚母愛之偉大等等，阻止婦女進入社會，強迫婦女接受「家庭即是全部的人生」，依附於家庭，為家庭奉獻犧牲。直至 1975 年，日本政府為配合聯合國的女權運動，方才訂定較為完整的婦女政策，並增設婦女教育設施，使婦女能完成「終身學習」的目標，且自 1986 年開始，實施《兩性工作機會均等法》，促使男女就業比例縮小差距。

日本今日社會中的女性問題

明治維新的成功，培養出現代日本人守法、守時、守紀律、勤儉有禮、重視公益的民族性格，使得日本雖在世界大戰中幾成廢墟的慘狀之下，仍能擺脫百業蕭條的窘迫，擠入世界經濟強國之林，近幾年來，「哈日族」更是不斷激增，日本對世界的影響力越來越大，日本人的家庭生活、社會習俗也逐漸西化，例如「核心家庭」（小家庭）的增加速度，已有取代「傳統家庭」（三代同堂）的現象；而外國媒體的廣泛報導與資訊的發達，也讓現代許多日本女性開始質疑：為何女性難以擢升至高級主管的階級？婦女的權利、平等和自由何以總是屈居於男人之後？又為何女性必須忍受職場上男性習以為常的摸臀，或「你是處女嗎」、「你的內褲是什麼顏色」……的性騷擾？

一　母原病

在日本傳統的思想中，對「作為母親的女性」之讚美數不勝數，而女性本身也對自己的母性身分有一種特別的自豪感。在 1993 年前後，日本 NHK 電視臺曾經做過一項全國性的調查顯示：男女受訪者中有 24% 認同「女性婚後應該全心全意照料家事」，有 39% 認同「女性婚後可工作到生育之時，一旦生下子女，即應該全心全意照料家事」，合起來有 63% 的人認為「女性的真正位置是全心全意照料家事」，其中持此看法的女性高達 59%。日本母系社會的長期延續以及日本人對自然的熱愛，可以說都是對女性所具有的最自然的特點——母性——的禮讚，但是，這種情況又導致母子關係過分密切的弊病，使大部分在母系社會成長的日本人，終身都受影響。其中，主要是婆婆權力的高漲，女性要為人妻之前，必須先學會為人媳婦之道，女性婚後即是婆婆的「所有物」。近來小家庭的建立使婆媳之爭稍息戰火，但日本家族制度對母子關係的溢美，使夫婦之間的性愛關係變得淡薄，現今日本婦女仍甚少參加社交活動，更要默許丈夫的放蕩行爲（日本男性的外遇事件，不僅是司空見慣的現象，豢養情婦更是社會地位高人一等的表徵），尤其是子女的出人頭地更攸關女性持家的功過與否，母親對子女的親暱、控制依然如昔。

二 父原病

第二次世界大戰之後，受到西方男女平等觀念的影響，日本女性對於要求「男子工作，女子管家」的呼聲，也漸有不滿。例如：在 1994 年一項調查中指出，只有 40% 的家庭主婦很滿意現在的生活，而且如果職業婦女平均每天要做三小時又十五分鐘的家事的話，則日本先生平均只做八分鐘，女性在家中很難得到配偶的協助。若從女性的角度來看，過分干涉和溺愛子女的母原病，反過來也是因放棄或削弱父權而造成的「父原病」所造成的結果。「日本土著信仰上，作爲巫師（shaman）而司祭祀的，都是女性，自古即深信女性有超自然的力量，成爲畏懼的對象，即使外來文化——佛教與儒教傳來『五障』或『三從四德』的極端性別歧視的觀念之後，日本人的基層心理，仍延續這種對女性畏懼的心理，……這種心理上的女性優位，可以解釋成制度上男性優位的『補償』。」[44] 但即使如此，呼籲男性回歸家庭的主張，也隨著西方女性主義的傳播逐漸在日本引起共鳴，雖然有人認爲日本的女權運動效果不彰，但女性意識的萌芽確實已在日本埋下根基。

三 性別歧視

根據 1994 年的調查，日本的大商社或政府部門中，每百名女職員中只有一人擔任主管，男性則是每十四人之中就有一人。日本雖然在 1947 年時宣布實施新憲法，規定所有國民一律平等，並在 1985 年通過《男女就業平

44 林明德，《日本的社會》，臺北：三民，1997，頁 85。

等法》，但幾乎形同具文。日本大商社至今仍然不願提拔女性擔任要職，大學女畢業生，不僅要面臨進行社會參與的困難，而且還要面對社會所要求的性別角色與個人就業意願之間的矛盾。女性就業的主要職能，以 1950 年代以後出現一批日本人口中的「OL」（office ladies）爲代表，她們在男性老闆的心目中主要是擔任鞠躬、倒茶的職務，所以必須謙恭有禮、年輕貌美、慧黠討喜，她們成爲男性職員選擇結婚對象的優先人選，而女性本身也不乏抱著尋覓長期飯票的心態而工作。雖然日本每年有越來越多的婦女出外工作，然而女性位居要職者仍然如鳳毛麟爪，她們的平均所得也僅及男性的 60% 而已，同工不同酬的現象依然相當嚴重。現在在日本，希望就業的已婚婦女已不斷增加，但是婦女就業期間，前半期的生兒育女，後半期的照顧老人問題，仍是阻礙她們繼續謀職的巨大威脅，尤其是對於再復職的婦女，其低廉的工資、職位的不穩定，都是迄今日本政府與企業界，亟待加強的部分。

舉凡經濟發達的國家，幾乎已把婦女進入社會參加工作，看作不可逆轉的歷史潮流，並且創造種種條件來減輕婦女生養子女、照顧家庭的負擔，使她們能夠繼續工作、實現自我。雖然有些婦女仍然習慣待在夫妻關係已經淡化的家庭中，尋找生活的意義，而不願意參加工作，但對於有心想從工作中建立成就感的女性而言，日本各界在相關配套組織計畫上仍嫌不足。日本近幾年來女性學研究的主要宗旨：「尊重女性」和「婦女解放」的訴求，一般來說，就是努力透過職業、家庭和社會活動三者的協調，逐步改變女性的社會地位，這個步伐雖然稍嫌緩慢，但仍可見已向前推移。

第三節　西方文化中女性地位與發展

思想和行動是很難分離的，究竟是先有思想才有行動，還是在行動中慢慢理出思想，這在女性主義和女權運動的先後發生次序，以及是否可將兩者分開來看上，一直存在著討論。個別來看，周遭親朋好友中就常有從不知女性主義、女權運動爲何物者，卻早已積極於女權之伸張，也有明白從事女權運動者，根本就不諳女性主義的論述內容，或是理論講得頭頭是道，卻毫無實踐力可言。整體來說，不論東西方的歷史上，都曾出現位高權重或優秀傑出的女性，她們擁有女性主義「伸張作爲完整個體」的權利意識，不過，她們總還只是歷史上特立獨行的個案而已，一直到三百年前，在女權運動的發展過程中，這些先烈的行誼和主張，才被當作典範重新炒作起來。例如：古希臘時代的女詩人莎佛（Sappho，約 628～568 B.C.），世人公認的第一位女數學家希帕夏（Hypatia，約 350 或 370～415），偉大的英國女王伊莉莎白一世（Elizabeth I, 1533～1603），開明的俄國女皇凱薩琳（Catherine the Great, 1729～1796），等等。

圖 2-11　Sappho，約 628～568 B. C.

圖 2-12　Hypatia，約 370～415

圖 2-13　Elizabeth I, 1533～1603

圖 2-14　Catherine the Great, 1729～1796

由於女性主義論述的研究發展，在重新被挖掘、解讀的古籍中，女性的形象變得鮮明多元起來。最讓人印象深刻的莫過於《荷馬史詩》所記載的特洛伊戰爭中的亞馬遜女戰士，古希臘神話傳說亞馬遜女戰士不僅是皮膚白晰的金髮美女，而且個個身懷武藝、驍勇善戰，精於騎馬驅敵，爲了方便投擲標槍或拉弓射箭，她們成年後甚至會將右邊的乳房切除。後人研究證實亞馬遜女戰士確實存在過，她們可能在傳說中的特洛伊戰敗後開始輾轉遷徙，National Geographic 頻道曾經播出過「謎中謎 3：女祭司戰士」（Riddles of the Dead: Priestess Warrior）的報導，當中透過考古學家和跨領域學者鍥而不捨的通力研究，找到亞馬遜女戰士遷徙路線中一座有 2,300 年歷史古塚的女祭司骨骸，其 DNA 序列竟然與現在中國北方蒙古游牧民族的一位金髮女童完全吻合，研究者據此推論蒙古金髮女童應該是亞馬遜女戰士遺留至今的血脈。女性的英勇形象不會只是杜撰的歷史神話，她們的確可以是讓男性聞之喪膽的戰士。

女人在武的方面可以不讓鬚眉，文的方面也是人才輩出。古希臘傑出的女詩人莎佛，柏拉圖曾讚美她是「第十個繆斯」，她的作品曾被時人譽爲「細膩典雅、清新飽滿，和元音和諧的典範」。莎佛曾經創辦女子詩學堂，提倡女子學琴、跳舞、吟詩，培養良好的情操和個性；莎佛認爲人們的情感世界事實上是繽紛多彩的，她鼓勵學生在詩文之中，藉助大自然的水火、花草和星月，盡情宣洩真摯豐沛的情感，所以因作品的大膽與坦率，中世紀的教會曾以淫亂之名將之大量焚燬，詩文得以完整保存的並不多，作品部分章節因歷經歷代文人的引用，方得以讓她的聲名流傳至今[45]。據說莎佛家族顯赫有丈夫並育有一女，但也有人認爲她是「女同性戀者」（lesbian），現今德語 Lesbe、法語 lesbienne 和英語 lesbian，即源自於莎佛所居住過的 Lesbos 島名（希臘語 Λέσβος，拉丁文 *Lésvos*）。

此外，第一位女數學家希帕夏，據說她不但擁有如雅典娜女神般的美貌，更是聰明慧黠，是當時柏拉圖學派的領導者，講授數學、天文學與哲

---

45 朱虹、文美惠主編，《外國婦女文學辭典》，頁 374～376。

學，也經常公開演講深受市民愛戴。她以「已嫁給眞理」爲理由，拒絕求婚、終身未嫁，在人們眼中，希帕夏具有多重身分，既是哲學家、數學家、天文學家、幾何學家，也是一位博學多聞的精神導師，對當時的學術圈貢獻厥偉。後來由於羅馬帝國的基督徒和異教徒的衝突激烈，被視爲異教徒領袖之一的希帕夏在一次暴動中，遭狂熱的基督教分子抓往教堂，強行剝光衣服以磚瓦打死後並支解屍體予以燃燒，境遇之悲慘令人不忍卒睹。

女性的成就在歷史長河中被淹沒，並非自然之過而是人爲之失，不受重視、刻意忽略，加上掌握史實之紀錄者的性別偏見，女人並非在歷史上缺席，而是被故意除名。有人認爲，夏娃之慫恿亞當竊取智慧之果實，是人類首次出現的第一宗女權運動，一種違反上帝（父神）意旨的罪惡，女性逾越「男性規範」的行爲，一直被視爲是危險的、墮落的、罪惡的，這類打破桎梏的女子，或被視爲「原罪」，或被當作「女巫」，她們被綑綁遊街、毆打燒殺，以作爲當時代「警戒世人」的案例；今天，當我們翻閱各個領域的文獻資料時，應該重新定義這些女權運動勇敢的先遣部隊，並刻意去尋找特立獨行或背負惡女之名的女性人物之紀錄，在斷簡殘篇中拼湊其可能的面貌，還原其應有的歷史定位。零星的女性意識或不成氣候的女權運動，是歷代絕頂聰明的女子爲生命感到困惑不解的細語呢喃，近代女權運動沸沸揚揚的開展，已將其匯聚成理直氣壯的吶喊，女性主義較爲完整的論述是在女權運動的行進中逐步發展出來的，以片段、不成熟的見解，帶著實驗性質投入運動的過程中，經過反省、揚棄、提煉出更成熟的論述，終於成爲今天百家爭鳴、各有專擅的豐富成果。

所以，很多人認爲「女性主義」和「女權運動」是分不開的，因爲女性主義研究的目的，是以女性群體的觀點出發，提倡女性在社會中平等的地位和權利，故必須先設法改變不平等的法律規範和現存的社會制度，顚覆文化上根深柢固的性別歧視，創造新的人際關係；簡單地說，女性主義的終極目標就是改善現狀，它不是口頭上的吵吵嚷嚷，而是必須展示女性團結的力量，以便造成實際的改革之行動。因此，一旦標榜著是女性主義的研究，就必然涵蓋著「行動」：拒絕現狀、追求個人以及社會的改變之行動。是女性個人在家庭或工作場合中的具體行動也好，是參與女性社會運動或問政團體的集體改造也可以，總之，一旦觸及女性論述就必然涵蓋在生活中的若干變革，這才是女性主義或運動的眞正精神之所在。

父權體制有其發展演變的歷程，透過政治、法律、道德、宗教、文化、教育……幾乎全面性的運作，最後形成在意識型態、政治體制、社會制度等等各方面男性優越的局勢。本節先探討西方歷史發展的脈絡中，與性別相關的現象主要是哪些，藉此演繹現代女權運動發軔的軌跡，以及女性主義論述因應時代之不同而展現不同之訴求，下一章節再詳細陳述女性主義的派別和學說內容，以便更能完整地呈顯女權運動發展的成果。

壹　舊石器時代的婦女處境

陳述歷史事實，常因時代久遠而失眞，尤其是人類發明文字而可以記載的年代也才不過一萬年左右，在這之前長達數百萬年的舊石器時代婦女處境究竟如何，很難掌握，大概只能依賴史前的石窟壁畫，或洞穴、墓穴裡發現的用品、遺跡，略微窺探其中可能的眞相。

一　生活方式

人類文化是具有發展性和階段性的，從蒙昧歷經野蠻到文明，有其必然又自然的前進順序。根據人類、歷史學者的研究指出，人類在建立文明生活型態之前的漫長時期，應該與其他動物一樣，擷取大自然中的物質僅限於生活上之所需，主要是以植物的根和果實爲食物，不會破壞其生活的環境，與大自然和諧相處[46]。採摘的工作，並不需要特別的體力或技術，男女共同爲

---

46 路易斯．亨利．摩爾根（Lewis Henry Morgan），《古代社會》（*Ancient Society*），楊東蓴等譯，臺北：商務印書館，2000，頁 019～025。摩爾根將人類的食物資源分為五種，也是五種生存的技術：

(1) 在侷限的生活環境內以植物的根和果實作為「天然食物」。

(2) 最早的「人工食物」——魚類食物，因為必須加入烹飪技術。

(3) 由種植得來的「澱粉食物」，帶動定居的村落生活。

之；其中或有狩獵的行動，但也未見有明顯的性別分工證據。從骨骸中沒有出現戰爭造成的傷口，和遺物中未見兵刃武器看來，自然老化或得病的死亡以及和平共處的社會，應該曾經維持相當長的一段時間。

二 婦女地位

根據目前發現的舊石器時代石窟壁畫和出土的遺物當中，有兩個引起女性主義研究者深感興趣的現象：一是石壁上女性性器官寫實的描繪，二是以象牙或石頭雕刻成具備明顯女性特徵、生殖器官的小人像。這兩樣東西的數量出現極高的比例，針對此一現象，顯然已經是一種共識的解釋如下：當時女性具有相當重要的地位，是個環繞女性為主的母系社會，換句話說，女性世系是原始的社會型態。

在古神話中，宇宙被認為是天上的母親所創造，「Mother」這個字發明後，就一直有「女祖先」或「地球」（因為地球就是所有棲息其上的生物之母親）之意，後來也有「Mother Earth」、「Mother Land」、「Mother Nature」的使用，至今地球上仍有數以千計的地區以女子名命名，例如，五大洲——「Asia」（亞洲）、「Africa」（非洲）、「Europe」（歐洲）；國家——「Libya」（利比亞）、「Russia」（俄國）、「Holland」（荷蘭）、「China」（中國）……大抵都是取材於天上女神之名。母親一字的意涵向來就有「源頭」或「原型」，亦即事物的起源之意[47]。

雖然舊石器時代文字尚未發明，但我們可以推想，在古老的原始初民眼中，生育嬰兒繁衍子孫的女人，一如大自然之孕育萬物般令人敬畏，女人一如自然都具有神祕不解的偉大力量，尤其是當海嘯、颱風、地震、旱災等天然災害來臨時，大自然摧毀萬物的破壞力也使人聯想到女人隱藏的潛力，倍

(4)「肉類和乳類食物」，動物飼養的成果增強種族的體力和活力。

(5) 透過田野農業而獲得「無窮的食物」，人類鐵製工具技術萌芽。

47 Jane Mills，《女話》（*Womanwords*），李金梅等譯，臺北：書泉，1997，頁189～193。這本書將與女性相關的字眼按英文字母編排，並依照歷史的順序解說該字義之發展，是一本相當實用的工具書。

感威脅之餘，畏懼之情更是油然而生。於是，在石壁上描繪栩栩如生的女性性器官，或雕塑女性偶像，是對這類性徵的敬畏表現；再加上當時衛生情況不佳，女性生產意外頻仍，導致女性的死亡，使女性因人數稀少愈顯其珍貴重要。

 新石器時代的婦女處境

一 生活方式

約在公元前一萬年到公元前三千年之間，人類除了狩獵、採摘植物爲生以外，逐漸進步到以鋤頭種植農業〔或稱爲「園藝」（horticulture）〕生產，大大地擴展了食物的來源，以村落爲主的定居生活也漸漸成形。在新石器時代的早期，延續以往的風俗習慣，以母系社會爲主，親屬關係由母系傳承，母系中位高權重的女性長輩，不但握有所有的公共生產工具，也是傳遞工具技術主要的教育者。據此情形，許多學者認爲，注意到野生穀類萌芽、結果、採收，並成爲園藝培養的項目，女性因擁有生產工具的便利和經驗知識的累積，應是女性的功勞居多，甚至於對農具的改良、研磨技術的提升、儲藏用的陶罐器之發明等等，女性厥功甚偉，因此，在這段不斷創造發明的時期裡，女性地位占盡優勢。從新石器時代的墓穴或定居之處出土的文物中，也發現延續舊石器時代的現象，即出現許多女性的人像，甚至有些端坐著的女性雕像，頭戴編製的王冠，神情肅穆，兩胯之間出現嬰兒之頭身，研究證實，這些偶像被稱爲「神母」，象徵女性一如孕育萬物的大地，也具有多產的偉大力量，是當時人類敬畏膜拜的對象。

由於農業產品過剩衍生交換的活動，以及家畜豢養的經驗觀察，新石器時代的中、末期，社會結構產生重大的變化，主要是農產和畜產累積的「私有財產」的出現，和「男性生育力」的嶄新發現。私有財產是產物過剩的累積現象，它發展出最早的以物易物的交易活動，爲配合活動之需要，市集、村鎮、城市相繼出現，社會也漸漸形成職業分工，奴隸、農民、工人、軍人、貴族等「階級」導致國家組織雛形的誕生。而因對家畜交配活動

的實際觀察，重新發現男性在生育上的主導權，父親的身分日益確定，爲爭取繼承權，父親和其子女聯手爭奪以母系爲主的親屬之分產，這種爭奪戰或者侵奪他人產業的戰爭，從多人共葬的墓穴中發現箭簇傷殘的骨骸獲得證實，這也是女性世系轉變成男性世系的有力說明，最後終於形成排除子女以外的同宗親族，而使父系之子女獨享繼承的父權體制的出現[48]。同此時期，男女的婚姻形式也由若干兄弟和若干姊妹相互集體通婚的「血婚制家族」，或若干兄弟是彼此妻子的共同配偶之「伙婚制家族」，進展到一男一女的「偶婚制家族」，或酋長以及家族主要男子成員實行一夫多妻制的「父權制家族」之出現[49]。世系繼承由女系轉變成男系，婚姻形式又逐漸以男性爲主軸，女性一來失去經濟主導權，二來失去與她本系親族的聯繫，社會地位已然大不如前。

二 婦女地位

婦女地位何以日漸低落？根據歷史學家及人類學家的研究，大致可以歸納爲下列幾點理由：

(一)爭奪產業的戰爭頻仍

爭奪產業的戰爭，凸顯男性優越於女性的力量，女性因爲漫長的孕期，大腹便便行動不便，逐漸成爲繁衍後代、擴展家族，或結盟通婚、偃兵息鼓的工具，男性則躍升爲捍衛家園、抵禦外侮以及擴展版圖的主要力

---

48 路易斯・亨利・摩爾根（Lewis Henry Morgan），《古代社會》（*Ancient Society*），頁355～369。

49 路易斯・亨利・摩爾根（Lewis Henry Morgan），頁026～027。摩爾根將家族的型態分成五種：

(1) 血婚制家族——若干兄弟和若干姊妹相互集體通婚。

(2) 伙婚制家族——若干兄弟是他們彼此妻子的共同配偶。

(3) 偶婚制家族——一男一女按婚姻形式結成配偶。

(4) 父權制家族——一夫多妻的婚姻。

(5) 專偶制家族——一男一女的婚姻，並排斥與外人的同居（純屬近代文明產物）。

量。男女關係結構重新調整的結果是，女人從神母的地位，淪爲家族裡的佣人兼生殖者的角色。

㈡確認繁衍的決定因素

新石器時代的中、末期，凸顯男性特徵的雕像逐漸增加，甚至超越了女性雕像的數目，這不僅意味著父親在繁衍後代的生殖角色上已相當明確，同時也意味著男性神祇已經逐漸取代神母之膜拜。起初，父親角色的確認使得神母之周圍多出男性的搭檔，他只是附屬、陪襯的角色，但逐漸與神母地位平行，最後父神形象成熟，成爲宇宙萬物的主宰，父神崇拜取代母神的崇拜。

㈢禁錮婦女的城市生活

以採摘蔬果或漁獵游牧爲主的生活，因爲居無定所、到處遷徙，沒有公共領域（男人專屬）和私人領域（女人專屬）的分別，女人的活動範圍不受拘束，與外界經常保持往來[50]。但隨著定居和城市的興起，以及男性意識的逐步抬頭，不但剝奪女性主持宗教儀式和處理公眾事物的權力，排斥女性以往所擔任的各項職務，更將女性視爲個人之私產，限制女性涉足公共場所，切斷女性與外界的聯繫網絡。女性逐漸禁錮在私人領域中，成爲不問世事，專事生育、勤勞持家的男性助手。

---

50 古代埃及法老王喜歡遷移都城，使得城市化的發展不易形成，因此埃及女性也擁有較多的權力。根據希臘歷史學家希羅多德（Herodotus, 484？～425？ B.C.）的記述，古代埃及人的風俗習慣迥異於當時各族：他們上市場買賣的都是婦女，男子則坐在家裡紡織；婦女小便時站著，男子小便時卻蹲著；兒子除非是出於自願，他們沒有扶養雙親的義務，但是女兒不管她們願意不願意，她們是必須扶養雙親的。參見希羅多德（Herodotus），《歷史》（*Historiae*），王以鑄譯，臺北：商務印書館，1997，頁 123。

 希臘羅馬時期的婦女處境

一 社會狀況

(一)希臘時代

古希臘社會裡的父權體制已經相當穩固，在古典希臘文學中普遍傳誦著女性的兩項主要職責：「生育者」（childbearers）和「管家婆」（housekeepers）[51]。按照歷史學家的研究指出，希臘古字名家族爲「επιστιον」，其意乃指「環聖火旁者」，亦即古代之家族乃是若干崇拜同一聖火，而祭祀同一祖先的人所組成的團體[52]。聖火是一家盛衰與否的象徵，在古代之語言中，某族絕嗣即是某族之火斷熄之意，而所祭拜之祖先是與其家族有血統關係的死者。家族成員包含父、母、子、女及奴隸，父親爲後代子孫的總代表，他掌管家火使之維持興旺，並負責崇拜祖先的各種祭祀活動，由於宗教信仰乃家族生活之重心，掌管維繫信仰之大權者，即擁有家族的主權，所以父親在家中享有無上的權威。父親可指定其子女的婚配，可販賣其子女爲奴，可出其妻或指定其妻改嫁之人選，甚至可私自審判家中成員之行爲，有大逆不道者，更可私下行刑或處決，父權之大可見一斑[53]。

---

51 Susan Moller Okin, *Women in Western Political Thought*. New Jersey: Princeton University Press, 1979, p. 18.

52 古朗士（N. D. Fustel de Coulanges），《希臘羅馬古代社會史》，李宗侗譯，臺北：文化大學，1988，頁 34。

53 根據 19 世紀的歷史學者古朗士之研究，古希臘之家族領域是神聖不可侵犯的領域，家族內的所有活動是隱密且不可公開的，外人不得窺視或闖入，這在古律中有明文禁止。家族生活是一種「私人領域」（private realm），有別於「公共領域」（public realm），它有以下三種特色：

(1) 它是隱密的、不宜公開的。

(2) 主要的性質是「生存」與「傳宗接代」。

(3) 家族成員間是命令與服從的關係。

參見古朗士（N. D. Fustel de Coulanges），《希臘羅馬古代社會史》，頁 28～30。

亞里斯多德（Aristotle, 384～322 B. C.）在其著作中，也反映父權至上的普遍想法，他認爲，家庭之組合是另一種權力支配的模式，它應該按照「君主統治」（royal rule）的方式來管理家庭，亦即，家長對於妻子、兒女，就如同君主之對待臣民，統治與被統治的角色不能互換，這是適合家庭的領導方式。統治者的德行是理性，被統治者的德行是服從，女人雖具有理性但卻經常無法下判斷，兒童也是有理性但不成熟，奴隸是天生沒有理性能力的人形工具，只有男人的理性能力最適合擔任統治的角色。擔任統治者的男性，應該致力於理性的愼思明辨之訓練，使其臻於完滿狀態，至於女性，身爲被統治者，要懂得謙遜的靜默，「靜默是女人的榮耀」（Silence is a woman's glory.），兒童與奴隸則應對其統治者表達愛戴之意[54]。據說亞氏曾經以奴隸做實驗，以細繩綑綁奴隸的右邊睪丸留下左邊睪丸，認爲會導致生女孩，反之則生男孩的看法，顯見當時普遍認爲女性在傳宗接代的職責上，只提供孕育嬰兒的「場所」，眞正的主導權幾乎完全在男性身上。

㈡羅馬帝國

希臘本土由於山巒阻隔，形成四分五裂的狀態，導致小國林立，亞里斯多德爲研究憲法，蒐集各國資料，竟多達 158 國。但在亞歷山大大帝（Alexander, 356～323 B.C.）征服東方以後，大約公元前 1 世紀的初葉左右，地中海地區已經形成一個整體的社會，羅馬帝國[55]和基督教會幾乎同此時期

---

54 Aristotle, Politics. Book I, 1259a36～1260b23, in *The Complete Works of Aristotle*. J. Barnes (ed.), New Jersey: Princeton University Press, 1984. Susan Moller Okin, *Women in Western Political Thought*. pp. 73～96.

55 羅馬共和時代的大將軍凱撒（Gaius Julius Caesar, 100～44 B.C.），改變羅馬政體，自命為羅馬皇帝，但摯友布魯特斯（Marcus Junius Brutus, 85～42 B.C.）在公元前 44 年 3 月 15 日密謀暗殺了凱撒，宣稱恢復羅馬的共和體制，阻止凱撒的獨裁專政。凱撒的得力副手安東尼（Marcus Antonius, 83～30 B.C.）與情婦埃及皇后克麗奧巴特拉（Queen Cleopatra VII of Egypt, 69～30 B.C.）聯手，和當時年僅 19 歲的凱撒姪孫屋大維（Octavian, 63 B.C.～14 A.D.）爭奪統治羅馬之權力，羅馬陷入內戰長達十多年，最後以「亞克興海戰」（Battle of Actium）決定了屋大維的統治地

出現在歷史中。公元 476 年，北方蠻族入侵，西羅馬帝國滅亡，也結束了初期教會史，邁進中世紀時代，這時代持續將近一千年之久，直到 1453 年，以君士坦丁堡為首都的東羅馬帝國（或拜占庭帝國）滅亡為止。在這段漫長的時期中，政治哲學的研究大抵朝向王權與教權的權衡折衝上，翻閱文獻記載，權力的消長也導致婦女地位的起起伏伏。

起初，中央集權的國家、城市的興起，和中產階級的出現，的確形成禁錮、敵視婦女的傳統制度，但在西羅馬帝國崩潰之後，這個傳統有逐步瓦解的現象。主要原因是，在第 6 和第 7 世紀時，父母為了減少女兒在家中的花費，或者因為無法負擔嫁妝，而將女兒送往修道院當修女，修女一如修士，必須遵守修道院裡的一切規矩外，也接受教育，因此，雖然當時的教會禁止婦女擔任主教，但修女卻可以擁有相等甚至超出修士的學識，有些傑出的修女後來不但成為修道院的院長，管理修士和修女，擔任教育及培養神職人員的重要職務，同時也控制轄區內的土地和人民，甚至擁有派遣騎士參與作戰的權力[56]，這已經大大的跨越了主教的實權。到了第 8 世紀末葉，法蘭克王國的國王、羅馬人的皇帝查理曼（Charlemagne, King of the Franks and Emperor of the Holy Roman Empire, 742～814）在全國推廣學校，為培養文化氣息與整體的學習氣氛，查理曼禁止修女在她們的修道院裡教育男孩，但學校教育對於驍勇善戰的蠻族而言卻是一種頹廢的象徵，男孩子們勤於角力

位，在公元前 27 年以自己的名字「奧古斯都」（Augustus）作為其政權的稱號，是羅馬帝國（the Roman Empire）最為強盛的時期。

56 騎士最能代表中古時代的精神，向來有「中古之花」的美譽，加上作家文筆的美化，增添不少瑰麗的色彩。中古時期的騎士有兩種：一種是作戰有功而受封的勇士（Knight of the Sword），另一種是平時訓練培育的軍團（Knight of the Bath），他們都必須在神壇前宣誓效忠主子，並維護騎士階級的聲譽與榮耀，然後賜盔甲、戰袍與佩劍。由於盡忠是騎士的信條，所以即使犧牲生命，也要護衛主子的一切，包括在戰場上主子如失寶劍或戰馬，立即把自己的寶劍或戰馬獻上，主子有難戮力以赴至死方休，主子命令不問是非努力完成。這種情操未必真實存在，不過當主子是女領主、女貴族時，這種近乎愚忠的賣力表現，即是小說家浪漫情愛的最佳素材。

鬥狠對學校並不熱衷，以至於在以後的數百年間，修道院成爲傳遞知識的主要場所，不僅修女學識淵博，一般婦女因爲信仰虔誠透過研讀宗教作品，學識能力也常常超過丈夫。根據研究調查，從 5 世紀到 10 世紀，在歐洲地區，只出現一位戲劇作家，名叫蘿斯薇塔（Hrotsvitha von Gandersheim 或 Roswitha of Gandersheim，約 935～1001），是一位德國修女，光她本人就寫了十幾部的戲劇作品[57]。

圖 2-15　Roswitha of Gandersheim, 約 935 ～ 1001

圖 2-16　Charlemagne, 742 ～ 814

到了 11 世紀時，讀書識字的女性、女修道院院長和女王這些婦女，由於對基督宗教教義的推廣功不可沒，教會對這些女性的影響力有所忌憚，當

---

57 Joan McNamara & Suzanne Wemple, *Women in European History*. Boston: Houghton Mifflin, 1977, p. 96. 蘿斯薇塔的創作大致可以分為二類：一是詩體類的「聖徒傳奇」和「歷史長詩」，二是散文類也是重要代表作的「戲劇作品」。蘿斯薇塔劇本中的女性，大都是堅強、無畏、睿智、貞節的代表，她強烈地意識到經驗世界裡存在著看待男女兩性的雙重標準，亦即男女不僅能力有別，期望亦不相同。蘿斯薇塔是透過戲劇表現，傳達她個人的主張：男女兩性都擁有相同的智慧和道德，不同的只是有沒有加以培養罷了。於是，她常會以詼諧劇描述小女子似是而非的裝模作樣，以反諷的手法表現女性強勢的一面。參見 *A History of Women Philosophers, Volume II*. Mary Ellen Waithe (ed.), Boston: Kluwer Academic Publishers, 1989, pp. 309～312.

時世俗政權必須依賴教會認可方有合法之統治權，教會又經常藉助於婦女的傳教力量以鞏固教會勢力，於是政、教之間出現前所未有的默契，對女性特別的尊敬和禮遇，甚至頒布法律，禁止一夫多妻制和不准休妻的條文。另一方面，在中世紀時代，西歐因為蠻族的入侵，國王為了保住王位，只好把土地分封給有功的將領，唯一的條件是國王受到蠻族威脅時，將領們必須伸出援手捍衛國土，這些新興的王侯又如法炮製再把土地分封給貴族，貴族再分給領主，形成所謂的封建體制。由於土地被切割成許多的領地，造成許多擁有政治權力和經濟權力的女領主出現，只要能夠維護王國領土的安全，什麼人當上領主並不重要，所以，女領主可以自在地治理其領地內的一切事物，舉凡賦稅徵收、司法裁判、軍隊徵調等等，婦女和男人平起平坐，一同列席，女性不僅可以全權處理自己的產業，也可以擔任法官或將領。這個時代的女性，可以說不僅人才濟濟，而且位高權重，擁有相當大的影響力。

二 傑出女性

整體而言，在 12 世紀之前，西方各地文化、制度雖然差異頗大，但婦女的處境大致都極為類似，女性不僅擁有身分地位，因為才華洋溢而揚名於世者，也是不勝枚舉。例如：

㈠西爾德卡兒（Hildegard of Bingen, 1098～1179）

有「德國音樂先驅與第一位女醫生」之美譽的西爾德卡兒，3 歲時就擁有特異能力，經常可以看見「光的現象」（light phenomena），這被認定為是具有神視的異稟，因此，8 歲的時候，就開始過修道院生活，15 歲時正式成為修女，38 歲時擔任修道院院長，43 歲時經歷了「火焰中的口舌」之神祕異象後，即致力於分享、傳播她所領受的神寵。她宣稱在未受訓練全出自上帝啟示的情況下，創作了 77 首附有單音旋律的詩歌，收錄在《上天啟示的和諧旋律》（*Symphonia armonie celestium revelationum*）一書中；同時她也創作不少和自然與醫學相關的作品：“*Physica*” 是一本敘述自然界歷史的書，“*Causae et curae*” 是她以藥草、動物和礦石為人治病的心得紀錄。她曾公開演講，是當時相當活躍的神學家、作曲家、思想家、醫生，對女性的啟蒙極具影響力，她認爲女人不僅創造了男人，也創造了自己，神雖給予男人堅毅給予女人柔弱，但女人的柔弱其實是從堅毅中培養出來的，她將傳統男性積極的特質予以消極化，而將女性的消極特質予以積極化。而作爲一位神學家，西爾德卡兒致力於調和新、舊約之間的衝突，這種努力，對於基督宗教的理論能夠邁入新的紀元，功不可沒[58]。

圖 2-17　Hildegard of Bingen, 1098～1179

圖 2-18　Abélard, 1079～1142 & Héloïse，約 1100～1164

㈡海蘿麗斯（Héloïse，約 1100～1164）

中世紀時代有「中古之花」之美譽的騎士，以盡忠、護衛主子即使犧牲生命亦在所不惜爲信條，這種情操未必眞實存在，但當主子是女領主、女貴族時，這種近乎愚忠的賣力表現，即是小說家浪漫情愛的最佳藍本；作家往往發揮其生花妙筆、極力渲染之能事，杜撰一段刻骨銘心的纏綿戀情，越是誇大不實的故事越是爲人們所津津樂道；反倒是，在猶如深宮內院的修道院中眞實上演的愛情悲劇，至今仍鮮爲外人所知。

發生在 12 世紀法國的一段不倫之戀，後來男的遭閹割，女的進了修道院當修女，雖然兩情相悅卻落得狼狽悽慘，終身未能再見一面，然因無法忘情彼此，只好努力「重離煩惱之家，再割塵勞之網，從人生的境界提升到宗

58 *A History of Women Philosophers, Volume II*. Mary Ellen Waithe (ed.), pp. 27～65.

教的境界。」女主角海蘿麗斯 16 歲時已是一位飽讀詩書的才女，能用拉丁文敘述有關希臘羅馬的哲學、神學、歷史和文學，爲繼續深造，就在 16 歲那年前往法國接受更好的教育，不意卻與家庭教師阿貝拉爾（Pierre Abélard, 1079～1142）發生不倫之戀，並生下一個兒子名爲 Astralabe。阿貝拉爾當時已經 38 歲，是頗負盛名的哲學家和神學家，也是教士會的成員，並擔任教堂學校的校長和教授等職。兩人的私情曝光後，阿貝拉爾被海蘿麗斯的舅父強行閹割，海蘿麗斯則被迫前往修道院當修女以終老，進修女院時還未滿 20 歲。根據海蘿麗斯和阿貝拉爾的書信往返以及後者的著作顯示，海蘿麗斯在修道院中潛心研究哲學，而其思想內容主要環繞著「愛與友誼」和「道德責任」的主題，亦即，爲了成全阿貝拉爾的哲學研究與神職地位，她認爲最好的方式就是她隱身於修道院中，以斷絕性的渴望，而與阿貝拉爾的性私通，她始終認爲犯下道德上的錯誤而深感後悔。他們兩人之間的書信內容被譽爲「偉大的愛情與友誼之間的人性見證」，尤其是海蘿麗斯更是一位「偉大的獻身於愛的女性」，她還建立一個修女組織，名爲「聖靈會」（Paraclete）。阿貝拉爾在給友人的信中曾提到：「人生就是一個長久誘惑」、「我相信無論什麼人早晚總要向愛情納稅。」[59]

㈢海菈（Herrad of Hohenbourg，生卒年不詳）

12 世紀著名的修道院院長海菈（生卒年不詳，從 1176 年開始擔任 Hohenbourg 修道院院長），她自喻爲上帝的小蜜蜂，在上帝的啟示下，採釀出芬芳的蜂蜜，這蜂蜜有兩個意涵：一是指她在任期間，積極維護並擴大修道院的基礎，也幫助建立許多的小修道院成立；二是指她使哲學研

59 *A History of Women Philosophers, Volume II*. Mary Ellen Waithe (ed.), pp. 67～83. 另外，香港漢語基督教文化研究所翻譯出版的《親吻神學——中世紀修道院情書選》（李承言譯，1996）中，第二章即摘錄了阿貝拉爾和海蘿麗斯的書信選集和評論，相當精彩，參見該書頁 48～80；以及黛安．艾克曼（Diane Ackerman），《愛之旅》（*A Natural History of Love*），莊安祺譯，臺北：時報文化，1996，頁 89～95，對這段戀情也有淒美動人的描述。

究在修道院制度下蔓延開來。海菈在哲學思想上的貢獻主要是「宇宙論」（Cosmology）和「自然哲學」（The Nature of Philosophy）的部分。在宇宙論方面，她依照聖經的內容解釋宇宙萬物，並將人類視爲宇宙的縮影，因此，她贊同「女性的最高成就便是成功的延續下一代」之主張；在自然哲學方面，她將哲學分成三部分，即邏輯、倫理和物理學，強調所有的智慧皆由上帝而來，所以應該專侍上帝，注意靈修，所謂「行動的人生」就是把聖訓落實於生活之中，所謂「思考的人生」則是要給予內在生命正確的秩序，如此一來，如同九位繆斯女神是人文學科的標誌一般，有思考和行動的基督徒才能在知識的討論和靈修的生活中，接近神性掌握哲學之美[60]。

三 反抗運動

自 12 世紀開始，政、教方面有了重大的改變。從世俗政權來看，商業的發達促成都市和中產階級的興起，新興王國逐漸形成中央集權的官僚體制，掌控權力機制的男性，爲了保障自身的利益，逐漸排除女性在各方面的參與；從教會方面來看，羅馬教皇爲振衰起弊也發動種種改革運動，其中包括取消婦女在教會裡擔任高級職務的舊制，修道院重新爲主教所控制，並把教育訓練轉移到學校和教會在大教堂附近設立的大學內，而這些地方正是禁止女性進入的場所。面對一連串不合理的待遇，女性也展開反擊，她們拒絕當時男人與教會提供的唯一選擇：嫁作人婦或遁世修女，反而自組團體、另創教派，甚至積極參與工、農民的反抗運動。這些舉動當然激怒了執政當局與教會，他們聯手制裁拒絕歸順的婦女：在政治上「制訂法律」，從 14 世紀開始，許多國家已經明文規定子女要跟從父姓，以便有助於警局和政府的管理工作，家庭財產交由丈夫全權處理，即使丈夫離家在外或精神失常，婦女仍無權作主，必須透過法院的認可，婦女屈居於附屬的角色，幾乎已從家庭和社會中被褫奪公權；在教會方面就是獵殺女巫的宗教裁判所之成立，對不服從世俗規範的「不正常」女性進行「異端審判」，以女巫之名羅織罪行

60 *A History of Women Philosophers, Volume II*. Mary Ellen Waithe (ed.), pp. 85～98.

論刑處罰，最後演變成殘酷的屠殺。

14 世紀末，對女權議題著墨甚多的著名人物就是法國的畢桑（Christine de Pisan, 1364～1430），畢桑的父親是法國宮廷的天文學家，她從小即受到良好的教育，是當時相當傑出的作家，她最有名的一本著作就是《女人的城市之書》（*The Book of the City of Ladies*）。畢桑意在建構一個在身體上和道德上足以保護女人的城市，在這個理想的城市中，女性可以善加利用機會創造自己的特質；她也嘗試做道德上的更生，即以「理性」（Reason）、「正義」（Justice）和「盡責」（Duty），作爲女性道德的三個嶄新的判準。1389 年，畢桑 25 歲時，丈夫突然猝死，她獨力扶養孩子，在封建時代的末期，著書寫作，評論社會和政治時事，作品豐富，詩集、散文、社會、政治、哲學論述都有，幾乎是個全方位的優秀作家。她曾提出兩項重要的議題，一是「女性必須接受教育」，二是「對兩性和平社會的憧憬」，這兩個主張一直是後來女權運動的重要訴求。畢桑晚年幾乎封筆了十幾年，直到 1429 年的 7 月，聖女貞德（Jeanne d'Arc, 1412～1431）帶領法軍擊退英軍，舉國歡騰慶祝凱旋時，她提筆盛讚貞德的豐功偉業，幸好，她並未活到目睹貞德被架上刑臺燒死的慘狀[61]。

圖 2-19　Christine de Pisan, 1364 ～ 1430

圖 2-20　Jeanne d`Arc, 1412 ～ 1431

61 *A History of Women Philosophers, Volume II*. Mary Ellen Waithe (ed.), pp. 312～313.

文藝復興時期的婦女處境

一 社會狀況

15、16 世紀，中古時代即將謝幕，近代蠢蠢欲動的這段期間，歐洲地區掀起了一股對古希臘羅馬典章文物的懷古之情，歷史上稱之爲「文藝復興」（Renaissance）運動。由於古希臘人重視理性，在一片復古風中，意外的帶動「人文主義」（Humanism）的興起，個人地位與價值隨之提高，個人主義與自由主義的風潮於此時期開始醞釀，終於在往後數個世紀中陸續開花結果。雖然在這一時期的人文主義大力提倡由沉鬱幽暗的神殿走出來，面對多彩繽紛的人的世界，開拓個人的胸襟與視野，但這些呼籲卻成爲女人的緊箍咒，女人不僅不能捱著時代的腳步前行，反而被推擠向後跌入深淵。

首先，當時歐洲許多國家正是民族王國日益強盛的時期[62]，依賴中產階級爲後盾的君主專制獨裁政權，爲取悅中產階級特別制訂許多滿足其需求的法案。以法國爲例，法律學者參考羅馬法確立父權體制男性優越之各種條款，女性未經丈夫或法院的許可，所經手的事物一律無效，丈夫權力之大一如君王之複製品；在英國，甚至出現「禁止婦女閒聊聚會」的公告，明訂丈夫有權「約束配偶留在家中」。其次，因爲學校教育日漸普及（女子除

---

62 希臘的「城邦」（polis, city-state）和近代的「國家」（state）在意義上不盡相同，前者係以城市為發展中心的小型政治區域，其人口和面積遠不及近代的國家；此外，典型的城邦所賴以建立的基礎是以下列三個因素作為其發展目標：

(1) 在經濟層面上，力求物質需求的自給自足、不虞匱乏。

(2) 在政治制度上，以促成全體公民的政治參與為理想。

(3) 在倫理道德上，公民保育及德行修養之實現乃城邦之最終目的。

希臘思想家篤信文明的生活必須在城邦國家中度過，它融合了經濟、政治和道德三方面的理想，柏拉圖和亞里斯多德的政治哲學蓋本於此。而國家一詞，大抵是指 16 世紀以來，以單一民族（nation）或多個民族為基礎，所發展出來的中央集權統治形式，其最顯著的特徵是：能成功地制訂和廢除法律，並且有能力藉其壟斷的合法武力，促成法律的順利執行。

外），和通貨膨脹的影響，歐洲有許多地區陸續關閉修道院，女子受教權受到嚴重的剝奪，惡性循環的結果，婦女的知識能力和職業訓練皆遭波及，女性逐漸喪失一切資格，不僅就業受到嚴重排擠，即使勉強錄取，工資也被削減一半，加上又被禁止涉足公共場所，婦女被迫困守家中，隱身於居家生活，境況大不如前。

二 傑出女性

這個時期傑出優秀的女性，因為忌諱拋頭露面，經常是退居家中，為她的父親、兄弟或丈夫操刀，從事醫學、科學、文學、繪畫、音樂等等各方面的研究創作，並以他們之名署名發表，即使以女子眞名示人，也得不到肯定與支持[63]。以下面兩個例子略作說明：

㈠莎普可（Luisa Oliva Sabuco de Nantes Barrera, 1562～？）

莎普可出生於西班牙，在家中八個小孩中排行第五，18 歲時結婚，25 歲在馬德里（Madrid）出版第一本著作也是唯一傳世之作“*La Nueva Filosofia de la Naturaleza del Hombre*”。這本書中許多睿智之見，使她成為當時醫學和精神病學的先驅，在哲學思想中也有許多的創見。例如，早在笛卡兒（René Descartes, 1596～1650）之前，她已經提出靈魂和肉體之間的交互作用是在大腦內發生，笛卡兒則說是「松果腺」（pineal gland）；藉由此書，她試圖透過靈魂、肉體和宇宙之間相互依賴的關係，闡明靈魂與肉體的緊密相連，藉以切進醫學的角度，提供掌握健康、延續生命之道。因

---

63 博學多聞的女性無法在公共領域裡發表高見，或故意遭到漠視的現象相當嚴重，即使在今天依然餘毒未減。曾任臺北市文化局局長的龍應台女士，早年在報章雜誌上評論時事，由於風格鮮明、下筆鏗鏘有力，不久即聲名大噪，集結出版的專書《野火集》和《野火集外集》大為暢銷，幾成當時年輕學子人手一冊的「教科書」，後來當人們發現龍應台竟是個女生時，那種人人聞之，皆感錯愕，幾乎令人噴飯的情景，至今仍記憶猶新。龍應台曾以「胡美麗」的筆名，寫了《美麗的權利》一書，用一個一目了然的「女性」名字，不但抗議社會對女性的諸種限制，也嘲諷讀者對陽剛味十足的「龍應台」評論，無法與女性作者連結的奇特現象。

此，她主張眞正的醫學，就是要讓人們充分瞭解，如何治療疾病和維持健康的道理，可分成五點來說明：1. 是「自覺」（Self-Knowledge），靈魂在身體各器官進行溝通與傳遞，以便使後者執行個人之意願的自覺之明，透過預防以舒緩情緒；2. 是「人體的宇宙縮影」（The Human Microcosm），人類生命的微小循環一如縮小的宇宙結構，腦中的血液如能緩慢而穩健的流動，就會如同大自然的徐徐運轉，人將顯得更加聰明睿智；3. 是「想像」（Imagination），好的想像力對健康大有助益，但如果不斷想像恐懼的情節則可能導致死亡，所以可控制的想像一如夢想令人愉悅，但自厭性的想像則是自我受罪；4. 是「道德心理學與醫學」（Moral Psychology and Medicine），醫學控制疾病的失敗起因於對哲學思考的嚴重不足，人們忽略人與動物之間的不同，只有人類會悼念往事、不滿現狀和憂慮未來，情緒是可能導致死亡的，死亡令人悲傷是因爲，若非失去所愛的人，就是失去別人的愛，這只有人類能深刻感受；5. 是「醫學哲學」（Philosophy of Medicine），建立大腦解剖學，以說明理解力、想像力和意志力的運作情形，並提出神經傳送與回應的新發現。

莎普可這些精闢的論述被懷疑其實是她的父親米奎爾（Miguel Sabuco）的創作，主要是，當時米奎爾已經是一名律師兼藥劑師，他曾寫信囑咐莎普可的哥哥將該書以米奎爾之名帶往葡萄牙付印，條件是支付其旅費。不料她的哥哥帶著太太前往葡萄牙旅行，拜訪岳母家後，即返回西班牙，並未完成父親交代的任務，米奎爾生氣之餘拒絕支付先前答應的旅費，而使他無法償還旅行時欠下的債務，最後由莎普可的丈夫出面代其解決。此後莎普可的書就在西班牙付梓發行，還不斷再版也遭人盜印，但她父親的那封指明該書是他的創作之信，使得眞正的作者究竟是誰，至今依然無從確認[64]。

---

64 *A History of Women Philosophers, Volume II*. Mary Ellen Waithe (ed.), pp. 261～284.

65 莎普可這本著作包括 Five Treatises in Spanish:

(1) Colloquy on Human Nature and Knowledge of One's Self

(2) Treatise on The Composition of the World

圖 2-21　Luisa Oliva Sabuco de Nantes Barrera, 1562～？

NUEVA FILOSOFIA
DE LA NATURALEZA DEL HOMBRE,
NO CONOCIDA, NI ALCANZADA DE LOS GRANDES
Filosofos antiguos, la qual mejora la vida, y salud humana,
con las adiciones de la segunda impression.
ESCRITA, Y SACADA A LUZ POR DOÑA OLIVA SABUCO
de Nantes Barrera, natural de la Ciudad de Alcaráz.
CON LA DEDICATORIA AL REY DON PHELIPE SEGUNDO
de este nombre, y la Carta al Illustrissimo Señor Don Francisco Zapata,
Conde de Barajas, y Presidente de Castilla, &c.
ESTA NUEVA IMPRESSION VA EXPURGADA SEGUN
el expurgatorio publicado por el Santo Oficio de la Santa, y General
Inquisicion el año de mil setecientos y siete.
QUARTA IMPRESSION RECONOCIDA, Y ENMENDADA
de muchas erratas que tenian las antecedentes, con un Elogio
del Doctor Don Martin Martinez à esta obra.
EXCITATE PERFICITUR
Año de 1728.
CON LICENCIA.
En Madrid: En la Imprenta de Domingo Fernandez, en la calle del
Duque de Alva.

圖 2-22　Sabuco's Work[65]

㈡瑪麗（Marie le Jars de Gournay, 1565～1645）

16 世紀法國文藝復興後期最重要的人文主義作家蒙田（Michel de Montaigne, 1533～1592），他的重要著作《蒙田隨筆全集》（*Montaigne Essais*）一開卷即說到：「吾書之素材無他，即吾人也」，美國文學家愛默生（Ralph Waldo Emerson, 1803～1882）讀後有感而發：「剖開這些字，會有血流出來，那是有血管的活體」，可見他的作品之生動迷人，讓後人推崇備至。蒙田有兩個女兒：「一個是他的親生女兒，繼承他的財產；另一個是他的乾女兒，繼承他的文稿……」乾女兒指的就是瑪麗（Marie le Jars de Gournay, 1565～1645）[66]。

瑪麗最爲世人所熟悉的，正是她與蒙田形同父女的特殊關係，其實她是一位小說家、翻譯家、詩人，以及文學評論家，她曾被友人讚譽爲「法國的

(3) Treatise about Things which will improve the World
(4) Colloquy on Remedies
(5) Colloquy on Errors of traditional Medicine
和 Two Opuscula in Latin
(6) About Human Nature
(7) True Philosophy
參見 http://www.sabuco.org/。

66 蒙田（Michel de Montaigne），《蒙田隨筆全集》（上卷）（*Montaigne Essais I*），潘麗珍等譯，臺北：商務印書館，1997，頁 030。

雅典娜」，但討厭她的人也很多，說她「不該活那麼久、好爲人師、咄咄逼人、嘮嘮叨叨、幫蒙田的倒忙」[67]。瑪麗在1588年與蒙田邂逅後一見如故，有位作家曾說，瑪麗以超過半個世紀的時間在爲蒙田的名望戰鬥。因爲，她不但寫文章頌揚蒙田之智慧，1592年，蒙田去世後，留下《蒙田隨筆集》的最後抄本給她後，她更是主動加以編輯、潤飾出版，當有人抨擊蒙田的作品時，她便撰寫評論爲蒙田挺身辯護，這些筆戰主觀的感情部分實遠多於客觀的分析。不僅如此，在書本出版時的序文裡，她坦承在謄寫與修改的過程中，她努力豐富了蒙田最後的作品。

事實上，瑪麗是相當優秀傑出的，她並不需要如此依隨於蒙田，在當時，她的小說寓意深遠，被稱爲「哲學小說的肇端」，她有很多翻譯自拉丁文的作品，譯作早已超越原著之價值，其筆力之遒勁深厚可見一斑，尤其是她所主持的文藝「沙龍」（salon）[68]可以說是法國學術塑形之地。由於瑪麗

---

67 蒙田（Michel de Montaigne），《蒙田隨筆全集》（上卷）（*Montaigne Essais I*），頁030～031。

68「沙龍」（salon）指的是宮殿或大宅裡寬敞豪華的接待廳，「17世紀時，法國皇家美術院會員們的作品都在羅浮宮內的阿波羅沙龍（Salon d'Apollon of the Louvre Palace）舉行，沙龍之名因而沿傳至今。……由於當時完全沒有其他的公開性展覽會，該審查委員會（幾乎完全由該協會的會員所組成）因而握一利器，即運用其龐大的勢力排擠所有該會不認同的畫家」（李賢文發行，《雄獅西洋美術辭典》，臺北：雄獅圖書公司，1990，頁763），所以，後來才有落選作品的「落選沙龍展」，或不願參與審核的「獨立沙龍展」。事實上，「沙龍聚會的起源並不是在17世紀的法國，而可以追溯到15世紀，文藝復興時期的義大利。……許多富商大賈的妻子，她們因為不需操持生產方面的事物，家事可由專人幫忙管理，因此有時間學習藝術與科學；進而，這些貴婦們開始招待文人、音樂家、藝術家至家中談天、交換意見，甚至進一步提供文人金錢上的援助。就這樣，文藝復興時許多重要的文人，就是在圍繞著一個個貴婦所主持的沙龍聚會時，被文人間妙語如珠的辯論中所陶鑄出來的。……18世紀晚期，法國的沙龍除了文學或科學取向外，更多了一些熱衷於討論政治議題的沙龍。Madame Geoffrin、Madame du Deffand、Julie de Lespinasse等三人的沙龍中聚集了許多啟蒙思想家，希望透過理性的思索，來解決法國的政治社會問題。伏爾泰、狄德羅、孟德斯鳩、盧梭、康迪拉克、孔多塞、艾爾維修、達朗貝爾等人都曾是這些沙龍中的座上佳賓，曾

把培養學識看得比找金龜婿來得重要，所以單身以終，她也關心女性的角色與發展，倡言兩性平等，認爲性別僅是顯現繁殖的功能而已，人與人之間最大的差異是在於人的靈魂，呼籲提升女性的教育權和平等權，所以她有「現代女權之母」、「17 世紀第一位女性主義者」的封號，但縱然如此，人們對她的認識依然是從「蒙田的乾女兒」開始[69]。

圖 2-23　Marie le Jars de Gournay, 1565 ～ 1645

圖 2-24　Michel de Montaigne, 1533 ～ 1592

經在聚會中暢談理性、進步或自由等啟蒙時代的主題」（臺灣大學社會系賴曉黎助理教授教學網站文章〈盧梭與孟德斯鳩：時代背景與知識社群〉，http://sllai.social.ntu.edu.tw/xoops2/modules/newbb/viewtopic.php?topic_id=1707）

69 *A History of Women Philosophers, Volume II*. Mary Ellen Waithe (ed.), pp. 285～307. 18 世紀十分優秀的女性哲學家特洛德（Catharine Trotter, 1679～1749），是一個相當具有影響力的知識分子，她在為支持洛克（John Locke, 1632～1704）的知識論而發表論述時，竟然因擔心人們會對一個女人的評論心存成見，以至於無法真正達到為洛克思想辯解的目的，於是，決定匿名發表，後來從洛克一封向她致謝的信函中，才瞭解這段曲折的過程。洛克說：這種智慧是無法隱瞞的，而且更加顯現一位胸襟開闊的學者，對一個深處窘迫困境的人，伸出援手的恩惠。參見 *A History of Women Philosophers, Volume III*. Mary Ellen Waithe (ed.), Boston: Kluwer Academic Publishers, 1991, pp. 104～106.

三 反抗運動

女性生活受到禁錮之後，反抗運動就未曾停止過，各以直接或迂迴的方式表達抗議的心聲。例如：不願意忍受丈夫的頤指氣使，拒絕成爲不支薪的女傭，或想要擺脫悲慘的婚姻關係等等各式各樣的理由，都讓許多婦女選擇不婚、離婚或不再婚的單身生活，這在當時必須承受相當大的社會壓力，過分特立獨行的人，不但容易招致異樣的眼光，更可能被誣指爲從事「巫術」（sorcery），當時獨居、分居、寡居的女性過分自由自在，就會遭致因嫉妒而生的敵意，「女巫」（sorceress）之名隨時成爲洩恨的指責。

「巫術並非來自洪荒時代的信仰，也非迷信，它是對世界和推動世界無形力量的一種闡述」，「女巫是撒旦的情人，她們前往巫魔會，玩弄魔法，散播疾病和死亡的種子，她們的眼珠裡經常閃爍著魔鬼的光芒，在火柴堆裡才終告熄滅。」[70]根據研究，最早的巫術記載起源於12世紀，他們大都是崇拜魔鬼的異端分子，不過眞正的罪名卻大都是嚴刑拷打後官方要他們承認的項目。這些受到注意的異端分子，一方面是可能擁有特異能力，另一方面是他們大都有反主流宗教之行爲。從歷史上的記載得知，被控告使用巫術的人以女人居多，這是其來有自的，聖經當中被撒旦化身的蛇所誘惑的夏娃，正是人類原罪的始作俑者，「女人就是魔鬼眞正的代理人」的想法，其實是男人對女性能力的不安，和對女性生理結構的誤解所使然，尤其是對於擁有醫療能力、有群眾魅力的女性，她們身上所散發出來不同於其他女性的特質，對人們而言是既喜愛又害怕，這似乎只有「她們施了魔法」可以解釋。

女人一旦被懷疑是女巫，很少能夠獲得開釋的，不管承認與否，終究難逃一死。在14至17世紀間，歐洲地區每隔一段時間就會有黑死病、瘟疫、流行病的災難，人們無法解釋上天的作爲，只好拿女巫當代罪羔羊，指責她

70 Jean-Michel Sallmann，《女巫——撒旦的情人》，馬振騁譯，臺北：時報文化，1998。作者是專門研究義大利文化的學者，他對於16世紀與教廷相關的「魔法」，有獨到且精闢的見解，在這本書中，他以「巫術是怎樣發生的」為開端，導引出中世紀時代捉拿女巫，嚴刑拷打後予以活活燒死的獵殺行動，書中並陳列許多珍貴的圖片，更強化這種殘酷悲劇的歷史見證。

們是魔鬼的使者，將疾病傳播於人間，要不然就是她們的傷德敗行觸怒了上帝，才會引來上帝的懲罰，於是展開大規模的女巫追捕行動。一直到17世紀末，醫學知識發達之後，人們才對女巫的興風作浪能力表示懷疑，並試圖提出辯護。但是幾世紀下來，凡被冠上女巫之名的女性，不僅遭受追逐、毒打、亂棍或石頭打死的私刑，也經常在官方的主導下，頸上繫繩拖上街頭遊行公開審判後火刑伺候，那些遭受屠戮的女性人數之多簡直是一場浩劫，這種對女性的暴行，已成人類歷史上慘無人道的汙漬難以洗清。

法國聖女貞德的事蹟，就是最好的說明。1337～1453 年間，英、法兩國發生一場規模空前的戰爭，斷斷續續進行了一百多年，所以有「英法百年戰爭」之稱。戰爭起因於兩國對於昔日英王在歐洲的封建領地之爭奪，戰爭到了末期則成為法國民眾反侵略的正義衛國之戰。1429 年 4 月 27 日，出身農家的少女貞德，率領法軍擊退圍困通往法國南部的軍事要地奧爾良的英軍，隨後又乘勝追擊，收復北方淪陷的眾多城市，使法國王儲查理七世能於當年的 7 月 17 日，在剛收復的萊姆城加冕登基。貞德的膽識和驍勇善戰讓英軍十分忌憚，千方百計以鉅款誘使出賣貞德，最後終於得逞，將之俘虜監禁了九個月之後，唆使教會的異端裁判所進行審判，在沒有辯護人、不傳訊證人和設下圈套使之入罪的情形下，以信奉異端的女巫罪名將她燒死於魯昂市的廣場，時年僅 19 歲又四個月。貞德的英勇事蹟，是女性角色的脫軌演出，父權社會讓她大膽的行為付出高昂的代價。為彌補錯誤，1909 年，教宗庇護十世錫封貞德為眞福，1920 年 5 月 16 日，教宗本篤十五世正式將她錫封為聖女。

 啟蒙時代的婦女處境

一 社會狀況

歐洲在 16 世紀的末期，已然出現下列三種現象：㈠ 宗教皇權的勢力已接近尾聲，專制王權成為舞臺上的主角；㈡ 民族國家正式形成，並成為政治思想家研究的對象；㈢ 政治思想不是純粹的理論探討，它與行動緊密相

連。因此，進入 17 世紀之後，社會顯得危機四伏、動盪不安，宗教戰爭一觸即發，國際貿易發達，各國勢力衝突日增，政治學說主張鵲起，論戰激烈，重商、重農主義相互較勁[71]，伽利略（Galileo Galilei, 1564～1642）、牛頓（Isaac Newton, 1642～1727）等在物理、科學上的新發現，也將學術焦點轉向科技文明的發展，引領理性「啟蒙運動」（Enlightenment）的降臨。

17、18 世紀的歐洲政治深受科技發展和經濟活動的影響，到了 18 世紀末，從手工業轉型到機械工業所造成社會經濟結構的變革，不但造就一批新興的中產階級，「工業革命」（Industrial Revolution）也已經萌芽，各國都將這段時期稱爲啟蒙時代。科技強調理性，延伸到政治、社會各個層面紛紛以理性掛帥，強調人類所有的紛爭，皆起源於理性的被蒙蔽，所以必須要開啟蒙蔽之物以便消除愚昧所導致的紛爭。於是，首先從推廣教育入手，普及知識破除迷信；其次是修訂法律條文，法律正是理性的具體表現；三是倡議編撰「百科全書」，將所有人類的智慧納入全書中供大家作爲學習的藍本。

---

71 從 17 世紀開始，專制王權為了鞏固其政權，必須仰賴龐大的行政組織、強而有力的軍隊，以及雄厚的財力為後盾，此時商業逐漸發達，貨幣經濟已經開始，累積貨幣以增加財富，成為各國執政當局所普遍採取的政策，「重商主義」（Mercantilism）於焉展開：

(1) 運用國家權力，扶持國內產業的發展，爭取海外霸權。

(2) 鼓勵冒險求利，政府課以稅收，擴充殖民地，吸取海外資金。

(3) 獎勵發明，更新生產工具，加強工作效能，以增加產量。

商業活動蓬勃發展，但是，過度強調商業的結果，終將以犧牲農業為代價，18 世紀末期，在法國出現了與重商主義相抗衡的「重農學派」（Physiocrats）思想：

(1) 自然界有其生生不息的和諧韻律存在，即使是經濟秩序也蘊藏著一股內在的自然力量，人力不應該強要作梗干預自然。

(2) 利用原始素材從無生有的農業，才是真正的生產，改變物質形狀的工業，充其量只是加工製造，稱不上是生產；所以，只有農民才是真正的生產階級，農業才是財富的唯一根源。

(3) 自然法已經周密完善，人為的法律只是自然法的抄襲引用，因此，國家不宜立法過多，應以自由放任為原則，立法機關的主要工作，只在撤銷不適用的法律而已。

人們樂觀地認爲，理性發達的結果，正是人類文明極致發展的時刻，屆時理性的人類將使各種戰爭銷聲匿跡。事實的發展不但不如樂觀預期還變本加厲，且先不談後來造成人類傷亡人數最多的兩次世界大戰，光就當時的社會情形來看，首先是貧富差距拉大，資產階級與無產階級的對立日趨惡化，劣勢者的地位每況愈下；其次是，資本主義中產階級發達的結果，使得家庭生活日益重要，性別分工更形僵化。前者是 19 世紀馬克思（Karl Marx, 1818～1883）長袖善舞之地；後者則是女權運動粉墨登場的主因。

18 世紀，由於新機器的發明、資本的創造累積，工商業活動大爲熱絡，在自由競爭的就業市場上，男人爲了確保工作機會，不斷地排斥女性的參與，且透過一再請願，把女性排擠出同業公會，女性失去許多就業的機會，即使掙得一份工作，也只能得到最低廉的薪資，男女工資差距將近一半，許多下層階級的女性，爲謀生只好出賣肉體，據粗估統計，在 18 世紀末，光是巴黎和倫敦兩個城市，依靠賣淫爲生的妓女，就有四到八萬人之多[72]。中產階級的女性雖不用淪落街頭賣淫，但以商業生產和積蓄來衡量尊嚴與價值的中產階級男性，卻視妻子、子女是其產業的一部分，而極力把婦女禁錮在家務工作上，限制其行動，責令在家養育照顧子女，穩定家庭的基業，以便能出外安心地衝刺事業。最後，女性的生活圈僅在方圓百里之內，連上層階級的女性，不但不能隨意拋頭露面，更退化成一群不問世事，只會裝飾、幻想、閒聊、不用大腦的「第二性」，這當然更增加男性輕視女性的理由，而女人也自認男性就是天生比女性優越的動物，女性是無法與男性抗衡的。顯然，倡議理性的結果是「越來越不理性」。

72「在 18 世紀的歐洲，淫亂之風大起，除妓女外，還出現了幾種低級、粗俗、淫亂與野蠻的『熱』：一是脫衣舞熱，二是強姦熱，三是玩弄幼女熱，四是自笞熱。在文藝復興和復辟時期，人們也享受性自由，但較為自然，相對地說來男女之間的關係平等的程度較大一些，而到了 18 世紀，許多男子的性生活純粹是一種獸欲，他們對女人的態度充滿了憎恨和敵意，在他們眼裡，女人只是任人擺布的性工具。」摘自中國上海大學社會系劉達臨教授〈賣淫的漫延與社會的控制 (1)〉，《世界性文化圖考》，北京：中國友誼出版公司，2005，網路連載：http://book.sina.com.cn/nzt/his/shijiexingwenhua/13.shtml。

二　傑出女性

㈠卡文蒂西（Margaret Cavendish, Duchess of Newcastle, 1623～1673）

大名鼎鼎的紐卡索公爵夫人是 17 世紀英國的女哲學家，她只受過一些正規教育，就是適合女性的唱歌、跳舞、彈奏樂器、閱讀之類的訓練，之所以有哲學家之美名，一如她所說的是「透過男人」。卡文蒂西因爲身爲公爵夫人的特殊身分，得以和政商名流交往，而公爵本人也贊助一個私人的研究團體，家中往來的知識分子很多，例如笛卡兒、霍布斯（Thomas Hobbes, 1588～1679），使卡文蒂西得以在無法出門就學的情況下，還能向許多有學問的男人學習。公爵比卡文蒂西大了 30 歲，十分縱容她的求知慾，並幫她出版了六本有關自然哲學的書和一些劇本、詩集，卡文蒂西幾乎在每一本書中都有感謝公爵的讚美詩篇。不過，就如她自己的陳述，她的這些表現在當時是特例，一切都要透過男人的間接傳達，連請益哲學問題，當面對話不會超過一個小時，寫信詢問經常石沉大海，必須請丈夫執筆發問，才能得到回音。當時「倫敦皇家科學院」和「巴黎皇家科學院」是新科學發展的殿堂，卡文蒂西一心想要成爲其中的會員，在捐了大筆款項贊助後，只換得列席旁觀一個會議的機會，即使只是如此，仍引起很大的爭議，且讓男性會員感到羞辱。因此，卡文蒂西感嘆在她那個時代，獲得名望只有三種方式：政府的領導者、軍事的征服者和哲學的創新者，前兩者法律明文規定女性不得參與，她只能選擇哲學發展，她誓言「要開創出一片屬於自己的天空」，「要和男人同樣自由、快樂、揚名於世」，雖然仍是相當艱難，但她終究如願以償。

卡文蒂西的哲學思想主要是自然哲學的部分，可分成三個重點：1. 她是個澈底的唯物論、物質主義者，主張自然是無限量的原子微粒所構成，而每一個原子微粒皆具備自動力，可以自己運行；2. 她是個無神論者，世界僅有一種基本的元素，即物質存在，物質本身即具備知覺，反對笛卡兒的二元理論，摒棄神是超自然現象和有超越經驗以外的精神領域之說法；3. 沒有一個物質部分可以獨自存在，每個部分皆是巨大整體中的一個要素，不贊成霍布斯的理性主體與物質客體的區分，一切皆屬物質，物質即是理性即有知覺。

儘管卡文蒂西能樹立獨特的哲學見解，且意志堅定、行爲大膽，她卻經常以自己是女性卻發表言論而致歉，她對於兩性的觀念依然非常傳統。在她的哲學著作中不但沒有正視女性的問題，反而出現如下的言論：女性是天生不如男性的，如果女性陽剛男性陰柔，是一種性別的錯置；女性不能期待像男性一樣具備聰明智慧，因爲女性的腦筋是由最「冷」和最「軟」的性質組成，女人是不可能超越男人的，最聰明的女性永遠比不上最聰明的男性之聰明；一些女人，像她自己之所以略有成就，只是因爲讀過書，就可以比鄉下男人或粗俗的男人強而已，教育女性具備男性特質是違背自然法則，那是有害的……。在她的哲學思想中找不到解決性別問題的出路，即使她的哲學著作因爲性別之故，一再遭受漠視與貶抑，並被限制在主流哲學之外，她也不以爲忤[73]。

圖 2-25　Margaret Cavendish, 1623～1673

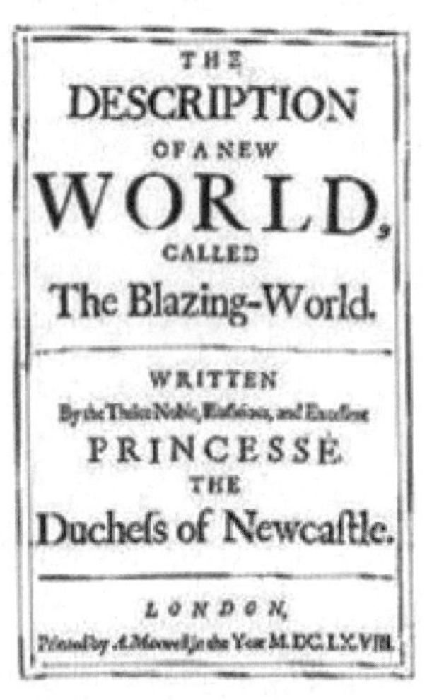

THE
DESCRIPTION
OF A NEW
WORLD,
CALLED
The Blazing-World.

WRITTEN
By the Thrice Noble, Illustrious, and Excellent
PRINCESSE
THE
Duchess of Newcastle.

LONDON,
Printed by A. Maxwell, in the Year M.DC.LX.VIII.

圖 2-26　Cavendish's Work

---

73 *A History of Women Philosophers, Volume III*. Mary Ellen Waithe (ed.), pp. 1～20.

㈡索兒喬安娜（Sor Juana Ines de la Cruz, 1648～1695）

西班牙裔的墨西哥人索兒喬安娜，是新世界「巴洛克文學」（Baroque Literature）的代表人物之一[74]。3歲左右即跟隨姊姊到當地專爲女孩子創辦的學校就讀，數年後她要求母親將她女扮男裝，以便能前往首都大學繼續研究科學新知，但爲母親拒絕。多年後她自己回憶說：即使受到嚴厲處罰，她仍然想要讀書，好學不倦對男人而言是一種值得追求的價值，對女人卻反而是一種錯誤，學習慾望彷彿是她無法抵抗的敵人。曾經有作家在她的作品發表時，嚴詞譴責她逾越了本分，寫信告誡她要放棄所有的研究，當時索兒喬安娜也爲她有受教育與求知之自由提出辯護。儘管求知之路艱辛無比，她在人文科學藝術方面仍然大放異彩，去世前幾年，她賣掉所有的家當救助窮困的人，並忙於看護感染淋巴腺腫傳染病的修女們；去世之後，墨西哥人寫了兩百多首長短不一的抒情詩，以及二十幾齣戲劇來紀念她。

索兒喬安娜雖然不被定位爲哲學家，但她的文學作品向來以哲學性的詩文見長。從她的詩文中可以看出她對神、人性和世界獨特的觀點：她認爲人的內在心靈的各種能力是在相互競爭以達到最高的境界，比方說意識和想像力是建立知識的基礎，但卻只有精神才能到達天堂，人性的高低在參與自然界的事物上顯現出程度上的不同，精神涵養越高，就會像天使般飛至雲端望見嶄新的神域；我們無法直接接觸天堂美景，正如我們無法直視太陽一樣，人在瞥見事物一眼即想大徹大悟，是會遭遇很多挫折的，藉著變化多端的宇宙，可以讓我們雖繞個彎卻得到更多的體會；她贊同亞里斯多德的見解，主

---

74 在歐洲文化史上，「巴洛克」（Baroque）是指 17 世紀以及 18 世紀上半葉之間的藝術創作風格，亦即約是 1600～1750 年間，上接 1400（或 1452 達文西誕生）～1600 年間的「文藝復興」，下接約 1750～1820 年間的「古典時期」和 1820～1900 年間的「浪漫時期」。巴洛克時期因為正值歐洲向外擴張殖民，伽利略、牛頓等人在科學上的驚人突破，以及資本主義的興起等等，文學、藝術、音樂、建築……逐漸走向平民化、世俗化，所以「巴洛克」其實是一些批評者認為此時期的創作是「俗麗凌亂」，缺乏古典藝術的均衡穩重，他們用西班牙語及葡萄牙語的「有瑕疵的珍珠」（barroco）所做的嘲諷，反而成為其代表名稱。

張經由經驗的觀察、合理的推論而非直觀，將複雜的事物抽象、簡化成知識見解，並藉之以逐步攀升到更高的境界，達到類似金字塔的頂峰。索兒喬安娜認爲知識的形成過程是相當重要的，藉由這個過程可以幫助我們尋找存在的第一因，不過，最美好的光芒是從人的心智中發散出來，而非神聖的事物本身，求知的過程比目的重要。

在索兒喬安娜的作品中，也常可看到她的自我反省，和對人性的剖析。例如：當她警覺到自己已經有沉溺在別人的讚美中時，她寫詩描述世界的虛榮而勸誡自己：試著將優點放入個人的知識中，而不是將知識列爲優點；將富有放在個人的心智上，而非將心智視爲是財富；將生活中的虛榮捨棄，是比虛榮的生活好得多。至於她對兩性問題的看法，從她的詩文中也可窺知一二。她認爲女人在文學中的角色，常被認爲是豐富靈感的來源，女人始終是個誘惑者，男人就鮮少被描述成這類角色，因此她常在作品中表示「女人永遠是錯的」：當女人對男人不好時，男人就抱怨，當女人討好男人時，男人則嘲笑、輕視她們；如果女人躲避男人，男人就說她殘忍，如果女人接納男人，男人就說她淫蕩；女人究竟要何去何從？獨立自主引來不愉快，溫柔順從卻感到氣惱，男人不只應該要愛女人，更應該讓女人按照自己的慾望和方法去生活[75]。

圖 2-27　Sor Juana Ines de la Cruz, 1648 ～ 1695

圖 2-28　紙鈔上 Sor Juana 的肖像

㈢愛斯德（Mary Astell, 1666～1731）

在對女人不甚敬重的年代，愛斯德並不渴望名聲顯揚，但是她的聰明才

75 *A History of Women Philosophers, Volume III*. Mary Ellen Waithe (ed.), pp. 59～72.

智還是被挖掘，著作受到大部分學者的重視，是 17 世紀一位舉足輕重的哲學家，19 世紀女權運動全面展開時，她更受到高度的重視，名聲再度鵲起。

愛斯德因爲叔叔的支持，從小即接受良好的教育，並且廣泛閱讀，年紀輕輕即學識淵博，她曾主持一家沙龍，舉辦過關於哲學、神學，以及女性教育權的討論會；她提出創辦女子大學的構想，建議和男性一樣，女性也要學習科學、哲學、神學及修辭學等課程。她認爲，女人的內在美比外在美更形重要，女性不應該花太多的時間在身體的修飾上，應該接受和男性一樣的教育訓練，努力提升自己的內涵；這個社會限制女性出路，不留任何空間給女性從事公眾的服務，女性無法因遭受如此的困境去懲罰罪惡，因爲沒有法律將這種對女性的限制視爲是有罪的，所以女性根本無從著手執行正義；女性之受教育的最終目的，就是期望孕育足夠的能力去影響、說服另一性，澈底改變對女性的偏見，不要再將女性視爲幼稚、無用的小動物，如此一來，兩性之間的平等正義才可望獲得實現。

除了倡議已經頗有人討論的女性受教權外，愛斯德也鼓勵女性不要因爲自身的困境而埋怨上帝，上帝不是人間痛苦的始作俑者，而是人類的愚行所致，女性的痛苦並非上帝之故意。她曾以形上學、宇宙論和科學的觀點論證上帝的存在，主張上帝是完美而不能否認的一個自爲存在，吾人應該虔誠信仰上帝，何況上帝也給女人同樣的理性，祂若對女性有偏執之心，就不會給女人以理性的能力，上帝不會做徒勞無功的事情。如果男女兩性同受邏輯訓練，學習不對不瞭解的事情妄作評斷，查明眞相之前，先保留自己的見解，抑制情感上的操弄，騰出空間讓理性發揮更好的判斷力，男女就都有認識上帝、獲得眞理的機會，社會上的偏見就較易消弭，女性所受的阻礙也會相對減少。最後關於兩性的婚姻觀，她指出，婚前必須睜亮眼睛，男性不因女性之貌美或財產娶親，女性不嫁行事莽撞和有不良嗜好的男性；男人情緒不好時，喜歡隨意支配、怒罵家人以宣洩，所以女人必須有辨識眞性情的能力，不要被虛假的表象所蠱惑，男性則應該多多注意女性內在、精神上的領域，如此一來，才能有美滿的一段姻緣[76]。

---

76 A History of Women Philosophers, Volume III. Mary Ellen Waithe (ed.), pp. 87～99.

圖 2-29　Mary Astell, 1666～1731

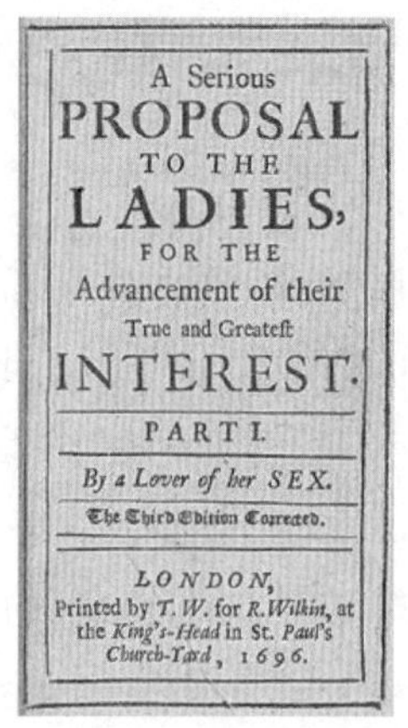

A Serious
PROPOSAL
TO THE
LADIES,
FOR THE
Advancement of their
True and Greatest
INTEREST.

PART I.

By a Lover of her SEX.

The Third Edition Corrected.

LONDON,
Printed by *T. W.* for *R. Wilkin*, at
the *King's-Head* in St. *Paul's*
Church-Yard, 1696.

圖 2-30　Astell's Work

㈣瑪璇（Damaris Cudworth Masham, 1659～1708）

瑪璇的父親是劍橋柏拉圖學派成員中，相當卓越的一位學者，瑪璇因而得天獨厚，從小就能沉浸在哲學思考的氛圍中，雖然她如同當時的女性，不被允許擁有高等的學位，但她幾乎是在哲學家的論辯中長大，她與洛克情意相投，婚前與他即有過浪漫的情愛，後來雖與別人結婚，但仍和洛克始終維持相當密切的友情。她與萊布尼茲（Gottfried Wilhelm Leibniz, 1646～1716）也有不錯的交情，經常通信討論哲學問題。

瑪璇的研究興趣主要在宗教神學、知識論和道德哲學方面，探討信仰和理性之間的關係，以及針對世俗所追求的道德價值提出質疑與反省。她認爲，若單用理性來檢視宗教，會認爲宗教是一種源自於狂熱、沉迷的非理性情緒，但若就宗教的社會意義來看，卻非如此，宗教立基於神聖的賞善罰惡的報酬觀，透過對神意之恐懼，人們克制情慾，社會因而得以穩定，就這種教化功能而言，宗教是道德的重要支柱；不過，爲了堅定信仰，也不能一味只是機械性地背誦教義，而是必須透過理性的思辨特色，建立宗教教義合理的邏輯基礎，以免忽略民情，與一般的常識發生矛盾。在道德哲學方面，瑪璇認爲社會上存在著對於男性和女性的雙重標準，尤其是女性貞操，一個不守婦道的女性，總被貶抑爲是下賤骯髒，可以視如敝屣的；她批評這樣的看法在理論上根本沒有根據，貞操並不是女性主要追求的價值，男性據此以輕視女性，是不正義、不公平的。宗教教條與道德規範總非都能符合理性，所以必須透過理性的辯證，予以令人心服口服的解釋。

女性哲學家在歷史上的缺席，讓瑪璇特別想去挖掘女哲學家名不見經傳的主要原因究竟何在？這在她的作品中有相當豐富的論述，她主要以女性教育來討論這個問題。瑪璇認爲，女性受教權的被剝奪，使得她們無能教育子女、無法爲自己的主張辯護，理性的發展備受限制，而比較能夠接受一些教育的上層階級女性，卻又忙於社交應酬，沒有時間來提升、增進她們智識的活動。女性依賴男性給予她們的讚美，希望取悅他們以便獲得好評，也預設那些不用功研究學問的男性，會對好學不倦的女性心存敵意。當男性與上帝、理性、精神相連結時，女性就被二元對立劃分成自然、感性、身體的代表，她對這種傳統二元理論可說深惡痛絕，認爲不但是陳腔濫調，而且毫無根據。瑪璇說，人們敬愛上帝，不只因爲上帝是造物主，更是因爲上帝也是善和幸福的來源，我們敬愛上帝，也該敬愛祂所造之物，才能確保行爲的善和人生的幸福，父權體制嚴苛的價值觀，對女性而言是一種「不正確的愛」，這和對上帝之愛是相牴觸的，所以應該恢復女性的權力，特別是受教權，女性就能名列歷史[77]。

三　反抗運動

(一)藍襪子

盧梭（Jean-Jacques Rousseau, 1712～1778）雖然宣揚自由、平等、博愛，但這似乎並不包含女性在內，他甚至警告世人不要讓女人受太多的教育；尼采（F. W. Nietzsche, 1844～1900）也說過：當女人開始想追求學問的時候，那就表示她的性器官出現問題了。不過，從 1590 年代開始，就出現一批知識女貴族所主持的文藝社，例如：法國巴黎的迪．普里娜公爵夫人（Gabrielle de Polastron, duchesse de Polignac, 1749～1793）所創辦的「巴士

---

77 *A History of Women Philosophers, Volume III*. Mary Ellen Waithe (ed.), pp. 73～85.

藍社」（Bas Bleu），和倫敦富家女依莉莎白．蒙塔古（Elizabeth Montagu, 1720～1800）的文藝沙龍[78]。往來成員有標榜反愚昧的男性，和醉心於追求文學、知識的女學者，她們被拒絕於正式的大學門外，只好轉向文藝沙龍抒懷己志，尋求志同道合的人一起鑽研學問、發展文學，這群人使得歐洲的文藝沙龍熱鬧非凡。由於出入沙龍的人士，通常比較不畏世俗流言，特立獨行、標新立異，其中就有人嗜好反傳統的衣著打扮，例如不穿絲襪卻穿起藍色絲絨長褲的女性，她們因爲目標鮮明，於是被以「藍襪子」（Bluestocking）謔稱，後來竟成爲嘲諷女性學者的一種代名詞。這些被嘲諷的藍襪子，正是 17、18 世紀婦女反抗運動的特徵，她們是一群以具體的行動表達抗議的女性。

圖 2-31　Gabrielle de Polastron, 1749 ～ 1793

圖 2-32　Elizabeth Montagu, 1720 ～ 1800

㈡沙龍女士

18 世紀的法國，「沙龍女士」向來以積極大膽聞名，當時每個成立沙龍的女性，大都宣揚男女平等的觀念，並極力爭取女性勞工的權利，她們在政治活動中相當活躍，討論時事、批評政局，公開收容革命分子，例如：著名的羅蘭夫人（Madame Roland, 1754～1793），以丈夫的名義成立

---

78 Jane Mills，《女話》（*Womanwords*），頁 36～38。

一個政治沙龍，在法國大革命時，因政治見解的不同，被指爲保守的「保皇黨」人，而送上了斷頭臺，臨終之言：「自由、自由，多少罪惡假汝之名以行！」（Ô Liberté, que de crimes on commet en ton nom!）已成經典。一般研究認爲，法國的女權運動，就肇端於法國大革命開始的那一年，法國人民對政治、社會、宗教、經濟各方面長期普遍的不滿，終於在公元 1789 年 10 月 5 日，爆發反抗君主專制的運動。一開始是由巴黎城內貧苦的婦女，因飢餓與憤怒高呼「麵包」揭開序幕，革命運動中，婦女組織「革命婦女會」積極參與戰鬥，革命驗收成果時，國民議會通過的《人權宣言》所保障的公民權利，卻僅及於男人，於是法國婦女乃發表《婦女權利宣言》，以爭取兩性的平等、權利、自由、進步與安全，不料後來得勢的「雅各賓黨」（Jacobin Club）[79] 人激烈地反對婦女運動，大肆搜捕活躍的女性領導人物，並推上斷頭臺，羅蘭夫人只是其中之一。

圖 2-33　Madame Roland, 1754 ～ 1793

圖 2-34　Hester Lynch Thrale, 1741 ～ 1821

---

79 雅各賓黨是法國大革命期間在巴黎成立的政團，後來遍及於全國各地，並成為法國革命黨派中，勢力範圍最廣大、組織最完善，而政治意見也最激烈、影響最為深遠的政黨。當時最重要的領袖就是羅伯斯比（Maximilien de Robespierre, 1753～1794），他是盧梭的忠實信徒，在法國進行所謂的民治、美德、恐怖的統治形式，亦即國難發生時，必須發揮民衆的力量，應用民治，恐怖是針對統治階級而言，是一種戒慎恐懼的美德，所以，後來羅伯斯比以屠殺革命同志的「恐怖統治」告終。

㈢女慈善家

有些大資產階級的婦女，提供救濟金，幫助城市裡日益增加的貧苦婦女和幼童，設立學校，鼓勵工人子女就學以改善生活條件，她們藉由慈善事業而走出家庭，投身於公共領域。例如：英國啤酒大商人的妻子史蕾勒夫人（Hester Lynch Thrale, 1741～1821），以及劇作家兼詩人漢娜．摩爾女士（Hannah More, 1745～1833）等，都是當時極富盛名的慈善家，她們以迂迴的社會參與模式，建立女性走入社會的機會。摩爾女士的父親和姊姊都是中學校長，一生奉獻於教育事業，摩爾不但撰寫教化人心的宗教、道德方面的政論小冊子，廣爲流傳、深受歡迎，去世之後更將全部遺產，捐給宗教團體和慈善事業。此外，曾經躲在大學的帷幕後面聽課，精通十幾種語言的荷蘭學者范．修爾曼（Anna Marie Van Schurman, 1607～1678）女士，她可能是那個時代最博學且最有名望的女人，終身未嫁，晚年全心全力投入宗教的靈修活動，並創立一個宗教社區，以「反文化」的生活方式，提供女權運動具體的範例。

圖 2-35　Hannah More, 1745 ～ 1833

圖 2-36　Anna Marie Van Schurman, 1607 ～ 1678

㈣ 女作家

中產階級的女性，爲養活自己與子女，在到處碰壁的打擊之下，反而積極著書立說，倡導女權運動，其中，最有名望的就是英國的瑪莉．沃史東克拉夫特（Mary Wollstonecraft, 1759～1797），她於公元 1792 年所出版的《女權辯》（*A Vindication of the Rights of Woman*）一書，成爲女權運動史上的經典之作。法國的歐林普．德．古吉斯（Olympe de Gouges, 1748～1793），是一位成功的戲劇作家，在法國大革命期間，也出版了一系列的手冊和論文，宣揚婦女在政治和法律上應有的權利，以及將來在重新分配國家財富時所需的稅務改革，她因爲在政治立場上傾向支持保守派的保皇黨，被判有罪送上了斷頭臺[80]。

圖 2-37　Olympe de Gouges, 1748～1793

圖 2-38　一個專門製作歷史上被砍頭人物的塑膠娃娃網站 Headless Historicals，裡面就有 Olympe 拎著頭顱的娃娃商品。

㈤ 女性移民

這段期間，還有另一種反抗運動，就是移民新大陸以尋求解放的一批女性。美洲殖民初期，爲了開疆闢土，社會並不禁止婦女參與公共事務的權利，女性從商、經營各項事業，管理農場、學校，甚至行醫，都有很大的自

---

80 *A History of Women Philosophers, Volume III*. Mary Ellen Waithe (ed.), pp. 225～226.

主空間，女性移民人數逐漸增加。殖民初期的女性擁有較多「爲所欲爲」的自由，純粹因爲現實的需要，但是隨著開發活動日益穩定，社會進展到相當程度之後，父權體制的價值觀也從歐洲大陸逐漸輸入美洲，男人從歐陸學習到的男尊女卑的觀念，也在學校設立後，透過教育傳播給下一代，女性獲得的自由解放僅如曇花一現[81]。

整體而言，17、18世紀女權運動的最大特色就是，婦女們不再是孤軍奮鬥，她們逐漸學會集合成整體的力量，透過社會運動的方式，形成壓力、促成改革，她們如上所述的成立沙龍、俱樂部、社團，或者寫書宣傳理念、教育大眾，正視不合理的待遇並非個別命運的不幸，而是社會整體結構的問題，必須促成社會集體觀念的革新。當時曾傳誦的名言是：「婦女既上斷頭臺，也可以登上議壇！」、「男人不是因其性別而是因爲理性才擁有參政權，而理性男女都有！」許多早期女性思想家的見解，重新被討論、被搬上檯面，以便使抗議之聲更有理論依據。女性從爭取教育權、經濟權，到這個時候的反對雙重性道德，要求政治權利，這在女權運動史上，無疑已經向前邁開了一大步。尤其是在1793年時，法國議會否決掉的三項提議，在往後女權運動持續努力之下，已成爲陸續實現的具體政策，那三個提議是：可否允許婦女有集會結社之權？婦女能否有參政權？婦女能否籌組政團？

陸 19、20世紀的婦女處境

一 社會狀況

(一)理論之啟蒙

19世紀各種學說論述發達，可謂百家爭鳴。主要是「個人主義」（Individualism）的盛行，19世紀初期，原本被「保守主義」（Conservatism）者所譴責爲是自私自利、訴諸個人私心與權力的行爲態度與觀念，卻反而發

---

81 Carol Hymowitz & Michaele Weissman，《美國婦女史話》（*A History of Women in America*），彭婉如譯，臺北：揚陞文化，1993。

展出在哲學上是宣揚個人之理性、自利、良心和權力的個人主義思潮，它被廣泛地應用到各種不同的態度、學說和理論上，例如：政治上強調政府的干預越少越好的「自由主義」（Liberalism），在經濟上主張自由競爭的社會自有理性掌控一切的「資本主義」（Capitalism）。個人主義、自由主義、資本主義這三種論述的交互影響發展，加上「效益主義」（Utilitarianism）的大行其道，使得野蠻式的資本主義延伸到世界各地。

效益主義（或稱爲功利主義）是主張自由放任之經濟的個人主義，起初是以英國的亞當．史密斯（Adam Smith, 1728～1790）的經濟理論爲代表，後來邊沁（Jeremy Bentham, 1748～1832）提出其「功利原理」和「道德數學」的主張接續發展。邊沁將趨樂避苦視爲人生幸福的目的，而復以苦樂作爲判斷是非的標準，苦樂雖有個人主觀上的差別，但各種苦樂對人而言，都是一種物質作用的結果，所以仍可以數學方式列表記量。邊沁的兩大弟子詹姆斯．彌爾（James Mill, 1773～1836）及約翰．奧斯丁（John Austin, 1790～1859），運用效益主義的觀點，從事實際的社會改革運動，鼓吹工人應該組織工會，以保障工人的利益，工人之間強調自由平等，由工會自由選舉出領袖代表，向資方爭取自身的利益。

這些思想論述，給予女權運動很大的啟發，女性援引個人主義的理論，反駁從經濟的效用和作爲妻母之功能角色的理由，將女性定位在家庭的主張，而以個人的理性、尊嚴爲依據，強調不該將女性化約爲只是繁衍種族、操勞家務的角色，而是要給予婦女們享有那些被禁止的工作權利、經濟權利和政治權利，「人格主義」（Personalism）的哲學思想就在此時萌芽，這意味著，世界將以人性之尊嚴爲普世共同追求的目標，在這個目標之下，無性別歧視、無種族歧視、無階級歧視的社會，是人類理想社會的模式。理論要透過行動的實踐，否則只是空泛的烏托邦概念，女性後來自組團體抗爭的靈感，以表達對上述各項權利的要求，則來自於勞工運動的經驗與啟示。

㈡戰爭之影響

19 世紀由於資本主義的發達，競爭變得相當激烈，資本主義只有依賴婦女在家庭裡的非商業性的、無報酬的家庭工作，以生產「基本累積」，才能讓婦女們的丈夫和兒子維持一定的勞動力，以創造「資本累積」，在這種情況下，婦女主持家務、維持家庭的穩定溫暖之意識型態達到了極致。從16世紀開始，「女性勞工」的問題不斷被提出來討論，到了19世紀，則已形成共識，大家一致地反對工廠僱用女性，否則工會即發動罷工，女性要不是資方待用的勞動力，就是將她的薪水視爲貼補家用，乃非必要性的收入而任意剝削，女性被鼓勵留在家中，成爲男性所擁有的不用支付報酬的「家庭助手」。

第一次世界大戰（爆發於1914年），和第二次世界大戰（爆發於1939年）期間，上述的情況有了很大的轉變。由於男子被大量徵調赴戰場，各行各業遺留下來的空缺只好由女性遞補，以便維持運作，女性當家的原則被暫時遺忘。女性不僅大量投入職場，也被招募到前線擔任護理人員[82]、情報工作、搜尋失蹤者和逮捕罪犯……，幾個世紀以來，女性首次受到前所未有的重視，不但擁有了就業的權利，爲了配合女性的工作需要，許多先進國家也廣設托兒所、幼兒園以協助婦女安頓家庭，女性工作條件大獲改善，同工同酬的訴求獲得重視，同時就學限制也全面取消，女性可以參加鑑定考試以取得擔任教師的權利；至於政治權利方面，繼1906年芬蘭婦女獲得投票權，1918年英國婦女、1946年法國婦女先後取得參政權之後，各國受到刺激也陸續跟進，婦女兩性平權的主張幾乎已全面實現。

兩次大戰結束之後，各國爲了安頓大量解甲歸田的男人，使其重新投入勞動市場，不惜解僱在非常時期貢獻厥偉的女性，並紛紛發起婦女回歸家庭、維繫傳統角色的宣傳教育，納粹德國就曾經提出「三K」〔孩子（Kinder）、廚房（Kuchen）、教堂（Kirche）〕的口號，它可以說是第一

---

82 婦女前往戰爭前線看護傷患、慰問軍人，最被傳誦的事蹟，要追溯到19世紀中葉，俄國、英國、法國和土耳其為爭奪近東霸權爆發的「克里米亞戰爭」（The Crimean War）時，英國婦女南丁格爾（Florence Nightingale, 1820～1910）的特殊貢獻，她不僅排除萬難，前往最前線照顧傷兵，戰後更多方奔走創立近代的護士制度，她打破婦女只適合料理家務，不敢接觸血腥傷殘的柔弱印象，以具體的行動表現出婦女可以勝任各種挑戰的能力。

個以法律命令[83]，遣散所有從事公職之婦女的國家，命令婦女回到屬於她們的領域。婦女在戰爭期間艱辛取得的權利，不是被取消，就是被擱置，社會從未爲發展女性潛力提供機會，女性的機會是來自於配合社會之所需。

二 傑出女性

這個階段的女性傑出人物不勝枚舉，在此僅略舉幾位方便說明，下一章論及女性主義各學派的代表人物時，再詳細介紹。

(一)依萊特（George Eliot, 1819～1880）

英國的依萊特曾翻譯過費爾巴哈（Ludwig Andreas Feuerbach, 1804～1872）的名著《基督教的起源》（*The Essence of Christianity*）一書，她擅長文學創作，作品內容涉獵廣泛，舉凡倫理學、形上學、宗教等議題皆見發揮。

(二)羅耶兒（Clémence Royer, 1830～1902）

法國的羅耶兒最重要的哲學作品是《善和道德法則：倫理學與目的論》（*The Good and the Moral Law: Ethics and Teleology*），她認爲人類是道德的存有者，人類不僅爲自己也爲群體尋求快樂，人是藉由彼此相互接觸的物理感覺以證明自我的存在，雖然這種接觸不是快樂就是痛苦；道德法則的好處就在於，它是加諸於個體的義務及規範，從犧牲小我當中成就更多數人的快樂，但最後也會回饋到自身，她的論述有邊沁的色彩。羅耶兒也從事過翻譯，作品是達爾文（Charles Darwin, 1809～1882）的《在自然淘汰下的物種起源》（*Origin of the Species Through Natural Selection*）。

---

83 例如規定 35 歲以下的婦女，如果其丈夫或父親已經擁有某種最低限度的薪水，可以供給她維持生活，她便不可以從事任何職業。政府不僅用盡各種宣導方式，勸誘婦女自動回家，更具體制定阻止婦女就業的相關規定，使得許多德國婦女只好將職業讓位給男性。

圖 2-39　George Eliot, 1819～1880

圖 2-40　Clémence Royer, 1830～1902

㈢藍伯特（Juliette Lambert La Messine Adam, 1836～1936）

普魯東（Pierre Joseph Proudhon, 1809～1865）曾經公開主張，女性不論是在生理、智慧和道德情操等各方面的表現皆不如男性，所以女性在社會當中所遭受的不平等待遇其實是公平的。藍伯特為反駁他的偏見提出三點看法：1. 只有生產活動能解放個人，職業教育可以使女人得以透過生產活動以肯定自己，以免於成為只知道妝點門面的插羽族，或扮演無知的角色；2. 阻擋女人的就業機會，等於誘騙女人以賣淫為生，女人若能自由就業，不但可使她們產生拒絕以肉體換取財富的力量，更可以避免怠惰成習；3. 若男人有專屬的一套道德與權利，那麼女性也應有屬於自己的道德與權利。而上述三項先決條件無一具備，公平關係並未建立，何來的自由平等之說？足見普魯東論證之荒謬不足[84]。

㈣布雷克威兒（Antoinette Brown Blackwell, 1825～1921）

有三項成就可以說明布雷克威兒不平凡的一生：1. 她實現了當牧師的理

---

84 以上依萊特、羅耶兒和藍伯特三位參見 *A History of Women Philosophers, Volume III*. Mary Ellen Waithe (ed.), pp. 255～260.

圖 2-41　Juliette Lambert La Messine Adam, 1836～1936

圖 2-42　Antoinette Brown Blackwell, 1825～1921

想，成爲美國第一位女牧師；2. 爲女性發言權終生奮鬥；3. 在她爭取女性參政權努力多年之後，她終於可以投票選舉總統。布雷克威兒發表許多針對女性權益的論著，爲了傳道她也嘗試以哲學論證的方式，條分縷析的講授神學，對於人性、眞理、知覺意識、時間觀念、上帝存在、靈魂不朽等議題，布雷克威兒皆有精湛的論述，故被稱譽爲 19 世紀末的女性哲學家[85]。

三 反抗運動

19 世紀的女權運動，可以說種類繁多，種族的差異和階級的不同，訴求也就不同。例如：無產階級的勞工婦女以抗議沉重的工作、不合理的工資、貧苦失業爲主，而資產階級的婦女則爲爭取教育權、經濟權和政治權而努力；以白人爲主的統治階級之女性，比起被統治階級的男性地位高出許多，在爭取男女平權時，卻無法顧及這項差異等等，這造成女權運動路線分歧的嚴重爭議。猶太裔波蘭人羅莎・盧森堡（Rosa Luxembourg, 1871～1918）對於這種情況提出的建議是：「婦女解放運動同整個無產階級的解放運動必須同步進行」，換句話說，透過無產階級的全面解放，婦女的解放才會跟著實現，婦女解放只是無產階級解放的一個必然結果[86]。

---

85 *A History of Women Philosophers, Volume III*. Mary Ellen Waithe (ed.), pp. 185～196.

86 羅・葉夫澤羅夫等著，《羅莎・盧森堡傳》，汪秋珊譯，北京：人民，1983。

英國著名的女權運動者安妮·畢珊德（Annie Besant, 1847～1933），就曾經領導倫敦一家工廠的女工發動罷工，後來並熱心致力於推動印度的民族獨立建國，當時參與女權運動者並未普遍意識到，婦女的解放必須獨立成一個社會運動，卻反而將之納入一個以實現社會主義理想爲目標，發動工人集體抗爭的活動之下。美國的社會改革家、作家、先驗論者、婦女平等權利的鬥士——瑪格麗特·富勒（Sarah Margaret Fuller, 1810～1850），對女性獨立自主必須從家庭擴展到社會運動的呼籲，使得婦女逐漸覺醒：婦女的解放只有靠婦女自己才有可能達成。全世界的女性無分階級與種族，共同形成一整體的階級爲婦女的命運共同奮鬥，不依附在任何革命運動之下的觀念，是邁入20世紀的女權運動重要的指標之一。

圖 2-43　Rosa Luxembourg, 1871 ～ 1918

圖 2-44　Sarah Margaret Fuller, 1810 ～ 1850

在19世紀末創辦的「國際婦女會」（International Council of Women，簡稱ICW），就以不分種族、不分國籍的口號，呼籲全世界的女性團結起來，一起繼續爲爭取女性的各項權利而努力。1918年時，ICW成功地促成《凡爾賽合約》（Treaty of Versailles）和《國際公約》（International Convention），把女權運動長期以來主張的「同工同酬」之原則，也一併納入了條約內容中。1904年，在美國和英國成立了第二個國際性的婦女組織，「國際婦女參政聯盟」（International Women Suffrage Alliance，簡稱 IWSA），在不斷積極鼓吹推動之下，女性在世界各地的政治權利獲得廣泛的提升。1903 年 3 月 8 日，美國芝加哥市的女工為了反對資產階級壓迫、剝削和歧視，舉行了大罷工和示威遊行，獲得了美國廣大勞動婦女的支持和熱烈回應；1910 年，由美國婦女團體發起，在丹麥首都哥本哈根舉行的國際婦女大會中，通過一條特殊的議案就是以每年的 3 月 8 日為「國際婦女節」，是世界各國婦女爭取和平、平等、發展的節日，這也正是我國「三八婦女節」的由來[87]。

在進入 21 世紀的今天，各行各業的傑出女性人才輩出，樹立良好的學習典範，打破了長期以來只能以男性為偶像的現象，女艦長、女部長、女總統、女畫家、女科學家……，激勵新一代的年輕女性更向前突破藩籬，實現夢想。而女權運動也從社會走進了校園，名正言順地成為學術機構裡面的研究項目之一，女性主義的論述越來越精彩而且深入，目前在世界各地著名的

---

87 1991 年，臺灣行之多年的「三八婦女節」當天婦女全面放假的慶祝活動已經取消，因為併入 4 月 4 日的兒童節，更名為「婦幼節」而遭到婦女團體的抗議，認為政府的這項更名活動，無異於是開女權運動之倒車，照顧幼童不應只是女性的職責，在努力爭取男性也加入育兒行列的宣導時，政府政策的不當，令人更易形成刻板印象，反而是最壞的示範。經過多年的抗議，內政部終於出面澄清，根據《中央社》記者吳素柔 2006 年 4 月 3 日的報導：「近來不少機關團體都提及『婦幼節』，內政部今天澄清，《紀念日及節日實施辦法》中沒有 4 月 4 日婦幼節的名稱，4 月 4 日是兒童節，婦女節是 3 月 8 日，各機關團體辦理相關活動時應稱呼兒童節，不要以婦幼節名義辦理，以表達對兒童的重視與愛護。民國 80 年以前的《紀念日及節日實施辦法》，規定 3 月 8 日是婦女節，婦女放假一日；4 月 4 日是兒童節，兒童放假一日。但婦女節僅婦女放假，影響公私機關及工商企業正常作業；兒童節只有兒童放假，孩童乏人照顧，引起許多爭議。內政部在 80 年 2 月修正《紀念日及節日實施辦法》，將婦女節及兒童節的放假，合併在民族掃墓節前一日全國放假一天，並與民族掃墓節連成連續假期。不過，為配合公務機關實施週休二日，使全年總放假日數合理化，內政部在 89 年 12 月修正《紀念日及節日實施辦法》，取消上述放假規定。內政部說，相關機關、團體、學校仍可集會慶祝婦女節、兒童節，以尊重這些節日特有的社會教育意義。」

大學裡面，幾乎都開設有女性主義的課程、經常性地舉辦兩性關係的研討會、發表女性學者的研究論述。女性不僅知識能力大爲提升，隨著醫藥化學技術的進步，女性將「性愛」與「生育」加以分離的意願也已經獲得實現，正如波娃曾經說過的「女性的解放始於肚子」，以往女性因爲生兒育女阻斷了自我發展的機會，目前已不再成爲無法解決的棘手問題，女性在身、心方面可以說已經得到前所未有的解放。女性原本就是人，應該享有機會以充分發展人的潛力之理想，現在女人擁有的條件已經足以實現自我，剩下的就是年輕女子如何從前輩的犧牲奉獻中汲取營養，締造比她們更輝煌的成績。

第四節　女權運動的成果及其影響

壹　女權運動的表面成果與矛盾

回顧歷史上女性地位與發展，將不難發現，幾個世紀以來女性披荊斬棘、犧牲奉獻、爭取權益的努力，在今天已經有了豐碩的成果，現在各行各業都可以見到女性從業人員，特別是女教授、女醫生、女作家、女畫家、女工程師等較專業性的工作，女性人數也有顯著的增加，我們已能很慶幸地說，只要身而爲人，不管男人女人，都有權利實現他的願望。

現代女性擁有自我實現的條件的確改善許多，不過似乎也陷入另一種前所未有的矛盾之中。

一「女性氣質」正是女性的特殊屬性？

「女性氣質」（femininity）是指慈愛、忍耐、細心、機敏、樂助、寬容、柔順……，相較於「男性氣質」（masculinity）的支配、競爭、主動、能力、理智、陽剛……，女性氣質向來被認爲就是女性天生的特質，所以人們對女人總有一份浪漫的期待：是男人痛苦的撫慰者、是家庭溫暖的保護者、是提供文學藝術靈感的創作泉源。但是現代女性主義者的形象卻給人相當負面的印象，是強硬的、冷漠無情的、缺乏魅力的，總是想要表現男性氣質的一群沒有人喜歡的「男人婆」。

事實上，當女人積極加入這個社會面對最粗魯、最艱苦的工作時，女性如何能夠使肢體語言依然保持優雅動人？爲了效率和工作表現，女性可能不再柔弱細緻；而長久浸淫於枯燥乏味的專業研究之女性，可能出現目光呆滯、雙眼冷酷、面無表情；甚至當女性只是不想一味的微笑、點頭，假裝專心聆聽一個沒有識見的男子高談闊論時，女性是否因此受到加倍的責難，而使女性主義者蒙上陰影？這類女性將如何經營她的人際關係，以便能兼顧她的事業？還是根本無須理會？如果女性願意在工作之餘，仍花心思在女性氣質的維護上，或在事業上的表現，依然維持著傳統的女性形象，有人認爲這就無法爲社會帶來新的貢獻，因爲這只是女性家庭工作的向外延伸而已；但如果一如男性般的展現支配主導能力，那又會失去身爲女性的特殊魅力，和男性沒有兩樣。

在一個需要溫情的社會環境中，女性歷經千百年進化、培養，早已擁有這份高尚的特質，女性何以要放棄？如若繼續實現這樣的期待，那麼她們在工作上的表現意義何在？近來有一種說法叫做「第三性」，主要是指一群聰慧堅強的職業婦女，她們樂在工作，能力強、冷淡而堅毅，猶如「中性的蟻」，她們和傳統女人不同，是身心健全的新女性，這樣的女性有多少男性欣賞實在令人懷疑。

二　男人才是女權運動的「最大贏家」！

根據美國佛羅里達大學歷史碩士海蒂（Shere Hite）女士，在 80 年代所做的研究報告顯示，美國已有 70% 的女人在工作賺錢，她們是因爲喜歡擁有屬於自己的生活才去工作，而且也比較能夠獨立自主，過去因爲經濟上對丈夫的依賴，使丈夫經常頤指氣使，有了工作後比較不用忍受丈夫高高在上的模樣。但是，女人出外工作分擔家庭財務，讓男人經濟壓力減輕不少，相反地，男性對家務、育兒各方面卻沒有提出相等的回饋，多數男人仍期待、喜歡女人提供家事服務，承擔照顧小孩的責任。

海蒂的研究顯示，男人每做兩小時的家事，女人就做五個小時，理論上夫婦應該共同分擔家務事，但是，有 80% 的女人表示，家務事仍大部分是女人的分內事。她們幾乎都有的共同經驗是：女人「看得見」灰塵，但男人卻連一個擺在面前，可以順手拿到廚房去的髒杯子也「看不見」等等。女人的負擔變得越來越重，既要工作上班，又要趕回家料理家務，而且女人即使工作比男人辛苦、賺的錢比男人多，情況也未必獲得改善，甚至地位也不會因此提升，因爲她們還必須時時顧慮「丈夫的男性自尊」。所以，嚴格說起來，男人還是最大的贏家[88]。

---

88 海蒂是美國著名的情色問題研究專家，從 1976 年開始，她根據問卷調查資料陸續整理發表的《海蒂報告》書，揭露許多隱密、驚人的情色經驗，令人瞠目結舌、打破許多刻板印象，也頗具參考價值。目前已經翻譯成中文的書籍，大致如下：

(1)《海蒂報告——女性坦言》（*The Hite Report: Women and Love: A Cultural Revolution in Progress*），林淑貞譯，臺北：張老師文化，1994。

(2)《海蒂報告——婚戀滄桑》（*The Hite Report: Women and Love: A Cultural Revolution in Progress*），林淑貞譯，臺北：張老師文化，1994。

(3)《海蒂報告——深情之愛》（*The Hite Report: Women and Love: A Cultural Revolution in Progress*），林淑貞譯，臺北：張老師文化，1994。

(4)《海蒂報告——單身遊戲》（*The Hite Report: Women and Love: A Cultural Revolution in Progress*），林淑貞譯，臺北：張老師文化，1994。

(5)《海蒂報告——性愛歡愉》（*The Hite Report: A Nationwide Study of Female Sexuality*），李金梅譯，臺北：張老師文化，1995。

(6)《海蒂報告——情慾神話》（*The Hite Report: A Nationwide Study of Female Sexuality*），李金梅譯，臺北：張老師文化，1995。

(7)《海蒂報告——男性氣概》（*The Hite Report on Male Sexuality*），林瑞庭譯，臺北：張老師文化，1995。

(8)《海蒂報告——感官男人》（*The Hite Report on Male Sexuality*），譚智華譯，臺北：張老師文化，1995。

(9)《海蒂報告——浮世戀情》（*The Hite Report on Male Sexuality*），林瑞庭譯，臺北：張老師文化，1995。

(10)《海蒂報告——親密關係》（*The Hite Report on Male Sexuality*），譚智華譯，臺北：張老師文化，1995。

(11)《海蒂性學報告——情愛篇》，李金梅譯，海南：海南，2002。

 女權運動對一般男女的影響

一 接受女性主義正規教育的男性如鳳毛麟角！

女權運動發展到今天，對於傳統的價值觀念已有大幅度的改變，這些訊息透過報章媒體的報導、撰寫，和大專院校正式課程的傳授，理當影響者眾，但就實際觀察的結果，並不如理想。主要是，與女性主義相關的課程如係選修，男生經常只是點綴性的幾位，在資訊的閱讀吸收方面，人們大都習慣性的選擇與自己興趣相關的項目瀏覽，如此交互循環的結果，女性對女性主義的觀點與訴求越來越清楚，男性卻趕不上女性的瞭解程度，幾乎永遠停留在「平等、尊重」的口號上，卻不知道平等、尊重的具體內容為何？於是「女人怎麼這樣不知足？」和「男人永遠像一頭驢！」的對話始終都會出現。

不斷吸收女性主義資訊的女子，特別是在校園中選修這類課程的女同學，周圍友人大都會投以好奇的眼光，甚至重新審視觀察她的一切，雖然開始的時候，這些女性是會在一個很不穩定的、新的形式中反覆摸索，但透過這種內心不斷的自我反省、辯證的歷程，讓她越來越可以按照自己的生存願望而生存，而且在獨立自主的行為中，也能維繫和諧一致的生活面貌時，她的從容自信、積極進取，就是一種圓融自足的存在形式，是發自內心眞正自由自在的解放。一個充分瞭解女性主義精神的女性，應該不是劍拔弩張的潑婦，這種批評，一方面當然是早期女權運動者，為爭取權利時的手段運用留下來的印象；另一方面有可能來自於社會上大部分的人，仍然不習慣看見女人如此信心十足的模樣。

所以，女權運動的影響對「未婚女性」的生活反而最是有利，現代年輕的女性，不論在學校或職場上，與男性同伴往來時，大都能夠充分享受到自由自在的樂趣，不過，一旦論及婚嫁，大多數的男性對「新潮女性」還是比較容易猶豫不決。如果不教育男人，讓男人與女人同步成長，未來可以想見的是，將會有很多傑出的、不具備傳統「女性氣質」的女性找不到結婚對象，或者結婚之後很難適應婚姻生活。大家都知道，不論是戀愛或結婚，男女雙方都應該相互幫助、尊重對方，在良好的互動過程中，彼此人格變得越

完善，兩人間的關係越是有意義；但是，仍然有一種頑強的人，想把對方模塑成像他自己或像他理想中的對象，不肯接受對方的原貌，不肯瞭解對方的改變。要讓一個人無條件的愛惜、尊重他人的個性，實在相當的困難，在女性主義強調女性獨立自主的呼聲當中，男人若仍視而不見、聽而不聞，兩性關係的日益惡化是不難想像的。

二 是「自私的生活」還是「自己的生活」？

以前婦女天天與柴米油鹽醬醋茶為伍，烹飪洗衣、生養小孩、侍奉丈夫公婆，現代女性覺得她的父母親太平凡無味，譴責母親的奉獻是「時代的落伍者」，數落父親的管教是「非法的權威」。她們向外尋求發展，忙碌於充實自己，不斷擴張興趣範圍，整天穿梭於各式各樣的活動當中；她們不想理會父母的勸解，一心想過自己要過的生活，為了保有個人最大的自由，有些女性乾脆拒絕戀愛，不要婚姻，因為那是一種約束、一種障礙，是使她們的意志服從於他人意志的現象，只要享受性不要有任何的道德說教，或承擔任何的責任。這究竟是自己的生活還是自私的生活？

義無反顧、勇往直前或許是一個過渡現象，但絕不能將之認同為是生命的常態。如果我們不能在精神方面確定任何意義形式，通常就是會把全部精力用在表象價值的追逐上。女權運動的意義，不是意圖造就一批整日只知道追求成就價值的工作狂，或不對自己行為負責、沒有耐心對待父母、兒女的女性，精神層面的膚淺，才會讓自己的任性行為，以女性主義者之名義搪塞。成熟的人當有能力判斷，責任感與實現自我的熱情，都是同等重要的。因此，如何讓「自我主張」與「自我犧牲」拿捏得宜，這是一種聰明智慧的表現，人際關係的圓融不必從女權運動的主張中剔除，兩性的和諧發展以及親情、友情的維繫，也未曾違反女性主義的精神。

 女權運動對家庭婚姻的影響

一「母愛」是女人的天性或是神話？

法國女教授依莉莎白・貝丹黛（Elisabeth Badinter）於 1980 年發表《母愛：神話與事實》（*Mother Love: Myth and Reality*；法文原名：*Amour en plus*）一書[89]，引經據典，從歷史紀錄與實際數據，下了一個結論說，母愛因時因地而有不同的表現，與女子的天性並無必定的關聯。的確，如果母愛是與生俱來的天性，中國在「母以子爲貴」、「養兒以防老」、「補助一胎化政策」的年代，也不應該出現溺殺女嬰的現象。貝丹黛認爲，考諸人類歷史發展的事實發現，對母愛的重視與強調，隨著時代發展條件的不同而有所不同，充分說明母愛同人類其他情感一樣，往往因應現實的考量而決定意志的表現，並非全是天性所使然。依據她的意見分析歷史發展對母愛的定義，我們大致可以將母愛因應時代之需求，歸納有如下不同之意義：

㈠母愛是「嚴厲管教」

在舊約聖經的希伯來世界中，母親是女人最重要的角色，而在新約聖經的時代中，聖母瑪利亞（Blessed Virgin Mary）因爲孕育了耶穌基督，聖母乳子的影像是滋育信徒靈魂的神聖象徵，因此「理想的母親」（ideal mother）與「謙和的聖母」（self-effacing Madonna）銘刻在西方基督教的文化信仰之中。中古時期，基督教強調禁慾的觀念，當人們看見敞開衣襟餵奶的母親自然流露出愉悅滿足的表情時，就警告婦女不可溺愛小孩，必須扳起臉孔，以嚴謹肅穆的方式來樹立威信，讓小孩對母親心生恐懼，乖巧聽話，將來才不會爲非作歹，否則就是母親的過失（李行導演的電影名作《秋決》[90]也有如出一轍的觀念），當時的母愛被要求必須是「嚴厲管教」的

---

89 *Elisabeth Baiter, Mother Love: Myth and Reality*. New York: Macmillan, 1980.

90 李行導演，歐威、唐寶雲、葛香亭、陳慧樓、傅碧輝演出，《秋決》，臺北：聯合電影公司，1972。本片「探討的中國傳統文化、倫理觀、生命觀、時序倫常的

形式。

㈡母愛是「奶媽的職責」

母愛如果不能表現出情感上的滿足，就只剩下養育照顧的辛苦，這種母職是很容易由別人代勞的，因此，從中古時期開始，貴族家庭就盛行奶媽制度，根據文獻記載，法國在 13 世紀時就有奶媽介紹所，到了 17、18 世紀時，一般的中等家庭也僱請奶媽，奶媽還曾經出現供不應求的現象，當時的母愛是「奶媽的職責」。現代許多研究發現，哺乳類的嬰兒雖能辨認母親的乳房，但對於吸乳，母親絕非唯一的選擇，嬰兒只要能吸到乳汁就會積極吸吮；貝丹黛的研究也指出，18 世紀末期與 19 世紀中的中產階級與上流社會的婦女並不接受哺育母乳的意義。因此，僱請奶媽哺乳是天經地義的事，母親不會有失職之責備。

㈢母愛是「非道德價值」

1780 年巴黎警察局的數據顯示，在二萬一千名新生嬰兒中，母親親自撫育的不到一千名，當時已把僱請奶媽視爲地位顯貴的象徵之一，家境富裕的就讓奶媽住進家中，或將小孩送往近郊的奶媽家，家境差的也要想辦法送到偏遠的鄉下地區，母子經年難得見上一面，母愛在當時並未被標榜成崇高的價值，女性不能親自撫育的理由很多：體質羸弱、妨害夫妻生活、辛苦沒有時間、單調無趣、損害美貌、無法交際應酬⋯⋯，都可以是正當的理由，當時的母愛並未被列爲道德價值，或優先於其他價值。

哲理內涵及電影美學、手法等，引起社會、文藝界的廣泛討論，曾多次重映，其發人深省的倫理主題，使得此片成為李行最具代表的作品之一。藉一個死囚等候秋天處斬的故事來探討人性的變化⋯⋯」（網路影片介紹）死囚處決前要求吸吮母奶，卻咬下母親的奶頭，責怪母親幼年時的溺愛，導致他成人後的為所欲為，終於犯下死罪。本年曾榮獲印尼電影藝人協會評選為最佳影片獎。

㈣母愛是「愛國行為」

18 世紀末，當資本主義興起，國際之間的爭霸戰也如火如荼展開時，人力資源被高度重視，當時的主政者開始注意到人口的問題，就如同中國滿清末年時的「富國必先強種，強種必從母教始」的觀念一樣，「富國」和「強種」的觀念一旦聯繫起來，爲了確保人口的興旺，就必須設法催促女性「增產」報國，鼓勵女性好好地看養照顧幼童，把母親們親自哺育兒女的行爲，美化爲報效國家的愛國行爲，透過各類出版品，廣泛宣傳，喚醒母愛的「本能」，將母愛和天職畫上等號，威脅利誘，挑撥失職的歉疚感。

㈤母愛是「日月光輝」

近代以來，世界各國幾乎口徑一致的說服女人負起爲人之母的職責，歌頌母職的偉大如甘霖雨露、日月光輝，灌輸女性把「成爲一個母親」視爲女性一生最大的榮耀，無法生育的女人就是有殘缺的人；而一旦有了兒女，女人就應該放棄工作，全心全力的照顧家庭，「你是個好媽媽」就是對女性最大的讚美、最大的成就，慈母的形象成爲一種神話。因此，男人外遇、青少年犯罪、家庭不美滿，都成爲女性最嚴重的失職，是人生的一大挫敗。

母職的辛苦經常必須以自我犧牲爲代價，才能成就母愛的光輝，而如果沒有外在的壓力，女性是否願意如此義無反顧地付出[91]？如同上述，對母愛的要求和時代的氣氛密切相關，因此，正如蒙田在著作中曾說過的：「我們這般頌揚母愛，但經驗告訴我們，那根基是很薄弱的」，母愛如果是天

---

91 2007 年 5 月 9 日母親節前夕，兒童福利聯盟舉辦「2007 年媽媽辛苦指數大調查」，結果發現：「臺灣媽媽辛苦指數高達 72 分，其中有 56% 的媽媽辛苦達到『過量』級，14% 的媽媽辛苦程度達到『嚴重超載』，而在龐大的家庭與工作雙重壓力下，臺灣的媽咪顯得很憂鬱，需要家人更多感謝、政府更多支持、社會更多協助。……媽媽們的母親節願望依次是：多陪伴孩子、事業有成、經濟充裕以及身材苗條。……與 2000 年相比，7 年來，媽媽能常陪孩子一起用餐的比例從 80% 降到 65%，臺灣爸爸協助照顧子女的比例則顯退步，從 9% 下降到 7%。」「兒童福利聯盟」http://www.children.org.tw/。

性，不應有如此大的轉折變化。所以，與其不斷地把養育的責任強加在女性身上，不如也一起喚起女性和男性在撫育幼兒上的興趣，把「母職」和女性的必然關聯分開，以便讓有育兒興趣的男性也能參與，如此一來，不論男女，如果是心甘情願的養育幼兒，雖辛苦也會甘之如飴。

二 婚姻的美滿取決於愛情和自我犧牲？

個人主義的思考使現代人相當執著於追求愛情，有無愛情基礎的考量已經代替家庭的利益，成爲完成一件婚姻的決定因素。

㈠理想之愛難尋

現代男女之所以很難下結婚的決定，主要在於他們一直無法經驗到夢寐以求的「理想之愛」，尤其對女性而言更是如此，女性即使可以獲得一個充分被尊重的婚姻，但那種對刻骨銘心之愛的執著，常使女性對婚姻裹足不前，尤其是一旦想到婚後被「四馬分屍」（丈夫、小孩、家庭、工作）的情形，更讓女性傾向於選擇一種無拘無束的單身生活，或被某個男子所鍾愛的情婦身分。

㈡渴望實現自我

「男人在創作的時候，女人在做什麼？」現在這句話可能要反過來問：「女人埋首於工作的時候，男人你在哪裡？」以前男人專注於事業，女人用心經營愛情，愛的關懷必須保持機靈，隨時察覺到被愛者的需要，而給予適時的安慰，以往女人在這方面可以說是傾注所有的精力去滿足男人的慾望。然而受到女性主義的影響，女人也開始專注個人的需求，重視自己的成就表現，注意力從男人的身上轉移到其他領域，讓男人對婚姻生活的憧憬大感失望。近來，這樣的衝突始終不曾間斷，尤其是對有相當才氣的女人而言更是如此。結婚不生孩子，是解決這類衝突常見的方法，否則女人在婚姻與事業都要兼顧的極端勞頓之下，很難有兩全其美的安排。

㈢社會的容納度

爲維持一個幸福美滿的家庭，是要付出代價的。在我們生活周遭已不難發現，有許多感情豐富、熱愛小孩的丈夫，願意配合一個忙碌於事業對妻母角色不感興趣的妻子，顚倒其性別功能，擔負起原本是女性角色的任務。但是愛情雖可包容一切，社會輿論、親友的批評壓力，依然傾向於督促女人回頭照顧小孩、輔助丈夫的事業，社會機制也在某種程度上強化這種需求上的功能，例如給男人升官加薪，給女人接送孩子的方便時間，有形無形地形成催促女人回家的壓力。溫暖和諧的家庭氣氛是必須要時間和耐性經營，沒有充分的時間給丈夫和孩子的女人，仍容易被指責爲自私的女人，若男人因此有外遇，或小孩變成問題青少年，都是罪有應得，很難獲得社會的同情。

㈣成就競爭壓力

現代女性不但和男人受同等的教育，甚至有許多是妻子學歷高於丈夫的情形，夫妻如果同時工作，工作性質又差不多，容易形成有意無意的競爭；而當有一方，因爲工作地點、假日安排等因素必須犧牲配合時，經常會引發公平性的爭議；以及男人害怕「沒有成就」女人害怕「太有成就」的心理障礙，都是現代婚姻問題重重的原因所在。雖然有些富有時代精神的男性，基於對妻子的愛情，願意犧牲自己，完全配合她，但若自己因而也難以突破事業瓶頸，甚至到頭來一事無成時，這不也重蹈以前婦女之覆轍，而埋怨起自己的人生？

長期在文化薰陶下所養成的見解是很難根除的，一如思考的客觀性如何可能般，人長久累積的「習慣」，很難讓人有所謂突破性的思維，但難能可貴的是，女權運動長期發展的結果，的確已經成功地讓男人過去在各種領域裡的「侵權」行爲，不但不復有法律的保護，同時也不再有非理性言論的支持，在顚覆傳統的成見上確實展現出亮麗的成績。然而，如上所述，女權運動也衍生出許多的社會問題，主要是現代家庭正面臨著當父、母親都不願困守在家時，家庭內溫暖的聚合力已在逐步瓦解的事實，小孩無法獲得妥善的照顧，男人縱飲於酒店、流連於金錢買來的女性溫情，女性則爲獲得不足裹腹的薪水而疲於奔命，所得結果可能還無法彌補離家的損失。這樣的問題，女權運動至今仍未找到解決的方法，社會也尚未建立一套成熟的制度，以便因應這類衝突，這是女權運動在慶祝豐收之餘，尚待努力解決的目標。

影片資料

・《世紀女性・臺灣第一》（1～8集），臺北：公共電視文化事業，2000，每集片長約30分鐘。

簡介：在臺灣早期封閉的社會裡，仍有許多女性突破性別的障礙，展現傲人的成就，她們是如何做到的？這八集紀錄片，製作嚴謹，相當忠實的反映出她們當時奮鬥的足跡，十分值得參考、珍藏的資料。這八位女性分別是：第一位女畫家——陳進（1907～1998）、第一位女醫師——蔡阿信（1899～1990）、第一位女省轄市長——許世賢（1908～1983、第一位女革命家——謝雪紅（1901～1970）、第一位女詩人——陳秀喜（1921～1991）、第一位女記者——楊千鶴（1921～2011）、第一位女指揮家——郭美貞（1940～2013）、第一位女地質學家——王執明（1931～2020）。

主要參考文獻

一、中文部分

A. Michel，《女權主義》，張南星譯，臺北：遠流，1989。

Carol Hymowitz & Michaele Weissman，《美國婦女史話——女性沈默與抗爭》，彭婉如譯，臺北：揚陞文化，1993。

Jane Mills，《女話》（*Womanwords*），李金梅等譯，臺北：書泉，1997。

Jean-Michel Sallmann，《女巫——撒旦的情人》，馬振騁譯，臺北：時報文化，1998。

Ute Frevert，《德國婦女運動史——走過兩世紀的滄桑》，馬維麟譯，臺北：五南，1995。

中央研究院近代史研究所編輯，《近代中國婦女史研究》（第一～九期），臺北：中央研究院近代史研究所，1993、1994、1995、1996、1997、1998、1999、2000、2001。

中國論壇編委會主編，《女性知識分子與臺灣發展》，臺北：聯經，1989。

井上清，《日本婦女史》，周錫卿譯，北京：三聯書店，1958。

王浩威，《臺灣查甫人》，臺北：聯合文學，1998。

古朗士（N. D. Fustel de Coulanges），《希臘羅馬古代社會史》，李宗侗譯，臺北：文化大學，1988。

朱虹、文美惠主編，《外國婦女文學辭典》，桂林：漓江，1989。

李又寧、張玉法主編，《近代中國女權運動史料》（上冊）、（下冊），臺北：傳記文學社，1975。

李又寧、張玉法編，《中國婦女史論文集》（第一輯）、（第二輯），臺北：商務印書館，1981、1986。

李永熾，《日本史》，臺北：水牛，1972。

李永熾，《日本式心靈——文化與社會散論》，臺北：三民，1991。

李承言譯，《親吻神學——中世紀修道院情書選》，香港：漢語基督教文化研究所翻譯出版，1996。

李賢文發行，《雄獅西洋美術辭典》，臺北：雄獅，1990。

希羅多德（Herodotus），《歷史》（*Historiae*），王以鑄譯，臺北：商務印書館，1997。

佛洛姆（Erich Fromm），《愛的藝術》（*The Art of Loving*），孟祥森譯，臺北：志文，1986。

金天翮，《女界鐘》，陳雁編校，上海：古籍，2003。

周華山，《無父無夫的國度？——重女不輕男的母系摩梭》，杜宗智、莫英才、王翔、梁博宏攝影，香港：正港資訊，2001。

林明德，《日本的社會》，臺北：三民，1997。

姜葳，《女性密碼：女書田野調查日記》，臺北：三民，2002。

孫麗雙、牛麗莉編譯，《二十世紀世界女政治家》，黑龍江：人民，1992。

清少納言（Sei Shounagon），《枕草子》，周作人譯，臺北：木馬文化，2003。

麥柯・赫奇森（Michael Hutchison），《性與權力——身心政治的剖析》，廖世德譯，臺北：自立，1994。

雪兒・海蒂（Shere Hite），《海蒂報告——女性坦言》（*The Hite Report: Women and Love: A Cultural Revolution in Progress*），林淑貞譯，臺北：張老師文化，1994。

雪兒・海蒂（Shere Hite），《海蒂報告——婚戀滄桑》（*The Hite Report: Women and Love: A Cultural Revolution in Progress*），林淑貞譯，臺北：張老師文化，1994。

雪兒・海蒂（Shere Hite），《海蒂報告——深情之愛》（*The Hite Report: Women and Love: A Cultural Revolution in Progress*），林淑貞譯，臺北：張老師文化，1994。

雪兒・海蒂（Shere Hite），《海蒂報告——單身遊戲》（*The Hite Report: Women and Love: A Cultural Revolution in Progress*），林淑貞譯，臺北：張老師文化，1994。

雪兒・海蒂（Shere Hite），《海蒂報告——性愛歡愉》（*The Hite Report: A Nationwide Study of Female Sexuality*），李金梅譯，臺北：張老師文化，

1995。

雪兒・海蒂（Shere Hite），《海蒂報告——情慾神話》（*The Hite Report: A Nationwide Study of Female Sexuality*），李金梅譯，臺北：張老師文化，1995。

雪兒・海蒂（Shere Hite），《海蒂報告——男性氣概》（*The Hite Report on Male Sexuality*），林瑞庭譯，臺北：張老師文化，1995。

雪兒・海蒂（Shere Hite），《海蒂報告——感官男人》（*The Hite Report on Male Sexuality*），譚智華譯，臺北：張老師文化，1995。

雪兒・海蒂（Shere Hite），《海蒂報告——浮世戀情》（*The Hite Report on Male Sexuality*），林瑞庭譯，臺北：張老師文化，1995。

雪兒・海蒂（Shere Hite），《海蒂報告——親密關係》（*The Hite Report on Male Sexuality*），譚智華譯，臺北：張老師文化，1995。

雪兒・海蒂（Shere Hite），《海蒂性學報告——情愛篇》，李金梅譯，海南：海南，2002。

陳東原，《中國婦女生活史》，臺北：商務印書館，1994。

紫式部（Murasaki Shikibu），《源氏物語》（一～四），林文月譯，臺北：洪範譯叢，2000。

富士谷篤子編，《女性學導論》，林玉鳳譯，臺北：南方，1988。

渡邊淳一，《男人這東西》，炳坤、鄭成譯，臺北：麥田，1999。

渥倫・法若（Warren Farrell），《男性解放》，鄭至慧等譯，臺北：婦女新知，1984。

渥倫・法若（Warren Farrell），《男性學》（上卷）（下卷），張琰譯，臺北：健行文化，1997。

義年華、高銀仙，《女書》，臺北：婦女新知，1990。

路易斯・亨利・摩爾根（Lewis Henry Morgan），《古代社會》（*Ancient Society*），楊東蓴等譯，臺北：商務印書館，2000。

蒙田（Michel de Montaigne），《蒙田隨筆全集》（上卷）（下卷），潘麗珍等譯，臺北：商務印書館，1997。

趙建民、劉予葦主編，《日本通史》，臺北：五南，1991。

趙鳳喈，《中國婦女在法律上之地位》，臺北：食貨，1977。

愛倫凱，《婦女運動》，林苑文譯，臺北：商務印書館，1981。

潘乃德（Ruth Benedict），《菊花與劍——日本的民族文化模式》（*The Chrysanthemum and the Sword*），黃道琳譯，臺北：桂冠，1991。

劉黎兒，《東京風情男女．東京愛情物語．東京迷絲迷思》，臺北：麥田，2002。

駱曉戈，《女書與楚地婦女》，北京：中央編譯出版社，2004。

鮑家麟編著，《中國婦女史論集》（第一～五集），臺北：稻鄉，1979、1991、1993、1995、2001。

謝瀛華等著，《男人，難——新男性研討會》，臺北：宇宙光，1994。

黛安．艾克曼（Diane Ackerman），《愛之旅》（*A Natural History of Love*），莊安祺譯，臺北：時報文化，1996。

羅．葉夫澤羅夫等著，《羅莎．盧森堡傳》，汪秋珊譯，北京：人民，1983。

羅勃．布萊著（Robert Bly），《鐵約翰——一本關於男性啟蒙的書》，譚智華譯，臺北：張老師文化，1996。

《女誡》、《白虎通》、《西京雜記》、《列女傳》、《呂覽》、《紅樓夢》、《後漢書》、《新五代史》、《說苑》、《管子》、《影梅菴憶語》、《禮記》、《韓非子》、《鏡花緣》。

二、英文部分

Aristotle, Politics. Book I, 1259a36～1260b23, in *The Complete Works of Aristotle*. J. Barnes (ed.), New Jersey: Princeton University Press, 1984.

Baiter, Elisabeth, *Mother Love: Myth and Reality*. New York: Macmillan, 1980.

Beneria, L. & Bank, R., *Women and the Economics of Military Spending*. A. Harris and Y. King (eds.), Boulder: Westview Press, 1989.

Bryson, V., *Feminist Political Theory: An Introduction*. New York: Paragon House, 1992.

Clark, L., *The Rights of Women*, in Contemporary Issues in Political Philosophy. J. King-Farlow and W. Shen (eds.), New York: Science History Publications, 1976.

Coole, D. H., *Women in Political Theory: From Ancient Misogyny to Contemporary Feminism*. New York: Harvester Wheatsheaf, 1993.

Donovan, J., *Feminist Theory: The Intellectual Traditions of American Feminist*. New York: Continuum, 1992.

Ferguson, K. E., *The Feminist Case Against Bureaucracy*. Philadelphia: Temple University Press, 1984.

Freud, Sigmund, *Three Contributions to the Theory of Sex*. A. A. Brill (trans.), New York: Dover Publications, 2001.

Jaggar, A. M., *Feminist Politics and Human Nature*. New Jersey: Totowa, Rowman & Allanheld, 1983.

McNamara, J. & Wemple, S., *Women in European History*. Boston: Houghton Mifflin, 1977.

Okin, S. M., *Women in Western Political Thought*. New Jersey: Princeton University Press, 1979.

Ruddick, S., *Mothers and Men's War*. A. Harris and Y. King (eds.), Boulder: Westview Press, 1989.

Sydie, R. A., *Natural Women Cultured Men: A Feminist Perspective on Sociological Theory*. U. K., Buckingham: Open University Press, 1987.

Waithe, M. E., (ed.), *A History of Women Philosophers, Volume I、II、III、IV*. Boston: Kluwer Academic Publishers, 1987, 1989, 1991, 1995.

三、網路資料

中國清華大學中文系趙麗明教授〈女書文字孤島現象簡析〉，網路文章。

中國上海大學社會系劉達臨教授〈賣淫的漫延與社會的控制 (1)〉，《世界性文化圖考》，北京：中國友誼出版公司，2005，網路連載：http://book.sina.com.cn/nzt/his/shijiexingwenhua/13.shtml

臺灣大學社會系賴曉黎助理教授教學網站文章〈盧梭與孟德斯鳩：時代背景與知識社群〉：http://sllai.social.ntu.edu.tw/xoops2/modules/newbb/viewtopic.php?topic_id=1707

「行政院婦女權益促進委員會」網站資料：http://cwrp.moi.gov.tw/index.asp

「維基自由百科全書」（Wikipedia, The Free Encyclopedia）圖片：http://en.wikipedia.org/wiki/Main_Page

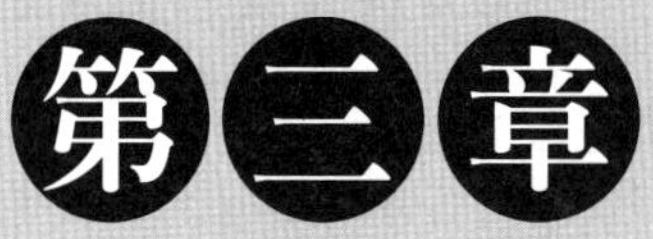

女性主義論述

思考題

Q：所有你認識的朋友當中，有哪些言談舉止讓你覺得她（他）是一位女性主義者？請舉出具體的例子說明。

Q：女權意識較高的女生比較不容易交到男朋友？反過來說，女權意識較高的男生比較容易交到女朋友？

> 「諺語云：『男子是屋外的燈，女子是屋內的燈』。這一說法欲使人明白，男子是真正的光、是日光，而女子是黑夜的光、是夜光；此外，女子又很自然地被比做月亮，男子被比做太陽……。你如說女子被鎖在家裡，這並不言之有理，除非你還注意到男子是關在門外的，至少整個白天被關在門外。太陽一升起，男人就必須……在農田或在會議室裡……。凡是白天在屋內待得太久的男人，不是受人懷疑，就是遭人恥笑。」
>
> ～～～ Pierre Bourdieu, 1930 ～ 2002[1]

「我自己從來都搞不清楚到底女性主義是什麼？我只知道：每當我開始表明——我並非門邊的腳墊或妓女，人們就會說我是個女性主義者。」[2]根據字典解釋，“feminism” 乃源自拉丁文的 “*femina*”，意謂「授乳的女人」，由於這個定義，隱含著無法生育的女人不算是眞正女人的負面意義，所以，早期是以 “womanism”（女人主義）一詞，來表示那些伸張女權的主張，一直到 1894 年後，不論報章、雜誌、書刊乃至於女性團體自己，才漸漸通用 “feminist”（女性主義者）、“feminism”（女性主義），來介紹那些爭取性別平權的婦女及其論述，於是 “liberal feminism”（自由主義女性主義）、

---

1 薩拉・德拉蒙特（Sara Delamont），《博學的女人》（*Knowledgeable women*），錢撲譯，臺北：桂冠，1995，頁 15。

2 Jane Mills，《女話》（*Womanwords*），頁 102。

“marxist feminism”（馬克思主義女性主義）、“radical feminism”（基進主義女性主義）等，各類派別名稱也陸續出現[3]。

女性主義不管其派別主張有何差異，其基本形式大致皆包含如下三點：

一、「結構」（structure）和「個人」（individual）的對照解釋

結構賦予個人位置，不一樣的位置具有不一樣的權力，所以，談論性別平等之前必須先分辨性別的權力結構。

二、解析有形無形的「集體壓迫」（collective oppressions）形式

例如由貞操觀念形成女性害怕被強暴的恐懼，這是一種花費很小的恫嚇方式，讓女性自動地服從結構的「安全」設計，並相互傳遞類似訊息，形成一群被壓迫的集合體。

三、強調建立「雙重視野」（double visions）

主流意識型態透過教育體系的灌輸，和媒體文化的廣泛宣傳，形成個人主觀刻板之定見，直至遭遇非主流意識型態的挑戰，造成衝擊之後才會開始反省批判自己的觀點，不堅持己見並對「正論」和「反論」同時關照，即是具備雙重視野。

接受女性主義論述影響的個人，將因對社會整體結構的集體壓迫性質的瞭解，從印證自身的經驗出發，發現到處充滿著相同處境的個人，這時若只尋求自己作適度的調整（認命、妥協或反抗），那也只是個人的分內事，若欲進一步形成影響，就已具備女權運動的雛形。總之，個人一旦形成雙重視野，就容易造成思想的斷裂或融合，具備雙重視野較能檢視個人的生活經驗，進而建立獨特的見解；所以至少會從「看不見問題」，到「看見問題但不會說或不敢說」，最後「勇敢說出來並以行動證明」的三個階段，而走到這最後一個階段的人，常因此被貼上女性主義者的標籤。一對母女的有趣對話說：

「媽媽，誰才是女性主義者？」

3　Jane Mills，《女話》（*Womanwords*），頁 102 ～ 104。

「我的女兒，所謂女性主義者，
就是知道去關心女人自己的事的人，
而男人卻認為她們不該如此」[4]。

第一節 自由主義女性主義（Liberal Feminism）

壹 自由主義

人類社會為何及應如何組織，與當時代人們所持有的信念密切相關。例如：古希臘時期的雅典居民普遍認為，公民保育及德行修養，是城邦建立的最終目的。為了達到此一理想，言論自由與對異議的寬容，都應維持在一定的程度。西方人民歷經專制體制、宗教迫害之後，對自由與寬容的要求更甚於遠古時代，它們被賦予更高的評價，並積極落實於社會生活中。因此，關於自由的觀念，可說自古即有，只是在近代被特別的強調。尤其是 16 世紀以來，由單一「民族」（nation）或多個民族為基礎，所發展出來以中央集權為統治形式的「國家」（state），它能隨時代的變遷，成功地制訂和廢除法律，精確地界定個人的權利和義務範圍，藉助壟斷的合法武力促其順利執行，使得國家的權威既普及且緊密地控制住所有公民的生活。於是，對自由的要求，乃跨越各種領域蓬勃地開展起來。現代社會，各類主張自由的理論已取得了相當的優勢，例如：經濟上資本主義的經濟自由、政治上契約論式的人權理念、宗教上信仰的自由與寬容、倫理學中強調如何成為自己眞實主人的道德自由觀等等，自由主義逐漸發展為成熟的理論，成為當代的主流思想。

自由主義視自由為最重要的價值，但關於自由的概念卻是歧異的。一般而言，自由可分為內在的與外在的。內在的自由是指人的意志能不受限制而

4 Jane Mills，《女話》（*Womanwords*），頁 104。

自爲原因，所以內在的自由又稱意志的自由；外在的自由是指人在與他人的互動中能不受限制而自爲原因。並非主張人有內在自由即是自由主義，自由主義涉及的是外在的自由，但外在的自由必須預設內在的自由才有可能，所以自由主義也承認人有內在的自由。另一方面，自由常要以個人爲主體來行使，所以自由主義也常是個人主義的。自由主義視自由爲人作爲人的尊嚴所在，是人在與他人的互動中首要保障的權利。然而弔詭的是，自由卻要藉由限制來發展。人人在與他人的互動中皆不受限制，反而會使人人處於受限、失去自由的狀態，所以公共機制（國家、社會、政府、法律、規範等），便成爲「必要之惡」（necessary evil）。自由要藉由它們才得以發展，所以是必要的；但它們卻是對自由的限制，所以是惡。由於人是經由社會的互動、學習且發展出思考及意志能力，個人是在其認知和欲求皆具社會性時，才能理會自由，所以自由是不存在於社會之外；加上個人很難脫離社會組織的影響，因此自由的意義是被置於與社會規範、國家法律等權威勢力相抗衡的尺度中來考量，自由的意義顯現在個人對抗權威的事實上。因此，彌爾（John Stuart Mill, 1806 ～ 1873）對自由一詞所提出的主張是：人類自由的適當領域有三：一、思想的自由，二、意願的自由，三、人與人之間集會結社的自由；任何一個社會，不論其政府形式如何，上述之自由若未受到尊重，就不算是自由之社會；唯一名符其實的自由，乃是按照我們自己的方式追求自己幸福的自由，只要我們不試圖剝奪他人的這種自由，或試圖阻礙他人求取這種自由的努力[5]。依照彌爾之見，自由不僅包括思想上的絕對自由，還包括一個能自主地下決定的意志，只是人必須學習自我約束，以不傷害到他人並且不剝奪他人的同等自由爲條件，才能享有最高度的自由。換句話說，人是在受制於社會的規範之下，同時保有自由。

透過國家法律的干涉有助於保障自由，但也同時造成自由的限制。自由主義者較關心的不是如何防範國家管制太多，而是如何讓國家法律有效地幫助人們達到所要求的自由，在國家控制與個人追求自由之間如何取得平

---

5 John Stuart Mill, *On Liberty*. Cambridge: Hackett Publishing Company, Inc., 1978, Chapter I.

衡點的探討中，反映出個人權利的標準。針對此一問題，歷來自由主義者對於個人之社會權利與政治權利的內容特別重視：言論出版、集會結社的自由、投票權利的取得、生命財產的保障等等相關議題，豐富了自由主義的主張。洛克（John Locke, 1632 ～ 1704）在《政府論次講》（*Second Treatise of Civil Government*）中指出：人生來即享有完全自由的權利，任何人不但可以保有個人的所有物——即生命、自由和財產——不受其他人的破壞和侵犯，而且在其他人犯下罪行時，有加以裁判和處罰，甚至罪大惡極者可以處以死刑的權利；每一個人放棄這種自然權利，交付給其所存在的政治社群，由自然的狀態進入國家的狀態，透過明確不變的法規，公正和平等地仲裁一切當事人，但當此一國家政府無能力執行交付的權利時，人們即應起而行動，阻止其繼續存在[6]。孟德斯鳩（Charles Louis de Secondat Montesquieu, 1689 ～ 1755）和盧梭（Jean Jacques Rousseau, 1712 ～ 1778）繼洛克之後，發展出自由主義的理論系統。孟德斯鳩提出：所謂自由，就是有權利去做法律所允許的事情，假如人有權利去做法律所禁止的行爲，則自由將立即喪失，因此自由的意義是在法治的範圍之內[7]。盧梭在《社會契約論》（*The Social Contract*）中開宗明義地指出：人生而自由，社會秩序乃是爲其他權利提供基礎的神聖權利，這項權利絕非出於自然，而是建立在約定之上[8]。他們由對自由的立論出發，發展出平等的觀念，認爲人不但在政治上、在法律上平等，也力求機會的平等，人人應彼此尊重，故少數人的特權和專制的力量應該予以禁止，主權在民的理念也據此逐步演繹，它落實成爲革命權利的主張，以及立憲政府的出現。現代民主國家往往立基於超越法律之上的憲

---

6 John Locke, *Second Treatise of Civil Government*. Cambridge: Hackett Publishing Company, Inc., 1980, Chapter VII.

7 Charles Louis de Secondat Montesquieu, *The Spirit of Laws, in Great Books of the Western World*. R. M. Hutchins (ed.), B. Jowett (trans.), Chicago: Encyclopedia Britannica, Inc., 1952, Vol. 38., Book XI, Chapter III.

8 Jean Jacques Rousseau, *The Social Contract*. New York: Hafner Press, 1947, Book I, Chapter I.

法，提供人民權利的保障、規範公民的義務，也是政府的結構，國家的基本國策之最高指導。

柏林（Isaiah Berlin, 1909 ～ 1997），在其《自由四論》（*Four Essays on Liberty*）書中，提出兩種自由的概念：一爲「消極的自由」，在何種限度內，個人或群體可被允許做他能做的事，或爲他能爲的角色，而不受到他人的干涉之自由稱之；一爲「積極的自由」，什麼事物或人，有權控制或干涉進而決定，某人應去或不應去做某事或成爲某類人之自由屬之[9]。以前者而言，自由主義者皆有一個共識，即是對人之約束應盡可能的減至最低，以使人享有最高度的自由，因此，他們大都有傾向於「管得越少的政府越好」的觀念，公共機制是實現自由的工具，不能保障自由者，即應修改或推翻；就後者而言，柏林認爲自由的積極意義，源自於對自我之主控權的考慮，亦即，個人力圖做自己的主人而不受制於他人的希望，如果希望成眞，則是自由的，反之則是被奴役的。根據柏林的這種說法，社會實有責任提供個人受教育、形塑人生理想，並且使之感覺滿足的條件，使自我實現成爲可能。這應是自由主義經由幾個世紀逐步落實政治自由的理想後，繼續關注的主題[10]。

 理論應用

關於人的定義，可以孟子說的：「人之異於禽獸者『幾希』」作爲開端，而這「幾希」的部分，一般公認的見解即是「理性」，人是「理性的動物」，從希臘三哲開始，就一直被視爲人與禽獸主要的區別所在。所謂理性，主要是指人的「判斷」和「選擇」能力，判斷是非善惡，選擇何者可爲何者不可爲的自主能力。

「自由主義」（liberalism）首先即是肯定人之理性，視理性爲人的一種

---

9 Isaiah Berlin, *Four Essays on Liberty*. Oxford: Oxford University Press, 1969, Chapter IV.

10 本段關於〈自由主義〉曾應邀撰寫收錄於，哲學大辭書編審委員會主編，《哲學大辭書》（III），臺北：輔仁大學，1997，頁 1,761 ～ 1,763。

能力、一種力量，使人類在源遠流長的發展中，逐漸脫離動物領域，創建語言、文字、歷史、文明，並且這樣的發展也將持續下去，人類的進步與希望是無可限量的。其次，自由主義視自由爲人類理性的極致表現，是人之所以爲人的尊嚴與價值所在[11]。

「自由主義女性主義」（liberal feminism）顧名思義，即是將自由主義的主張和特色，從只是侷限在男性權利的討論上擴展到女性的議題當中：既然理性是人類共同的特性，何獨將女性排除在外？既然自由是人類存在的重要價值，何以只屬男性獨享？此外，自由主義所鼓吹的「尊重個體自由保障機會平等」、「正視先天差異提供福利補助」的主張，也成爲女性主義的口號。自由主義女性主義追求教育、就業、經濟、參政等各方面機會的平等，以及將女性歸屬爲一獨立團體爭取福利補助的努力，成爲各類女性主義議題的基本宣言。

 代表人物

一 沃史東克拉夫特——《女權辯》（*A Vindication of the Rights of Woman*, 1792）

(一)生平

對女性主義稍有研究的人，不會不知道沃史東克拉夫特（Mary Wollstonecraft, 1759 ～ 1797）這位 18 世紀英國女權運動的健將。沃氏從小家庭環境十分困苦，母親管教嚴格，父親有酗酒習慣，每次喝完酒就有暴力

---

11 自由主義有許多的定義與主張，例如：若以理論來區分，強調自由競爭的社會自有一隻「看不見的手」（invisible hand）掌控一切的「資本主義」，和主張「隱藏的手」（hidden hand），隱藏起來有計畫地操控社會之計謀的「極權主義」，皆以人類「理性」的角度談論自由主義；若以時代來區分，那麼自 17、18 世紀以來，希望政府的干預越少越好的「古典自由主義」，和希望政府透過政策、立法保障經濟自由的「當代自由主義」，也是自由主義的延伸。這裡主要援引自由主義最基本的定義，以方便說明。

傾向，沃氏是家中第二個小孩，不過是長女，自然成為弟弟妹妹們的保護者，這個經驗讓她日後對捍衛弱勢者的角色並不感到陌生。母親去世，父親續絃後，20 歲即離家自立更生，25 歲時成立一所學校，雖兩年後因經營不善倒閉，但卻擴展她的視野，讓她變得更加獨立，日後也結識許多倫敦文壇上的才子佳人，深受他們的影響與啟發，尤其是社會主義思想家葛德文（William Godwin, 1756 ～ 1836）和麥可蕾（Catherine Sawbridge Macaulay-Graham, 1731 ～ 1791），前者成為她的丈夫，後者雖未曾謀面，卻深為其作品所吸引，激發後來許多精彩的創作。

圖 3-1　William Godwin, 1756 ～ 1836

圖 3-2　Mary Wollstonecraft, 1759 ～ 1797

沃氏從小目睹父親對母親的施暴行為，雖對婚姻抱持悲觀的看法且發誓永不結婚，卻不斷陷入情感的泥沼中無法自拔。她先是不顧一切地瘋狂愛上一位有婦之夫（浪漫主義畫家 Henry Fuselis，1741 ～ 1825），兩年後被拋棄；法國大革命時，沃氏前往巴黎考察，又與一位美國商人（Gilbert Imlay, 1754 ～ 1828）陷入熱戀，並與他生下一女，可惜不久又遭到遺棄；沃氏痛苦絕望，兩次自殺未遂幸運獲救，37 歲時與葛德文結為夫妻。葛德文不僅愛她也非常瞭解和縱容她，婚後為了讓她自由、專心地創作，除了偶爾前往她的住所短暫相聚外，儘量不干擾她，讓她有充裕的時間和自由的空間專心寫作，並從事她的女權運動。可惜好景不長，沃氏在生下第二個女兒十天後因產褥熱而去世，年僅38歲，葛德文後來還爲她著書立傳，二女兒成人後也成爲一位傑出的女作家，即著名的詩人雪萊（Percy Bysshe Shelley, 1792 ～ 1822）之妻瑪麗．雪萊（Mary Shelley, 1797 ～ 1851），她最有名的作品就是已經被改編成許多影片上映的《科學怪人》（*Frankenstein*）[12]。

㈡主張

沃氏的代表作就是長達三百多頁的《女權辯》一書，1792年甫一出版，立即洛陽紙貴造成轟動，其中的主張更是今日女性主義的磐石。在沃氏之前也有幾位著書立說、頗負盛名的女作家，例如有英國奇女子之稱的麥可蕾，對沃氏的影響甚深。麥可蕾學問淵博、著作等身，其中以長達三千五百頁的《英國史》最令人折服，她曾草擬女性平權理論、教育理論、雙親理論（parentalism）、社會契約理論等等，是一位創作豐富的作家。她對沃氏最大的影響是針對當時十分流行的「性別互補論」的嚴厲抨擊，「性別互補論」是盧梭在《愛彌兒》（*Emile*）[13]一書當中提出來的論點，盧梭認爲：男

---

12 *A History of Women Philosophers, Volume III*. Mary Ellen Waithe (ed.), pp. 153 ～ 170. 和朱虹、文美惠主編，《外國婦女文學辭典》，頁468 ～ 470。瑪麗．雪萊出生僅十天母親就過世，父親為撫育她，在她4歲時續弦，沒想到竟讓她長期遭受繼母虐待；瑪麗並未接受過正式教育，她是從父親的文人圈中耳濡目染長大，17歲時遇見父親的粉絲雪萊，兩人一見鍾情，不顧雪萊已是有婦之夫，兩度私奔，後雪萊妻子投河自盡方正式結為連理；育有一女三男，僅一男長大成人，餘皆夭折，雪萊過世後，瑪麗靠寫作為生，生活清苦（《外國婦女文學辭典》，頁495 ～ 496）。

13 盧梭出生於瑞士日內瓦的鐘錶家庭，父親於盧梭長兄出生後，即「前往君士坦丁堡當土耳其蘇丹王的御用鐘錶匠」（盧梭，《盧梭懺悔錄》，余鴻榮譯，臺北：志文出版社，2005，頁27），而盧梭就是闊別約六年的父親「剛回來時所鑄成的惡果，因十月之後，一個體弱多病的小孩——我，便宣告誕生，同時也奪去我母親的生命」（《盧梭懺悔錄》，頁28）。盧梭與唯一的哥哥不睦，哥哥離家出走下落不明，而盧梭又從小被送往教會寄宿，與父親長期分離，由於命運多舛，盧梭未受系統教育，當過雕刻學徒、雜役男僕、家庭書記、私人教師、流浪

性和女性具有先天上的根本差異，使得彼此必須相互補充成爲一個整體，但相對而言，男人較優越，女人較劣等，天生的劣等事實造成女性附屬於男性的現象，夫唱婦隨、男尊女卑是合理的規範。

盧梭於 1762 年以小說形式發表《愛彌兒》一書，倡言以自然主義的觀點，順應兒童的天性施教（他著名的口號正是「回歸自然！」），教育不應以社會與國家的價値觀強加在兒童的身上[14]。《愛彌兒》全書分成五章，以男學生愛彌兒的受教歷程爲主軸，五章分別代表了孩童成長與受教育的五個時期，第一章是出生到 2 歲的嬰兒期（infancy），第二章是 2 到 12 歲的孩童期（boyhood），第三章是 12 歲到 15 歲的少年期（approach to adolescence），第四章是 15 到 20 歲的青年期（adolescence），第五章是成年期（marriage），在最後階段愛彌兒即將告別單身，所以就從這章開始，盧梭切入對女子教育的看法，因爲愛彌兒已經成人必須學習與伴侶相處，同

音樂家……，約有十幾種工作，38 歲時，以《論科學與藝術》（*Discours sur les sciences et les arts*）一文獲得論文徵選首獎而聲名大噪。盧梭天生是個文學才子，作品常讓讀者欽嘆不已，康德（Immanuel Kant, 1724 ～ 1804）就曾經誇讚他「有一個無比完美的敏感的心靈」、詩人雪萊把盧梭看成「卓越的天才」（保羅．約翰遜（Paul Johnson），《所謂的知識分子》（*Intellectuals*），楊正潤等譯，臺北：究竟出版社，2002，頁 052），康德甚至因為讀到盧梭的《愛彌兒》時，簡直如獲至寶、不忍釋卷，竟然忘了自己極為守時、風雨不誤的作息，以致拿他對錶的街坊鄰居誤會他發生意外而紛紛打聽。

14 盧梭 33 歲時遇見 20 出頭歲的旅店幫傭黛麗莎（Thérèse Levasseur），盧梭形容她：年幼無知被男人所騙而失身、稟賦太差無法受教、雖能寫得一手好字但讀書不行、不會看時刻、十二月令次序弄不清楚、出外購物不會算錢、說話詞不達意、十分愚笨……（《盧梭懺悔錄》，頁 275 ～ 276）。雖然如此，盧梭坦承與她生活十分愉快、撫慰了空虛的心靈。但是，同居三十三年直至盧梭過世，盧梭只在第二十五年時與她舉辦一個形式簡單的婚禮，期間生了五個孩子，以為了避免黛麗莎未婚生子遭人恥笑為由，通通丟棄到棄嬰收容所的「巴黎育嬰堂」，盧梭說：「對於此事我既吝於自責，也不求別人寬諒。……我心理一點也不覺得難過」（《盧梭懺悔錄》，頁 280）。大談兒童教育的盧梭，事實上卻是個連續遺棄五個親生孩子、不負責任的父親。

時也必須培養出與之相匹配的女子典範——蘇菲（Emile is a man. Sophie has to be given to him.），因此第五章專論女子教育。盧梭主張歸納如下[15]：

1. 男女自然本性不同

女性對男性的服從不是因爲社會或經濟原因，而是大自然的餽贈，大自然把男女兩性做的那麼相像卻又那麼不同，他們彼此是互補的關係，而且不可能絕對平等，尤其是大自然賦予女性生育的能力，女人自然應當負起養育的責任。所以，「眞正的保母是母親，眞正的教師是父親」[16]；盡責的母親將可獲得丈夫堅定的愛情，孩子眞誠的孝順，父親的任務則是「爲人類生育人、爲社會培養合群的人、爲國家造就公民，應做而沒做是有罪的」[17]。

2. 男女道德責任不同

男人必須學習節制、公正和誠實的美德；女人則應溫柔順從，立志成爲賢妻良母，因爲服侍丈夫、生兒育女、操持家務是女性的天職，溫順、謙遜、賢淑和貞節是女性必須具備的美德，所以必須教育女子心思細膩、熱愛勞動、勤於家務，並學會自我克制，養成受約束的習慣。女性的理想典範就是浸淫於音樂、藝術、小說、詩，是善良貼心的女兒、情深義重的姊妹、忠貞信實的妻子、認眞盡責的母親。

3. 男女教育目標不同

爲了發展男女自然本性，與學習承擔不同的道德責任，男女的教育目標當然就不相同；教育的最終目標是按照自然天性培養出不同的性別角色，若違反自然後果不堪設想。因此，應按如下方式進行女子教育：

---

15 Jean Jacques Rousseau, *Emile*. Allan Bloom (trans.), New York: Basic Books, Inc., 1979, Book V, pp. 357 ～ 480.

16 Jean Jacques Rousseau, *Emile*. p. 48.

17 Jean Jacques Rousseau, *Emile*. p. 49.

(1) 要鍛鍊女子強健的體魄

才能有健全的心智和容光煥發的美貌，也才能生育健壯的子女，因此，從幼年起女子就要學習舞蹈、參與遊戲運動。

(2) 要培養女子柔順的品德

① 學習屈服於禮俗、屈服於男子的柔順品德，但不是「奴性的屈服」，而是要有適當的智巧駕馭丈夫並成爲他得力助手的智慧。

② 培養治家的能力，治家是女子的天職，能盡此天職才是理想的婦女，所謂的治家是指烹煮、縫紉、雜役……樣樣皆行，又精於理財、管家。

③ 樹立優美文雅的風範、觀察分析的判斷力，培養女子眞正的財富——智慧。

麥可蕾認爲盧梭所有的論述都建立在一套錯誤的假設上，亦即將「自然」定義爲一性「隸屬」於另一性，兩性之間必有一性在智能上較爲劣等的偏見上；盧梭認爲男性並不是完美的生物，容易成爲反覆無常的暴君，「自然」爲了創造事物間的平等，乃賦予女人吸引人的魅力和阿諛奉承的談吐天分，以平衡天平的另一側，兩性必須予以結合，以創造一個完人的形象。麥可蕾認爲這是充滿矛盾與荒謬的立論，它不是理性的推理，而是充滿了誇張與色慾的主張，盧梭的「性別互補論」，其實只是在鼓吹、誘導女人征服男

圖 3-3　Jean-Jacques Rousseau, 1712 ～ 1778

圖 3-4　Catherine Macaulay, 1731 ～ 1791

人的虛榮心，而不是在促成女性自身完滿的自我實現[18]。

沃氏深受麥可蕾批判的影響，她在《女權辯》一書中，也極力駁斥盧梭將男學生愛彌兒教養成剛毅節制的「理性」氣質，而女學生蘇菲則依其天性培養出溫柔順從的「感性」美德之主張。沃氏並非反對盧梭所有的教育理論，事實上，她經常讚嘆盧梭優美的文筆與對當時社會風氣、教育理念精湛的評述，只是當閱讀到有關女子教育時就讓她火冒三丈：「盧梭宣稱，女人永遠都不應該認為自己是獨立的，她應該在恐懼的支配下運用她與生俱來的狡猾，並且變成一個賣弄風情的奴隸，以使自己成為一個更具誘惑力的慾望對象，每當男人想要放鬆自己一下的時候，女人就成為讓男人更加滿足的伴侶。……這真是胡說八道！」[19]

沃氏認為，人之所以可以從動物當中脫穎而出，就在於人類有「理性」與「道德」，此兩項特質人人皆有無一例外，任何階級與性別的形成和人的自然天性無關，那是後天形塑的結果，女人有軟弱、依賴、情感氾濫的病態現象，是因為女人沒有接受和男人一樣的教育訓練。她主張，男女教育不僅要平等，內容更要一樣，使女性也能訓練出理性能力，成為完整的個體之機會：「如果允許男孩子和女孩子在一起進行同樣的學習，那麼從早期開始就可以向他們灌輸文雅莊重的思想，這種文雅莊重會產生出謙遜謹慎的品質，而不會產生那些腐蝕心靈的性別差異的觀念。」[20]若有人對此看法持相反意見，無異於是否定上帝依其形象造人的信念，上帝創造男人、女人，僅在於「力氣」上區別，女人愛美愛裝飾不是天性所使然，而是從小被灌輸的結果，因此，不該將女孩子教育成一個具有依賴性、只知打扮取悅他人的角色。我們不能以女性的「天性」為理由，而將女性貶抑為附屬的、取悅丈夫的角色。沃氏的名言：「如今應該把女性氣質加以一番革命，讓她們恢復失去的尊嚴成為人類的一分子，為全世界的改革做出貢獻」，為了讓女人成為

---

18 *A History of Women Philosophers, Volume III*. Mary Ellen Waithe (ed.), pp. 217 ～ 222.

19 瑪麗．沃斯通克拉夫特，《女權辯護——關於政治和道德問題的批評》，王瑛譯，北京：中央編譯，2006，頁 20。

20 瑪麗．沃斯通克拉夫特，《女權辯護——關於政治和道德問題的批評》，頁220。

對社會眞正有貢獻的一分子，「應該通過大規模地培養她們的理智，來引導她們得到一種建立在知識基礎之上的對於她們國家的理性情感。……除非理智上讓人們的心靈變得開闊起來，否則他們永遠也不會恰如其分地履行他們的個人責任。」[21]

《女權辯》一書不斷強調人生而平等的主張，譴責階級特權和不平等的社會現象，沃氏認爲貴族階級是社會的寄生蟲，而國家教育簡直是罪惡的溫床，因爲只偏重知識的傳遞，卻忽略了健康的維護和道德的培養。尤其是，女性自幼所受的教育相當不健全，男人認爲女人天生柔弱，生來即要受男性的保護，所以女性從小就被教養要服從、貞節、整齊、修飾，以便吸引男性的青睞，以致忽略其理智的訓練，使女人目光如豆、思緒混亂、自私諂媚，自小就受到束縛，及長又自覺不如男人，經濟無法獨立，又缺乏公民權，只好搖尾乞憐、崇拜男人。教育不能只爲了教出一些聰明人卻忽略了多數人的利益，在課程的設計上，應著重於思考能力和人格的塑造，而基於男女兩性的平等，男女受教育的機會也應該一樣，使男女之間建立一種「合理的伴侶關係」而不是「主奴關係」。一如麥可蕾的說法，她也認爲，暴君和好色之徒都希望女人愚昧無知，因爲暴君只需要女奴，而好色之徒只想玩弄女人。所以，婦女一要受同等教育成爲有理性的人，二要爭取到公民權，並對婦女開放所有的就業機會。沃氏的《女權辯》針對社會、政治、教育廣泛批判，也指出當時男女生活、態度的各種弊病，並同時提出她的改進措施與國民教育應具備的基本內容，沃氏的睿智之見，幾乎就是近兩、三百年來婦女運動奮鬥的主要目標。

二 惠勒——《女人的權利》（*Rights of Women*, 1830）

㈠生平

惠勒（Anna Doyle Wheeler, 1785～1848）出生於愛爾蘭的中上家庭，15 歲時嫁給一位性情凶暴的丈夫，與他生活了十二年並育有六個小

21 瑪麗．沃斯通克拉夫特，《女權辯護——關於政治和道德問題的批評》，頁258。

圖 3-5　Anna Doyle Wheeler, 1785 ～ 1848

圖 3-6　Jeremy Bentham, 1748 ～ 1832

孩，因不堪長期受虐逃到叔叔家請求保護，並在接下來的二十年中遊遍歐洲，遇到許多革命理想家，結識沃史東克拉夫特、邊沁（Jeremy Bentham, 1748 ～ 1832）和英國社會主義之父歐文（Robert Owen, 1771 ～ 1858）的弟子湯普森（William Thompson, 1775 ～ 1833），與湯普森成爲莫逆之交，兩人在 1825 年時合作撰寫、發表英國第一份爭取婦女權利的宣言（Appeal of One Half of the Human Race, Women, Against the Pretensions of the Other Half, Men, to Retain Them in Political, and Hence in Civil and Domestic, Slavery），並陸續支持成立一些婦女協會，爲爭取婦女參政權多方奔走，一生奉獻於爭取女性教育與政治參與的平等權利[22]。1820年惠勒丈夫過世沒有留下任何遺產，惠勒一貧如洗，晚年疾病纏身退出公共活動；湯普森是富商之子，從小身體羸弱，不抽菸、不喝酒，是一位素食主義者，後因心臟病過世。惠勒雖與湯普森是親密戰友，但文獻上湯普森終身未婚。

㈡主張

惠勒在 1830 年時發表《女人的權利》一書，該書的內容主要有五點：

1. 要求女人應和男人一樣自由平等發展、發揮才幹。
2. 平等開放高、低階級的就業機會。
3. 取消對女性的一切限制。

---

22 A History of Women Philosophers, Volume III. Mary Ellen Waithe (ed.), pp. 230 ～ 235.

4. 政治、公民和家庭各方面的權利平等。

5. 不論男女犯同樣的法律，就要接受相同的刑罰。

惠勒自奉爲邊沁信徒，是「效益論」（utilitarianism）[23]的捍衛者。從19世紀至今，效益論的思想影響世界至深且鉅，效益論主張人的主要慾望是快樂與幸福，不論是個人或國家的首要義務，就是要盡可能增加快樂、減少痛苦，因此，行爲的正當性是以其能否增加快樂作爲衡量的標準。據此，效益論的理論可細分成兩個面向陳述：1. 從實踐道德的「義務」層面來看，行善的理由是因爲可帶來多數人的幸福；2. 從實踐道德的「結果」觀之，行善可以讓人快樂、感受幸福；而善的意義，就是從其義務性和結果論定義。

主張效益論的思想家中以邊沁（Jeremy Bentham, 1748 ～ 1832）和彌爾（John Stuart Mill, 1806 ～ 1873）最負盛名。邊沁認爲，人類行爲的動機是「趨利避害」、「趨樂避苦」，所以他的道德理想是謀求「最大多數人的最大幸福」，「最大可能的善和最小可能的惡」，一個有爲的政府端視其是否能爲多數人民帶來快樂作爲評估，至於主持公道、護衛平等，乃是欺世之論、愚民手法。苦與樂是人類行爲的最終判準，並且苦與樂和質無關且可以記量，他提出七個量度（seven dimensions）以爲計算的標準：強烈度（intensity）、持續性（duration）、確定性（certainty）、相近性（propinquity）、豐富性（fecundity）、純粹性（purity）和廣狹性（extent）[24]。不過，邊沁的記量法要像數學那樣計算苦樂，仍是相當困難的，何況即使同一件事情，也因時空的差異而感受分歧。於是，同爲效益論的大將彌爾，則嘗試將快樂的質與量做一區分。彌爾主張苦樂不但有量的不同，也有質的優劣之分。他曾提出一個有名的例子是：十個惡漢強暴一個婦女，如果純粹以量來計算苦樂，那麼十個惡漢的快樂當然大於一個婦女的痛苦，顯然快樂不能單以量記。因此，彌爾說道：「做一個不滿足的人要比做一個滿足的豬好，做一個不滿足的蘇格拉底要比做一個滿足的傻瓜好。如果傻瓜和豬不同

---

23 近來學術界傾向將 “utilitarianism” 翻譯為「效益主義」或「效益論」，以代替「功利主義」或「功利論」之譯名，因為「功利」一詞有負面的意義。

24 William K. Frankena, *Ethics*. New Jersey: Prentice-Hall, INC., 1989, p. 35.

意的話，那是因爲他們只知道問題的一個方面，而蘇格拉底或人卻知道問題的全部。」[25] 彌爾的效益論已從量的計算轉到對質的考慮上，他認爲某些「積極的不滿足狀態」（states of positive dissatisfaction）比其他的滿足狀態要好，所以不滿足的人比滿足的豬好，是質的差別。此外，把效益論推向對民主社會的針砭上，彌爾認爲，人的自私自利，使人性傾向以自己的喜好來評量事物的價值，並強迫別人接受，民主社會中多數人的意見決定一切，個別的意見受到壓制，就是一種典型的「多數暴政」；所以，言論與思想的自由，是不能用數量來決定的，每一個人都能擁有自由思考、表達意見的平等權利，也因而每一個人都能尋求屬己的快樂，他人無權代爲決定。

惠勒在許多公開的演講中，不斷援引效益理論爭取女性的平等權利，她依照邊沁效益論的主張：我們的社會應追求最大多數人的最大幸福，強調這個幸福絕不應該將女人摒棄在外，而是必須包含女性的幸福指數在內，以家庭爲一單位的幸福之總和，才符合所謂最大多數人的最大幸福。男女地位的差異，是由普遍的社會偏見所形成，因此忽視和犧牲了女性的幸福，如果社會只注重男性的利益，那只是一半人的幸福而不是大多數人的幸福。從自然層面來看，男女遭受的限制其實是旗鼓相當的，女性受制於懷孕和哺乳，而男人遭受到生病、意外和災害的威脅，男性身體的脆弱程度不會比女人少，因此，不應就女性懷孕的理由，認定女性在生理上就是先天的弱勢而限制女性的權利。奴隸的定義是以報酬來交換自己行動的可控制範圍，這是奴隸和自由個體的最大區別，沒有任何一樁婚姻，其原始意涵中有將女人等同於奴隸看待的，但現行的婚姻卻是一種家庭式的專制制度，一個女人決定要不要結婚時，彷彿就面臨被奴役與否的抉擇，即使奴役女人可使男人獲得幸福，那也是導致男人墮落的主因。惠勒一生不斷呼籲正視女人遭受的差別待遇，喚起社會的公平正義感，希望建立一個權利和機會平等分配的國家，鼓勵女人必須以實際的行動衝破關卡，使自由平等的理想眞正實現。

---

25 J. S. Mill，《功利主義》，唐鉞譯，北京：商務印書館，1962，頁 10。

三 彌爾和泰勒的《婚離之初探》（*Early Essays on Marriage and Divorce*, 1832）、《女性之解放》（*Enfranchisement of Women*, 1851）、《女性之卑屈》（*The Subjection of Women*, 1869）

圖 3-7　Harriet Taylor, 1807 ～ 1858　圖 3-8　John Stuart Mill, 1806 ～ 1873

(一)生平

英國人泰勒（Harriet Taylor, 1807 ～ 1858）出生家庭環境相當優渥，父親是一位外科醫生兼男助產士，家中有七個小孩，他一視同仁皆提供他們良好的教育。泰勒 18 歲時嫁給 29 歲的藥材商約翰．泰勒（John Taylor），1830 年泰勒邂逅彌爾（John Stuart Mill, 1806 ～ 1873）之後，兩人相互仰慕，他們在知識上的契合，很快的發展出在情感上濃烈的相互依賴，兩人維持了長達二十一年的深厚友情，泰勒的丈夫信賴她與彌爾的關係也對她的寫作表示尊重，在得癌症去世之後，1851 年彌爾和泰勒結爲夫妻。由於這種微妙的三角關係，促成雙方在女性議題上的關注，並合撰以上三篇知名的論著問世[26]。

---

26 *A History of Women Philosophers, Volume III*. Mary Ellen Waithe (ed.), pp. 246 ～ 251.

㈡主張

從婚姻中男女角色的觀點出發，泰勒認爲，女性之接受教育其實僅是爲了去配合日後她結婚的對象，以便更有保障，如果能夠改善女性參與社會的條件，這樣的情況就能獲得改善；因爲當女性也能擁有教育和工作的平等權利，享有相同經濟和政治權利時，父親對待女兒的教育態度就會和兒子一樣，那麼女人的雄心壯志和男人比較起來就毫不遜色；由於社會出路對女性封閉，女性只好走入家庭，配合丈夫的發展，連帶地在教育下一代的態度上也呈惡性循環。泰勒又提到，女人最好不要生孩子，要不然她的一切奮鬥會回到原點，因爲當女人決定生孩子時，對孩子的養育責任會鞭策她放棄一切與男性的平等競爭，反而爲生活而必須事事仰賴男人；當時的社會普遍認爲，女人一定要生孩子，以便拴住男人的心，泰勒卻主張那反而是綑綁住女人，造成女人的束縛。在這些論點上，彌爾認爲，社會的現況是，女人一旦結婚，她就成了丈夫的另一半，她只能擁有母親的權利，其餘權利都得放棄，且必須努力培養和丈夫之間的共同嗜好，以便能夠攜手一起奮鬥，這種屈從與依賴早已形成社會風俗，可與希臘時代的奴隸制度相比擬，只是不易被察覺更不易被打破，除非女人自己能夠有所自覺並爲自己發聲：兩性之間不應該有法定的從屬關係，而應以完全平等原則重新立法[27]。

由於彌爾在當時社會聲望相當高，發言頗具權威，所以當他公開演講痛陳男女不平等現象時，引起許多女性的熱烈支持與歡迎，惠勒就是其中之一，雖然她對彌爾有些理論不甚贊同，但在爭取女性參政權方面卻是有志一同。彌爾經常公開呼籲「國家文化始於男女共同擁有參政權」，並要求通過選舉改革方案，將許多條文上的「男」（Man）字一律改爲「人」（Human）字，爲女性打開參與社會之大門，男性不必因爲給予女性權利和自由，就擔心女性從此拒絕婚姻、家庭與生育，因爲女人若無法和男人競爭，自然就會

---

27 John Stuart Mill, *The Subjection of Women*. London: Longmans, Green, and Dyer, 1869, pp. 3 ～ 8.

遭到淘汰，如此一來她們反而比較能夠心甘情願地回到婚姻、生養兒女[28]。彌爾的努力並未造成實際的改變，於是藉由和泰勒合撰的文章，批判男性暴力劫持所造成的女性屈從現象，不斷倡議修改法令，還給婦女應有的自由與尊嚴。彌爾和泰勒除了討論婚姻、家庭中的男女角色外，最重要的是鼓勵女性積極走出家庭，進入就業市場，鼓吹兩性經濟機會與公民權利的平等。

彌爾以個人名義發表的名著《論自由》（*On Liberty*），其實，泰勒也是合著者和幕後功臣（彌爾行文屢次提及得益於泰勒夫人的貢獻），有人認爲，泰勒的思路比彌爾略勝一籌，她不但校定、修潤，也提供許多寶貴的見解，增加了該書的豐富性。《論自由》的精闢論述主要有三點[29]：

1. 社會與個人

威脅個人的巨大力量，並不一定是有形的政府機構，反而是無形的社會傳統，由於不能容忍改變，於是以多數壓制少數服從。所以，只要我們不企圖剝奪別人的自由，或阻礙別人求取自由的努力，我們就可以擁有依照自己的方式追求自己幸福的自由。對於自己身心健康、精神智慧方面的最佳保護者，就是我們自己。

2. 言論的自由

思想的自由，是每一個社會進步的原動力，這種自由並不只是學者的奢侈品，它必須是全體人民可以表現在自由發表意見的精神解放中，否則一切的改革皆屬不切實際，紙上談兵而已。

3. 行為的自由

唯有行爲上的自由，才能使人格因爲生活的豐富多元面貌獲得健全的發展，社會不僅要培養自由的環境，更要呼籲寬容的重要性。一個人的行爲沒有妨礙到他人，也未對社會有顯著的傷害，即使稍有不便，亦當容忍。人的

---

28 John Stuart Mill, *The Subjection of Women*. pp. 28 ～ 29.

29 John Stuart Mill, *On Liberty*.

行爲可以粗分爲兩種，一種是只和自己有關，另一種是會關係到他人，前者主張放任，後者則應干涉，以保障他人的自由。

追求自由是作爲理性存有者的最終目標，男女皆然！

四 傅瑞丹的《女性迷思》（*The Feminine Mystique*, 1963）、《第二階段》（*The Second Stage*, 1982）、《生命之泉》（*The Fountain of Age*, 1993）

圖 3-9 Betty Friedan, 1921 ～ 2006

圖 3-10 Betty Friedan at ERA march in Washington, DC, 1978

㈠生平

出生於美國伊利諾州的傅瑞丹（Betty Friedan, 1921 ～ 2006），父親是猶太人，身爲猶太後裔，她從小就深刻感受到除了女性身分之外的另一種歧視，加上母親不甘只是一個家庭主婦，還同時經營珠寶生意，滿腦生意經，卻始終不得其門而入，屢受挫折的模樣，都深印在她的腦海中。傅瑞丹畢業於美國史密斯學院（Smith College），1947 年嫁給劇院製片（Carl Friedman），育有三個小孩（Emily, Daniel、Jonathan，其中 Daniel 是個物理學家），專職是家庭主婦，業餘的雜誌撰稿人、自由記者，1969 年因爲家暴離婚，85 歲生日當天心臟衰竭病逝於家中。

傅瑞丹在第一本著作的序文當中說：就在孩子上學、丈夫上班，與鄰家婦女閒聊，或走在街上、咖啡館聽到婦女談話內容時，突然意識到美國家庭主婦快樂幸福形象的背後，隱藏著有如活火山般的憤懣情緒，似乎就要噴濺而出。於是，她開始認眞思考美國婦女問題，陸續發表的著作因爲切中時弊符合需求，所以一出版即成爲暢銷書，後來不但組織婦女團體，是「全美婦女組織」（NOW）的創辦人兼首任主席，且帶領發動美國女權運動，重新掀起對 18、19 世紀女權運動的研究熱潮，曾被譽爲美國「婦運之母」。因爲貢獻卓著，傅瑞丹獲得母校頒發的「人文科學榮譽博士」學位，並至哈佛、耶魯和哥倫比亞等名校擔任客座教授，對婦女權益不論是在論述上或實際的行動上，均備受推崇。傅瑞丹曾經接受臺灣婦女協會的邀請，拜訪臺灣、舉行座談，引發熱烈的迴響。

㈡主張

傅瑞丹有三本主要的著作，第一本著作《女性迷思》在 1963 年出版時，婦女運動在美國已經偃旗息鼓了四十年，而書一出版，卻立即擄獲成千上萬個美國婦女的心。《女性迷思》之意就是，美國社會普遍存在一個支配女性的神話，亦即，做一名眞正的女人唯一的出路，就是走入家庭成爲賢妻良母。該書透過實際的訪談，摘錄通俗文學、歷史、心理學等題材，生動的刻劃出美國婦女的存在窘境：女性向來只以與男性的性關係和生物上的母職來定義自己，於是就像薛西弗斯（Sisyphus）般，終日陷溺於雕塑天使臉孔、魔鬼身材的無意義生活中，一旦結婚發現自己無法生育或無法哺乳時，就有如晴天霹靂，自認不再是完整的女人而痛苦不已。因此，傅瑞丹提醒女人打破迷思，鼓勵女性走出家庭與男人競爭，成爲職場上的女強人。她提出的女性新生計畫主要是必須跨出兩大步：「計畫的第一步是認清家務勞動的本質，它不是一種事業，而是必須高效率地、儘快完成的工作。一旦一個女人不必再爲煮飯、洗衣服、打掃、熨燙衣服，以及『更多的東西』忙得不可開交時，……她可以對大眾婦女雜誌、對電視上所編造出來的白日夢說『不』，……便省下可以做更多有創意的工作的時間。第二步，或許，對那些被性別導向的教育教出來的主婦來說，這一步是最困難的，就是要認清婚姻的眞面目，要果決地揭去女性迷思強加在婚姻上頭那層過度美化的面紗」[30]，換句話說，要懂得說「不」，並且不要寄望於婚姻，而是要靠自己。

1982 年出版的《第二階段》，則是爲了解決女強人無法兼顧事業與家庭的困境而出書，強調男女兩性不應該是敵對的雙方，而應積極建立起和諧的夥伴關係，女性解放的同時亦是男性解放的契機，女性既進入職場，理應相對地將男性吸納入家庭之中。在許多女性受到鼓舞，紛紛走入社會自己養活自己的同時，美國婚姻、家庭問題也跟著層出不窮，傅瑞丹的第二本書即嘗試爲促進兩性的和諧關係而努力。她樂觀地期許，在婦運發展的第二階段「男人與女人以新的平等與自主和眞實情感，在職場上和家裡分擔他們『白天』的工作，這將取代原來的角色扮演和家庭中的過度依賴、支配需求和敵意。在第二階段中將不會有那麼強烈的疏離或對性的執迷或厭惡，受到挫折的生命能源將減少。」[31]《第二階段》一開始引用詩人黎克（Rainer Maria Rilke）的作品，充分說明傅瑞丹的心情與對婦運工作者的殷切期盼：

「對心中所有不解之謎要有耐心，
嘗試去愛那些問題吧。
不要去追尋不可能得到的答案，
因為你不可能接受；
而體會一切是重要的。那麼就先去體會問題吧，
或許你會在不知不覺中，漸漸的，
在遙遠的某日體會出答案。」

傅瑞丹幾乎是每隔十來年，就發表一本論著，而該論著都和她本身的經驗密切相關。像第三本的《生命之泉》寫作動機，就是在她 60 歲生日時的

---

30 傅瑞丹（Betty Friedan），《女性迷思》（*The Feminine Mystique*），李令儀譯，臺北：月旦，1995，頁 496。

31 傅瑞丹（Betty Friedan），《第二階段》（*The Second Stage*），謝瑤玲譯，臺北：月旦，1995，頁 306。

突發奇想。她在前言中提到，朋友爲她舉辦的 60 歲慶生派對，彷彿是宣告在專業、政治，以及各個領域上，她已經被驅逐出競賽的行列，這種沮喪至極的感受，讓她計畫從心理、生理、社會各方面，重新解讀老年生活的意義。她認爲，年輕的女性，因爲女性的迷思忙碌於尋找男人，忽略自己的理想抱負，中年婦女積極開創自己的事業，雖有拓荒精神但感情生活可能一片空白，而老女人則置身在充滿一片哀傷氣氛中，思考著如何度過殘生。傅瑞丹利用巡迴演講的機會，遍訪老年學者、老人病學者、老人生物學者、老人精神病學者等等，藉由專家學者的意見，企圖爲老年生活開創新機。傅瑞丹說：「一旦我們體認到：年齡可以讓人解脱，進而從事新的探索，我們便能放下幼年時期即已深植心中的不必要重擔，年輕時代的挫折也不再浮現。你將會奇妙的發現，自己不再爲這些事感到憂慮，過去的傷痛就算再怎麼劇烈，也會舒緩下來，尚堪忍受。對於那些成敗或愛恨情仇，也不再掛意。如果這些黑暗憂傷的一面都能攤在陽光下，那麼我們此刻便得以邁向年齡的第三階段」[32]，此時「接納生活中任何可能的新發展，生命總得有些意義，與其老是憶及童年那些悲慘沉痛的事，不如回溯些令你深覺對生命有所回饋，且迄今仍使你成長的重大事物和經驗。接納別人曾給過你的痛苦，檢視一下你如何處置這些痛苦。不要被這些重擔擊垮，而要承擔起來，仔細思量，發覺受苦的眞諦，將它傳與子孫。這便是人類的另一種進化。」[33]

 反省批判

一　身心對立輕視身體

女人受壓迫的主要來源是身體上的性別特徵，身體向來代表自然、原始、慾望，是注重理性秩序的西方傳統一向貶抑的對象。此派學者鼓勵女人

32 傅瑞丹（Betty Friedan），《生命之泉》（*The Fountain of Age*），李錄後、陳秀娟譯，臺北：月旦，1995，頁 426。

33 傅瑞丹（Betty Friedan），《生命之泉》（*The Fountain of Age*），頁 439。

出去競爭，卻沒有討論到男女先天上的差異，亦即，在生物之「性」（sex）和文化之「性別」（gender）的差異上，未見申論。

二 著重理性輕視感性

幾將男性價值視同爲人類之價值，且過度張揚個體理性與自由的重要性，而忽略共同利益的意義。男、女皆是有理性、感性的一面，不過，女人是情感的提供者、服務者，男人是情感的消費者、享用者；男人並非不重視情感，而是他和情感的關係與女人不同，由於女人是情感的勞動者，故易受傷害；並且，男人在社會結構中較易取得女人，性慾較易得到滿足，故較能談理性。這幾點此派學者未能發揮，卻不斷強調女性必須像男性一樣接受理性的教育。

三 未挑戰性別的分工

性別差異所造成的社會分工，從家庭到職業，男女同受限制。例如：「男主『內』女主『外』」的社會壓力，職業婦女如何兼顧家庭，未見提出具體的辦法；職業上司機工作之於女性，護理工作之於男性，性別限制依然存在，未獲解決之道。此派學者雖鼓勵女人尋求經濟獨立，但還是希望女人最好仍留在家裡，亦即由於傾向支持當時代社會上多數人所熱中的目標，故反而缺乏價值觀的確立，維持中立的態度，沒有提供給人較好的選擇。例如：鼓勵男女都有平等競爭之權力，但卻不評價何以有職業貴賤或已形成之分工情形，未進一步批判結構性的條件。

四 缺乏抽離社會情境的個人主義

容易落入追求世俗的價值，不知道自己眞正想要的是什麼。以呂秀蓮著名的口號爲例：「先做『人』（worker and citizen，public sphere，公共領域），再做男人和『女人』（family，private sphere，私人領域）」，似乎都落入某種世俗的評判之中。若問：有沒有一種中立的、無性的「人性」？回答：「有」，則人性是等同於男人；「沒有」，則強化了性別二元對立，缺乏抽離社會情境的個人價值觀。

五 缺乏系統性的性別平權實施政策

廢除父權優先的法條（例如：兒女監護權的歸屬），和制訂性別歧視的法條（例如：選舉時的弱勢族群保障名額制度），可使男女平等眞正落實，但卻是有所衝突的：追求平等必須有一套標準，但又易陷入男人的標準，忽略男女之間的差異，強調差異又會造成男優於女的自我貶抑。能不能建立一個既強調差異（difference）又能兼顧平等（equality）的多重標準，仍是尚待努力的目標。

第二節　馬克思主義女性主義（Marxist Feminism）

壹 君主政體

君主政體（Monarchy）是指，以一個國王或女王爲元首的統治形式。

柏拉圖（Plato, 427 ～ 347 B.C.）在《理想國》（*Republic*）一書中，曾提及六種城邦政體，即統治者爲一人的「君主政體」（Royalty）、爲少數人的「貴族政體」（Aristocracy）、爲多數人的「民主政體」（Democracy）；若腐化而無法治時，統治者爲一人的是「僭主政體」（Tyranny）、爲少數人的是「寡頭政體」（Oligarchy）、爲多數人的是「暴民式的民主政體」，其中君主政體即是他所屬意的統治形式。柏氏認爲，君主政體由經過嚴密的教育計畫，所培育出來的「哲學家皇帝」（philosopher-king）主政，統治階層全由金質的人才組成，以「理智」統治，藉助具備銀質的助手之「勇敢」的美德護衛邦國，對一般的銅鐵階級進行統治，被統治階級以自我「節制」的德行接受領導，如此一來，各司其職的政治秩序配合恰如其分的道德修養，即能成就一個理想的城邦。

亞里斯多德（Aristotle, 384 ～ 322 B.C.）對政體的分類與柏氏大同小異，他也以「權力」（power）[34]集中於一人手裡的君主政體爲理想的統治形式。亞氏認爲，如果聖賢可得，無須法律，他的統治即可使人民心悅誠服，但是這畢竟難以實現，實際的情況常是有才未必有德或有德未必有才，因此，藉助少數學識淵博者所組成的貴族政體，配合民主政體的形式，截長補短的混和政體，亦即「立憲政體」（constitution government），雖非最理想，但卻是最不會出差錯的政治體制。

歐洲中古封建時期，以農業生產爲經濟基礎，擁有土地的貴族各自爲政，在轄區內享有至高無上的權力，但對君主具有忠順的義務，得提供土地稅金與軍事服務，在統治者與被治者之間有固定的權利與義務關係。當時普遍接受君主政體爲最合理的形式，統治者代表上帝治理地上之國，上帝統御全世界，是萬王之王，堪稱君主的典範。政治思想以論述君主的權力範圍爲特色，例如：多瑪斯（St. Thomas Aquinas, 1225 ～ 1274）即重視聖賢領導，他主張統治者的權力應獲得保全，方能增加效率，作爲上帝的牧羊人，有責任領導人民努力向善，被統治者面對不仁的君主，不可輕言反抗，因爲這是上帝爲懲罰不義之民的做法，反抗政治權力即是反抗上帝，唯有人民自除身上的罪惡，始能免於暴政的危害。馬基維利（Niccolò Machiavelli, 1469 ～ 1527）的時代，基督教的信仰已逐漸喪失，君主應如何有效地統治社會成爲關注重點，馬基維利的《君王論》（*The Prince*）即提供霸王之術，教導君主如何如獅之威嚴、如狐之狡猾，合理化其手段，收買民心，強盛國家。

16 世紀以後，世俗國王的權勢日增，「主權」（sovereignty）的理論取代君權神授的傳統看法，法國政治思想家包丁（Jean Bodin, 1530 ～ 1596 or 1529 ～ 1597），對此一理論有很大的貢獻。在《論共和國六卷》（*Six*

---

34 關於「權利」（right）和「權力」（power）譯名的區分有許多討論，有人將前者視為維護自身利益之權，建議中文譯為「利權」，是與生俱有的權利，法未禁止即為權利；現代國家藉由憲法「規定並保障『公民權利』，授予並控制『國家權力』」，因此，談到公民個人應以「權利」（right）示之，若是國家整體，宜用「權力」（power）討論。

Books on Republic）中，包丁首先提出「國家形式」（type of state）和「統治形式」（type of rule）的區別，依他之見，國家是運用主權力量對公共事務進行正當管理的機構，主權集於一人之手是爲君主國體，少數人爲貴族國體，多數人爲民主國體；「國體」（national polity）和「政體」（polity）不同，前者視主權之所在區別國家的形式，後者視運用主權之人區別統治的形式，例如，在君主國體中，君主可獨立運用主權，或交由少數貴族，或平民議會，如此一來，在君主國體之下，即可有君主政體、貴族政體和民主政體的區分。包丁所謂的主權，是指一種絕對、永久、不可分的權力，絕對是指其爲一不受約束的無上權威，永久乃指行使主權者可亡但主權永遠存在的性質，不可分則是主權必須交由一人或一機關之意；他以父權在家庭中的絕對性類比出主權在國家的同等地位，父權管理家庭中的所有成員，主權管理國家中的每一人民，他並根據主權的性質提倡對威權的尊崇，力陳法王的統治是一擁有主權的合法政府，法律必須依附君王之威勢始能奏效，爲當時的君主統治建立合理且鞏固的基礎。

君權在擁有國家主權的形式之下，對外的獨立自主和對內的絕對權威，造成尋遂一己之私的政策無法控制，也使歐洲陷於長期的戰爭狀態，於是，設計節制統治權的各種理論乃應運而生。社會契約觀首先由霍布斯（Thomas Hobbes, 1588～1679）揭示其意義，歷經洛克、盧梭的補充、修正，逐漸形成主權在民的思想。契約理論說明自然人在自然狀態中恐怖無序的生活，故紛紛放棄自然權利給君主，使其成爲社會正義的仲裁者，人們與君主之間的原始契約，只是將維護秩序的權利暫時讓渡，個人的生命權、自由權、財產權並未放棄，因此一旦君主侵犯到這些自然權利時，社會即回到失序的戰爭狀態，人人皆可揭竿而起，反抗暴政。契約理論不但強調統治者應有守法的觀念，也爲革命權利建立基礎，更重要的是把主權視爲決定政治事務的終極力量，它隸屬於公民全體，之後落實爲制憲的權利，任何政府形式皆應依法而治，關於人民的權利與義務、國家的結構與政策，均見諸立於法律之上的憲法中，政府是依據同意的統治，國政的最後仲裁者爲公民全體。

現代政府形式即使仍有君主政體的存在，君主的重要性多半只具象徵意義，例如英國、日本，其君主實際上是虛位元首，無實際的權力，國家政策交由內閣掌管，內閣是國會中多數黨或多黨聯合的首腦人物負責組閣，其成員決定、指揮、協調行政部門執行政策，並向國會負責。國家的立法、行政、司法三權獨立且互相制衡，是現代國家的主要特色，期待君主的仁心以實現仁政的訴求，似已為立憲主義所取代，而有銷聲匿跡之勢[35]。

 理論應用

圖 3-11　Karl Marx, 1818 ～ 1883

圖 3-12　Friedrich Engels, 1820 ～ 1895

在君主政體逐漸淡出人類政治舞臺後，隨之興起的是主權在民的主流價值瀰漫整個世界，尤其是人民之中的工農階級，在馬克思（Karl Marx, 1818 ～ 1883）[36]的理論中，被賦予解放人類的政治使命。19 世紀的歐洲資

---

35 本段關於〈君主政體〉曾應邀撰寫收錄於，哲學大辭書編審委員會主編，《哲學大辭書》（III），臺北：輔仁大學，1997，頁 1,875 ～ 1,876。

36 世人都知道馬克思，卻忘了馬克思「背後的女人」：「在流亡與貧窮的生涯裡，她始終是忠誠的妻子；在天才巨大的身影下，她注定被遺忘。燕妮，一個普魯士貴族家庭的女兒，聰慧、美麗，卻只能宿命地為丈夫生養子女、操持家務，並一再承受命運嚴酷的打擊。法國女性主義者紀荷為她的一生下了註腳：愛和信

產階級，追求經營成功的動力是建立在剝削工人和使工人非人性化的基礎上，馬克思看出了資產主義的弊端，他提出的方案不是曠日廢時的漸進改革，而是畢其功於一役的革命行動，且必須由無產階級揭竿而起，才有可能解消與資產階級長久以來的對立衝突，締造和平共榮的共產世界。

馬克思一生最大的成就，在於「馬克思主義」（Marxism）的建立與推廣，他並且還是德國社會民主黨的創黨人之一。但馬克思在晚年時卻說：「我不是一個馬克斯主義者」，世人分析，他的驚人之語主要表達他對後來馬克思學派的分裂、爭議，以及馬克思主義之遭受批判的回應，另一種說法是，他不認爲自己的思想體系已包括所有人類思想可能的論述。不管如何，從馬克思思想主導人類半個地球長達一百多年，至今依然持續不輟的情形來看，他的重要性已不言而喻。

馬克思主義對於女性主義的影響主要有下列幾點：

仰的產物，馬克思主義的第一位犧牲者」（弗朗索瓦絲・紀荷，《馬克思背後的女人》，蔡燁譯，臺北：時報文化，1993，封面）。燕妮・瑪・威斯特華倫（Jenny von Westphalen, 1814 ～ 1881）男爵小姐是特雷夫城（Trèves）最漂亮的姑娘（《馬克思背後的女人》，頁 016），她與馬克思是鄰居比他年長 4 歲，1836 年兩人祕密訂婚，七年後才舉行婚禮，在貧病交迫的三十八年婚姻生活中，生有三男三女，只有三個女兒活下來，馬克思與燕妮陪嫁的女僕有一私生子，恩格斯（Friedrich Engels, 1820 ～ 1895，馬克思的摯友，被譽為「第二提琴手」）予以認養，燕妮死於肝癌。

註圖 -1　Marx and Jenny

註圖 -2　Jenny von Westphalen, 1814 ～ 1881

一 人性概念

無所謂人類的「本質」概念，是「人類自己創造了自己」，後天歷史、環境等時空上不斷的變遷，人亦隨之改變。應用：無所謂「女性」在先天上就是溫柔順從、依附於他人之類的本質概念，女性應重新自我定義。

二 唯物主義

就社會結構而言，是「生產力」（原料、工具、工人）和「生產關係」（生產過程的組織、結構）結合而成的下層建築（物質層面），決定政治、法律、意識型態等上層建築（精神層面）的內容。應用：女性（製造人），提供工人（製造物）衣食、情感⋯⋯，使資本社會得以運轉，女人不但沒有不事生產，反而才是眞正主要的生產者，是女性提供了「原始累積」，才造就了資本社會的「資本累積」。

三 異化現象

「異化」（alienation）或稱疏離，人通過勞動的過程創造了世界，世界反成了「異己的」東西與人相對立，甚至反過來壓迫人類自身的存在，人類的勞動成爲一場異化的活動，與自身勞動產品疏離、與自己疏離、與他人疏離[37]。應用：「天使臉孔，魔鬼身材」，幾乎成爲女人終身都要奮鬥的

---

[37]「異化」（alienation）是一個相當重要的哲學觀念，主要出現在黑格爾（G. W. F. Hegel, 1770 ～ 1831）、費爾巴哈（Ludwig Feuerbach, 1804 ～ 1872）和馬克思的著作中。按照黑格爾的說法，神是人的幻覺，神的意識無非是人的意識，是人存在的「現實世界」與「純粹意識」分裂、疏離、異化的結果。費爾巴哈進一步強調這種異化形式的重要，他認為，宗教意識是人自身意識發展過程中不可缺少的階段，因為人把淨化之後的人性投射出去創造了神性，藉由神這個對象與人自身的疏離，人得以體認真實的自己，所以，神的出現是人類自我認識的間接方式，也是人對價值的追求予以「絕對化」之後，再加以「人格化」的結果。馬克思發揮異化理論，將之運用到宗教、經濟、政治各個層面，他指出，人通過勞動的過程創造了世界，世界反成了「異己的」東西與人相對立，甚至反過來壓迫人類自身的存在，人類的勞動成為一場異化的活動，人與人之間不但未見更加親密，反

目標，以至於很多女人經常無法正視自己、接受自己，與自己疏離；加上不論是色情行業中的性交易，或傳播媒體中女性經常和銷售產品一起出現的廣告，都使得女性因可被買賣的聯想而被商品化，失去應有的自主、自尊和自信。

四 階級鬥爭

中產階級或布爾喬亞階級（bourgeoisie），和無產階級或普羅階級（proletariat），在資本主義下受到不同程度、不同性質的壓迫，故應整合起來對抗資產階級，建立共產社會。應用：歷史其實亦是一幕幕性別的鬥爭史，所有階級的女性應整合成一「女性階級」，以對抗「男性階級」。

參 代表人物

馬克思和恩格斯在他們的文獻裡雖有談及婦女解放問題，但他們卻忽視婦女家庭勞動所產生之剩餘價值的分析；資本主義發展出工人階級之公領域的「家外勞動」，同時也造成婦女階級之私領域的「家內勞動」，可惜，「家內勞動」向來不被正統馬克思主義學者所重視。馬克思主義女性主義的重要性就在於透過對婦女家庭勞動的分析，使馬、恩的勞動價值論有更進一步的發展；此外，馬克思主義女性主義也成功地應用馬克思主義，對自由主義女性主義提出一針見血的批判[38]。

而越來越疏遠（參見林麗珊，《人生哲學》，臺北：三民，2004，增定二版六刷，pp.15～16）。匈牙利新馬克思主義學者盧卡奇（Georg Lucács, 1885～1971）曾經分析認為，「物化」（reification）和「客體化」（objectification）都是「異化」（alienation）的一種形式，前者是指無產階級的勞動狀態和結果，後者主要是針對資產階級的意識和哲學而言。

38 Michele Barrett, *Marxist-Feminism and the Work of Karl Marx, in Feminism and Equality*. A. Phillips (ed.), UK: Basi Blackwell, Oxford, 1987, pp. 59～60.

一 班斯頓（Margaret Benston）的《女性解放之政治經濟學》（*The Political Economy of Women's Libration*, 1969）

現代社會給予女性走出家庭外出工作的機會，卻沒有改善女性自身的處境，因為，無論任何時代、地區，家務及育兒工作，幾乎都是女性的責任，女性就業之後反而在家庭與事業之中疲於奔命，女性如欲求解放，就得先將這類私人活動轉移成為社會活動，否則女性處境一樣無法獲得改善。

二 柯斯塔和詹姆士（Mariarosa Dalla Costa and Selma James）的《女性的力量和社群之顛覆》（*The Power of Women and the Subversion of Community*, 1972）

兩人主張以「家務計酬」的方式來改善家務及育兒的工作，其並提出具體可行的方法如下：

㈠ 訂立「免費托嬰」、「育兒社會化」政策。

㈡ 全面課稅或課已婚者之稅，藉以發放「母親福利金」。

㈢ 訂立對男人或孩童的「罷工權」。

馬克思主義的擁護者、荷蘭女詩人羅蘭．霍斯特（Henreiette Roland Holst, 1869～1952），有句著名的詩句是：「人們的苦難經常使我不能入睡」[39]，現代社會統治階級與資產階級的相互勾結，為鞏固自身的利益，不斷製造、散播利己的觀點，形成一種強勢的意識型態，這種意識型態在公共領域中依然是父權式的思考模式；馬克思主義的女性主義普遍認為，在現代社會，女性的苦難不僅尚未終結，反而比男人體會更深的無奈、更多的疏離感，唯有透過社會政策對婦女權益的照顧，才有可能從物質結構方面的解放，達到精神層次的解放。

---

39 朱虹、文美惠主編，《外國婦女文學辭典》，頁 271。

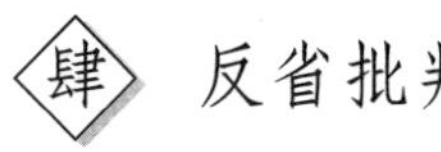

肆　反省批判

一、即使是所有女性的確以身為女性受到壓迫，但不同階級的女人不可能受到「相同一致」的壓迫，女性很難自成一個團結合作的階級。

二、家庭價值是複數型態的，難以其他價值取代，育兒社會化忽略了個別家庭獨特的價值意義，有眾人加愛卻無一特定歸屬的撫育方式，將對兒童造成更大的不利。

三、「家務計酬」未必真有好處：

㈠ 有鼓勵女性留在家裡的變相訴求，使得男女分工的型態反而變本加厲。

㈡ 助長資本主義將一切商品化的負面現象。

㈢ 加重已婚男性之稅，且對未婚男性不公。

四、此派學者極少討論到有關「性」的問題，而性別差異的探討，可能才是解決兩性問題的根本。

第三節　基進主義女性主義（Radical Feminism）

壹　理論應用

女性是歷史上第一個受壓迫的團體，女性之受壓迫是最普遍、影響最深、建基最穩的壓迫形式，可用來解釋其他的壓迫形式。而這類壓迫形式的形成就建基於生物的「性」（sex）差異上（生理特徵），形成文化的「性別」（gender）分野（陽剛陰柔），再構築各類壓迫形式的意識型態。性別偏見與形式，不僅存在於壓迫者，也存在於被壓迫者身上，社會上的「陽具崇拜」和「憎女情結」的傳播者，也來自女性自身而不自知。基進主義女性主義的「基進」（radical）一詞，有從「根本」（root）整治之意，斬草要除根，才能為女性千百年來的壓迫形式，締造革命性的轉變。因此，基進主義女性主義主要有三大主張：

一、擺脫男人崇敬的貞節烈女陷阱，立志成爲豪放女。

二、「已是」或「將是」女同性戀者才能解構父權體制。

三、性工作合法化，爭取妓權、勞動條件與健康醫療。

貳 代表人物

一 黛麗（Mary Daly, 1928～2010）的《超越天父》（*Beyond God the Father*, 1973）、《婦科醫學／社會生態學》（*GYN/Ecology*, 1978）、《完全色慾》（*Pure Lust*, 1984）

圖 3-13　Mary Daly, 1928～2010

圖 3-14　Mary Daly

世界上所有現存的宗教信仰，幾乎都是扎根於父權體制，而父權體制則是「施虐／受虐」（S/M, sadism/masochism）形式的延伸：中國婦女的纏足、守貞盡節，非洲女性切除陰蒂、縫合陰道的手術，歐洲國家焚燒女巫的紀錄等，不僅顯示出父權體制中男性的施虐性格，同時也傳達出仿如「戀屍癖」者的嗜好：女人的自主容易引發男性的緊張，故男性眞正需求的是一種如行屍走肉般無自主情慾的女人。擺脫父權體制的具體方式是，女人應該以當豪放女爲職志，亦即成爲不受男人管教約束的野女人，傾聽自己內在眞實的聲音，解放女性的情感、情慾自主，爲性而性，不再受任何父權道德（爲愛而性、爲男人而僞裝）所束縛。

二 米列（Kate Millett, 1934～2017）的《性政治》（*Sexual Politics*, 1970）

女性受壓迫的根源並非來自於資本主義，而是「父權體制」（patriarchy），父權體制誇大了男女生理上的差異，藉由男女角色刻板化的社會過程，以建立男性統治、支配的地位。因此：

㈠「性即政治」（sex is political），男女關係正居於一切權力關係的典範、模型地位，一切權力關係都植基於性別。男女不平等超越種族、政治與經濟的不平等之上，若不先打破，一切難以克竟全功。

㈡ 父權體制造成婦女相互敵視，例如：老鴇和妓女、職業婦女和家庭主婦之間，她們都必須透過男人，以獲得經濟利益、社會地位和身分，整個社會連女人自己，都已被澈底洗腦，認為男人生來就有權力在各個領域對女人發號司令。

在一個女性已能享有教育、經濟和政治各方面資源的社會裡，女性依然無法擺脫附屬的角色，主要就在於父權體制依然存在，從家庭、學校到社會，其所灌輸的觀念，已經內化為一種價值觀，即使身為女性亦不自知的成為共犯，所以改革公共權力普遍為男性掌控的現象，亦即發動女性「奪

圖 3-15　Kate Millett, 1934～2017

圖 3-16& 圖 3-17　Kate Millett Copyright © 2000 by Cynthia MacAdams

權」，可說是當務之急[40]。

三 邦曲（Charlotte Bunch, 1944～）的《反叛的女同性戀者》（*Lesbians in Revolt*, 1986）

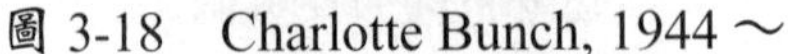

圖 3-18　Charlotte Bunch, 1944～　　圖 3-19　Charlotte Bunch at Beijing

文化上陽剛陰柔的性別差異，是以男尊女卑爲內容，逐步建構形成的社會機制，它表現在婚姻形式上，就是只承認異性戀的合法化，而異性戀的整個存在、定義與性質，其實都是完全以男性爲優先的設置。換句話說，「性」是由男人所主控，性之所在即是權力之所在，女人的性是爲男人而存在：異性戀的規範、娼妓行業、色情影片書刊等等，無不是爲服務男人或從男人的角度發展。

因此，異性戀的女性主義者，不能算是合格的女性主義者，除非一位女

40 米列和傅瑞丹都是當代美國兩位婦運健將，但米列因為較激進，私生活較複雜，因此毀譽參半。米列曾獲得哥倫比亞大學的博士學位，多才多藝，在她的名著《性政治》出版之前，她已是小有名氣的雕刻家，作品在格林威治村的賈德森美術館展出過，後來也到日本東京米尼亞美術館參展，認識日本雕刻家文雄吉村（Fumio Yoshimura），他們之間的關係是「朋友加情侶」，1965 年結婚，70 年代離婚。米列晚期的作品對娼妓問題著墨甚多，對自己與同性戀人之間的隱私，也毫不忌諱地呈現在自傳當中；寫作之餘，則積極投入示威運動，站在婦運的最前線。傅瑞丹和米列比較起來，顯得保守許多，米列可以說是個性格活躍，勇於在公衆面前完全坦露自己的人，因此被歸類為基進主義的女性主義者。

性是位女同性戀者，或終將成爲一位女同性戀者，否則她之於女性主義的努力，即顯得事倍功半，因爲女同性戀者與男人沒有性的關聯，才能基進地、澈底地思考社會變革的可能，顚覆父權體制的諸種限制。所以，女性主義是理論，女同性戀才是具體的實踐活動，女同性戀應被理解成一革命性的拒絕行動，即對所有由男性訂定規矩、以男人爲主的男性霸權文化的澈底拒絕。

四 法爾史東（Shulamith Firestone, 1945 ～ 2012）的《性別辯證》（*The Dialectic of Sex*, 1970）

圖 3-20　A portrait of 22 year-old Shulamith Firestone in 1967 as she completes the last year of her BFA in painting and photography at Chicago's School of the Art Institute[41].

男女差異根植於男女生理上的不同，而主要就在於「生殖」上面。故一如馬克思主義之發動經濟革命建立共產社會般，主張：

㈠「母愛是天性」根本是社會制約的結果，女性生養小孩與其說是眞心的喜愛，不如說是自愛的延伸，應該發動「生物革命」，積極發展科技（試管嬰兒、孵化器），讓女性主導生殖能力，消弭男女根本的差異。

---

41 法爾史東出生於加拿大的首都渥太華（Ottawa），畢業於芝加哥藝術學院（Art Institute of Chicago）美術學士（Bachelor of Fine Arts, BFA）。在藝術學院就讀期間，曾拍攝一卷以她為主角的紀錄片，該片並未正式發行，90 年代時被一位實驗影片導演 Elisabeth Subrin 發現（參見 Wikipedia, the free encyclopedia, http://en.wikipedia.org/wiki/Shulamith_Firestone）。法爾史東的個人照片尋找不易，目前僅找到這張於藝術學院就讀期間的照片，可能就是該紀錄片擷取下來的影像。

㈡取消同性戀與異性戀的分置，性別角色將無標準形式，女性不必「忍痛受苦以產子」，男性也不必「辛勞奔忙以求存」，建立「陰陽同體的社會」，締造性別平等的世界。

妓權觀點

妓權問題向來是基進主義女性主義主要的論題之一，近來國內對妓權的討論也相當熱烈，尤其是臺北市在 2001 年 3 月 28 日延緩廢娼兩年期限一到，公娼正式走入歷史，在這之前一如西方婦女運動般，國內女性團體也因爲妓權的爭議，正反兩派發生齟齬，幾乎讓好不容易團結起來的臺灣婦運發生分裂。公娼因爲政策的介入已從檯面上消失，但色情行業的問題並未解決[42]，婦女團體對這個議題的討論也是方興未艾。

一 世界妓權憲章

隨著色情行業的蓬勃發展，妓權運動也蔚爲潮流，許多國家已有妓權組織，並聯合成立「妓權國際委員會」（ICPR），在爭取妓女人權方面不遺餘力。該委員會的〈世界妓權憲章〉內容，很能表達從事妓女行業的主要訴求和理念，張玉芬女士曾將之翻譯成中文，現節錄如下[43]：

---

42 色情行業自古即有，但於今為烈。根據美國人對其本土的調查：一個淫書業者每年比流行音樂業者多賺 10 億美元；美國人每週會花 200 萬美元看 X 級電影，使得這類影片的年度票房約有 5 億美元；42% 的錄影帶店租售「成人」影片，13 ～ 18 歲的青少年有 20% 曾觀賞過 X 級影片。參見 Bernice Lott，《女性心理學》（*Women's Lives*），危芷芬、陳瑞雲譯，臺北：五南，1996，頁 301。性買賣不論是仲介人或販售書籍、錄影帶……，都是屬於高報酬率的工作，目前臺灣傳統價值觀的解體，女性從事「援助交際」不但時有所聞，也日益被正當化，還能公開在電視上暢談援助交際的各種好處，而中學生上「色情網站」人數之多、頻率之高，經常是報章雜誌上聳人聽聞的標題。

43 何春蕤總編輯，《性工作：妓權觀點》，臺北：中央大學性／別研究室，1998，

㈠法律訴求

1. 成人自主決定之各種性交易皆需除罪。

2. 仲介的第三方（淫媒）應比照一般管理法規處理。

3. 執法單位應加強打擊詐欺、脅迫、暴力、兒童性虐待、強暴等問題。

4. 娼妓享有自由交往、國際旅行、私密生活的權利。

㈡人權保障

1. 保障娼妓的全部人權和公民自由，如失業、醫療保險，和言論、工作、婚育等。

2. 庇護因「地位之罪」（不管是賣淫或同性戀）而被剝奪人權的人。

㈢勞動條件

1. 娼妓擁有選擇自己工作的自由，以便在全權自主決定的勞動條件下提供服務。

2. 設立包括娼妓在內的委員會，以保障娼妓權利並提供申訴管道。

3. 法律不得歧視串連組織的娼妓。

㈣健康醫療

教育全民接受傳染性性病的定期健康篩檢。

㈤社會服務

1. 促進兒童福利，防止兒童賣淫。

2. 各國娼妓依據各國法規，應享有和其他公民相同的社會福利。

3. 爲在職娼妓提供庇護中心及各種服務，也爲希望轉業的娼妓提供職業訓練。

頁 1 ～ 3。本書收錄國內外討論妓權之精彩文章多篇，也記錄臺北公娼抗爭過程之始末，對這類議題的討論貢獻良多。

㈥賦稅問題

1. 娼妓或賣淫事業不應被課徵特殊稅目。

2. 娼妓應比照其他獨立包商或受僱人員，繳納一般稅賦而且享有相同的福利。

㈦改造輿論

1. 支持教育計畫，改變社會對各種種族、性別……的歧視，和娼妓的汙名化。

2. 協助大眾瞭解嫖客的角色，且嫖客也和娼妓一樣，不應在道德上被譴責或罪犯化。

㈧成立組織

與性工業中所有的工作者團結，成立各種現職和退職娼妓的組織，以落實此憲章。

二 重要訴求討論

㈠除罪化和矯正汙名化

法令約束越多，娼妓就越依賴淫媒，依賴經營妓院的男人，且常是壞男人，妓女除罪化，使賣淫成為合法的工作，娼妓就可以要求合理的工作契約，更可無限拓展女人的選擇空間。至於矯正汙名化則可直接動搖女性貞節的價值觀，進而威脅到父權體制中男性宰制的優勢。到處都有性交易，只是大家都很偽善，性交易本質上就是家庭工業，是任何人在任何地方都能進行的，所以不應視為「紅色公害」（scarlet menace），就像同性戀之被曲解成「紫色公害」（lavender menace）一樣。壯大性工作者，就是壯大所有的女人，因為妓女所承受的汙名，正是社會用來規訓所有女人的工具[44]。

---

44 何春蕤總編輯，《性工作：妓權觀點》，頁 11 ～ 24。

㈡賣淫就是工作

從事「妓女」（hooker）、婊子（whore）、賣淫（prostitute）、色情（pornography）行業者，應被視爲一般的勞動者，性工作就是工作，是個勞工議題，主要相關的是金錢，其次才是性。傳統上「有性吸引力」以及「捕捉一個好男人」都是女性生存的策略，但唯有妓女有權主動創造財路，獲得經濟的自主。賣淫之被視爲犯罪活動，主要是爲了警告所有的女人不要透過這種明顯的性策略來追求經濟獨立，何況男人本以爲可以免費獲得那種服務，不料妓女要求的報酬竟比一般女人高出許多。根據瞭解，許多妓女都痛恨伴隨她們工作的勞動條件和社會汙名，但是卻並不討厭性工作本身。性工作者不被男人羈絆，她們攪亂男性對於金錢及商品的控制，故有一份政府報告說：「性工作是對社會正常生活方式的澈底揚棄，就如同吸毒者一樣。」[45]

㈢性工作非全是受迫害

一般而言，妓院越好，老闆就越被視爲非法，因爲他「鼓勵賣淫」，因此妓女之遭受迫害，是因爲法律的罪犯化，以及社會的汙名。最明顯的例子就是當妓女遭受強暴時，法律的冷漠和社會的冷嘲熱諷。所以妓權運動者說：「站在女權運動的第一線，要得到力量，就必須先對抗汙名」。許多性工作者認爲，和其他被認爲有尊嚴的女性工作（包括婚姻）相較，性工作提供較高的報酬、較多的休閒，行動上也較自由，比起家務工作，後者才像是受迫害者。此外有些妓女認爲，女人出於義務或屈從而與人性交（例如婚姻），才眞的是受迫害的「婊子」。有人打油詩道：「賤就是爲了留他們晚上在家而性交，賤就是爲了安全感而做愛，賤就是學會說不之前的樣子，賤就是爲了得到讚許、友誼與愛而和人性交⋯⋯。」[46]

---

45 何春蕤總編輯，《性工作：妓權觀點》，頁 93 ～ 94。

46 何春蕤總編輯，《性工作：妓權觀點》，頁 20、104，和頁 118。

㈣婊子和聖母的二分法

「whore」的意義不單單只是指為了金錢而從事賣淫的女人，它更廣泛地用來形容不貞節或淫蕩的女人或姦婦，女人都被強加婊子和聖母的二分法：在性方面肯定自我的女人被視為婊子，在性上面被動的女人則被視為聖母，女性自主的性活動長年就被汙名化，而且被法律或風俗懲罰。女性主義的任務就是透過加強女人的性意識和勇氣，以及要求安全和選擇權，來培養性自主；並且女性主義的抗爭必須包括所有女人的權益，妓女可能是所有女人中最被禁聲、最被侵犯的一群；因此，女性主義運動論述應涵蓋妓權的討論，並且把妓權意識整合到女性主義的分析和策略中[47]。

㈤娼妓非性病高危險群

根據統計妓女得性病的比率，通常比她們同年齡層的大眾來得低，而且低很多：妓女（特別是阻街女郎），通常介於 18 到 25 歲之間，她們得性病的比率大約是 5%，但是在大學校園中學生得性病的比率卻是 25%，13 到 15 歲的孩子更高達 75%[48]。因為妓女的性是一種買賣，對於骯髒、不願戴保險套或有性病疑慮的客戶，可以自由決定要不要交易，而且妓女因工作風險性高，比較勤於作定期的性病檢查，對性病防治的概念也比其他女性充足；相較起來，一般女性常因在以愛為名的性要求之下，無法拒絕男性，加上性禁忌所造成的性無知，對性病缺乏瞭解，以至於良家婦女得性病的人數，未必就低於娼妓業者。

三、反娼妓之意見

美國「婦運之母」傅瑞丹曾表示：「性是隱私的，若違反隱私的本意，拿來作為爭取婦女一些基本權益是不智之舉。她責怪說：『當全國婦女會議在休士頓召開，而女同性戀的宣傳汽球上寫著『我們無所不在』、『各

---

47 何春蕤總編輯，《性工作：妓權觀點》，頁 4 ～ 10。

48 何春蕤總編輯，《性工作：妓權觀點》，頁 14。

有性癖好』時，她們已扭曲了整個原則，並侵入了我們爭取的最隱私的部分』。」[49]所以，在妓權問題方面，婦女團體分裂成兩種極端的意見就是：女性主義應爲妓權申訴，把妓權視爲女權的極致表現；另一種則急於要劃清界線，以免模糊女性主義的眞正訴求。反娼的女性主義者（anti-sex work feminists）普遍認爲，肯定妓權無異於肯定色情的合法化，對現代道德意識的低落簡直是雪上加霜；何況肯定妓女的正當性，實在是一種太過前衛的政治立場，它導致男性變相任意享用女性的性，使性交易更爲公開且合理化，對於婚姻中的女性形成莫大的諷刺。

娼妓合法化將使色情氾濫的問題更形嚴重，色情會不會影響且造成對女性性侵害暴力案件的增加？

2000 年推出的的情色文學影片《鵝毛筆》[50]，可以作爲探討這項議題的精彩引論。《鵝毛筆》是 18 世紀名聲顯赫的情色文學作家，也是法國王公貴族之一的薩德（Marquis De Sade, 1740 ～ 1814）之傳記影片。薩德一生荒唐又瘋狂，他不但創作各式各樣的色情小說、戲劇作品，更親身示範各種性愛想像的實踐，且繪畫成冊供人玩賞，即使後來因傷風敗俗之罪名鋃鐺入獄，依然創作不輟，在 74 年的人生中，有 29 年都在監獄中度過，後人以其姓氏命名「薩德主義」（Sadism），討論「施虐」與「受虐」（Sadism and Masochism, S & M）的「性虐戀」（Sadomasochism）現象。《鵝毛筆》影片除了拍攝手法和演員精湛演技值得誇讚外，其實也探討相當嚴肅的議題：究竟是情色文學引發色情的氾濫，甚至犯罪；還是情色文學只是對人性情慾如實的描寫與探索，它反而可以宣洩我們奔騰的慾望和想像？影片中幫助薩德傳遞、抄寫作品的洗衣婦，最後就是在犯人們口耳傳送薩德的色情小說細節所激起的澎湃慾火中，慘遭姦殺，她美麗的屍身甚至還成爲神父意淫的對

---

49 傅瑞丹（Betty Friedan），《第二階段》（*The Second Stage*），頁 6，彭婉如的序文部分。

50 菲利普考夫曼（Philip Kaufman）導演，《鵝毛筆》（*Quills*），Geoffrey Rush、Kate Winslet、Joaquin Phoenix、Michael Caine 主演，美國：20 世紀福斯影業（Fox Searchlight Pict），2000，片長 125 分。

象。色情行業和性侵害事件之間的關聯，透過這部影片延伸出更值得人們深思的議題，這當然也使得對妓權的支持與否，產生更多猶豫的空間。

肆 反省批判

一、攻擊父權體制只是初步的解析工具，不應自限於反叛中的二元對立，永遠與男人爲敵。

二、女性特質一定比男性特質可取的堅持，反而強化了「生物決定論」的主張；並且，女人的世界是和平，男人的世界是戰爭，並無事實根據。

三、壓迫形式並非就是男壓迫女，有些地區種族與階級的壓迫可能遠甚於此，遇到這種情況時，與其解放其婦女，不如解決其種族與階級問題來得實際。

四、女同性戀極端主義者，對待廣義女性本質的女人所表露的敵意，通常已超過了她們對男人的敵意[51]。

第四節　精神分析女性主義（Psychoanalytic Feminism）

壹 理論應用

從歷史的發展發現，人類的自戀與自信總共遭遇三次重大的打擊，第一次是哥白尼（Nicolaus Copernicus, 1473 ～ 1543）發現地球並非宇宙的中心；第二次是達爾文（Charles Robert Darwin, 1809 ～ 1882）發現人類與其他動物一樣也必須服膺「生物演化」的自然法則；第三次是佛洛依德（Sigmund Freud, 1856 ～ 1939）發現我們竟和許多未知的、潛意識的，甚至是無法控

---

51 傅瑞丹（Betty Friedan），《第二階段》（*The Second Stage*），頁 311。

圖 3-21　Sigmund Freud, 1856 ～ 1939

圖 3-22　Jacques Lacan, 1901 ～ 1981

圖 3-23　佛洛依德精神分析療程時患者躺臥的沙發

制的力量共同生活[52]。

佛洛依德的精神分析學有兩項主要的信條：「潛意識」和「性衝動」。潛意識用以說明人的心理活動與精神人格結構，如下二圖所示：

52 Lawrence A. Pervin，《人格心理學》，鄭慧玲譯，臺北：桂冠，1984，頁 217 ～ 218。

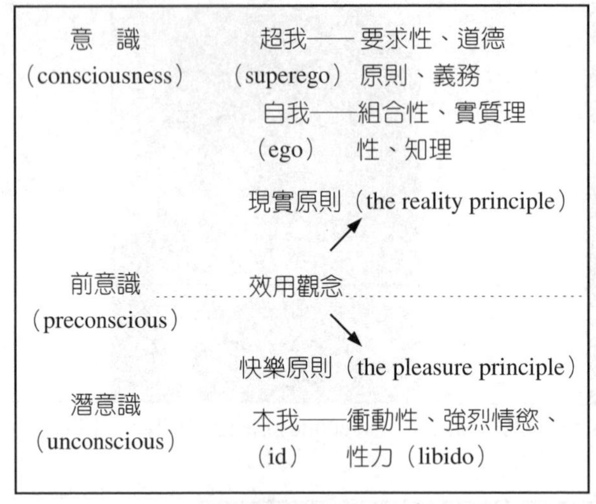

圖 3-24

資料來源:筆者自繪

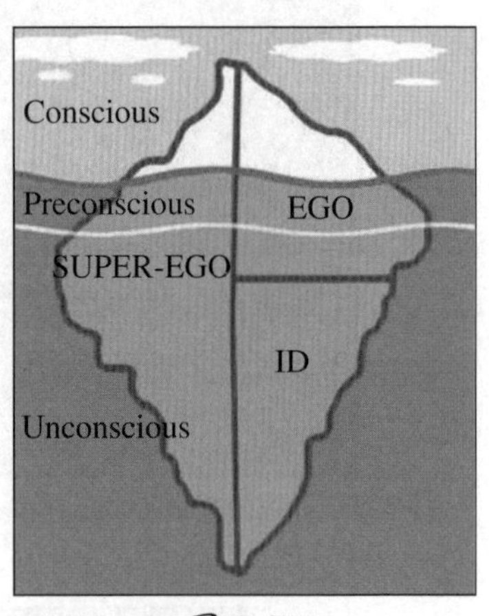

圖 3-25

資料來源:https://spiritwiki.lightningpath.org/index.php/Psycho-analytic Theary of Personality

性衝動則建立其「里比多」(libido)的發展理論。“libido” 就拉丁字源的意義來看,有渴望、貪圖、性慾、色情作品等意涵,佛氏的里比多包含前面三者;若就實質意義而言,里比多是指「自體器官藉以完成其自身目的的本能力量」,這種本能不僅是營養、排泄的作用,尚包含性的慾望,後來佛氏甚至將身體各器官的本能力量,都視爲具備性的意義,故把里比多稱爲「慾力」或「原慾」,一種潛藏著的生命創造力。里比多的發展有下列五個階段[53]:

一 「口腔期」(Oral Stage)

出生到 1 歲以前,因吸吮、咀嚼、吞嚥等口腔活動的滿足所產生的快感。此時期的口腔活動若受到限制,可能會造成日後貪吃、酗酒、抽菸、咬

53 路君約,《心理學》,臺北:中國行為科學社,1987,頁 371 ~ 373;張春興,《現代心理學》,臺北:東華,2001,頁 456 ~ 457。

指甲，容易悲觀、依賴、潔癖等所謂的「口腔性格」（oral character）。

二「肛門期」（Anal Stage）

1 歲半到 3 歲左右，因大小便排泄、控制腸道所產生之快感。此時期是衛生習慣的養成期，但若管教過嚴容易形成冷酷、頑固、剛愎、吝嗇等所謂的「肛門性格」（anal character）。

三「性器期」（Phallic Stage）

3 歲至 6 歲，兒童已有男女性別之分，男童產生陰莖的驕傲，女童形成陰莖的妒羨；男童會模仿父親，以母親爲愛戀對象產生「戀母情結」（Oedipus complex），女童則以母親爲競爭對手，愛戀父親產生「戀父情結」（Electra complex）。此時期，小孩會有意無意去觸摸、摩擦性器官以獲取快感，當男童發現女童性器官不同時，會懷疑是被父親閹割而產生「閹割恐懼」（fear of castration）或「閹割情結」（castration complex），女童則有所謂的「陽具妒羨」（penis envy）。

四 潛伏期（Latent Stage）

6 歲至 12 歲，兒童的注意力已漸漸從對自己的身體和父母的情感轉移到周圍環境的事物，從里比多的發展來看視爲潛伏期。此時期男女異性間的關係大都是男女分別組群的團體活動，甚至壁壘分明。

五 生殖期（Genital Stage）

12 歲以後，兒童第二性徵出現，性器官趨於成熟，兩性差異開始顯著，里比多進入生殖階段的青春期對異性產生興趣，喜歡參加兩性組成的活動，在心理上也逐漸發展與性別相關聯的職業計畫及婚姻理想。

法國精神分析學家拉康（Jacques Lacan, 1901 ～ 1981），根據佛氏對陽具之可欲性與崇拜的假設，進一步分析男女童的性心理發展過程，認爲男童因爲在「超我」（他者、父親、父權結構、法律規範）的威脅下（閹割恐懼），較早脫離「本我」（依戀母親）狀態，而能建立「自我」意識；女童則因爲沒有閹割恐懼，與母親有「延長共生」的情形，所以較難建立自我，更因陽具崇拜，而憎恨自己，也憎恨母親、憎恨女人，甚至期望生個男孩，以彌補自身的缺陷。這項論述，使得男性經由陽具，在象徵秩序中獲得權力與控制的位置，女性則被化約成陽具崇拜的效用：自卑、模仿、溫順。

有許多精神分析的女性主義者頗支持佛氏和拉康的主張，而致力於如何解決閹割恐懼和伊底帕斯情結上，認爲如此一來，亦可同時改善女性普遍欠缺自信的情況，舒緩其憎女情結，然而亦有許多人即直接批評他們的見解，是男性沙文主義斷章取義的結果。

貳 代表人物

一 荷妮（Karen Horney, 1885～1952）的《女性心理學》（*Feminine Psychology*, 1973）

圖 3-26　Karen Horney, 1885～1952

精神分析理論在很多方面，常是依循分析者的假設而得出結果，因此關於佛洛依德將陽具之有無，視爲男女性心理發展過程的關鍵，荷妮就認爲，這不僅是一種假設，更是以男性之視野爲準則的片面意見；反之，女性亦可以生殖能力取代陽具的重要性，建立其生理上的優越性，並用以解釋男女性心理發展過程的迥異現象。

因此，荷妮進一步指出，女性的自卑感並非來自於「缺少陽具」，而是對女性劣等社會地位的體認；女人也非「羨慕陽具」才想成爲男人，而是希冀男人的社會控制權。換句話說，何謂「男」何謂「女」，不是植基於不變的生物性本身，而是不斷變化的社會觀念所形成；而女性的自卑自憐，乃是文化對生物性的利用之結果。

二 伊瑞格蕾（Luce Irigaray, 1930～）的《此性非一》（*This Sex Which Is Not One*, 1985）

圖 3-27　Luce Irigaray, 1930～

法國精神分析學家伊瑞格蕾認爲，「女性本能」（female libido）並不像佛氏所說是由缺乏所構成，因爲事實上「女性性愛」（female sexuality）就不同於「男性性愛」（male sexuality）集中於陰莖之上，反而是呈現複數的表現，父權體制卻欲將男人的性需求內化成爲女性情慾的依歸，致使女性喪失其多元、豐富的情慾本質。她認爲，與男性單一的性快樂比較起來，女性就顯得具備複雜、多重的性器官：女性的性快樂不需要在「陰蒂的主動性」（退化的陰莖），和「陰道的被動性」（被喻爲成熟的性愛）之間做選擇，兩者皆互不可替代的帶給女性快樂，並且它們也只是許多撫慰方式中的兩種而已。伊瑞格蕾甚至以「女性身上到處都是性器官」，來形容女性進化的成熟度，實已遠超出男性類似動物發洩的簡單形式，欠缺的反而是男性而非女性。

由於女性這種尋求多樣、異質性快樂的本能之影響，女性所使用的語言，也和男性直線式的、邏輯理性的語言迥然不同。伊瑞格蕾說，女性的語言是曲折的、複雜的、不連貫的，經常含藏著「弦外之音」（other meaning）的，所以，當女人訴說某事時，「所指之指，已非指也」，人們必須以不同的方式傾聽女性的語言。女性的語言總是處於不斷自我編織的過程，既擁抱語詞又擲棄出去，以避免被固定、被滯留、被定義，這種表達方式，一來具備挑戰以陽具爲中心的社會秩序之意義，二來它也成爲被壓抑的女性性愛的發言方式，讓主體的多元面貌充分顯現於實踐過程之中，而無須預先設定其本質的反本質主張。伊瑞格蕾不同於其他女性主義者之處，就在於她對女性情慾本能和女性書寫語言的肯定，而針對後項之論述，實已超出精神分析學的領域，顯見「解構主義」（deconstruction）的身影。

三 吉莉康（Carol Gilligan, 1936～）的《迴異之音》（*In a Different Voice*, 1982）

圖 3-28　Carol Gilligan, 1936～

男性心理學家郭爾堡（Lawrence Kohlberg, 1927～1987），曾提出兒童道德意識發展六階段說（趨賞避罰→互惠原則→團體認同→法律秩序→社會契約→道德原則），以解釋道德教育的認知過程。吉莉康認爲，其主張是以男性立場爲基礎，將男性的道德標準視爲階段性的成長指標，男女既然有別，就應訂立不同的道德標準。

所以，吉莉康提出「女性道德發展三階段」說，另立女性道德成熟度的判準，即自我中心的「利己主義」→他人導向的「利他主義」→「人我交融」

（完整的道德位階）。三階段標示出女性完善的德行培養目標，珍惜女性特質的完成形式，而不必向男性價値認同，或因達不到其要求而自覺不如。

四 喬德羅（Nancy Chodorow, 1944～）的《母職再造》（*The Reproduction of Mothering*, 1978）

圖 3-29　Nancy Chodorow, 1944～

喬德羅雖接受伊底帕斯情結的理論，但拒絕「女人欲爲人母乃是天賦本能」的說法，認爲當女人長大到對事物能做判斷與選擇時，事實上她已被「陰性化」，「性別角色可被自由選擇」已不可能。喬德羅分析指出，從一開始，母育即已使女性陷入一種雙向操作之中：一方面母親鼓勵兒子異於自己的發展，以權勢、財富、父親作爲陽性認同的標的；另一方面則強化母女之間的連結，女孩的自我意識因而模糊不清，它促成女性再生產爲男性之附屬品的先決條件。所以，女人想當母親的慾望，是一種無意識的延長母職，並非個人意志的選擇，至於男人則沒有這種延伸的母女關係，他們因撫育過程中父親的經常缺席，以致形成對抽象的、理想的陽性角色之期許。

幼年養育經驗的改變對於父權體制的轉化是可行的，因此，喬德羅倡言必須貫徹「父母共同撫育下一代」的主張。男性在養育工作上的投注，不但可以解消伊底帕斯情結，改善父、母、孩子三方面的心理發展，同時也可使男女兩性不再極別化，男可溫柔，女可剛強，男女眞正平等，也可爲社會分工重新排列秩序。

 反省批判

一、只要女性生理存在的一天（包括月事及懷孕），女孩就一定會比男孩表現出更多對母親的認同，男孩則一定會與母親保持一定的距離，不為別的理由，就只因男孩與母親生理不同。所以，生物性別是一個無法忽視的根本差異。

二、「父母共同撫育下一代」的主張，無法解決「單親家庭」和「同性戀家庭」的育兒問題。

三、吉莉康的分析，雖重新肯定女性特質，但也被批評為是「傳統奴顏」的再次伸張。

第五節　存在主義女性主義（Existentialist Feminism）

 存在主義

「存在主義」（Existentialism）的思想可說是20世紀的特產[54]，哲學家

---

54 存在主義的哲學家主要有，丹麥的齊克果（Søren Kierkegaard, 1813～1855），德國的雅斯培（Karl Jaspers, 1883～1969）、海德格（Martin Heidegger, 1889～1976），法國的馬賽爾（Gabriel Marcel, 1889～1973）、沙特（Jean-Paul Sartre, 1905～1980）。此外有許多文學家雖然不像哲學家那樣專文論述，但透過文學的筆觸，也推波助瀾存在主義的思潮。例如：19世紀俄國大文豪杜斯妥也夫斯基（Feodor Dostoevsky, 1821～1881）；德國詩人，1964年諾貝爾文學獎得主赫塞（Hermann Hesse, 1877～1962）；法國文學家，也曾獲得1957年諾貝爾文學獎的卡繆（Albert Camus, 1913～1960）；英年早逝的捷克作家卡夫卡（Franz Kafka, 1883～1924）……。值得一提的是，存在主義的女性學者波娃（Simone de Beauvoir, 1908～1986），其重要著作《第二性》（*The Second Sex*），堪稱為女性主義的經典之作。

們從生命的各個面向揭露存在的悲劇，也從必死的命運尋求自我超越的可能性。由於人隨時隨地都有可能遭逢變故，但卻可能從未眞正的活過，所以存在主義的哲學家們喜歡藉由死亡來反襯生命存在的意義，透過死亡的極限性可以逼顯出眞實的意願；同時，他們摒棄傳統哲學將事物抽象化、將人客體化的思維方式，代之以對個人情感的細膩描寫，從各種不同的角度去關照人的存在，並且強調直覺的反省態度，把握個體全部的生活經驗，以便從中挖掘經過選擇之後的眞正自我。他們認爲，經過這番努力，人方能獲得嶄新的尊嚴與價值，成爲眞實存在的自覺主體。這是一種不預存任何先天、普遍的形式，容許個體創造自己個別的存在方式，藉由存在定義自我的主張。

研讀存在主義者的哲學或文學作品，常會爲生命乃是不可避免的悲劇形式而感到鬱結，但就如同蝴蝶欲破繭而出必須忍受痛苦掙扎一般，人也必須透過對生存處境的諸種悲劇之瞭解與接受，才可望有超越的可能。因此，釐清人的「存在」、瞭解生命的「悲劇」、尋求「超越」的可能性，可以說是個體提升自覺意識的三部曲。

一 存在

存在主義的「存在」，當然指的是人的存在而言。德國哲學家海德格（Martin Heidegger, 1889～1976）說[55]，「人之存在」（Dasein）是一種「在世存有」（Being-in-the-world），是世界裡的存有，存在於世界之中。這種存在主要有兩種的特點：一是「在世存有」意指人之存在已經涵蓋世界在內，世界不應作爲純粹認知的對象，人與世界的關係也不是主客的二元對立狀態，從在世存有的基礎來看，世界已在人之存在的基本結構中，認識世界只是次要的，它是在我們以關注「在世存有」的活動中始轉化出來的認知；二是，「在世存有」意味著每一個人都只是芸芸眾生中的「某一」（the One），我們的生活型態、行爲舉止，只是具備大眾性質的代表而已，我們遵循著何者可爲何者不可爲的既定公式生活著而不自知，海氏形容這是人

---

55 海德格，《存在與時間》（上）（下）（*Being and Time*），王節慶、陳嘉映譯，臺北：久大桂冠聯合出版，1994。

類存在未經反省之前的失落狀態，人一旦思考，意味著將「離人間之秩序」（out of order），而且思考未必有答案，只是凸顯人存在的價值罷了。

在所有存在物之中，只有人具備有反省其失落處境的能力，法國哲學家沙特（Jean-Paul Sartre, 1905 ～ 1980）說這是做人的悲哀也是人得以超越之處。沙特將「存在」分爲「自在的存有」（Being-in-itself）和「自爲的存有」（Being-for-itself）[56]：前者指的是事物本身存在固有的特徵，不多不少、正好與其自身相符合的存在型態，這一部分爲人類、動物、植物和礦物所共有；例如桌子之爲桌子，它是被動的、無動於衷的存在，它不會去分析、辨別、探索其存在的理由。後者則是生動的、活潑的、意識的存在，只有人才擁有，所以人的存在絕不會剛好符合其自身，因爲意識之爲意識，在於其領域的無限廣闊與不斷的超越性，除非人剪斷意識的活動，自限於只是自在的存在，否則意識的不斷伸展、超越自己的活動，就是人存在的特色。

沙特分析指出，人因其意識的活動，使人覺察到存在的失落狀態，在日常的交際往來中，突然意識到當下的行動者不是自己，「我不是我」。例如一個正在逢迎拍馬屁的人突然意識到自己行爲的卑劣般，或者當我們口沫橫飛地辱罵某人的當下發覺那人也是自己時，人的不安、焦慮、鄙夷、虛無感由此而生。沙特認爲，這是人存在的特色，也是人存在的尊嚴所在，否則人就只是一個東西，無法超越其存在的處境，但人也必須同時承受內心之煎熬以爲代價。丹麥哲學家齊克果（Søren Kierkegaard, 1813 ～ 1855）曾提出類似的分析：「我在」（I am），是一種咄咄逼人的事實，它不是輕描淡寫的概念，也很難以言語一語道盡，就在我們面對生活「或此或彼」的痛苦抉擇中，我們遭逢自我的存在。

二 悲劇

「我在」不是一項思考的客體，而是活生生的實踐主體，沒有「我在」的事實，一切概念都將失去其意義。然而「我在」雖是個別的，卻面臨共同

56 沙特，《存在與虛無》（上）（下）（*Being and Nothingness*），陳宣良等譯，臺北：久大桂冠聯合出版，1994。

圖 3-30　Søren Kierkegaard, 1813～1855

圖 3-31　Franz Kafka, 1883～1924

的悲劇處境。依照存在主義的哲學家們的分析，主要可歸納成三點：被拋擲性、疏離感、向死的存在。

㈠被拋擲性

人是無從選擇的「被拋擲」到這個世界上來，爲什麼是這個國度、這個社會、這個家庭？始終是無法解開的生命之謎。自從有了存在，個體在與他人的「對立」中發現自己不是單獨的存在，也不是如萊布尼茲（Gottfried Wilhelm Leibniz, 1646～1716）所比擬的「單子論」般，人與人之間是無窗戶且不互相作用與影響的。人從對立中發現存在的事實，於是企圖化解對立，尋求生命的相互扶持，可是，正如貝克特（Samuel Beckett, 1906～1989）在《等待果陀》一書中所說的：「人不能單獨承受生命……！不幸的是，我們需要感情的時間和我們的朋友需要感情的時間很少能夠配合。」卡夫卡（Franz Kafka, 1883～1924）在〈蛻變〉一文中，也闡述了這種無奈的挫折感：推銷員薩摩札一天早晨醒來，發現自己變成了一條大蟲，由於無法使用一般語言的溝通作用，以及他突兀的動物軀殼，使得他與外界

圖 3-32　Albert Camus, 1913 ～ 1960

圖 3-33　Samuel Beckett, 1906 ～ 1989

產生隔閡，更無法與原本親密的家人聯繫，最後終於在孤獨無援與自我放棄的情況下死去。人類生命需要共鳴的程度，往往與實際狀況難成比例，而唯一作爲有效溝通媒介的語言文字，又往往未能盡傳本意。這正是存在主義對人類處境所描述的「割裂狀態」：人莫名其妙的被丟進一個註定要孤獨地與眾人一起存在的世界。

被拋擲性更深刻的描述是，沒有一種所謂人在出生之際就已經共同擁有的本質，我們實際擁有的存在處境是，所有的人都是被拋擲到這個世界中來，在被拋擲之際都尚未自我定義，所以是先有了存在，透過意識的活動，才找到自我，所以「存在先於本質」。而在自我定義的過程中，每一次的反省思考，都有如「出賣」某種情感般令人感到尷尬，有時更危害到狀甚篤定的日常生活，焦慮、恐懼、不安、虛無的情緒時時浮現。由此可見，每一個個體都是特殊、獨立的存在，在與他人共同生活的過程中，人與人之間的割裂狀態，使我們意識到，塡補寂寞最好的方式是麻痺自我的知覺，但是忍受被遺棄，卻可能帶來更大的勝利[57]。

57 當代政治哲學家鄂蘭（Hannah Arendt, 1906 ～ 1975），曾就「孤獨」（solitude）和「寂寞」（lonely）二詞所表達的不同情境，做過精闢的分析。她指出，「孤獨」傾向於是人自己內在自我的經驗，指涉單獨之自我的存在感受；而「寂寞」則是指人群之中人與人之間普遍的感覺，一種苦悶的經驗。她說：「『寂寞』之所

㈡疏離感

疏離感（alienation）意味著一種存在狀態中最嚴重的割裂經驗，這在資本主義之下的社會尤其明顯，可從四個層面來看：

1. 與工作成果的疏離

工作者把自己的精力貢獻在工作的成果上，原本生命的意義從中體會，但在資本主義一切商品化的運作下，成果已非工作者所擁有，他無權決定做不做或如何行銷，甚至成果一進入市場幾乎已失去原有的面貌。工作者不但無法掌握他辛勤的工作成果，即使他自身也可能被當作商品來評估，個人存在的重要與否取決於他的社會地位或工作價值，任何人只要失去利用價值，可以立即被取代，人因此失落了其自身存在的特殊意義。

2. 與自己的疏離

當工作被機械化，成為了無生趣的例行公事時，體力變成一種工具，在龐大的技術組織之下，上班族每天重複著單調、機械的動作，人的自尊、個性、創造力被剝奪。為了排遣生活的苦悶不適，大部分的人追隨風尚隨波逐流：節日慶祝跟著狂歡、流行服飾跟著採購、健美瘦身跟著起舞……。很多人在攬鏡自娛時，對自己要不是陌生驚異就是永遠覺得不滿意，自憐、自卑、自棄、無意義感，成為現代人在每天盲目的奔忙中，普遍的情緒反應。

3. 與他人的疏離

相互競爭、優勝劣敗，是資本主義的座右銘，創造自己可被利用的價值，標示出現代一場場赤裸裸的生活戰爭，人與人之間更顯孤立、彼此仇

以讓人難以忍受，是因為它使人喪失了自我；人在『孤獨』的處境中，才體認到自我；但是，人必須在同其他人互信互賴的接觸、聯繫當中，才能肯定這個自我的存在。」（The Origins of Totalitarianism. New York: Harcourt, Brace & Co., 1951, p. 447）引申其意即是，孤獨讓我們體驗到自我的存在，但藉由消除寂寞，自我才獲得肯定；人要能懂得獨處之樂，又能在眾人之中從容自在，可以孤獨又不寂寞。

視、懷疑、防範他人。他人原是自我認同過程中不可缺少的部分，透過與他人的協作，我們從中確立自我的身分，如今與他人形同寇讎，人人似乎居心叵測，失去與他人親密共處的聯繫。

4. 與世界的疏離

透過對上述三種疏離情境的體悟，人若從世界抽身而退，反而被視為不正常的非人存在，若入世媚俗，又感到沮喪與無意義。人不是人，又要在一個沒有意義的世界中生存，對一切都感到無聊、荒謬、疏離，卻又要如此日復一日地生活下去。

卡繆（Albert Camus, 1913 ～ 1960）的《異鄉人》一書對於這種疏離情境，有相當精彩、深刻的描寫。書中主角莫梭對亡母之死的冷漠、對人生的乏味，和莫名其妙地槍殺一個阿拉伯人後遭受審判時的旁觀心態，露骨地描述出存在的疏離狀態：與自己、與他人、與世界的疏離，人雖存在於世，卻活像個異鄉人。卡繆藉由存在的「雙層荒謬」以訴說這種疏離感：第一層荒謬意指人生在世的無意義感，猶如遭受諸神懲罰的薛西弗斯（Sisyphus）般，在地獄裡晝夜不休地推動巨石上山，但每當快到山巔時巨石就滾落下來，人生就如薛西弗斯所遭受的這種苦刑，徒勞無功且毫無指望地備受折磨；第二層荒謬是指既然人生如此無意義，很多人卻誤認為有意義，而煞有介事地行禮如儀、遵守規範。卡繆以第一層荒謬去揭露第二層的荒謬，讓人們強烈地感受到人生全面性的疏離之感；而主角莫梭臨刑前在獄中對神父以上帝之名來保證人生之永恆的三次質疑，恰如聖經中耶穌之三次拒絕撒旦的誘惑般，發人深思。其實揭示荒謬，在某種意義上，也是期望擺脫媚俗、追求眞實。

㈢向死的存在

叔本華（Arthur Schopenhauer, 1788 ～ 1860）曾悲觀地認為：「人生如拼命地駛舟前進，在經歷無數的風波之危後，準備在死亡的礁石之前全身粉碎」，希臘詩人歐里比得斯（Euripides, 480 or 485 ～ 406 B.C.）則說：「誰

圖 3-34　Euripides, 480 or 485 ～ 406 B.C.

圖 3-35　Arthur Schopenhauer, 1788 ～ 1860

能知道生命不是死亡，而所謂的死亡就是生命？」早在人類思想發展之初，生命與死亡的問題即已緊繫思維的線索，生命不但短暫脆弱，走完一生又是備嘗艱辛，而死後世界的一無所知，頓顯生命的虛無不實。海德格說人是「向死的存在」，我們隨時都有可能死亡，沒有人能代替我們自身的死亡，而死亡又是天天可見到的訊息，它是世界上一個公開的事件，時間的滴答流轉，正意味著死神在我們周遭徘徊漫步的威脅聲音，活著就是在走向死亡。

對「人人必死」的認知，常伴隨著坐臥不安的焦慮，擁有許多又似乎一無所有，一如歌德（Johann Wolfgang von Goethe, 1749 ～ 1832）準確地描述：「人類的虛無有兩種，一種是得不到任何的虛無，另一種則是得到一切的虛無。」爲了克服虛無感，人競逐於慾望的滿足，初步的慾望實現後，新的慾望又重新點燃，終人之一生，總是在無限的慾海中浮浮沉沉，勞碌於滿足慾望的奔忙之中，卻始終無法獲得充實飽滿的感覺。雅斯培（Karl Jaspers, 1883 ～ 1969）形容說這是因爲「當覺知超過主要慾望的滿足時，悲劇就會發生」，人生的苦惱多如過江之鯽，覺知的發達，反而體現存在之悲劇形式的無可避免。當然體驗虛無有另一項積極的意義是，我們可以從中獲得解放，未來的任何可能性會因而開展出來，開放自主的選擇各種生活方式，成爲人自由不受侷限的指標，即是所謂的「置之死地而後生」吧！由於虛無，所以沒有迫使我們一定要如何的力量存在，所以我們是自由的，但也因爲虛無，使我們在發現自己之前已先失落了自己，未來是不確定的，擁有

圖 3-36　Karl Jaspers, 1883 ～ 1969

圖 3-37　Johann Wolfgang von Goethe, 1749 ～ 1832

的也可能是不眞實的。

三 超越

存在主義的哲學家們毫不留情地揭露人生卑劣晦澀的一面，因此曾被指責爲導致生命無望的「虛無主義」、「無爲主義」。然而，人類存在的悲劇面貌，並非因爲存在主義的揭發而益形悲慘，相反地，他們的過度強調，多半有喚醒世人認眞思考生命意義的苦心。羅馬神話裡曾記載憂慮女神有天在渡過一條河流時，用黏土捏了人像，並請朱比特注入靈魂，所以人是這樣的受造物：有大地的軀體、朱比特的精神，以及憂慮女神在造人時，一起揉入人之本性中，莫名所以的憂愁感傷、不可理喻的焦慮懷疑，和無止盡的恐懼折磨。很多人拒絕承受生命的苦難實景，而以海市蜃樓的美麗幻象，催眠我們的神經，但存在主義者則主張，不可自欺欺人、漠視悲劇的存在，雅斯培即表示過：存在的悲劇經驗，是人在學習過程中不可缺少的一環，如果要令我們反對悲劇的實有性，除非擁有一生如意的命運；反之，如果願意正式面對悲劇的實有性，其實，另一個不是悲劇的東西已向我們積極展現。接受存在悲劇的必然性，並非意味著將對人生一切感到絕望，因爲，如此一來，人生只是無法掙開痛苦枷鎖的牢籠；但若漠然視之，對痛苦表現一副無動於衷的沉著，則生命又將是一場無意義的由生到死的自然生滅過程罷了。所以，瞭解悲劇、承擔痛苦，就是一種勇氣，一種存在的勝利，它可以豐富我們的生命[58]。海德格說：「正由於對人生有此怖慄，乃展露一眞實人生的可能」。

海德格認爲，人之存在有其主動的超越性質。所謂的「超越性」，乃是人在其存有的活動過程中，在自覺自我存在的同時，亦投射出一遠景於眼前；亦即，自我的存在是不斷奔向另一種存在的方式，這種方式的本質就是超越當前，把尚未實現的諸種可能性具體實現出來，再在現實存在狀況的把握中，投向另一個可能實現的存在。人思慮自我的存在（在此遭遇悲劇意識的挫折），如接受存在的諸般事實，即已顯現超越此一事實之可能性，如同我們必須面對死亡，接受死亡乃一人生全程之必然結局，如此一來，把握當前存在的有限性，而努力在有限的範圍中尋找實現的可能，既能包容侷限，也不至於被漫無目的的慾海所吞沒。並且在自我超越的過程中，我們才能體會眞實，肯定存在並非是一場荒謬的演出。

如再以沙特的分析來看，人生超越的意義則是勇敢地說「不」。人因害怕孤獨，以至於不敢去追求自己眞正想要的東西，特立獨行遭致的非議並非人人承受得起，所以，與眾不同需要過人的勇氣作後盾，委身於群眾之中反而是安全的；亦即，放任自己隨波逐流、冷漠的生活，或就沙特的分析，將自己「物化」（reification）（一如女孩被男孩握著手時，既不好拒絕又不便表示同意，於是顧左右而言他，暫時忘記手的存在般），不具知覺，假裝我們與物無異，可以避免思考所伴隨而至的痛苦折磨。但是，沙特認爲，人存在的尊嚴，就是擁有說不的自由，這種自由雖然在性質上是否定的，但只要意識產生活動，這種否定性就能展現無限的創造性與超越性，除非斷絕意識，否則，意識活動總會蠢蠢欲動，超越

58 尼采在1883年發表他的經典之作《查拉圖斯特拉如是說》（*Alsa Sprach Zarathustra*，余鴻榮譯，臺北：志文，1993）一書，藉由書中主角，亦即離開隱居下山的青年查拉圖斯特拉之口宣布：所有的神都死了，人們應該把船隻駛入不知名的大海，展開冒險的生活，生活應該是一種天天都處於戰爭的狀態，為成就超人道德，要一往直前，毫無畏懼。

於現況的可能性就會躍現於眼前。

理論應用

圖 3-38 Simone de Beauvoir, 1908 ～ 1986

圖 3-39 Jean-Paul Sartre, 1905 ～ 1980

在 50 年代女權運動的低潮時期，波娃的《第二性》（*The Second Sex*, 1949）可以說是此期間，眾人私下爭相傳閱的重要著作。波娃的言行舉止也讓人們爭相仿效，大家相信，只要像波娃這麼特殊的女子存在，女性主義就永遠有希望。但波娃卻自稱《第二性》是哲學著作，而非女性主義作品，她甚至對 18 世紀的女權運動不表認同，反而讚賞如喬治．桑（George Sand, 1804～1876）之類獨立自主、不結黨結派的自由作家[59]。波娃如此坦率的表

---

59 法國名作家喬治．桑傳奇性的一生，頗受矚目，尤其她與「鋼琴詩人」蕭邦（Chopin, 1810 ～ 1849）十年的戀情，更為世人所津津樂道。蕭邦年僅 38 歲即去世，人們在惋惜之餘，怪罪於喬治．桑，對她的特立獨行毀譽參半。喬治．桑的母親因為出生卑微，始終得不到婆家的尊重，令她深受刺激，從小即胸懷大志，飽覽群書，要讓自己出人頭地。

1822 年與一位男爵結婚，八年後因為無法容忍丈夫的平庸，而離家前往巴黎自

白，曾令追隨者極度不安，至於她和沙特之間的愛情神話，更有近人提出如下負面的評述：「波娃創作的『沙特神話』是『愛情不專但絕對誠實，沒有承諾卻永不分離』，但波娃不但用這個『完美默契』的謊言來掩飾現實與願望之間的分裂，女權的獨立變成用更大的依賴性來換得，女人努力經營的『烏托邦』彷彿是完美的分裂世界。」（中國時報書評）

儘管如此，波娃的貢獻依然是不可抹煞的，她在《第二性》中探討的問題：一、性別差異的起源，二、性別差異衍生的不平等現象，三、兩性應如何共處之道，至今依然是女性主義論述的主要方向。

 代表人物

波娃曾提出一句名言：「女人不是生成，而是形成的」（One is not born, but rather becomes, a woman.），反對本質論的主張，認爲沒有固定不移的女性氣質，也沒有無可逆轉的女性宿命論。她在自傳中不斷反覆強調：「永遠不要指望別人，要靠自己，如果我無所事事，什麼也不幹，我自己就一文不值了！」「絕不虛度此生！」

她的《第二性》之主要內容可分成如下三點：

一 存在（existence）

對人類來說，存在就是再造存在，存在先於本質。波娃根據沙特的分析，亦將「存在」分爲「自在的存有」（Being-in-itself）和「自爲的存有」（Being-for-iteslf）：前者指的是事物本身存在固有的特徵，不多不少、正

立更生，過著清苦的創作生活，由於經常以男裝打扮、抽菸斗、交男友……，我行我素，引來許多的爭議。她的小說、詩文內容涉獵極廣，有描述社會問題、浪漫情愛的故事，也有同情勞工的不平之鳴，筆觸清新動人，頗獲好評。曾慶中編寫，《世界大音樂家的婚姻和愛情》（臺北：商鼎文化，1992），描述 15 位音樂家的婚戀故事，其中第八章「薄命的鋼琴詩人蕭邦」，記錄和喬治．桑的交往始末，詳實精彩。

好與其自身相符合的存在型態，這一部分爲人類、動物、植物和礦物所共有；後者則是生動的、活潑的、意識的存在，只有人才擁有，所以人的存在絕不會剛好符合其自身，反而呈現不斷自我超越的可能。此兩種存在始終存在著辯證關係，前者固定不變，後者卻不斷超越，但必須有前者，後者才有寄託，亦即，我要看見我的身體才能自覺我的存在。

波娃認爲，人存在於無法自做決定的處境中，直到人懂得以自覺意識做選擇後，才能彰顯其自身的本質。在女性的存在經驗方面，由於世界是由男性所主導，女性議題是隨著父權體制而起舞，所以女性之無法自主的困境更爲明顯。現代女權運動的大張旗鼓，並非表示女人作爲第二性的結構已產生變化，更遑論女人已經介入歷史，女性主義的成就，在她看來仍未見根本的改革。因爲，法律和政治的變革，只是抽象的權力轉移，在心靈層面若沒有足夠的空間容納不斷的省思，女人仍無法進入歷史、掌握世界。

二 他者（the other）

沙特主張，人是從看見他人的存在，從「他者」覺察「自我」的存在，人常反覆忖度「別人是怎麼看我的？」，自我之主體性必須依賴他者的非主體性來完成，這也使得「他者成爲羞恥感的來源」，爲了平息不安情緒，人於是「慣於自欺」。

波娃進一步將他者的意義貫徹到男女關係中，她指出，男人已將自己命

註圖 -1　George Sand, 1804 ～ 1876

註圖 -2　Chopin, 1810 ～ 1849

名為「自我」，將女人貶抑為「他者」。當一個人取消了自我，僅在別人的眼光裡才能辨識自己的面貌時，失去主體性宛如客體的存在，就註定要隨著別人的要求行動，沒有自己的需求、意見，為迎合別人而戰戰兢兢、汲汲營營，這無異於自限於地獄，所以波娃說「他者便是地獄」。她認為，女性應從幼教著手，訓練她們一如男人有樂觀進取的態度，去面對世界做出選擇，建立主體的自覺意識。

三 壞信念（false consciousness）

人類文化慣常以男性作為「典範」以衡量女人，女人被視為客體而非主體的存在，波娃引用畢達哥拉斯（Pythagoras, 582？～ 500？B.C.）之語即是：「世界有兩種原則，善原則製造光明、希望與男人；惡原則製造黑暗、陰霾與女人」。男人依自己的需求刻劃出「壞女人」（紅玫瑰）和「好女人」（白玫瑰）兩極化的區分，並製造許多女性的神話，例如「女人如同自然（危險的、喜怒無常的）」、「男性具備創造力，女人則穩如大地」……。如果女人對男人所塑造的神話嗤之以鼻，當然就難以發揮作用，但由於男人是權力的擁有者，為討好他們，女人反將神話內化成女人自身應該擁有的特質，不自覺地把男人的眼光深植成為自我選擇的主因，形成自欺的壞信念。

常聽到一句話說：「我是家庭主婦，但我從不覺得低人一等」，波娃認為這就是一種壞信念，因為「家庭主婦」本身就是一個被貶抑的處境，女人害怕選擇後需要面對虛無、焦慮的狀況，於是甘願處在為他者而活的安全感中。壞信念有自欺、錯覺之意，沙特對於自欺，曾舉過精彩的例子，即「完美侍者」和「年輕女子」的自欺形式。前者以機械式的完美角色，來躲避自我抉擇的痛苦；後者則描述一個約會中的女子，無法在繼續交往或回絕對方中做出決定時，顧左右而言他，故意不理會已被男子牽握的手，將手他者化，不自覺自己的手之存在。

經由上述之分析，波娃強調，從史前時代開始，由於女性有生殖能力而導致性別分工，分配給女人的大致是維持、重複性（如家務）的工作，男性則多半擔當冒險性、創造性的工作，使得千百年來女性幾乎在歷史中缺席；

而現代一般女性也經常將一生最精華的歲月，投注在「捕捉金龜婿」上，一旦結婚則又致力於如何鞏固婚姻，妻子的角色阻礙女性的自由與發展。所以，女人之解放首從「子宮」開始。她進一步分析說，在男女交媾行爲中，精子一旦離開男性成一異己後，男人的自我主體性迅速恢復，女人的卵子卻被精子侵入而造成異化，使女人既是自己又不是自己，在自我的重建上顯然比男人困難。生理差異雖非決定女性命運的必要條件，但卻造成女性在社會上的特殊處境，所以，女性自我解放的第一步，當然從肚子開始。其次，波娃鼓勵女人必須成爲知識分子，並謀求經濟上的獨立，才可望能在未來參與撰寫歷史的偉大工程。

波娃之後，存在主義女性主義的具體傳人並不明顯，因爲存在主義本身已廣被接納爲人生哲學，成爲普遍的看法，而波娃對於女性的見解，也同樣早已被各類女性主義所吸收，成爲論述的基軸。

肆 反省批判

一、哲學作品容易遭到不切實際、太過抽象的批評，波娃理論過度艱澀，一般婦女很難理解，所以，也常被譏諷爲是哲學家關在象牙塔裡的沉思。

二、20 世紀的女性主義，不但強調男女性別差異，也同時肯定女性自身的特質，這與波娃顯然大異其趣，波娃對女性生殖能力的拒絕，實導源於她對女體的排斥與負面評價（例如：視月事爲麻煩、負擔）。

三、波娃對男性幾乎是從不要求，甚至被指責爲過分認同男性價值，與對男性性格難以掩飾的讚賞。

第六節　後現代女性主義（Postmodern Feminism）

壹　解構理論

「存在主義」（Existentialism）重視個人（主體、自我意識、本質、歷史性、人道主義……）與主觀性，偏向進行「此有分析」（Dasein-analysis）；「結構主義」（Structuralism）著重結構（靜態存在、能指與所指、形式與內容、表層結構與深層結構、共時性與歷時性，把歷史發展視為結構性的變遷）與客觀性，偏向進行尋找無意識結構（unconscious structure）；而「解構理論」（Deconstruction）從存在主義和結構主義當中走出第三條路，它是「後現代論述」（Postmodernism）的精華，主要有下列特色：

一　詮釋對意義的把握

笛卡兒（René Descartes, 1596～1650）的「我思故我在」（Cogito, ergo sum; I am thinking, therefore I exist.），使我們審視主體思考的當下狀態，「詮釋學」（Hermeneutics）則更進一步區分我思的不同部分，這開啟了解構主義的理論靈感。

何謂「詮釋學」？近人將其領域給予六個現代意義[60]：㈠聖經註釋的理論；㈡一般文獻學方法論；㈢一切語言理解的科學；㈣人文科學的方法論基礎；㈤存在和存在理解的現象學；㈥既是重新恢復、又是破壞偶像的詮釋系統，人們用此系統來把握神話和符號後面的意義。

解構理論是詮釋學更細緻的發揮，認為「語言」（Language）分別以「言說」（speaking）和「書寫」（writing）的方式呈現，而「詮釋」就是呈現方式的整合體，詮釋先於語言，但其時間差十分細微，難以確切指認。語言是已經完成的書寫或言說的產品，語言不是主體意義的表達，相反

60 帕瑪（Richard E. Palmer），《詮釋學》（*Hermeneutics*），嚴平譯，臺北：桂冠，1992，頁37。

地，是語言鑄就了主體；因爲自我是多元的、不確定的、無定向的，自我透過語言鑄就了「我」，語言成爲彰顯存有的必然歷程。又每當人意識到自我時，是意識到自身當下的思索（書寫與言說），主體經歷了語言呈現的時、空，且同時看出自我又是那個未必可以完全掌控語言的操持者，意義的廣泛性、無限性之門藉此打開，詮釋的任務就在於儘量呈現主體在每一個當下對意義的把握。簡單地說，解構理論的基本原則是，符號不具固定的意涵，因此意義不被屬於符號系統的語言所反應，而是在語言中被產生。

圖 3-40　René Descartes, 1596 ～ 1650

圖 3-41　Roland Barthes, 1915 ～ 1980

二 閱讀與書寫的關係

法國繼沙特之後的重量級哲學家羅蘭．巴特（Roland Barthes, 1915 ～ 1980），將解構理論應用在文學批評上，他認爲，「文本」（text）的誕生，即可宣布「作者的死亡」（The Death of Author），表明作者意圖的消失和讀者的自由。文本本身具有雙重身分：㈠ 可讀文本（消費者）；㈡ 可寫文本（生產者）。就讀者而言，閱讀是「讀」（以自己所能理解之方式去詮釋）和「寫」（佐之以相關之論點）的「雙重活動」；對文本可以讀和寫的人，其語言體系在讀、寫中不斷增強，促使其使用的文字有較獨特的所指形式。這便是「文互涉關係」（intertexuality），「一部作品問世，意味著一道支流融入了意義的汪洋，增加了新的水量，又默默接受大海的倒灌。」[61] 因此，巴特的文本理論有如下之意涵[62]：

㈠ 文本不同於傳統「作品」，文本純粹是語言創造活動的體驗。

㈡ 文本突破了體裁和習俗的窠臼，走到了理性和可讀性的邊緣。

㈢ 文本是對「能指」的放縱，沒有匯攏點，沒有收口，「所指」被一再後移[63]。

㈣ 文本構築在無法追根尋源的、無從考據的文間引語、屬事用典、回聲和各種文化語彙之上，由此呈現紛紜多義狀，它所呼喚的不是什麼眞諦，而是拆碎。

㈤「作者」既不是文本的源頭，也不是文本的終極，他只能「造訪」文本。

㈥ 文本向讀者開放，由作爲合作者和消費者的讀者驅動或創造。

㈦ 文本的指向是一種和烏托邦境界類似性快感的體驗。

巴特運用解構理論評論攝影作品更顯鞭辟入裡，作爲一個名人，他經常被要求成爲拍照的對象，於是，他先自我解構一番，他認爲當照相機對著他時，至少有四種想像在剎那間交會：「面對鏡頭，我同時是：我自以爲的我，我希望別人以爲的我，攝影師眼中的我，還有他藉以展現技藝的我。」[64] 而對於作品本身的鑑賞，他認爲，有兩項元素同時存在：

㈠ 知面（studium）：根據我們被教養形成的文化背景，可以駕輕就熟地掌握一項作品所要傳達的訊息，不過這種掌握僅是普通情感的感受。

---

61 羅蘭．巴特（Roland Barthes），《戀人絮語——一本解構主義的文本》（*Fragments D'un Discours Amoureux*），汪耀進、武佩榮譯，臺北：桂冠，1991，頁 15。

62 羅蘭．巴特（Roland Barthes），《戀人絮語——一本解構主義的文本》（*Fragments D'un Discours Amoureux*），頁 15～16。

63「能指」（signifier）：聲音或書寫的影像；「所指」（signified）：與此影像相連結的概念；能指和所指兩者皆是心理的，兩者之間並無內在的關聯，能指者之間的差異和所指者之間的差異構成了「差異」之系統。

64 羅蘭．巴特（Roland Barthes），《明室——攝影札記》（*La Chambre Claire: Note Sur La Photographie*），許綺玲譯，臺北：臺灣攝影工作室，1995，頁 23。

㈡ 刺點（punctum）：彷彿箭一般突然飛來，劃破知面，直接擊中心靈，感受前所未有的震撼與感動。

知面只屬於「喜歡」（to like），只是半調子的慾望，還不錯的感覺而已，不帶責任的興趣；而刺點是一種激昂的情感，是「愛」（to love），是對一個小斑點、不起眼的角落或畫面，莫名的沉溺，那是相當個別、私密的經驗[65]。

三 對立二值的超越

既然符號不具固定的意涵，意義又是在語言中不斷被產生、被把握，一切文本可說都是歧異的，讀者可能都是「誤讀」（misreading），最終只是在促進語言自身的能產性罷了。語言遊戲之所以應當一直持續下去，不是在尋找二元對立（眞假、是非、對錯、理性、感性……）的折衷方案，而是讓意義得以無限延伸。

法國另一位解構大將德希達（Jacques Derrida, 1930 ～ 2004）曾經提到，不要急於建構什麼，文本就是處在不斷地解構之中，而且解構自身，也存在可被不斷解構的可能，解構一如「戲耍」（play），是作爲批判文化的策略應用。因此，我們不是要在對立中尋找如海德格所說的「本眞」，不是思鄉之「遊子」終需回到出發之地，而是無家可歸的「流浪漢」，無所依歸。德希達進一步將「差異」（différence）這個字動了一個手腳，創了一個新字「延異」（différance），這兩個字發音相同，無法從言說只能透過書寫以顯現其差異。根據德希達的分析，由於法文的 “différence”，無法表達原拉丁文詞根中 “differre” 所帶有時間與空間差異的意義，因此 “a” 之代入 “e”，新字 “différance” 不僅重新顯示時間挪移延遲、空間轉變移動所顯示的差異，更重要的是「延異」（différance）不是概念、不是「在場」（presence）[66]，

---

65 羅蘭・巴特（Roland Barthes），《明室──攝影札記》（*La Chambre Claire: Note Sur La Photographie*），頁 34 ～ 38。

66 從柏拉圖以來，西方思想普遍堅信有一種獨立於語言文字之外的存在，它支配著人文社會、自然世界生生不息的運作歷程，它是一切思想、語言、經驗、意義的

圖 3-42　Jacques Derrida, 1930 ～ 2004

沒有存在、沒有本質，它是一種不斷呈顯差異又不斷解構的活動，以至於所有的文本終將無法獲得確認：一方面意義是從無數可供選擇的意義之差異中產生，另一方面意義也不是自明性的絕對眞理，意義在時間上推移（defer，「延擱」時間）、在空間裡轉變（differ，「區分」空間），使意義無法控制地揮灑出來。德希達對書寫文字的重視，是因爲文字創作者的不在場所形成的模糊性、歧異性、誤讀錯讀，以及因時空轉變的詮釋差異，最能表現「延異」的「不斷產生差異的差異」，這其實就是語言本身的根本特性。

差異是「無聲的符號」，差異不是絕對的，當詮釋者以不同的距離、角度，和在不同的階段中觀賞文本時，每一次的理解都有差異，而每一個相同

基礎。書寫文字因其詮釋上的靈活不利於意義的統一，而且因為相互的註解補充形成意見紛歧難以掌控，於是「邏各斯中心主義」（Logocentrism）變成一種「『在場』（presence）的形上學」，以「在場」指示或論證「不在場」（absence），以間接迂迴的推理模式將各式對立、異質的事物，通通收攏在真、善、美的「同一」論述之中。德希達說：「『在場』是對普遍形式的二次確定，這二次確定是藉由在場內部組織其歷史體系，例如客體以形象對視覺的在場，物質以本質存在的在場，時間以現實之點或瞬息之刻的在場；我思、意識，作為主體性的自我在場；自我與他者，以作為自我的某種意向現象之自我間性的協同在場」（Jacques Derrida, *Of Grammatology*. Gayatri Chakravorty Spivak (trans.), Baltimore: Johns Hopkins University Press, 1976, p. 12）。

之文本又可以對應多種差異。因此，當思考開始運作時，主體性也跟著浮現，就主體自身的解讀差異，正展現出人之自由的生命力，而也因爲個體之思考的獨特視域，顯示主體之間繽紛多彩的差異性[67]。

理論應用

圖 3-43　高行健（1940～）

2000年首位華裔諾貝爾文學獎得主高行健（1940～）的作品，充滿後現代解構理論式的文學創作風格，正足以表現21世紀人們普遍的思維活動：

一 我表述故我在

高行健在〈文學的理由〉一文中提到：「作家倘若要贏得思想的自由，除了沉默便是逃亡。而訴諸言語的作家，如果長時間無言，也如同自殺。」[68]這段話令人想起電影《鵝毛筆》的故事：18世紀因爲行爲放蕩且創作色情文學而聲名大噪的法國貴族薩德（Marquis De Sade, 1740～1814）的

---

67 Jacques Derrida, *Writing and Difference*. Alan Bass (trans.), Chicago: University of Chicago Press, 1987. 德希達的「延異」一詞不僅被收錄為新詞彙，最重要的是，差異的概念儼然成為後現代論述中最鮮明的色彩，它成為文化差異、性別差異、社會差異、倫理差異……的論述基礎。

68 高行健，《給我老爺買魚竿》，臺北：聯合文學，2001，頁11。

傳記電影。薩德一生極盡荒唐之能事，不但親自嘗試各種性交、性虐待方式，被關進牢獄期間更以創作各式色情小說、戲劇作品，和手繪各種性愛場面來抒解對性的渴求，當局將他的創作視爲淫穢不堪的變態行爲，下令監獄禁止供應他所有可以書寫的工具，於是在無法書寫寧可死的驅策下，薩德先咬破十隻手指頭，以鮮血在床單上成就一部小說，最後更是以糞便塗寫在牆上，以宣洩他無法控制的寫作慾望。

書寫爲何如此重要？高行健說：「自言自語可以說是文學的起點，藉語言而交流則在其次。人把感受與思考注入到語言中，通過書寫而訴諸文字，成爲文學。當其時，沒有任何功利的考慮，甚至想不到有朝一日能得以發表，卻還要寫，也因爲從這書寫中就已經得到快感，獲得補償，有所慰藉。」[69]所以，「不妨借用笛卡兒的話，對作家而言，也可以說：我表述故我在。」[70]書寫是爲了感受存在，不預設任何創作的目的，爲寫而寫，在書寫的過程中，因爲得以藉由筆尖痛快淋漓地宣洩、梳理情感，而感受刹那的解脫與自由。從高行健的作品與言談舉止中，的確可以看到一種不受束縛的，冷靜、沉著、距離的境界，吾人若能培養辨識此境界的能力，不拘泥於某種價值觀的自由心境，當也能體會一二。

二 眞實即是準則

文學創作，尤其是自敘性的小說創作，是種情感的書寫，其中細緻的描摩敘述不是偶然的靈光閃現，而是生活態度上的美感抉擇，例如：一段盪氣迴腸的旋律、一個熟悉街景喚起的回憶……，都和感受者的個別經驗密切相關。沈從文（1902～1988）[71]和高行健有個共同的特徵是，他們都藉由文字

69 高行健，《給我老爺買魚竿》，頁 11。

70 高行健，《給我老爺買魚竿》，頁 20。

71 中國作家因為作品鮮少翻譯成外文，所以始終未能獲得諾貝爾文學獎的青睞。瑞典漢學家也是諾貝爾文學獎資深評審委員馬悅然（Professor N. G. D. Malmqvist），他把高行健超過九成的作品翻譯成瑞典文，結果促成高行健在 2000 年時成為首位華人諾貝爾文學獎的得主。

的質樸感去回溯童年記憶裡的純眞，於是，一條相似的街道、鬧市中寂靜的小池塘、擦身而過的熟悉背影……，都能讓作家細細描繪、低迴不已。而閱讀者是透過作家細膩的筆觸，重現、詮釋、延伸經驗的面貌，挑撥深植於內心中的情感，不論是欣喜、傷感、惆悵，或病態似的追憶、純粹的閱讀樂趣，也會是一種美感的經驗。人生閱歷的不同，都會左右創作者的書寫和閱讀者的閱讀感受，所以，巴特的文學理論強調作者在作品完成之後的「死亡」，不管作者想要傳達什麼都無關緊要，閱讀者在閱讀的過程中讀出了什麼，其實正是一種再創作的過程。

因此，高行健強調爲書寫而書寫的寫作意義，他以駐臺北市作家的身分〈暢談華文前景〉時說道，「眞實是文學最根本的東西，而非文字遊戲」、「眞實是唯一的準則」、「沒有主義是很好的出發點」，作家之創作不是爲政治宣傳效勞，也無須冠冕堂皇的道德理由，書寫只爲留下自己的聲音而創作。至於閱讀者，同樣的文本卻會有不同的閱讀經驗與感受，高行健曾以不同的角度詮釋歷史事件而有點嘲諷地道出「原來歷史怎麼讀都行，這眞是個重大的發現！」[72]，藉以說明閱讀的樂趣或意義，就在閱讀者閱讀的過程中，

馬悅然酷愛中國文學，他也曾經翻譯沈從文的作品，使沈從文受到國際矚目，在 80 年代入選諾貝爾文學獎最後名單，可惜卻在得獎名單決定前去世，而諾貝爾獎項向來是不頒給死者的，這件事情一直是華人世界的遺憾。沈從文一生頗具傳奇色彩，未滿 15 歲即入伍，隨軍旅浪跡天涯、看透人間世態，可是下筆卻充滿溫愛，深具樸實之美。筆者最喜歡《邊城》（雷驤繪本，臺北：商務印書館，1998）這部作品所傳達的自然、人情之美；而他與夫人張兆和的書信選更值一讀，其中提到胡適曾反對他們的婚事，理由是「這個女子不能瞭解你，更不能瞭解你的愛，你錯用情了」（沈從文、張兆和，《沈從文家書——1930 ～ 1966 從文、兆和書信選》，臺北：商務印書館，1998，頁 20），沒想到他們卻相知相惜到終老；此外，他曾經為了裹腹差點又棄筆從軍，幸賴當時在北大任教已是文壇領袖之一的郁達夫之解囊相助，不但親自到「窄而霉小齋」看他、解下羊毛圍巾送給他、請他吃飯又把找零的錢給他，並鼓勵他千萬不能放棄寫作，使他最後終於躋身進入一個以北大、清華為中心的文人圈裡，這種文人之間的雪中送炭、相互提攜之情，讀來格外動人。

72 高行健，《靈山》，臺北：聯經，2000，頁 501。

我們不僅僅在讀，也在改寫作者的旨意。所以，不喜歡其作品《一個人的聖經》就大聲地說不喜歡，看不懂《靈山》就說看不懂，作者想表達什麼並不是最重要的，高行健在《靈山》第七十二章中寫了一段冗長、沒有標點符號的文字後說：「這一章可讀可不讀，而讀了也只好讀了」[73]，實是趣味十足。閱讀最重要的是我們自己的閱讀感受，那也是一種眞實。對眞實的表述、認識、捕捉是無法窮盡的，人存在的經驗中最令人迷戀陶醉之處，就在於對眞實的把握，即使是稍縱即逝，也令人醉心。

三 反哲思的哲思

高行健在〈暢談華文前景〉的演講內容，有三個重點可演繹如下：

㈠ 高行健批判黑格爾的正反合辯證理論，認爲否定的否定未必就是肯定，現代性業已終結，後現代論述的告別理性、傳統，無法定義，沒有連續性、統一性的精神呼之欲出。

㈡ 他認爲尼采個人英雄主義也已結束，不僅一如沙特所說「他人是羞恥感的來源」、「他人便是地獄」，更認爲「自我也是地獄」。在《一個人的聖經》中，他曾寫到一位淪落爲私娼的學生，與老師久別重逢時忘形的欲趨前相迎，老師卻害怕惹是生非的漠然走過，人性的自私、軟弱，糟蹋了那份眞情，連自己都無法原諒[74]，這段敘述相當坦誠而感人，在此書中，幾乎處處都可以見到人性這悲憐的一面。

㈢ 因爲如此，高行健欲回到個人、回到人的弱點，亦即人其實就是脆弱、貪婪、妄念、焦慮……的存在，無須否認、壓抑或隱藏，存在就是如此這般的狀態，接受這個事實，不必刻意去塑造莫須有的英雄。

「存在是一種悲劇」，古希臘人很喜歡看戲劇，尤其是「悲劇」。有人認爲，世界上有四位偉大的悲劇作家，除了莎士比亞外，其他三位都出現在古希臘時代，因爲古希臘人最能透過悲劇的形式，冷靜且沉著地勾勒出世間無可挽救的誤解和過錯，經由痛苦、嘆息、悲憐、寬容、發散，最後在

---

73 高行健，《靈山》，頁 505。

74 高行健，《一個人的聖經》，臺北：聯經，2000，頁 400 ～ 401。

情緒淋漓盡致的抒解後，感受一種心靈的平靜與愉悅。高行健的作品也有這種深沉的悲劇氣氛，他在演講中說他沒有哲學、不懂哲學，甚至反哲學，其實，較適當的說法應該是，他反對的是過度理性的哲學思考，世界不是那麼條理一貫合乎邏輯的，若非對哲學思辨的熟悉，怎可能招架哲學理智的說服力，可以說，他的演講以及著作，充滿反對哲學思考的哲學思考。他說：「這漫然無序的世界中的程序邏輯因果都是人為建立起來的，無非用以確認自己，……這要命的我愛的只是他自己」[75]，「哲學歸根結柢也是一種智力遊戲，它在數學和實證科學所達不到的邊緣，做出各式各樣精緻的框架結構。這結構什麼時候做完，遊戲也就結束了。」[76]

四 說不清楚的說

在旅行途中，為了尋幽探勝、瞭解風俗民情，高行健說：「我找一種什麼樣的語言才能同他們隨便談談心？」[77]，他在〈暢談華文前景〉的演講中曾提到：語言是線性，需一字一字地看，一句一句地讀下去，在時間中實現其意義；音樂也是，一個一個音符地累積，一段一段地聽；但人的感覺、感動卻是全面的，繪畫透過視覺，就可立即性地被掌握。他最喜歡的是繪畫，但是，書寫過程中的自言自語，透過「你」、「我」、「他」的不斷對話，卻可緩解無可救藥的寂寞。與他人對話正也是一種排解寂寞、確認存在的方式，對話即是一種生活，重點並非溝通，而是「說」，說就是一種宣洩。人群的喧鬧可以直接感受到存在的氣息，但也會突然冒出一股虛無的寒顫，「我並不是一頭狼，只不過想成為一頭狼回到自然中去流竄，卻又擺脫不了這張人皮，不過是披著人皮的怪物，在哪裡都找不到歸宿。」[78] 人與人之間似熟稔又疏離，彼此的情感似有若無、若即若離，喜歡人群的歡騰，卻又為過度的交際煩躁不已，存在究竟是矛盾對立的混亂狀態！

---

75 高行健，《靈山》，頁 343。

76 高行健，《靈山》，頁 344。

77 高行健，《靈山》，頁 398。

78 高行健，《靈山》，頁 242 ～ 243。

自言自語或與他人對話，特別是與女人對話，更是個難解的心結。高行健書中的女人一直在說話，訴說自己內心的情感，但總是說不清楚，男女之間爭吵的話題十分眞實，卻不知爭吵的目的，「語言如同一團糨糊，挑斷的只有句子。你一旦摒棄句子，便如同陷入泥潭，只落得狼狽不堪。……你拖著沉重的思緒在語言中爬行，總想抽出一根絲線好把自己提起，卻越爬越加疲憊，被語言的游絲纏繞，正像吐絲的蠶，自己給自己織一個羅網。」[79]女人想墮落卻害怕風險，追尋永恆的愛情，卻擔心沉悶、呆滯、了無新意、虛度此生。「喃喃吶吶沒有聲音，不知講述的究竟是什麼，只在意識的核心還殘存點意願。」[80]人啊，有所企圖，但總是膽小怕事，只敢在框架周邊徘徊，可總也是心有未甘，找個架來吵，吵架竟也是對話，也是宣洩。

高行健的文字充滿著影像，彷彿有個攝影機正隨著文字的流洩而轉動膠片，隨著一頁一幕的翻轉，沒有主義、沒有定義，永遠說不清楚的說，似懂非懂，其實什麼都不懂，這就是人生，這就是眞實。

代表人物

後現代女性主義受到解構理論的影響，其基本論述主要有四點：

一 反本質論

所謂的「本質論」（Essentialism）是一種超越歷史、文化、階級限制等等，而將某種特定對象普遍化的理論。性別上的本質論，就是爲區隔兩性的差異，而賦予固定的意義，例如陽剛陰柔的傳統看法，把女性歸納爲被動的、柔順的、多愁善感的，相對於男性的本質就是主動的、剛毅的、理性的。

解構理論所指涉的主體性，是不穩定的，在每一次的書寫和言說中，主體性便不斷地在語言的脈絡裡重新組合，個人之主體性始終開放給衝突、矛盾運作的場域。後現代女性主義沿用這樣的概念，主張經驗不具任

---

79 高行健，《靈山》，頁 382。

80 高行健，《靈山》，頁 382 ～ 383。

何固定的本質意義，以往女性許多行爲被視爲反反覆覆，不夠理性，要不是因爲「經前症候群現象」，就是罹患「歇斯底里症」，「反本質論」（Antiessentialism）給女性的焦慮、反覆、非理性……重新賦予特殊的且肯定的意涵。

伊瑞格蕾（Luce Irigaray, 1930～）就是以解構的方式，從精神分析學領域跨越入後現代的行列中，她認爲，人們必須以不同的方式傾聽女人的聲音，以便能聽見「弦外之音」（other meaning）。這些弦外之音總是處於自我編織的過程，在不斷擁抱語言中也同時揚棄它們，以避免被固定、停滯不前。女人語言的豐富多元面貌，一如女人的性慾是多重的，女性應放任這種特質，否則若如同男人因爲單調、線性的性慾，反映在所謂科學理性的語言上，就是見不到發言的主體性[81]。

二 解構二元論

希蘇（Hélène Cixous, 1937～）把德希達分延、差異的概念運用到小說的創作上，認爲女性書寫的文本，基本精神就是在追求顛覆居於支配地位的陽具中心主義，追尋差異，推翻二元對立的結構，在開放的自由書寫中，女性可以找到圓滿自足的創作樂趣。藉由解構書寫，以解構理性／感性、美麗／醜陋、自我／他者、陽性書寫／陰性書寫……的二元理論，讓差異自由呈現在時空的延擱中，無限制地拖灑開來。

希蘇認爲，「陽性書寫」（masculine writing）是一種定型式的、唯我獨尊的書寫，因爲，男人作爲一個陽具的擁有者，自認爲是宇宙的中心，必須對照其立場才能定義意義；而「陰性書寫」（feminine writing）卻是流動的，隨著意識的流洩盡情奔放，縱然男人總是以女人無法想像拒絕聆聽女性的聲音，其實是貶抑女性爲不可理喻的情緒性動物，但希蘇則鼓勵女性筆、口、心連成一氣，即使氣若遊絲，亦是主體的自我表露[82]。讓慾望躍然

---

81 Luce Irigaray, *This Sex Which Is Not One*. Catherine Porter (trans.), New York: Cornell University Press, 1981, p. 32.

82 Hélène Cixous & Catherine Clement, Sorties, in *The Newly Born Woman*. Betsy Wing

圖 3-44　Hélène Cixous, 1937 ～

圖 3-45　Julia Kristeva, 1941 ～

於紙上，無所隱瞞、不必躲藏，應該就是希蘇解構式的書寫方式，它挑戰男性中心的語言方式和反抗傳統文化的態度，鼓勵寫作中潛在的「雙性性慾」（bisexuality）超越二元對立的藩籬，創作雌雄同體的文學。

克麗絲蒂娃（Julia Kristeva, 1941 ～）在這方面的論述也有不少著墨，她強調是語言本身具有男性和女性的面向，而非男性即陽性書寫或女性就是陰性書寫的形式，她把生物學的性差異運用在語言主體性別的轉換上，語言

(trans.), Minneapolis: University of Minnesota Press, 1986, pp. 63 ～ 65. Cixous 1937 年出生於法屬阿爾及利亞，與 Jacques Derrida 是故交，和 Michel Foucault 是同事，她是法國女性主義三巨頭之一（Luce Irigaray, Hélène Cixous, Julia Kristeva）。Cixous 在法國巴黎第八大學成立「八大女性研究中心」，是歐洲第一個女性研究中心。她和 Derrida 一樣都使用法語，但她把法語當成外國語文來使用，不像 Derrida 始終有著身分認同的困擾，Derrida 說：「我只有一種語言，但那卻不是我的」，我們的「身分認同」是以某文化、某國家、某公民……的形式出現，人們經常武斷地直言身分與認同之間的透明關係，事實卻非如此，他舉例說「非北非的法語人士，即從法國來的法國公民」、「既不是北非也不是法國的法語人士，即瑞士人、加拿大人……」、「說法語的北非人，並不是法國公民」……這四種類別還不足以把錯綜複雜的身分認同全部歸類，因為再加上諸如出生地、母語、文化從屬等等，身分認同向來就不是如我們所想像的那麼明確（德希達，《他者的單語主義——起源的異肢》，張正平譯，臺北：桂冠，2000，頁 13 ～ 14）。

被用來作爲「表演主體性」（thetic subjectivity）的場域，開放給所有的人透過不斷轉換的書寫形式，顯示處於過程中的主體性[83]。

三 變遷主義

後現代論述強調多元性、差異性，詮釋的空間完全敞開，甚至這種強調，也要揚棄，因爲一如德希達所說的，當我們意圖建構「最高原則」、「唯一主義」時，那正是傳統思想上的遺「毒」，正是我們要除之而後快的對象，所以，其實，後現代的女性主義只能是論述的策略，而不應該以主義自居，任何有「ism」的字眼都應去除。

擁有美國綠卡卻始終不曾放棄印度國籍的史碧娃克（Gayatri C. Spivak, 1942～），是後殖民女性主義（以關注少數族裔、婦女的問題爲主）的靈魂人物，她認爲，對任何事物下一個終極意義是不可能的，但天馬行空式的各自表述，很難聚焦討論，爲了使我們相互的溝通成爲可能，從某個立足點展延論述的空間是有其必要的。換句話說，「定義」實屬必須，但也只能確立一個權宜的、爲爭論之需要的定義[84]。史碧娃克以定義女人爲例，她是以在各種文本中出現的「男人」這個語詞來定義女人，女性的本質並不存在，而且女性主義的實踐也不能以勾畫一個獨特的女性定義，或重新獲得某種女性定義爲目的，女性僅能以對照文本中的男人之「所不是的」、「所排斥的」來理解。

---

83 Julia Kristeva, *Revolution in Poetic Language*. M. Waller (trans.), New York: Columbia University Press, 1984. Kristeva 1941 年出生於保加利亞，1965 年獲得公費留學法國，師從 Roland Barthes，1967 年與 *Tel Quel* 季刊主編 Philippe Sollers 結婚，1997 年榮獲法國最高榮譽「榮譽勳位騎士勳章」，現職法國巴黎第七大學心理分析學教授。

84 Gayatri C. Spivak, *The Spivak Reader*. Donna Landry & Gerald Maclean (eds.), New York: Routledge, 1996, p. 54. Spivak 1942 年出生於印度，1976 年因翻譯 Jacques Derrida 的 *Writing and Difference* 而成名。Spivak 第三世界的背景卻是第一世界裡的女性知識分子的身分，讓她深具「局內的局外人」之特殊視角，而能同情理解對於如貧窮、黑人、女性等從屬階級遭受知識之暴力的不公平對待，並進而致力於為他們發聲，要求西方文明霸權與他們平等對話。

圖 3-46　Gayatri C. Spivak, 1942 ～

圖 3-47　Teresa de Lauretis, 1938 ～

四 酷兒文化

現代性別意識多元繽紛，尤其以興起於西方 90 年代末期的「酷兒理論」（queer theories）最具代表，而酷兒理論可以說是從男同性戀解放運動、女同性戀解放運動、女性主義和後現代論述交相影響下，所興起的一種嶄新的性理論。「酷兒」（queer）意指在性傾向方面不符合主流規範的社群，它包括同性戀、雙性戀和其他無法歸類的「非常態」性傾向立場。「酷兒」一詞，原本泛指同性戀、雙性戀、脫軌逾越的異性戀，以及「跨越性別者」（transgender）的統稱。所謂的跨越性別者，包括變性者、反串者、反串秀者、異服者、陰陽人等等。英文的 "queer" 譯成中文，可以有「怪胎」、「變態」、「人渣」、「玻璃」、「屁精」、「搞怪」、「鬼怪」、「妖精」、「詭兒」、「同性戀」的意思，原意和譯名中這種帶有敵意、辱罵和歧視的字眼，卻在「不在乎醜化自己」、以「標新立異盡情搞怪」爲榮的背景下，以「酷兒」之譯名取代之，意外地呈現某種弔詭的正面意義[85]。

---

85 何春蕤總編輯，《酷兒：理論與政治》，臺北：中央大學性／別研究室，1998，頁 32 ～ 33。

最早將「酷兒」視爲一種理論而正式提出的，多數學者認爲是出現在一本名爲《差異》（*Differences: A Journal of Feminist Cultural Studies 3*, Summer 1991, V）的雜誌裡，由蘿蕾蒂絲（Teresa de Lauretis, 1938～）[86] 所編輯專題爲〈酷兒理論：女同性戀和男同性戀的性〉（Queer Theory: Lesbian and Gay Sexualities）中的一段引言：「在引言中，蘿蕾蒂絲討論了酷兒學術史，追溯了這一理論在 70 年代和 80 年代的不同歷程，當時女性在男性占統治地位的同性戀運動中感受到了性別主義的壓抑，有色人種在白種人占統治地位的女同性戀和男同性戀的社區中體驗種族主義的壓抑。她提出『酷兒理論』這一用語作爲一種彌補這些裂痕的方式，以便『跨越和超越存在於這些群體之間的界線』……，『其運作方式既是互動的，又是對抗的；既是參與的，又是不同的；既要求平等，又保留差異；既要求政治表達，又堅持其自身性質與歷史的特殊性。』」[87]

因此，「酷兒」這個出現在 90 年代同性戀解放運動的產物，它同時已浸染著後現代論述瑰麗變幻的色彩：強調超越所有性別模式、性文化標準，甚至階級、種族意識。以一句廣告詞來表示：「做自己好自在」，似乎可以點出酷兒文化的精神：不是主流也不是非主流的性別演繹，是超越所有二元對立，遊走、跨越於性別界線的自由人。但悲觀論者對於「酷兒」一詞並未抱持如此正面的看法，有許多同性戀團體甚至寧可使用 “gay”、“lesbian” 自稱，而拒絕冠上 “queer” 的稱號，因爲同志運動好不容易逐漸露出曙光，卻又要貼上有「人渣」之類的自我貶抑之意的 “queer” 符號，彷彿重新回到嚴重「恐同症」（Homophobia）的年代。有一本《女同性戀和男同性戀研究

---

86 Lauretis 1938 年出生於義大利，在米蘭的 Bocconi 大學完成博士學位後，分別在加拿大、德國、義大利、荷蘭，以及美國等各地（例如：the University of Colorado、the University of Wisconsin）擔任訪問教授職務，教授義大利語、比較文學、符號學、婦女研究和電影研究，Lauretis 用英語和義大利語寫作，至 2005 年止已經出版七本著作和超過一百篇的散文，並被翻譯成 14 種國家語言發行。

87 葛爾・羅賓等著，《酷兒理論——西方 90 年代性思潮》（*Queer Theory: Western Sexual Thought in 1990s*），李銀河譯，北京：時事，2000，頁 183～184。

讀物》（*The Lesbian and Gay Studies Reader*）論文集，即是捨棄「酷兒」不用，仍以「女同性戀和男同性戀」爲書名，他們認爲酷兒理論有其自身相互衝突的定義[88]：

㈠酷兒理論大致是由以白人男性爲主的學術界創造出來，所以常常表現出一種「白人」的種族觀念，且過於強調男同性戀的性與文化，而忽略女同性戀特殊的經驗與處境，和女同性戀女權運動的意義。

㈡酷兒理論與後現代論述的深厚淵源，使得解構原則與系統、多元林立、差異才是眞實的後現代社會，失去爲由於非常態性傾向而被邊緣化人群爭取解放的鬥爭活力，超越對立就無法從對立中揭露被貶抑、被排斥、被拒絕的事實，而自甘於接受差異存在的自我催眠之中。

㈢後現代論述否認各種身分區分的判準，包括性別、種族、階級、文化……，不在意現實生活中的共同經驗，這也影響到酷兒理論對非常態性傾向者被騷擾與歧視，應掌握卻未表現的發言權力。

酷兒理論與實踐儘管仍有許多內外部的爭議，但它最大的貢獻就在於：吸引人們關注各種不同的性別、身分、種族、文化等等之間的區別，進而予以包容、超越對立，以差異的立場而非定於一尊蠻橫看待所有的事物，酷兒文化可說是後現代最鮮明的特色之一。

肆　反省批判

一、不清楚、難以界定、無法定義……，構成後現代論述因爲無法掌握其眞正的旨意，反而變得模糊難懂，是，也不是，不是，也是，彷彿在玩弄文字遊戲般，後現代女性論述被譏諷爲是以「曖昧」爲樂。

二、如同解構理論在不斷的解構過程中，讓自身陷溺於不同的顚覆循環過程中無所依循般，後現代女性主義也不知將女性主義帶往何種方向，在混亂無序中更顯現出女權運動的發展瓶頸。

---

88 葛爾・羅賓等著，《酷兒理論——西方 90 年代性思潮》，頁 184～186。

三、後現代文化是一種強調不斷反叛、顛覆的過程，包括原來歸類爲崇高的東西被通俗化，取消文化深度的模式，用一種近乎「精神分裂症」的頭腦看待世界，這已被悲觀人士視爲告別理性、物慾橫流的世紀來臨前兆。

影片資料

- 《女人的故事》（1～6集），臺北：公共電視文化事業，2000，每集片長約60分鐘。

簡介：女權運動發展至今，婦女問題已獲得全面的改善，還是掉入新的漩渦之中？《女人的故事》共分成六集，光看每個分集的名稱，就知道其主題內容，涵蓋範圍廣闊，對現代女性問題有相當深入和廣泛的探討，並企圖勾勒女性未來的奮鬥目標。第一集：「身體政治」——女人對身型胖瘦以及情慾自主的迷思；第二集：「身兼雙職」——女人兼顧家庭與工作的困境；第三集：「性別探戈」——質疑男女真的有別？性別認定只有二分法嗎？第四集：「不可不知」——看女人如何在男性打壓下堅持求知的權利；第五：「權力遊戲」——討論女性由害怕成功到爭取權力；第六集：「來自未來的明信片」——女性遠景的前瞻與抱負。

主要參考文獻

一、中文部分

Bernice Lott，《女性心理學》（*Women's Lives*），危芷芬、陳瑞雲譯，臺北：五南，1996。

Chris Weedon，《女性主義實踐與後結構主義理論》（*Feminist Practice & Poststructuralist Theory*），白曉紅譯，臺北：桂冠，1994。

Gayle Greene and Coppelia Kahn 編，《女性主義文學批評》（*Making a Difference: Feminist Literary Criticism*），陳引馳譯，臺北：駱駝，1995。

Jane Mills，《女話》（*Womanwords*），李金梅等譯，臺北：書泉，1997。

J. S. Mill，《功利主義》，唐鉞譯，北京：商務印書館，1962。

Lawrence A. Pervin，《人格心理學》，鄭慧玲譯，臺北：桂冠，1984。

Linda Nochlin，《女性、藝術與權力》（*Women, Art, and Power and Other Essays*），游惠貞譯，臺北：遠流，1995。

Michael Hutchison，《性與權力——身心政治的剖析》（*The Anatomy of Sex and Power*），廖世德譯，臺北：自立晚報，1994。

Michael Payne，《閱讀理論——拉康、德希達與克麗絲蒂娃導讀》（*Reading Theory: An Introduction to Lacan, Derrida, and Kristeva*），李奭學譯，臺北：書林，1996。

Pemela Abbott and Claire Wallace，《女性主義觀點的社會學》（*An Introduction to Sociology: Feminist Perspectives*），俞智敏等譯，臺北：巨流，1995。

P. T. Clough，《女性主義思想——慾望、權力及學術論述》（*Feminist Thought: Desire, Power, and Academic Discourse*），夏傳位譯，臺北：巨流，1998。

Rosemarie Tong，《女性主義思潮》（*Feminist Thought: A Comprehensive Introduction*），刁筱華譯，臺北：時報文化，1996。

Toril Moi，《性別／文本政治：女性主義文學理論》（*Sexual/Textual Politics: Feminist Literary Theory*），陳潔詩譯，臺北：駱駝，1995。

Whitney Chadwick，《女性、藝術與社會》（*Women, Art, and Society*），李美蓉譯，臺北：遠流，1995。

尼采（Nietzsche），《查拉圖斯特拉如是說》（*Alsa Sprach Zarathustra*），余鴻榮譯，臺北：志文，1993。

石之瑜、權湘，《女性主義的政治批判》，臺北：正中，1994。

西蒙·波娃（Simone de Beauvoir），《第二性》（*Le Deuxieme Sexe*），陶鐵柱譯，臺北：貓頭鷹，1999。

朱虹、文美惠主編，《外國婦女文學辭典》，桂林：漓江，1989。

弗朗索瓦絲·紀荷，《馬克思背後的女人》，蔡燁譯，臺北：時報文化，1993。

沈從文，《邊城》，雷驤繪本，臺北：商務印書館，1998。

沈從文、張兆和，《沈從文家書——1930～1966從文、兆和書信選》，臺北：商務印書館，1998。

何春蕤總編輯，《性工作：妓權觀點》，臺北：中央大學性／別研究室，1998。

何春蕤總編輯，《酷兒：理論與政治》，臺北：中央大學性／別研究室，1998。

沙特（Jean-Paul Sartre），《存在與虛無》（上）（下）（Being and Nothingness），陳宣良等譯，臺北：久大桂冠聯合出版，1994。

林麗珊，〈自由主義〉，哲學大辭書編審委員會主編，《哲學大辭書》（III），臺北：輔仁大學，1997。

林麗珊，〈君主政體〉，哲學大辭書編審委員會主編，《哲學大辭書》（III），臺北：輔仁大學，1997。

林麗珊，《人生哲學》，臺北：三民，2004。

孟德斯鳩（Montesquieu），《論法的精神》（*De L'esprit Des Lois*），張雁深譯，臺北：商務印書館，1998。

帕瑪（Richard E. Palmer），《詮釋學》（*Hermeneutics*），嚴平譯，臺北：

桂冠，1992。

保羅·約翰遜（Paul Johnson），《所謂的知識分子》（*Intellectuals*），楊正潤等譯，臺北：究竟，2002。

胡幼慧主編，《質性研究——理論、方法及本土女性研究實例》，臺北：巨流，1996。

海德格（Martin Heidegger），《存在與時間》（上）（下）（*Being and Time*），王節慶、陳嘉映譯，臺北：久大桂冠聯合出版，1994。

高行健，《靈山》，臺北：聯經，2000。

高行健，《一個人的聖經》，臺北：聯經，2000。

高行健，《給我老爺買魚竿》，臺北：聯合文學，2001。

傅瑞丹（Betty Friedan），《女性迷思》（*The Feminine Mystique*），李令儀譯，臺北：月旦，1995。

傅瑞丹（Betty Friedan），《第二階段》（*The Second Stage*），謝瑤玲譯，臺北：月旦，1995。

傅瑞丹（Betty Friedan），《生命之泉》（*The Fountain of Age*），李錄後、陳秀娟譯，臺北：月旦，1995。

張京媛主編，《當代女性主義文學批評》，北京：北京大學，1992。

曾慶中編寫，《世界大音樂家的婚姻和愛情》，臺北：商鼎文化，1992。

葛爾·羅賓等著，《酷兒理論——西方90年代性思潮》（*Queer Theory: Western Sexual Thought in 1990s*），李銀河譯，北京：時事，2000。

詹明信（Fredric Jameson），《後現代主義或晚期資本主義的文化邏輯》（*Postmodernism or the Cultural Logic of Late Capitalism*），吳美真譯，臺北：時報文化，1998。

路君約，《心理學》，臺北：中國行為科學社，1987，頁371～373；張春興，《現代心理學》，臺北：東華，2001。

瑪麗·沃斯通克拉夫特（Mary Wollstonecraft），《女權辯護——關於政治和道德問題的批評》，王瑛譯，北京：中央編譯，2006。

德希達（Jacques Derrida），《他者的單語主義——起源的異肢》，張正平譯，臺北：桂冠，2000。

盧梭（Jean-Jacques Rousseau），《愛彌兒》（*Emile*），李平漚譯，臺北：五南，1989。

盧梭（Jean-Jacques Rousseau），《盧梭懺悔錄》，余鴻榮譯，臺北：志文，2005。

薩拉・德拉蒙特（Sara Delamont），《博學的女人》（*Knowledgeable women*），錢撲譯，臺北：桂冠，1995。

羅蘭・巴特（Roland Barthes），《戀人絮語——一本解構主義的文本》（*Fragments D'un Discours Amoureux*），汪耀進、武佩榮譯，臺北：桂冠，1991。

羅蘭・巴特（Roland Barthes），《明室——攝影札記》（*La Chambre Claire: Note Sur La Photographie*），許綺玲譯，臺北：臺灣攝影工作室，1995。

顧燕翎主編，《女性主義理論與流派》，臺北：女書店，1996。

二、英文部分

Arendt, Hannah, *The Origins of Totalitarianism*. New York: Harcourt, Brace & Co., 1951.

Barrett, Michele, *Women's Oppression Today: The Marxist/Feminist Encpunter*. New York: Verso, London, 1980.

Barrett, Michele, *Marxist-Feminism and the Work of Karl Marx*, in *Feminism and Equality*. A. Phillips (ed.), Oxford, UK: Basi Blackwell, 1987.

Berlin, Isaiah, *Four Essays on Liberty*. Oxford: Oxford University Press, 1969.

Bonner, F. et al. (eds.), *Imagining Women: Cultural Representations and Gender*. London: Polity/Open University, 1992.

Bunch, Charlotte, *Lesbians in Revolt, in Women and Values*. M. Pearsall (ed.), California: Wadsworth, 1986.

Cixous, Hélène & Catherine Clement, *Sorties*, in *The Newly Born Woman*. Betsy Wing (trans.), Minneapolis: University of Minnesota Press, 1986.

Cock, Joan, *Wordless Emotions: Some Critical Reflections on Radical Feminism*, in *Politics and Society*, 13, no.l, 1984.

Crowley, H. & Himmelweit, S. (eds.), *Knowing Women: Feminism and Knowledge*. London: Polity/Open University, 1992.

Daly, Mary, *Beyond God the Father: Toward a Philosophy of Women's Liberation*.

Boston: Beacon Press, 1973.

Derrida, Jacques, *Of Grammatology*. Gayatri Chakravorty Spivak (trans.), Baltimore: Johns Hopkins University Press, 1976.

Derrida, Jacques, *Writing and Difference*. Alan Bass (trans.), Chicago: University of Chicago Press, 1987.

Donovan, Josephine, *Feminist Theory: The Intellectual Traditions of American Feminism*. New York: Continuum Publishing Company, 1992.

Firestone, Shulamith, *The Dialectic of Sex*. New York: Bantam Books, 1970.

Foreman, Ann, *Femininity as Alienation: Women and the Family in Marxism and Psychoanalysis*. London: Pluto Press, 1977.

Frankena, William K., *Ethics*. New Jersey: Prentice-Hall, INC., 1989.

Freeman, Jo (ed.), *Women: A Feminist Perspective*. California: Mayfield Publishing Company, 1989.

Friedan, Betty, *The Feminine Mystique*. New York: W. W. Norton & Co, 1963.

Friedan, Betty, *The Second Stage*. New York: Summit Books, 1981.

Friedan, Betty, *The Fountain of Age*. New York: Simon & Shuster, 1993.

Fuss, Diana, *Essentially Speaking: Feminism, Nature & Difference*. New York: Routledge, 1989.

Gatens, Moira, *Feminism and Philosophy: Perspectives on Difference and Equality*. Cambridge: Polity Press, 1991.

Irigaray, Luce, *This Sex Which Is Not One*. Catherine Porter (trans.), New York: Cornell University Press, 1981.

Jaggar, Alison M., *Feminist Politics and Human Nature*. Totowa, New Jersey: Rowman & Allanheld, 1983.

Kirkup, G. & Keller, L. S. (eds.), *Inventing Women: Science, Technology and Gender*. London: Polity/Open University, 1992.

Kristeva, Julia, *Revolution in Poetic Language*. M. Waller (trans.), New York: Columbia University Press, 1984.

Lloyd, Genevieve, *The Man of Reason: 'Male' and 'Female' in Western Philosophy*. Minneapolis, MN: University of Minnesota Press, 1984.

Locke, John, *Second Treatise of Civil Government*. Cambridge: Hackett

Publishing Company, Inc., 1980.

Mill, John Stuart, *The Subjection of Women*. London: Longmans, Green, and Dyer, 1869.

Mill, John Stuart, *On Liberty*. Cambridge: Hackett Publishing Company, Inc., 1978.

Moi, Toril, *Sexual/Textual Politics: Feminist Literary Theory*. New York: Routledge, 1985.

Montesquieu, Charles Louis de Secondat, *The Spirit of Laws*, in *Great Books of the Western World*. R. M. Hutchins (ed.), B. Jowett (trans.), Chicago: Encyclopedia Britannica, Inc., 1952.

Okin, Susan Moller, *Women in Western Political Thought*. Princeton, New Jersey: Princeton University Press, 1979.

Rousseau, Jean Jacques, *The Social Contract*. New York: Hafner Press, 1947.

Rousseau, Jean Jacques, *Emile*. Allan Bloom (trans.), New York: Basic Books, Inc., 1979.

Sandel, Michael J., *Liberalism and Its Critics*. New York: New York University Press, 1984.

Shanley, M. L. & Pateman, C. (eds.), *Feminist Interpretations and Political Theory*. Cambridge: Polity Press, 1991.

Spivak, Gayatri C., *The Spivak Reader*. Donna Landry & Gerald Maclean (eds.), New York: Routledge, 1996.

Waithe, M. E., (ed.), *A History of Women Philosophers, Volume I, II, III, IV*. Boston: Kluwer Academic Publishers, 1987, 1989, 1991, 1995.

三、網路資料

Wikipedia, the free encyclopedia, http://en.wikipedia.org/wiki/Shulamith_Firestone

第四章

女性哲學家——漢娜・鄂蘭

思考題

Q：受苦可以豐富一個人的生命？受苦的報償就是讓人有更成熟的體驗生命的悲劇性質？

Q：希臘神話中的 Orpheus 和 Eurydice、音樂家貝多芬的神祕愛人、畫家羅丹與卡蜜兒、哲學家海德格與鄂蘭……，以悲劇收場的愛情最是淒美動人？

「《人類境況》
這本書的題獻空白在哪裡。
我如何能將它獻給你——
我最信愛的友人，
對你我依然忠貞，
亦不忠貞，
皆付愛意裡。」

～～～ Hannah Arendt[1]

---

1 伊絲貝塔．愛婷爵（Elzbieta Ettinger），《女哲學家與她的情人》（*Hannah Arendt and Martin Heidegger*），蘇友貞譯，臺北：麥田，1997，頁 156 ～ 157。

第一節　才貌雙全的女哲學家

圖 4-1　Hannah Arendt, 1906 ～ 1975

資料來源：http://memory.loc.gov/ammem/arendthtml/arendthome.html

 壹　海德格的得意門生

漢娜．鄂蘭（Hannah Arendt, 1906 ～ 1975，或依德語發音譯為漢娜．阿倫特，臺灣學界通用漢娜．鄂蘭）不是一位女權運動者，她的政治哲學也未帶有女性主義的色彩，在許多傑出女性紛紛投入女性論述的時代，她是大學院校裡赫赫有名的哲學教授，專攻政治哲學，卻不談女性的問題，她的研究是超越性別的對於人之存在意義的哲學探究，出版十幾本專著，其中以《集權主義探源》（*The Origins of Totalitarianism*, 1951）、《人類境況》（*The Human Condition*, 1958），以及尚未完成即心臟病發去世的最後作品《心智生命》（*The Life of the Mind*, 1978），這三本是她的經典之作。以往哲學領域是男性擅長之地，鄂蘭可以說是當代第一位打破這種性別藩籬，不但在哲學專業領域備受肯定，她的思想對後來的政治哲學思考，也有舉足輕重的影響。

鄂蘭是海德格（Martin Heidegger, 1889 ～ 1976）的學生，但她曾經是海德格的情婦這件事，卻是在鄂蘭和海德格相繼辭世後的第七年，才讓她的傳記作者公諸於世，這對 20 世紀哲學界重量級人物的祕密戀情一經曝光，立刻引起轟動、舉世震驚。當年，35 歲才華橫溢的年輕教授，愛上 18 歲青春貌美的女弟子，原本是美事一樁，可惜海德格已經結婚育有二子，他的妻子無法容忍丈夫偷腥，海德格本人也不願意這段婚外情曝光影響到他的地位與前途，每次幽會都要按照他的「指示」，安排時間與地點，通常是在鄂蘭的住處，從 1924 年持續到 1928 年。那段期間，海德格正在撰寫他最重要的哲學著作《存有與時間》（*Sein und Zeit, Being and Time*）。海德格在晚年曾經向鄂蘭承認：她是他創作的泉源、激情思考的原動力；鄂蘭則說：她的著作全得自於他的哲學之啟發。這是一對哲學情侶，彼此激盪出智慧之火花而惺惺相惜的親密對話，不過，客觀而論，除了學術成就，在私人情感上，海德格實在無法還清對鄂蘭的情債。由於大戰期間海德格接任校長職務並宣布加入納粹政黨，成爲積極的反猶分子，擁有猶太裔身分的鄂蘭，和海德格摯友雅斯培（Karl Jaspers, 1883 ～ 1969），在驚愕、反目之餘只好避走他鄉；戰亂一起，鄂蘭四處躲藏，數度被關到集中營又數度脫逃成功，最後結了婚，並隨同丈夫輾轉到了美國定居下來，兩人從此音訊全無長達十七年之久。戰後的海德格，隨著世人對納粹政權的唾棄厭惡，他也被學界引以爲恥，一度被解除教職，並禁止演講、出國訪問，但鄂蘭在他晚景淒涼之時，回到德國對他伸出援手，不僅將他的作品引介到美國，更撰文爲他的政治立場辯護。有人認爲，鄂蘭的一往情深，是父權意識深植於她的內心之故，她一直以傳統的兩性角色來界定她與海德格的關係，海德格永遠是她情感的主導者、哲學的領航人，因此，她在戰後主動與海德格重拾情誼，直到去世爲止。

歷史上才情洋溢的神仙美眷，通常是位高權重的中年男子搭配年輕貌美的花樣女孩，女子虔敬地依偎在亦父亦師亦友的男子臂彎裡分享其榮耀，當有一天女子羽翼豐滿可以獨自單飛時，正是考驗垂垂老矣的男子有沒有抬頭仰望其美姿的胸襟之時。專章討論鄂蘭，除了她是 20 世紀公認的偉大哲學家其思想值得引介外，她與海德格之間除了愛情之外的知識權力之較勁，更能詮釋性別無法平等對待的事實。海德格在納粹政權當道時聲譽如日中天、不可一世，他竟然不顧好友、同事、情人也是猶太人的處境，公然支持納粹；戰後，當鄂蘭以《集權主義探源》一書聲名大噪時，海德格因受納粹戰敗牽連備受指責，兩人地位 180 度的翻轉起落，鄂蘭卻不計前嫌、寬宏大

圖 4-2　Martin Heidegger, 1889 ～ 1976

圖 4-3　Martin Heidegger, 1889 ～ 1976

圖 4-4　Martin Heidegger and his wife Elfride in Hausen receiving Hebelpreis May 10, 1960. Copyright by Dr. Hermann Heidegger.

度爲他辯護、爲他出版書籍。鄂蘭的名聲、獨立與自信，海德格非但未能感到與有榮焉，甚至還糾纏著一種被刺傷的妒意；從許多討論他們之間情感的文章與陸續公開的書信，可以明顯看到，海德格似乎無法接受當年被他操控、爲他癡狂的少女，已經走出他的陰影，不但獨當一面還有餘力幫他脫困的事實。鄂蘭曾說：「我知道他受不了到處看到我的名字，也受不了我寫的書。過去我總是假裝著作、名聲那些事情都不存在，如今我突然厭倦了這種欺瞞，我決定不再玩這種無聊遊戲。」1995 年《紐約時報》書評作者 Wendy Steiner 認爲鄂蘭和海德格的愛情讓我們學到的教訓是：「一、對天才的盲目崇拜是『危險』的，二、無論多麼偉大包容的愛情，從客觀的角度看來，都是十分『愚蠢』的」，言下之意，海德格不值得同情，鄂蘭不必如此委曲求全[2]。面對女子三高（高學歷、高職位、高收入）時代的來臨，女人的成就眞的可以獲得身邊伴侶的「敬仰」嗎？還是仍得玩著「小」女人、「大」男人的遊戲？

 論述之重點與企圖

鄂蘭的政治哲學，可以說是從批判現代文化的狹隘性，和反省傳統哲學的失眞性當中，逐步建構形成。尤其是對於傳統政治思想，她一方面浸淫其中，深受其影響與啟發，另一方面，她又幾乎全盤否定其主張，以導引出自創理論的適當性。她認爲傳統政治哲學從一開始就沒有認識到，政治哲學本身具有其獨立的存有論、知識論、倫理學等各方面嚴肅的主題，並且對政治生活的瞭解，僅及於表面的膚淺認識，從未能深入探討政治經驗的基本性質與結構，致使政治生命不僅一直無法擁有其獨立自主的地位，同時也使政治學被誤導成爲一門爲達成目的而不擇手段的方法學，透過誇張玩弄權謀技巧的形式，使其內容除了陰謀詭詐、腐化敗壞之外，幾乎已無任何尊嚴可言。「政治」一詞始終是爲「統治」、「支配」、「控制」的代名詞，對於

2 伊絲貝塔．愛婷爵（Elzbieta Ettinger），《女哲學家與她的情人》（*Hannah Arendt and Martin Heidegger*），頁 11。

政治事物本身與政治參與，可以是政治行動者完善生命的基本成分，甚至缺乏公眾活動的生活可以是一種道德上的瑕疵之主張，則付之闕如。

鄂蘭所要努力的方向就是，企圖扭轉傳統將人囿限在非政治的領域中之價值觀——最完善的生活是展現在對哲學思維、宗教救贖的熱烈奉獻，或對永恆的生命、道德的完滿，及個人的幸福之積極追求上——而欲重新去發掘人類生活中，最爲特殊高尚的活動方式，她將之界定在政治領域中分享公眾事物的行動生活上，認爲唯有透過政治行動才是個人實現自我的最終條件，而「政治」本身乃是一門教導人們如何締造偉大與輝煌事功的藝術，人只有在政治行動中才成爲眞正的人，也才能擁有眞正的自由、快樂和幸福。「政治行動論」正是鄂蘭政治哲學的核心觀點，掌握此一觀點，即可窺知其思想的全貌。

第二節　政治行動論主要內容

儘管傳統政治哲學以沉思取代行動，將政治降格成爲某種目的的手段，然而，鄂蘭認爲，人類行動的能力從未被眞正消滅過，因爲生命不斷地誕生就不斷爲世界注入活水，出生使行動力源源不絕，而且所有的人都具備一種可以締造榮耀的特質，即每一個人都有與生俱來的「自我炫耀」（self-display, Selbstdarstellung）之慾望，追求自我的卓越表現，她說：

> 「不論能看到什麼都希望被看到，不論能聽到什麼都想要大叫出來以便被聽見，不論能觸摸到什麼也都希望自我呈現以便被觸摸。……擁有呈現的動力，藉由出列和展示使自己鑲入顯像的世界中，作為一獨立個體式的鑲入而非以『內在自我』（inner self）加入而已。」[3]

---

3 Hannah Arendt, Thinking, in *The Life of the Mind*. New York: Harcourt, Brace & Jovanovich, 1978, p. 29.

我們不是只想「神遊」於這個世界而已，反而想具體地顯現在其中，透過感覺與被感覺的雙重肯定與要求，這是種自動自發的活動，它當然不是與從顯像中抽離的「內在自我」之沉思方式相同，並且：

> 「沒有任何一件我們所看到、聽到或觸摸到的事物，可以用文字表達出來而等同於感覺的具體感受。」[4]

文字只是媒介，感覺才是眞實的，對於經常只注重哲學沉思，而對感官內容「僅是顯像」表示輕蔑態度的人來說，鄂蘭說出了人所輕蔑者正是人之所最具體經歷的矛盾。人其實是十分依賴感官的動物，藉由感官確認事物的存在，反過來也證明自己的意義性，這是行動生活優越於思考活動的主要原因，人類以炫耀的姿態自我展現，無非是想要被看見、被聽見，從而確認自我的存在，這類慾望，是一種原始的本能[5]。

 行動的意義

「勞動」（labor）是受生物需求所支配的活動，藉此以延續人之生存，作爲一個勞動者，人是生產者也是消費者；「工作」（work）是人類文明

---

4 Hannah Arendt, *Thinking*. p. 8.

5 依鄂蘭之意，在傳統上「行動的生活」（vita activa）是從「沉思的生活」（vita contemplativa）中延伸意義，而非從經驗中直接建立，它的尊嚴是有限的，當它為一生命體的沉思活動，供應必要的需求和準備時，才被賦予意義。這種長久以來對行動生活的忽視，即使有馬克思和尼采的努力扭轉，不僅未能使沉思生活高高在上的情況稍作改變，反而失之矯枉過正而過度強調原始勞動的重要性。鄂蘭認為，行動的生活和沉思的生活根本不應有高低等級之分，它們可以是並行不悖的，由於傳統過分強調沉思生活的優越性，意圖終結傳統論述的馬克思，則誇張了勞動的必需性，所以她之重申行動生活的優越性，意在嘗試作一協調綜合，並使行動生活獲得應有的尊重。Hannah Arendt, *The Human Condition*. Chicago: University of Chicago Press, 1958, pp. 16 ～ 17.

存在的要件，意指對自然的破壞與支配，以便創造一個人所希望的世界模式，並使人們安全舒適的生存其中[6]；勞動和工作的重要性就在於它們主要是為了幫助「行動」（action），行動是「人類境況」（the human condition）中最重要也最高級的活動。依照鄂蘭之意，勞動、工作和行動不僅是人類活動的三個基本方式，同時也是人類建構世界的主要活動，三者相輔相成缺一不可：如果沒有勞動，人無法維持基本的生存所需；沒有工作，人無法跳脫生物的循環過程，建構一個人為的器物世界；最重要的是，若缺少行動，則人的生活便失去應有的意義與尊嚴。所以廣義而言，人的實踐活動包括勞動、工作與行動；若以狹義言之，則是專指著行動本身。

鄂蘭認為，行動就最普遍的意義來看，意指著「主動參與」（take an initiative）和「開創」（to begin）[7]。人乃「在世存有」（Being-in-the-world），透過行動者本身積極主動的投入，使世界從中開顯，所以，人在世界的出現並非是由事物作為起點，而是行動者本身在被創造之後，藉由行動以創造被創造的行動者自己，鄂蘭稱之為「再生」（a second birth）[8]，它不是一種強迫的活動（如勞動），也不是為配合實用目的的活動（如工作），而是就在出生之時，就已經透過此一起點而開始反應某些新的事物，新事物的契機和誕生一起降臨，開顯此契機就是第二次的誕生。因此，一旦出生即已「主動參與」，而「開創」的性質是意味著有某些新的事物已被啟動，並且在行動的過程中，沒有任何預先設定的角色可以被如期預見，這種無法預測的開創性質，先天存在於所有開創之物和所有原始之物的身上。

如此看來，行動在先天上就具備兩種特殊的性質：「無法侷限」

---

6 關於勞動和工作之間的區別，鄂蘭認為，凡與所有動物共同分享的活動方式，都不能構成人類活動的特徵，勞動就是所有動物共同的活動；而工作是製造事物的活動，其使用的意義勝過於消耗，雖然我們可能在蜜蜂、螞蟻和海狸等動物身上發現類似的現象，但工作在人的活動中很明顯的是與牠們迥然有別的。Margaret Canovan, *The Political Thought of Hannah Arendt*. London: J. M. Dent & Sons Ltd, 1974, p. 56.

7 Hannah Arendt, *The Human Condition*. p. 177.

8 Hannah Arendt, *The Human Condition*. p. 176.

（boundlessness）和「無法預料」（unpredictability）[9]。因爲行動不受自然之支配，也不包括製造事物以增加人類技能的活動，它是在一公共的領域內遊走於人與人之間的活動，此一活動首先展現出兩種基本特色，即「平等」（equality）和「區別」（distinction），易言之，每個人都是不可被取代的獨特個體，都擁有具備原創性的行動能力之存在。於是依據行動所建立的互動關係，乃因此呈顯出無法侷限的多元面貌和無法預料的最後結果。勞動結果是可斷定的，因爲它受需求的束縛；工作成果雖有較寬廣的空間，但是在製造對象的過程中，它所從事的活動是受目的所侷限；只有行動才是眞正自由的活動，因爲人們是在行動中才得以揭示高度的個體性質，並且透過這些獨立個體的參與開創，乃造就一連串的奇蹟出現。如果行動有所「結果」，那就是它形成了許多纏解不開的「關係網」（the web of relationships），也可稱爲「中間物」（in-between），這些複雜的關係網不是具體可觸摸的，因爲它們沒有具體的對象可使其凝固具現，但是它與我們共同可見的器物世界是同等眞實[10]；其次是它留下許多「行動故事」（the enacted stories），依鄂蘭之見，故事可以揭露出「行爲者」（agent）的身分，但是此一行爲者卻不是故事的「製造者」，一來行動並不等同於製造，二來雖然有人去引發故事，而且是此一故事的主角人物，但是他卻不是故事的「作者」[11]，因爲，行動者乃爲行動而行動，他提供行動內容的題材，並力圖使之精彩無比，但無法預設故事的發展，也絕非有固定的故事劇本演出。

 行動的內容

存在的過程其實就是一個確認自我身分的努力，依照鄂蘭之意，對於我是「誰」的揭示，是經由行動的過程逐步開顯出來。因爲在行動所建立的關係網裡，其他人的出現不但使我們的言行舉止有了具體的見證，最重要

9 Hannah Arendt, *The Human Condition*. p. 191.

10 Hannah Arendt, *The Human Condition*. p. 182.

11 Hannah Arendt, *The Human Condition*. p. 184.

的是，我們只能從其他人對我們的描述中，學習到對自己的認識，亦即，我們是對其他人的眼中之我的觀察、瞭解，從而建立對自我的認識，這遠勝於我們透過自我的省察方式，所獲得的自我認識來得眞實，能眞正回答「我是誰」這個問題的，推至最終不是自己而是別人[12]。此外，行動所開創的新事物也不斷掉落在已經存在的關係網中，彼此相互纏繞在一起，開展另一段新穎的行動過程，此過程之最後，亦即在行動者之行動結束之時，就會浮現給新加入者一段獨一無二的生活故事，這些生活故事又以相當獨特的方式，影響那些與它們接觸的行動者所可能形成的另一段生活故事。如此一來，行動幾乎從未能達成它的目標，在一個接著一個的投入與傳遞中，歷史涓滴成河，綿延沒有止盡，無法預測也不能論斷最後的結果。

鄂蘭引用希臘文和拉丁文中「行動」（to act）的原始意義，以說明此一繁複的特殊現象[13]。在希臘文中，動詞的「行動」包含兩種不同但卻彼此互有關聯的意義：一爲 "*archein*"，意指「開創」（to begin）、「領導」（to lead）和「統治」（to rule）；另一個爲 "*prattein*"，意指「通過」（to pass through）、「達到」（to achieve）和「完成」（to finish）。這兩個意義正好符合拉丁文的兩個動詞，即 "*agere*"，是「推動」（to set into motion）和「領導」的意思；以及 "*gerere*"，其原本之意爲「支持」（to bear）。這雖然是把行動的內容分成兩部分：開創是由單獨一個人所「領導」和「推動」，以及完成是由許多「支持」和「完成」的努力之加入才達到[14]；但是它卻同時指出兩者之間的相互依賴性：開創者或領導者必須藉助支持者、追隨者的

12 George Kateb, *Hannah Arendt: Politics, Conscience, Evil*. Totowa, New Jersey: Rowman & Allanheld, 1983, p. 9.

13 Hannah Arendt, *The Human Condition*. p. 189.

14 鄂蘭指出，行動在希臘文和拉丁文的原始字義上雖有如此的區分，彼此還是互有關聯無法做實際上分割的，它僅是針對過程的內容做一分析而已，但是，後來的發展卻把此二義完全解離，又只採取其中的部分意思，使得 "*archein*" 和 "*agere*" 只剩下「統治」之意，而 "*prattein*" 和 "*gerere*" 則成為只是「被統治」的解釋。行動中開創和完成之間的相輔相成，變成是統治者和被統治者，或以一敵多的對立關係。Hannah Arendt, *The Human Condition*. p. 189.

幫助，而其支持者、追隨者則仰賴開創者或領導者所提供給他們的行動機會。因此，行動者乃是在其他行動者的活動中行動，與他們息息相關，並且他也不會一直只是扮演著「實行者」（doer）的角色，他同時也可以是另一位實行者的「承受者」（sufferer）。在實行同時也是在承受，如同一個銅板的兩個面一樣相依相隨。

因此，一段行動的故事內容，就必然是由實行和承受所組合而成，所以其結果也就無法侷限，換句話說，每一個行爲都是中介物，每一種反應都成爲一種連鎖反應，並且每一個過程都可以是個重新開始；這種人與人之間的行動和回應，從來就不是在一個封閉的循環系統中運作，也不會變成兩種參與形式，即領導與被領導或統治與被統治的限定。因此，不論故事後來演變如何，其性質是什麼，以及參與其中的行動者有多少，都必須在暫告一段落時，才有可能揭示出它全部的意義。行動的過程和所有歷史的軌跡，都只有在它劃上句點時，亦即所有參與者皆死亡時，才得以展露出其全部的意旨，這個時候說故事者即可登場。說故事者是故事的旁觀者非行動者，他是在他所要陳述的那段歷程之外的另一個歷程之中；此外，說故事者所要述說的故事內容，必須從行動者本身隱藏起來，因爲如果行動者試圖把其行動內容規劃成故事的形式，或是故意設定一個目的以作爲行動的指標，那麼就會立即破壞行動本身的意義，何況行動的意義並非就是隨其而來的故事，故事只是行動不可避免的結果，它的作用就是揭示行動的意義。故事的材料由行動者提供，最後由說故事者「製造」出來，行動故事的作者是述說此一故事的人而非行動者自己[15]。

人之行動內容如此特殊的性質，或許以「遊戲」（play）的概念來看更

---

15 真實的故事和虛幻的故事之間的區別，就在於後者是被「製造」出來的，前者卻不是。只要我們還是活著的，我們就是在從事一段真實的故事，其中特別突出的「誰」之身分，是在全劇落幕後才完全揭示出來，人生命之意義，就是要透過政治行動上的立言、立行，努力去確定和充實「我是誰」的身分，並成為某段故事中，被提示的那位特別傑出的主角。Hannah Arendt, *The Human Condition*. p. 186.

能清楚體會[16]。如前所述，行動並不意謂著某些超出其本身的目的，其自身就是一種價值，就遊戲而言，人們之所以樂於遊戲，就在於遊戲本身所帶給人的愉悅之感，任何遊戲中都有規則，但是這些規則並非空洞的形式，每一個參與遊戲的活動者，都必須在具體的行動中去實現規則，才能顯現遊戲本身的意義。換句話說，任何遊戲種類的內容就是它自己，它建立和形成玩的法則，就在它自己的領域內並於其中實現。鄂蘭曾根據亞里斯多德的「實現」（*energeia*）和「內在目的性」（*entelecheia*）的概念，以闡述行動內容的特殊性質，前者涉及於活動，活動背後無任何存留，並且其本身的表現已反應所有的意義，而後者是就活動本身而言，其目的是存於其中而非立於其外[17]。因此，每一種活動的產物都和行爲本身相吻合，並且其目的就是將活動實現，一如遊戲，它不是關於任何在它本身之外的事物，它自己就是一個自足的世界。總之，行動的內容就是行動本身，政治行動的內容就是在政治行動當中，以行動和言說的方式彰顯政治意義的行動本身。

 政治與行動

> 「人行動的能力使人成為政治存有者，此能力促成個人去邀集他的同黨，協力並進，達到目標，展現一種積極進取的精神，如果人未曾付出這項努力，亦即參與某些新事物的集體創造工程的話，那麼在他的內心深處，永遠感受不到生命的動力，他心中的想望也將是孤掌難鳴，難以實現。」[18]

鄂蘭這段話表現出政治與行動之間緊密相連的關係：人之行動促成個體

---

16 George Kateb, *Hannah Arendt: Politics, Conscience, Evil*. pp. 16 ～ 17; and Bhikhu C. Parekh, *Hannah Arendt and the Search for a New Political Philosophy*. New Jersey: Humanities Press, 1981, p. 27.

17 Hannah Arendt, *The Human Condition*. p. 206.

18 Hannah Arendt, *On Violence*. New York: Harcourt, Brace & World, 1970, p. 82.

成爲政治存有，作爲政治存有就是要充分發揮行動的能力。依她之見，政治是一種公共的活動，人是一種公共的存有，一個人可以私下進行交易活動，或改變器物結構，但卻不能個別從事政治活動，政治活動要求一個有組織的顯現空間，使人可以呈現在他人面前，與他們交談、論辯，尋求合作以促成目標的實現；而人是在公共領域中肯定自我的實在性，且經由其他人的出現激發行動的潛能、實踐眞正的自由、開創嶄新的事物，和獲得突出的身分。因此，政治的重要，正是在提供如此的一個公共空間以便利於行動，所有政治活動必須存在的理由，亦是由於它是個形成公共領域的動力，人們可於其中彼此相遇而且開始行動。這樣的一個公共領域，可進一步確立成爲永存的組織機構，亦即設立穩固的政治組織，提供某種公開的、持久性的任務，以便爲後代子孫延續一個也可以具備同樣意義的公共空間。不過必須特別強調的是，這種政治組織的設立，必須把對行動的不可預測性之限制減至最低，並且允許改變組織的革命壯舉有無限發揮的可能。

以希臘城邦的建立爲例，鄂蘭分析指出，希臘人認爲在所有政治行動展開之前，應該先限定、束縛和保護一個明確的空間存在，並且建立有組織之場所，以便使隨後而至的所有行動得以發生，這個空間或場所就是城邦的公共領域，其組織結構就是法律。法律就像環繞城市之城牆，不是「行動」之結果而是「製造」之產物，法律的制訂者一如城牆的建造者一般，他們是必須在政治行動開始之前就完成其工作的人[19]。可以這麼說：法律是城邦的精神，建築是城邦的身體，行動是城邦內人的活動[20]。立法和建築都是城邦基礎的一部分，是行動開始前的準備工作，它們是屬於「工作」的範圍而非「行動」的範圍，工作是製造器物，行動則對應於人，兩者迥然有別。有鑒於此，鄂蘭進一步指出，政治行動特殊的涵義之被忽視或遺忘的原因之一，就在於政治經常被想像成一種工作的形式，一種製造而非行動的形式。工作、製造的活動，要求符合於其先前預設之目的，其所採用的方法乃是爲配合目的的理念，因此早已失去行動之創造意義。這種政治行動的

---

19 Hannah Arendt, *The Human Condition*. p. 194.

20 Hannah Arendt, *The Human Condition*. p. 198.

原始意義，被為達成目的之製造工作所取代的情形，柏拉圖早已指出來，當時雅典公民之投票表決判定蘇格拉底的死刑，就是以自由行動的民主制度為名，其實卻是一種預設處死蘇氏的製造行為，那不是政治行動，是預設目的的政治工作，一如近代許多革命理論，也假借行動之名，認為暴力是革命必要的手段，這也是已將政治行動轉換成製造的活動，所以必須以暴力作為達成目的的必要手段之一。

對鄂蘭而言，「政治存在的理由就是自由，並且其經驗的領域就是行動本身」[21]，無法預測、無法論斷，有無限創造的可能，政治行動充分實現了自由之意義。因此，鄂蘭主張，人們應該去組織一個可以讓人們共同參與的政治生活之理由，以及當人們過著政治生活就是已實現作為政治存有之原因，就在於人們可以擁有每天實際的自由。換句話說，政治生活是不受任何拘束的生活，它是讓大家有同等表現機會的行動領域，人欲擺脫只是生物種類當中之樣品的限制，就是要積極成為一位政治行動者。只有透過政治行動才得以使個體突顯自我，自我獨一無二的存在形式，足以使人擺脫存在的虛無感；此外，政治行動顯露個人無限的潛力，扭轉自然的循環，擺脫宿命式的無奈，因此，人必須走進政治領域，在公眾面前大顯身手，盡情揮灑潛藏的創造力。

肆　行動與言說

至於政治行動實際的表現方式是什麼，鄂蘭並未明確說明，不過透過她對許多非政治行動之項目的逐一刪除，最後剩下的應該就是「言說」（speech）。一種演說，如公眾場合的演講，或有時是以書寫的方式所表達的，如可被廣泛閱讀、具有影響力的文章，兩者都具有公開呈現的意義。以《美國獨立宣言》為例，就具備上述兩項性質：既被正式宣讀構成實際的影

21 Hannah Arendt, *What Is Freedom, in Between Past and Future: Eight Exercises in Political Thought*. New York: Viking Press, 1961; Enlarged edition, 1968, p. 146.

響力量，也被傳閱不已成為治國的共識[22]。有時，她會直接將政治行動，視為就是政治上的言說[23]，或者強調如果行動欲具有揭示性質時，就必須不斷透過言說的方式方有可能[24]。

行動和言說關係密切，因為人類行為最特殊之處，在於我們必須面對一個新來者的「你是誰」之提問設法回答，這種身分的揭示，就隱含在彼此交換進行的言談、動作之中。而且很明顯地，言說和揭示之間的類似關係，遠比行動和揭示之間更為緊密相連，恰如行動和開創之間的類似關係，是比言說和開創之間更密切一般。換句話說，言說首在揭示身分，行動主要是在開創新事物，但是大多數的行動是在言說之中形成的，沒有言說的伴隨，行動不僅將失去其揭示的特色，同時也將頓失其主題，變成不是行動中的人，而是執行命令的機器人。因此，沒有言說的行動就不再是行動了，因為存在於那裡的將不再是位行動者，並且行動者之所以可能，僅在於他同時也是一位言詞的演說者時，唯有經由被說出之言詞，人方才能肯定自己是位行動

---

22 Hannah Arendt, *On Revolution*. New York: Viking Press, 1963; Revised second edition, 1995, p. 127.

23 Hannah Arendt, *The Human Condition*. p. 27. 亞里斯多德將人定義成「政治的動物」，不僅無關於甚至是對立於家族生活中自然的循環經驗，同時也不等同於實際上即是家族之膨脹變形的社會生活中之「社會動物」。若要完全瞭解亞里斯多德本意，鄂蘭指出，必須再加入他著名的對人的第二個定義：「有說話能力的動物」（zōon logon ekhon, a living being capable of speech），這句話的拉丁文譯成「理性的動物」（animal rationale）。依她之見，「理性的動物」和「社會的動物」一樣都因誤解而誤譯。亞里斯多德之意並非去定義人的普遍意義，也非要指出人的最高能力，所以譯成「理性的動物」，變成與演說或論理的「言語」（logos）無關，而成為一種「知能」（nous）上的沉思能力，其主要的特徵是，它的內容無法在演說中表現。這當然已經違離了亞里斯多德在這兩則最著名的定義裡面所要表達的真正意義，他是在說明，希臘公民對於人和政治生活之方式的通行意見是：一有演說發生，公民也就開始有了談話的題材，公民們所關心的重點，正是彼此可以交談的內容，由此可見，言說的能力在城邦政治中具有其特殊之意義，對於以城邦政治為藍圖的鄂蘭來說，更是格外重視。

24 Hannah Arendt, *The Human Condition*. pp. 178 ～ 179.

者，宣稱他已做、所做和將做的是什麼。

鄂蘭這種分析是相當新穎罕見的，沒有其他人類的活動對於言說之重視一如在行動領域中她所強調的那般重要，依她之見，在所有其他的活動中，言說只扮演著附屬、次要的角色，它被當作是一種溝通的手段，或僅是某些也可在沉默中完成的事物之附帶條件罷了。以言說作爲消弭爭論或交換訊息的手段，當然相當管用，但是也因此它便很容易爲其他方式，例如手語所取代；此外，如果行動也被視爲是爲達到目的之手段的話，很明顯地，此一目的可能在無聲的暴力中更容易達成[25]。所以，言說和行動是等同的，是屬於相同的階級和相同的種類，她說：

> 「所有出現在人類社群中的必要活動，只有兩種被視為是政治的，並且組成亞里斯多德所謂的『政治生活』，它們是『行動』和『言説』，兩者是展現於人類事物的領域中，並且除它們之外所有其他的活動充其量只不過是一種需求或有用而已。」[26]

爲了強調言說的重要，鄂蘭進一步引用「面具」（mask）的概念以補充說明，她認爲在古老的劇場中配戴面具的人雖將臉孔隱藏，但卻允許表演者眞正的聲音顯現，面具相當於就是某種角色的扮演，其重點是在於角色本身所發出之語言，這具有如下三種意義[27]：

一、戴上一副面具就是去成就一個角色、一個地位，或表現出一種身分。公共領域的存在一如讓戲上演的劇場，使每個角色有演出之所，人沒有角色可扮演或無面具可配戴，他就只能是一個自然的、赤裸裸的、不成形的自我。

二、一個人之持有他的面具，並不是要使自己成爲僞善者，相反地，沒

---

25 Hannah Arendt, *The Human Condition*. p. 179.

26 Hannah Arendt, *The Human Condition*. pp. 24 ～ 25. 鄂蘭對阿契里斯（Achilles）的讚美即是他是個「偉大行為的實行者和偉大言詞的演說家」。

27 Hannah Arendt, *On Revolution*. pp. 98 ～ 103.

有世俗的集會可能就沒有誠實存在，透過公開見證的形式，使每一副面具下之發言謹慎，不敢造假。

三、有了一層面具的保護，人們才能盡情發揮語言的功能，專注於語言的表現力量，使聲音更顯眞實。

沒有公開的身分卻想擁有一個明確的身分是不可能的，戴上面具的人就是扮演一個角色的人，他的行爲舉止是屬於公開的，有戲可演才能評斷戲演得好或不好，面具之下的言談並非只是一種訊息的傳達而已，它最重要之處是「在正確的時刻表達正確的言詞」[28]，這就是一種行動，公開讓大家檢視的行動，才能評斷出是否是在正確的時刻表達正確的言詞。依鄂蘭之意，最好的一副面具就是公民的角色，但是去做遠勝於只是去扮演，亦即應該以主動積極地參與實際的政治行動爲職志。政治行動是在同儕之中直接參與各種對話，或於一適當時機將它書寫出來以便傳閱的活動，它最後的結果可能是經由討論、磋商、說服和妥協的過程而建立共識，或者是在意見充分發揮之後，透過投票表決的方式，形成一種選擇、一項決定或一個判斷，無論如何，它不會是徒勞無益的，最後總會有一個依然保留著不可預測性的實際結果呈現出來。然而，也許不要過分強調形式性的結果較能符合鄂蘭的本意，對她而言，只有經由行動與言說，才能期望完成存在的價值，政治的參與就是透過行動與言說處理人類事物之價值的活動，所以政治行動除了它自己本身以外，應該就沒有任何其他內在的內容或外在的目的；此外，她把在公共論題中眞正好的、偉大的和値得討論的主題，轉變成爲就是政治行動上的政治討論，並且強調那正是享受公共樂趣之所在。

第三節　實踐政治行動之意義

「除了語言以外」沒有其他的能力，可以使「人如此根本地與所有的動

---

28 Hannah Arendt, *The Human Condition*. p. 26.

物區分開來」[29]，而只有政治行動的領域才是人類顯現自我之處，只有該處才有人生之光明希望，其他地方則是晦澀幽暗，因爲人非政治之生活是一種沉鬱苦悶的象徵，人於其中若非變回僅是生物性的存有，就是依循某種社會行爲的模式以取得認同，或爲了對抗社會壓力，反而散漫不經以逃避世俗[30]，政治行動因此是個眞實之自我，或是必須實現一眞實之自我的必要過程，實踐此一過程正是成就人之所以爲人的意義所在。

 自由的具現

在鄂蘭所有的作品中，幾乎都是以思考自由的可能性爲其核心內容，它幾乎是和政治行動同等重要的[31]。她主張，現代人不僅有行動的自由，並且也要求設置一個可讓他們實踐自由的公共領域，因爲這正是現代大部分人所欠缺的；而政治存在的理由，正是由於它能提供如此的一個公共領域，以便利於行動，亦即可讓自由具體實現之地，希臘城邦正是這種政治理念的源頭。因此，依照她的看法，自由的概念並非如我們一般所瞭解的，以一個個體在某些方面能抵禦這個世界到什麼程度的情勢來衡量，或從私人生活的基準爲出發點，以「越少的干擾即有越多的自由」來判斷自由的程度，相反地，她反對這些幾乎普遍被接受的自由觀點，而將自由定位在公共生活裡面，並且以它作爲行動的全貌，亦即自由是公共領域中行動經驗所釋出的意義，它並非單獨地遺留在私人領域中的現象，她說：

> 「他們（按：指古希臘城邦的公民）所謂公共的自由，並不指人們可以依其意志以逃避世界壓迫的內在領域之現象，也非指意志在選項上『任意的解放』（liberum arbitrium）之意。自由對他們

---

29 Hannah Arendt, *On Violence*. p. 82.

30 Hannah Arendt, *On Revolution*. pp. 95 ～ 96.

31 Margaret Canovan 認為鄂蘭在政治理論上最重要的貢獻，可能以對「自由」一字的分析為最。Margaret Canovan, *The Political Thought of Hannah Arendt*. p. 72.

而言只能存在於公共領域中；此一領域是可觸知的、世俗性的具體實在，為人們所創造也為人們所分享，它並非先天即有或是某種容器，而是人造的公共空間或市場，這在古代（城邦體制中）早已將其視為自由得以顯現，和可為人們所環視的場所了。」[32]

雖然鄂蘭希望能承認自由並不侷限在公共領域中，它是「隱藏在所有偉大和美麗的事物背後創造的能源」，但是在她看來，自由能夠完全的發展，只有當它不是隱藏起來，而是顯現在可見的空間中時方有可能。換句話說，自由唯一充分表達之法就是透過政治行動。

在分析「何謂自由」時，鄂蘭提到[33]：所謂「自由」，可分成兩方面來看，一是從「動機」（motive）而來的自由，另一個是從意欲作爲可預測之結果的「目的」（goal）而來的自由，不論是動機或欲求之目的，都具有「決定性的因素」之特色。但是行動之自由則是去「延伸它所可能超越的」一切範圍，行動之所以自由，既不是在理智的指引之下，也非由意志所命令（雖然它需要兩者以完成特殊之目標），而是就在政治行動展開之當下，自由同時顯現[34]。易言之，行動就是一種自由，因爲它包含所有最原始的潛能，透過潛能之實現以改變情勢，創造接連不斷的奇蹟出現，自由的意義就是以如此之方式而予以彰顯[35]。

---

32 Hannah Arendt, *On Revolution*. p. 124.

33 Hannah Arendt, What Is Freedom. pp. 151 ～ 153.

34 鄂蘭認為，由於我們對整個「自由」問題的瞭解，一方面是以傳統基督宗教的水平為主，另一方面就是從基本上就是反政治的哲學傳統理論中得來，以至於我們一直很難能夠理解，可以有一種自由，它不是因為意志的因素而存在，而是就在我們做（doing）和行動（acting）的當下，它已隨同發生。Hannah Arendt, *What Is Freedom*. p. 165.

35 依馬克思之論，政治（他變項）乃源自於經濟（自變項），政治活動是受經濟活動（物質的生產與交易）所制約與影響，因此政治本身並不能獨立自足，而是依隨著經濟的演變而發生變化。這種主張對鄂蘭而言，它是和現代所有政治理論，以及政治經濟學的看法如出一轍，了無新意的，它們都以社會力量的支配現象詮

若以「自由」（freedom）和「解放」（liberation）的意義做一比較，或許更能掌握鄂蘭之本意。鄂蘭經常喜歡對語詞做嚴格的意義區分，以便呈現其原意。依她之見，「解放」一直包含著「從」（from）某處或某事中解脫釋放之意，不論是從自然的需求、艱苦的生活或是從壓迫的社會環境、政治體制當中解放，都隱含著僅是解除禁忌的消極涵義而已；但是自由則是呈現人類活動積極的一面[36]。人類境況之面貌是，人是自然的一部分，同時也是非自然的存有，因爲人能改變自然，擺脫生物需求的指令行動，創造奇蹟，所以人同時也可以是自由和不自由的存有，之所以不自由，是因爲人乃自然的一部分，一直都要面對和解決生物性的需求，而之所以自由，則因爲人可以凌駕自然，於自然之上添加人造的器物世界，但是，自由的先決條件則必須先從自然的負擔中有了某種程度的解放方有可能，解放並不意味著其本身已實現了自由，它只是使自由成爲可能之條件，自由必等到獲得解放的人們一起行動、開創某些新事物之時方才具體實現。例如：希臘城邦的公民透過對奴隸的擁有而得以從勞動中解放，但是他們並非已得到自由，除非進入公共領域中，與其他公民一起行動，方才實現了自由。所以，鄂蘭經常引用奧古斯丁（Augustinus, 354～430）的名言說：「上帝創造了人，這正是一個開始」[37]，有了生命才有行動，有了行動才有開始，有了開始才有可能締造奇蹟，行動之前的解放是自由行動的先決條件，行動眞正的開始才是自由實現之時。

自由和解放之間如此之區分是有其必要的，鄂蘭表示，現代政治之弊端正表現在對這兩個字的模糊見解上，她說：

釋政治，使政治不再被視為是自由的領域，如此一來，她認為，這些觀點都不足以也不能夠瞭解政治真正的本質是什麼，甚至就在政治行動已經實現自由之時，它們的教條已僵化人們的知覺，使自由從人們手中輕易流逝，並且仍然冥頑不化地依循著所謂原始需求的指令行事。

36 Hannah Arendt, *On Revolution*. p. 29.

37 Hannah Arendt, *The Origins of Totalitarianism*. New York: Harcourt, Brace & Co., 1951; New edition with added prefaces, 1973, p. 479.

「今天沒有一件事物，能比企圖藉由政治手段，以『解放』人類之貧困現象更加荒謬，也沒有比這更加徒勞無功，和更具危險性的事了。」[38]

對她而言，貧困問題是社會問題不是政治議題，個體的確應該從貧困中解放。但解放之法不能藉由政治手段來完成，而應透過行政方面的處理，經由專家、行政官僚來解決。依她之見，專門處理人群關係領域（亦即公共領域）的人是「政治家」（statesman or political man），他們所遵循的原則是自由；處理生活領域中之人、事、物的人是「行政官」（manager or administrator），他們所遵循的原則是需要[39]。兩者中，一爲公共事務的參與，一爲社會利益的管理，不能混爲一談。因此社會問題應交由行政官員處理，否則政治行動的自由意義，便會被爲達成解放之目的的暴力方式所取代，而喪失其意義，也會引爆許多意想不到的危險與不安[40]。誠然，目的和手段之間的因果關係很難有一定論，但是我們至少可以確信，我們無法阻止任何人在追求他所認定的價値時，會不擇手段的使用各種可能的方法以完成目的的企圖[41]。

其次，另一個與自由相關的語詞是「平等」（equality）。鄂蘭認爲，平等不是人類的自然境況，不是人類受自於造物者的屬性，「人生而平等」的概念並不正確，人只有透過組織之建立才有可能締造人與人之間的平等。爲進一步說明，她引述希臘城邦「平等共治」（Isonomy，意指城邦中每一位公民在法律之前人人平等的政治參與）的理念以解說平等的意義：

「平等共治保障平等，但並不是因為所有的人被生下來或被造時已經平等，相反地，正因為人依其自然狀況是不平等的，所以才

38 Hannah Arendt, *On Revolution*. p. 114.

39 Hannah Arendt, *On Revolution*. p. 274.

40 Hannah Arendt, *On Revolution*. pp. 90 ～ 91.

41 Hannah Arendt, *The Human Condition*. p. 229.

> 需要一個人為的組織機構，城邦，方才得以藉由其約定的作用使人們獲得平等。平等僅存在於這種特殊的政治領域中，在其中人們彼此是以公民而非私人的身分相遇。我們現在對平等概念的瞭解和古代這種看法之間的差異就在於，我們以為人在出生或受造時已是平等的，並且由於社會和政治，亦即人為之力，所建立的組織機構之浮濫才造成不平等。希臘城邦平等共治的平等，是城邦的屬性而非人的屬性，人們是憑藉公民的身分以確立平等而非經由出生即已獲得平等。」[42]

依她之見，城邦中的政治領域並無所謂統治與被統治之區分，它是每一位公民基於平等的原則，共同參與政治活動的組織方式，這種方式並非「民主」（democracy）之所謂多數統治，或少數服從多數的形式[43]。但是持反對

---

42 Hannah Arendt, *On Revolution*. pp. 30 ～ 31.

43 對尼采而言，個別是不可能被普遍所解釋的，因為我們是從個別找到普遍，非從普遍找到個別，在個體的踐履過程中，才產生真正的歷史。這種對人之個體性的重視，當然深為鄂蘭所欣賞。尼采由於強調個人無窒無礙地全面發揮，不但否定一切規範人性的倫理道德準則，也同時否定上帝的存在，宣稱「上帝死亡」的訊息，以表達有如老子所言的「大道廢有仁義」的基本看法：一切真實在歷程中產生，倫理道德準則應基於人類個體內在之需而建立，非由外在的意識型態所箝制，康德的倫理思想之無法實現，就是因為他是從理論或數學的外在形式建立之故。因此，在尼采的眼中，康德的倫理學是非人性的；此外，神不是人，神是絕對的完善者，所以在神的觀念下（亦是外在）所建立的倫理道德觀念，有限的人類根本無法做到，它違背了人性，是反人性的，故要宣布上帝死亡。尼采之見也相應於班傑明（Walter Benjamin, 1892 ～ 1940）的主張中，他肯定個別的重要性，從而對黑格爾的絕對歷史觀大加撻伐，也反對馬克思以社會為主的看法，此外，由於個別必須被充分尊重，所以依他之見，民主社會中「少數服從多數」的主張也是獨裁的另一種形式，因為少數不僅不被重視而且也被犧牲了（德國政治社會學家 Peter Glotz 曾經形容我們現代的社會是個「三分之二社會」，因為所有的統治者都放棄了社會上最弱勢的另外三分之一，於是三分之二欺凌三分之一的時代遂告來臨；英國學者 Stuart Hall 也分析這種現象說：統治者刻意去討好三分之二，以多數為訴求的對象，這是一種變相的威權主義。循此以往，19 世紀有許多思想

意見者則認爲，所謂的平等共治，事實上卻是爲平民（demos）所統治的最低劣的政府形式[44]，由一群非精英分子所主導的政治，終將走上暴民統治。由於持此看法，遂認爲平等是有害於自由，而重新回到統治與被統治的關係，並建立「主權」（sovereignty）以保障自由[45]。鄂蘭認爲，依照主權本身自立自主的不妥協性，和其主子般的統治性格，是與人的多元性質相牴觸的，並且一旦主權等同於自由，人就不可能獲得自由；沒有任何人可以擁有至高無上的主權，因爲不是一個人而是許多人生存於這個地球上，由一人或一小撮人掌控主權，其他人只能任其宰制，何有自由可言[46]。總之，人的多

家都曾預測，不久將會出現 51%，以多數之名欺侮另外 49% 的狀況，這不啻是人類原始野蠻的復歸）。參見 David Held, *Introduction to Critical Theory: Horkheimer to Habermas*. London: Hutchinson University Library, 1980, pp. 203 ～ 210. 班傑明比鄂蘭大 14 歲，他們同是德國猶太人，他對鄂蘭的影響有跡可循，而鄂蘭也十分敬重他，曾撰寫 Walter Benjamin 一文，於 1968 年 10 月 19 日發表在 New York 雜誌（pp. 65 ～ 156）上，後由 Harry Zohn 英譯，已收錄在 "*Men In Dark Times*" 一書當中，該文記述他們之間深厚的友誼，這是她寫過最好的文章之一。參見 Derwent May, *Hannah Arendt*. New York: Penguin Books, 1986, pp. 44 ～ 46.

44 Hannah Arendt, *On Revolution*. p. 30.

45「主權」（sovereignty）一詞依鄂蘭之意，是等同於「統治權」，這可以說是她對主權觀念及其起源的誤解，她把亞里斯多德的「治理」（governing）視為是「統治」（ruling），遂忽略了亞里斯多德亦曾提及公民之所以為公民，乃在於他們是依照平等原則，輪流充當命令者與服從者的角色之主張，並且此一誤解也導致她對蘇格拉底之後的整個希臘政治哲學之否定評價。George Kateb 指出，在這方面鄂蘭與亞里斯多德之主張是迴然有別的：亞里斯多德視政治、行政和管理的機構，是提供公民行動最廣大的領域，它包括統治和反過來被統治（在機構中運轉）的關係，當然也包括統治那些將來有一天也可能成為統治者（較年長的公民統治較年輕的）的關係，這依亞里斯多德之意是種民主的治理方式；但鄂蘭卻據以為此即為統治，並且主張公民之所以為公民既非統治也非被統治，而是超越此一對立關係的自由行動。換句話說，她取消了一切政府之目的這類她認為無任何意義的問題，公民之政治活動就是為行動而行動。George Kateb, *Hannah Arendt: Politics, Conscience, Evil*. p. 23.

46 Hannah Arendt, *The Human Condition*. p. 234.

元性就是表現在平等和區別上，由於平等，使人們相互的瞭解成爲可能；由於區別，使得言說與行動成爲互動之必須。藉著參與公共空間的行動，平等和區別得以實現，同時也實現了自由；所以平等不是天生即有，只有成爲團體中的一員，並維護彼此之間的平等權力時，人們才擁有眞正的平等；平等本身也不是目的，而是種發明，是種效果，它將人們從生活瑣事之中提升出來，並打開人們的心靈以面對一共同生存的世界。相反地，若將權力限制在一個組織或一個個體上時，不平等隨即產生，人也脫離了其他人的注視，退回原來的私人領域，同時失去了自由[47]。

政治行動之領域是實現自由與平等之領域，也可從「意見」（opinion）的表達上予以瞭解。鄂蘭說：「論辯（debate）構成政治生活的眞正本質」[48]，由於政治行動不是一統治支配的活動，它立基在公民彼此平等的參與權利上，所以在政治行動中，允許個體之間彼此論辯以尋求說服對方的活動存在。說服包括一種接受與否的自由，和在同儕間論辯空間的廣布，使人們於其中相互澄清、淨化意見。論辯正是一種意見的表達，因此如欲將對立於意見的普遍眞理也運用在政治領域裡，則無異是在扭曲和破壞政治的本質。意見的多元性和複雜性正是政治的養料，個體不僅僅「有」意見而且也「形成」意見，並且意見的形成也不是單獨的思考者私人的活動，鄂蘭說：

> 「政治思想是代議性的（representative）。透過從各種不同的觀點去考慮一個特定的議題，或透過呈現在我心靈中那些未出席者的立場，我擬成了一個意見；亦即，我代表他們。……。當我思考一個特定的議題時，我能夠為越多的人設想，那麼我就越能夠想像，如果我是他們的話，我將會如何的感覺與思考，如此一來，我思考內容的代表性就越強而有力，並且我最後的結論，我

---

47 Chaude Lefort, *Democracy and Political Theory*. David Macey (trans.), Oxford: Polity Press, 1988, p. 51.

48 Hannah Arendt, *Truth and Poltics*, in *Between Past and Future: Eight Exercises in Political Thought*. p. 241.

的意見也將更為有效。」[49]

因此，意見的形成要求個體或政治社群平等存在，以便隨時測試意見的有效性，並且提供更多意見使公開論辯持續進行。亦即，論辯、意見的形成和說服都是政治行動的特色，它以平等爲基礎，以自由爲活動整體的面貌。但必須予以強調的是，意見並不等同於私人「利益」（interest），兩者是完全不同的政治現象。依照鄂蘭之意，政治上私人利益常以利益團體的姿態出現，其特色就是盡可能爲其所屬利益辯護，並爭取最優渥之待遇，尤其是當某團體利益成爲多數者之利益時；但意見則是「冷靜和自由的運用其理性」的個人所擁有，並且意見的形成，就在人們不論何時何地，都能彼此自由自在的公開溝通、相互論辯時。所以利益附著於團體，意見則在於個人，自由僅能爲個體所經驗而且是直接的經驗[50]。

貳 權力的形成

韋伯（Max Weber, 1864 ～ 1920）曾把「權力」（power）定義爲：權力是一種把自己的意志強加於他人行爲上的可能性。鄂蘭所瞭解的權力，則與韋柏大異其趣，是指一種經過非強制性的溝通方式，而對某社群的行動達成協議的能力。兩人都把權力當作一種實現於各項行動中的潛能來討論，但是前者所使用的是一種「目的論的行動模式」（the telelogical model of action），即行動者只關心行動能否成功，爲達成目的，行動者據以影響他人意志的手段之操縱力量，才爲主要考量之對象，韋柏名之爲「權力」；後者所使用的則是另一種行動模式，即「溝通式的行動模式」（the communicative model of action），意指權力不只相當於人的行動能力，同時也相當於爲達成協議的行動能力。由於韋柏不以謀求協議而以考慮事情之成功與否以定義權力，故其所謂的「權力」在鄂蘭看來，反成爲一種「暴力」

49 Hannah Arendt, *Truth and Poltics*. p. 241.

50 Hannah Arendt, *On Revolution*. p. 227.

（violence），權力與暴力成爲解釋政治支配運作的兩個面向[51]。

依照鄂蘭之論，權力並非由暴力組成，也非立基於暴力，甚至是經常打擊暴力的。暴力之最大特色在於其工具性質，使用暴力不但可能導致權力之崩潰瓦解，更不可能產生任何權力。權力既不由暴力而來，也非「力量」（strength）之產生，力量是心靈或身體個別所擁有的先天能力，因天賦之不同而有不同之變化，其本身並不能產生權力。權力也不可能由「勢力」（force）所形成，當勢力釋出其力量時，常呈現一種壓迫威脅之局面，所

---

51 Jürgen Habermas, *Philosophical-Political Profiles*. Frederick G. Lawrence (trans.), London: The MIT Press, 1976, pp. 171 ～ 172. 鄂蘭在《論暴力》（*On Violence*）一書中，曾針對下列幾個經常被混亂使用的政治術語做一釐清，她認為這些字的正確使用法，不僅是邏輯文法的問題，同時也是歷史觀點的問題：

(1)「權力」（power）：權力不是單純的行動或能力，但與他人的行動能力密切相關；權力也非個人之私產，它隸屬於團體並與團體共存亡。因此，當我們說某人「有權力」時，實際上是在說明此人正接受確定的一群人所授予的權力，而當此團體消失時，「他的權力」也跟著失去。

(2)「力量」（strength）：力量意指個人先天的能力，它在本質上是獨立的，隸屬於個人無需依賴團體之支持，但是可以任意予以集結，形成整體之力量以摧毀個別之力量。

(3)「勢力」（force）：勢力經常被當作暴力的同義字使用，尤其是當暴力表現出一種高壓手段時。通常在學術用語上，勢力的使用都與「自然勢力」或「環境勢力」有關，是指物理運動或社會活動釋放出來的能量。

(4)「權威」（authority）：權威可分個人的權威，如父子之間，父親的權威，師生之間，老師的權威；以及團體的權威，如古羅馬的參議院（從參議院產生權威），或教會的行政階層（代表上帝的權威）。

(5)「暴力」（violence）：暴力與上述四者最大之區別就在於它具有工具性質，並且就像所有工具一樣，暴力工具之使用乃是為了增加本能的力量而加以設計與運用。

以上見 Hannah Arendt, *On Violence*. pp. 43 ～ 46. 這些語詞分別對應於歷史中不同的政治型態：力量（相當於意志力）對應於超人，權威（相當於敬畏感）對應於羅馬教會，勢力（相當於自然力）對應於資產社會，暴力（相當於工具力）對應於專制獨裁或暴政，權力（相當於共同行動力）則對應於政治治理的本質。

以它可視如一種力量卻不能等同於權力。權力實際上是種能源，它繫攬於人民身上，透過人民一起行動時而凝聚實現，換句話說，權力之產生是藉由人民共同行動所促成，而權力之消失就在人民解散行動之當下，所以鄂蘭說：

> 「藉著人民的支持，國家才產生權力，而這種權力的延續，端賴人民不斷的支持同意。……所有的政治組織皆是權力的表現與措施，人們擁有的權力一旦不再予以擁護支持時，就會立即使之僵化並減弱，這就是麥迪生（James Madison, 1751 ～ 1836，按：美國第四任總統）所說的：『所有的政府皆仰賴民意』的意義所在，這對各種形式的君主憲政或民主政體而言皆是至理名言。」[52]

當人們集聚在一起展開行動時，權力即已從中滋長，所以偉大之權力絕不憑藉於任何暴力，全由人們自動自發共同行動而形成；並且權力本身也非韋柏所說的是目的之手段，它本身即是目的，暴力才是一種手段。

當人們不再支持他們原先所賦予某一政治組織之權力時，權力即開始分裂甚至瓦解，失去權力基礎的政權，如想挽回其權力逐步流失的頹勢，此時暴力工具的介入，可能正是最有效也最直接的手段。然而，企圖以暴力手段來取代權力基礎以建立政權者，或許可立即獲致勝利，但是權力基礎是人，暴力手段是人所製造出來的技術工具，其殘酷之殺傷力的受害對象是人自己，暴力工具的使用者即使能夠成功達到其目的，除了必須付出慘痛之代價外，仍然扼止不住權力一點一滴的流失，除非它能將講求效率和強調服從的「權威」（authority）立即建立起來。然而，根據鄂蘭對「權威」一字之分析指出，權威的本質並不等同於統治，它是存在在同儕之間的一種關係，亦即當人們開始行動時，他們常會習慣尋找有力的支持者以幫助他們貫徹到底，這即是引述毛姆森（Wilhelm Mommsen, 1892 ～ 1966）所說的：

---

52 Hannah Arendt, *On Violence*. p. 41.

「多一點忠告而少施命令，人們是不會忽視忠告的」[53] 之意義所在。對權威的尊崇不必藉助任何威脅利誘，它的忠告常可有效影響行動之依據，然而權威一旦遭受輕蔑之挑釁，或不再有真心誠意的對待時，權威之基礎即失去信任而宣告瓦解。

歸根究柢，權力的基礎仍依據於人們的同意與否，人民共同行動形成權力，權力之表現就在於對某一團體或組織的支持程度上，它說明這些團體或組織可以代表他們並以他們的名義展開行動，而當權力喪失時，即是表示人民已從它們身上收回了同意權。因此，權力一如自由與平等，也和行動與言說一樣，基本上亦是互為主體的，它之所以存在，僅在個體直接參與公共領域互有溝通時方才創造出來，並且這種權力的形成全賴行動的展開或結束，權力的合法基礎在行動之初已建立，行動之過程只是在加強或減弱其合法地位而已；相反地，暴力始終無合法之基礎，並且其所能箝制與影響的，終究只是短暫的現象而已[54]。

參　革命的創造

就如同政治行動是一種開創、再生般，革命（revolution）是我們唯一直接面對，而且是無法避免地對應於開創問題的政治事件[55]。根據鄂蘭之意，革命是推動歷史與政治的動力，經由革命可以再次獲得自由、重建自由，因為革命乃是一種開創或再開創，它打開一個嶄新的公共領域，使人們得以立身其中，獲得展現自我的機會。革命除了可以開啟新生取得自由以外，人們也經常可以在真正的革命行動中重新體驗「公共福祉」（public happiness）之旨趣，因為當人們參與這項政治行動時，他已為自己開啟一個真正屬於人的經驗層次，這種經驗層次在他未參與之前是封閉的，同時這種經驗層次也

---

53 Hannah Arendt, *What Is Authority*, in *Between Past and Future: Eight Exercises in Political Thought*. p. 123.

54 Hannah Arendt, *On Violence*. p. 52.

55 Hannah Arendt, *On Revolution*. p. 51.

多少圓足了「福祉」的眞正意義[56]。此外，鄂蘭發現，從革命的歷史中，革命行動最令人驚訝之處就在於，參與其中的人們通常都不是爲了謀求私利的人，每一次的革命運動，幾乎都是由那些不爲一己之利的人們所領導，並且挺身而出領導群眾的革命領袖，通常都不是受迫害者，也非低下階層的無業遊民，相反地，他們常是一群不感覺自己受迫害、受歧視，但卻無法忍受其他人受迫害、受歧視的社會精英，他們積極行動之動機，不外就是同情憐憫之心的具體發揮，或爲實現正義公理而參與、主導行動[57]。

在鄂蘭的心目中，革命是可以爲人類創造一種新的權力，使人類能夠自由而平等的一起決議政治的行動，依她之見，「（革命）行動僅能依最高之標準判斷，因爲它的本質就是要打破共同被接受的標準，並且是要達到語不驚人死不休的地步」[58]，重新建構一個嶄新的政治組織型態，在最高的政治意義之下，就是一種突破現有準則的創造活動，它不但可以防禦組織內部的自然腐蝕過程，打斷人們生活中例行性的原子性質，同時就其本身而言，就是一種沒有終結目的的創建與再創建。實踐領域由於如此富於創革的潛力，因此極不穩定，必須建立政治制度予以保護，從互爲主體性的自由與平等之結構中產生權力，此權力也同時滋養著其所建立的政治制度。所以組織制度之設計，即是爲政治行動模糊的未來提供可能實現的基礎，並且爲避免本身的惡質化，其主要功能，當然已隱含允許經由確定之原則，以鼓舞不斷革命的精神出現，亦即使革命有發起之由，革命過後更有維繫此一精神於不墜的保護體系存在，以便激發另一次革命的可能，這種革命精神的闡揚正是政治自由最極致的表現。

---

56 Hannah Arendt, *On Revolution*. p. 128. 鄂蘭認為，現代對「福祉」（happy）一詞的瞭解，是在以經濟活動侵害政治領域而形成新的領域（即她所謂的「社會」）中獲得，這對古希臘城邦公民而言，是相當怪異與無法接受的，因為他們所謂「福祉」是在公共領域中實踐政治行動時共同體驗、分享的愉悅幸福之感，這在私人領域中的經濟活動是不可能有如此感受的。

57 Hannah Arendt, *On Violence*. pp. 23 ～ 24.

58 Hannah Arendt, *The Human Condition*. p. 205.

在現實的政治環境裡，爆發於 1956 年的匈牙利革命運動，正是鄂蘭所心儀嚮往的革命形式。當革命的號角一吹響，在短短的十二天之內，匈牙利各地所成立的工人及革命委員會，在在都表現出她所期待的：所有的人皆揭竿而起，爲了參與公共領域，爲了獲得自由與平等，和實踐人類創革的潛能而共同行動，並且就在具體的行動中，自由已實現在所有參與者的身上。這種現象，依照她的分析，也發生在 1871 年的巴黎公社，和 1917 年俄國十月革命的初期。

在《論革命》（*On Revolution*, 1963）一書中，鄂蘭引用歷史上美、法之革命運動，作進一步的分析說明。她指出，1776 年的美國獨立革命，是唯一以政治手段來解決政治問題，並建立憲政體制以確保公共領域的政治行動[59]。由於美國獨立革命的目的是自由，所以在反抗英國統治宣布獨立之後，開國先賢們對新憲法的制訂所關心的課題即是：如何建立一個可以讓公民們追求公共福祉、實現政治自由的領域。於是新成立的憲政聯邦政體乃標榜著創立「自由的基石」（Constitutio Libertatis）[60]之理念，在依法（非依人）而治的設計下，建立起一個穩定且又能持續接受考驗的新政體，並且以分權和制衡的政治制度，確保人民的政治自由。然而，鄂蘭雖稱讚這個革命是「眾人共同深思熟慮而誓言通力完成」的偉大行動，但是她仍爲革命之初的許多承諾並沒有完全實現在憲法上，感到十分遺憾[61]，特別是對政治自由的規劃尤爲她所詬病。依她之見，政治自由是針對參與政府活動的「權利」

---

59 依鄂蘭之見，政治行動本身就是其目的，凡是欲將政治行動作為手段，企圖以政治方式解放非政治內容的，都是最危險的舉動，而且也混淆了公共領域和私人領域應有的原始區分。

60 Hannah Arendt, *On Revolution*. p. 154.

61 這主要是指建國先賢之一的傑弗遜（Thomas Jefferson，1743 ～ 1826，美國第三任總統）對舉行「鎮民大會」（town-meetings）的承諾，後來並沒有列入憲法裡而言。因為鄂蘭認為鎮民大會是「這個國家所有政治活動的原動力」，它相當於一種頗具創革性質的革命委員會，讓人民有直接參與政治行動的公共領域。不過，總體而言，她仍然相信，這個美利堅合衆國在許多方面，還是很接近其開國英雄們的精神的。Derwent May, *Hannah Arendt*. p. 119.

（right）[62]，新政體只保障了代議士的政治自由（她視之爲消極的自由），卻忽略了全民參與的積極自由，使選民和代議士之間形成一種變相的買賣關係[63]，這除了顯示出人民沒有成爲政治行動者外，也使得起初設想實現的政治自由反爲社會利益所奴役。至於 1789 年的法國大革命，則非但沒有美國獨立革命時的優越條件，而且從一開始就爲其沉重的社會問題所羈絆。依照鄂蘭之分析，就如美國一樣，法國革命之初也希望建立一部能夠確保人民之自由的憲法，他們的初衷曾經啟發人類的權力概念，也成功地提供一個可以讓參與者積極展現自我的公共領域，但不久這個公共領域就被後來群眾的私慾所吞併，使得整個革命行動意義完全變質[64]。由於法國大革命標舉著盧梭的「公意」（general will, volonté générale）和羅伯斯比的普遍道德等抽象形式[65]，針對窮人們的處境爲主要訴求，以「解放貧苦人民」的生活取代「解放人民」，使革命遠離三色旗下「自由、平等、博愛」的理念，轉而專注於「社會問題」（群眾的物質需求）的解決，爲窮苦人民開啟政治領域之門，將解放貧窮置於獲取政治自由之上[66]，導致接踵而至的「恐怖統治」抹煞了原本追求的政治自由，革命精神遂先榮後衰，1791 年頒布的憲法形同具文，在正式被採用之前，早已被層出不窮的暴力事件衝擊得失去應有的權

62 Hannah Arendt, *On Revolution*. p. 218.

63 Hannah Arendt, *On Revolution*. p. 276.

64 Hannah Arendt, *On Revolution*. pp. 51 ～ 52.

65 盧梭在《社會契約論》（*The Social Contract*）中提出了「公意」（general will，或有人翻譯為「普遍意志」）和「衆意」（will of all）的概念，兩者之間的區別在於：「公意」著眼於公共的利益，而「衆意」則著眼於私人的利益，公意是每個人的共同利益，衆意則是個別意志的總和。盧梭思想影響法國大革命最顯著之處就是，1789 年所發表的《人權宣言》（The Declaration of the Rights of Man）中第 1 條及第 6 條分別陳述的：「就人的權利而言，人生而自由平等，並維持著自由平等」、「法律在於表達公意」，這無異就是盧梭主張的重現。然而，最引人非議的則是將盧梭的《社會契約論》奉如聖經般的羅伯斯比，他於 1793 至 1794 年間，以盧梭公意之理念為經緯，而主導「恐怖統治」，使法國大革命走向痛苦危險的深淵。

66 Hannah Arendt, *On Revolution*. pp. 74 ～ 75.

威與精神。

鄂蘭的革命理論並非提倡一種嗜血好戰的暴力手段，而是人類許多希望、價值取向的實現方式，她批評教科書上一步步循序漸進地教導革命的形成，是如何從各持己見到共謀反叛，從抵抗運動到武裝叛變，將革命錯解成可以等同於暴亂、政變或戰爭，並且也誤以爲革命是可以被「製造」出來的[67]。依她之見：「革命分子並非製造革命，革命分子正是那些他們知道在什麼時候權力是擺在街上，也知道什麼時候可以撿起它們的人」[68]，眞正的革命不是被任意製造，暴力的運用也不是革命的主要經驗，因爲即使：「暴力的實踐就像所有的行動一樣，它改變了世界，但是暴力所帶來的世界卻可能是一個更暴力的世界。」[69]

第四節　哲學創見與理論缺失

鄂蘭的政治行動論所提出之見解至少涵蓋兩個層面：她一方面肯定人類經驗的價值，藉以突破既有教條的囿限，使其讀者重新檢視規範，並認識和建立對自我經驗之信心；另一方面她透過對歷史的追蹤與反省，把前人的經驗抽絲剝繭地呈現在吾人面前，幫助我們掌握開展人類未來的可能性。對她而言，人類存在的特性就是追求不朽，不朽之基業不但立基在我們生死於斯的世界上，同時更是經由人之具體行動的實踐經驗才得以落實下來，而這唯一的條件就是，人不能自我封閉，必須走出私人領域進入公共領域，生活於同儕之中。唯有一起行動的同伴，才能賦予我們言行舉止的意義，也唯有透過他們作爲目擊者般的出現，才能記錄我們行動的成果以成就不朽，這就是「政治」，「教人如何發揮偉大與輝煌的藝術」；並且人爲了參與政治，

67 Hannah Arendt, *On Violence*. p. 48.

68 陳榮灼、黃瑞琪、蔡英文、羅曉南編譯，《當代社會政治理論對話錄》，臺北：巨流，1986，頁 146。

69 Hannah Arendt, *On Violence*. p. 80.

唯有放棄勞動與工作，積極行動，才有可能被當作「人」來記述，也才能獲得眞正的自由。沒有行動的生活，等於是一個行將枯槁、了無生趣的生命，以鄂蘭慣用的語氣來表達就是「死亡」的生命。她這種論述的方式與態度，給人一種相當激進的選擇：政治存在或不存在？選擇生或屈就於死亡？很明顯地，作爲一位知識分子，她毫不例外地透過她的作品以呈現對人生之激勵，使人讀之頗有躍躍欲試的衝刺感，但是這也成爲她爲人所嚴重詬病之處：太過獨斷的二元論傾向，使人只能嘗試一種選擇（「是」或「不是」），這不但窄化了人、事、物的多元空間，也使其理論表現出一種一廂情願式的主觀論調。

鄂蘭的見解至今仍頗具歧義性，嘗試對她的理論做研究的人，常常得出不同的結論，究竟她對當代政治哲學有何影響，她的貢獻在哪裡？而她論述上的缺失與不足以及備受攻擊的論點又有哪些？這些問題將在底下分別處理。

 獨特的創見與貢獻

先從世人對鄂蘭的推崇說起，有人誇讚她是「當代最具啟發性也最富創意的政治哲學家之一」[70]，她的哲學論述實在是「前所未有」[71]，她爲世人建立了「獨一無二」的典範[72]。這些稱讚的重點有一部分和她的性格息息相關，因爲鄂蘭除了筆鋒銳利、見解獨到而深受激賞外，她更是勇於力排眾議，絕不阿諛媚俗，因此能夠贏得眾人的尊重。

以「艾希曼的審判」事件爲例，艾希曼（Adolf Eichmann, 1906～1962）是二次大戰期間希特勒帝國的安全局統領，專門負責把猶太人送進集

---

70 Bhikhu C. Parekh, *Hannah Arendt and the Search for a New Political Philosophy*. London: Macmillan, 1981, p. ix.

71 George Kateb, *Hannah Arendt: Politics, Conscience, Evil*. p. 1.

72 Mildred Bakan, *Arendt and Heidegger: The Episodic Intertwining of Life and Work*, in *Philosophy and Social Criticism*. Spring 1987, n. l, vol. 12, p. 71.

中營處決的「最終方案」（final solution）簽署人，亦即「死刑執行者」；1945 年德國戰敗，艾希曼潛逃到阿根廷藏匿，直到 1960 年才被以色列情報組織捕獲帶返耶路撒冷公開審判。當時鄂蘭代表時事評論刊物《紐約客》（*The New Yorker*）前往聽審，她驚訝地發現，被安排在防彈玻璃裡面，戴著黑框眼鏡、頭頂半禿、溫文儒雅的艾希曼看起來「既不陰險也不兇狠」，完全不像惡貫滿盈的殺人魔王。就在舉世撻伐艾希曼罪行，即使將他千刀萬剮、碎屍萬段都難以洩恨的喧嘩聲中，鄂蘭卻在《紐約客》陸續發表文章，最後集結成《艾希曼在耶路撒冷》（*Eichmann in Jerusalem: A Report on the Banality of Evil*, 1963）一書出版，提出「平庸之惡」或「惡之平庸性」（the banality of evil）的看法，指出屠殺成千上萬個猶太人的艾希曼並非窮凶極惡之人，也非仇恨猶太人，罪惡不在於這個平凡無奇的可憐人身上，而在於制度。這個主張當然引起猶太世界的強烈不滿，痛罵鄂蘭是「猶奸」，對她予以無情的抨擊，鄂蘭說：「權力和暴力雖是不同的現象，卻常一起出現」。表面上，鄂蘭似乎是爲艾希曼辯護，事實上，鄂蘭的「平庸之惡」想要表達的是「人性的平庸正是苦難的媒介」，艾希曼這個「惡魔」其實只是個不會思考、缺乏現實感，只知服從的平凡人而已。艾希曼面對其罪行的控訴，都是以「一切聽從上級命令行事」回答，他有妻子兒女每天正常上下班、批公文，他只是執行解決猶太人問題的職務卻從來沒有親手殺過一個人。1962 年 6 月 1 日艾希曼被處以絞刑，鄂蘭認爲，艾希曼是個奉公守法執行上級命令、平庸無奇的技術官僚而已，猶太人把血債算在艾希曼頭上，並不足以掩飾、彌補納粹的罪行，因爲他不是針對猶太人犯罪，而是針對全人類犯罪，每一個平庸的、不會思考的（thoughtless）、照章辦事的行政人員都可能成爲第二個艾希曼，犯下惡魔的滔天大罪[73]。

鄂蘭對艾希曼的同情和對以色列某些達官顯要的批評，使她深陷畢生最大的爭議中，但是義無反顧、勇往直前的強悍作風，的確令她言人之所不敢言，展現過人的勇氣與智慧，當然也留下許多發人深省的獨特見解。綜觀她

---

73 Arendt, Hannah, *Eichmann in Jerusalem: A Report on the Banality of Evil*. New York: Viking Press, 1963.

圖 4-5 Eichmann

圖 4-6 Eichmann

圖 4-7 Eichmann

圖 4-8 Otto Adolf Eichmann, 1906～1962

圖 4-9 Eichmann in a bullet-proof glass booth during the public trial.

資料來源：http://en.wikipedia.org/wiki/Adolf_Eichmann

的作品風格受到肯定的部分大抵可分成如下四點：

一 對既有的模式造成衝擊

很明顯地，鄂蘭的理論，並不是一般正規的、學院式的政治科學所重視的配合實用的見解，她的筆觸經常散發出一種大膽的、另類的、挑戰的氣息，使讀者在她不斷嘗試突破、創新的驚人想法中，不自禁地停下思考：是否自己就是陷溺在私人生活的桎梏裡，被勞動和消費拖跩著身子踽躕而行的動物？姑且不論是否同意她的看法，她的確常使人猛然醒悟，我們視爲理所當然的事物，並不就是那麼天經地義、一成不變，有另外一種理解事物的可能方式値得我們重新考量。例如我們習慣崇拜「自然」，視「人工」爲毀損，鄂蘭卻將此一成見顚倒過來：讚美人爲之力對建設世界的功勞，使我們有個安穩舒適的庇護之所，以免於像動物般暴露於自然界粗糙的條件下，自然對人類而言，成爲一種本能需求的代名詞。因此，學者凱遜（George Kateb）說：要瞭解鄂蘭的書並不是那麼容易，每一本都是令人萬分的驚奇，它相反於每一個人的意向習慣，也無法適用於我們在處理日常事務時所運用的一般技巧，透過她的著作，我們經常從固定的傾向中扭折醒轉。終其一生她幾乎都在試圖打破既定的理解模式，因此即使是她的最後一本書《心智生命》，仍然在繼續打破陳規[74]。

二　對政治術語豐富的詮釋

鄂蘭對一般慣常使用的政治語言做了許許多多的區分，有些雖因她個人的偏見而造成曲解，但毫不諱言地，有些的確是睿智之見，她在語言學上精密的解析，確實有助於我們對文字本身之意義的掌握與瞭解，這可以進一步幫助我們在面對混亂的現象時，依然保持理智的清楚分析，而能精準把握事件眞正的意旨。例如：她提到的行動、言說、自由、解放、面具、權力、暴力等等，在她精闢的解說下，這些語詞彷彿重新注入生命般，顯示出迥然不同的意涵。以對「自由」一字的闡釋爲例，當代有許多討論關於「參與」（participation）觀念的論述，似乎在一開始都很感謝她在概念上的釐清。因爲鄂蘭強調在分享公共事物的政治行動中，人展現自由之意義的主張，不但說明人們主動參與的重要，就整體而言，也指出了透過參與的意願，可以促成政府和人民之間的意見交流，表現高度的政治自由之意義。

三　提供更寬廣的經驗輪廓

美國政治哲學家席克勒（Judith Shklar），曾把鄂蘭與所謂歷史上「不

---

74 George Kateb, *Hannah Arendt: Politics, Conscience, Evil*. p. 188.

朽的」（monumental）作家尼采相提並論，因爲，一如尼采的超人哲學，她也不斷地提醒、激勵人們，透過政治行動締造不凡的人生；她也和尼采一樣，實踐「批判歷史」（critical history）的任務，對於歷史事件的過程鉅細靡遺地進行檢證的功夫[75]。因此，她的作品有一個顯著的特色，便是充滿著豐富的歷史資料，她將歷史視爲人類經驗的寶庫，尤其是希臘和羅馬的歷史，對她而言，她所心儀嚮往的政治，是的確曾表現於古希臘城邦之中的政治。

由於對保存於古老歷史中的生活模式，和原始語言的深刻認識，她勾勒出一個比我們現在一般人所能注意到的、更爲寬廣的人類經驗輪廓，並且賦予存在積極的意義——鼓勵人們走入歷史、創造歷史。此外，透過對於歷史的反省與批判，她頗具說服力地解析，「以私人之本質僭取公共之意義」所造成的諸種弊端[76]，也成功地促使我們再次去思考私人生活和公共生活之意義，「幫助我們看到豐富嶄新的一面，以及找到憤恨不滿的原因」[77]；其次她對「非政治」（non-political）和「反政治」（anti-political）的精彩重估，「正是她在思想上鶴立雞群之處」[78]。她的理論之震撼人心的地方，有一大部分就是來自於這些頗具創見的判斷，並且也提供了縝密紮實的研究基礎。哲學家的功能之一就是要如同詩人的功能般，明列出周全的經驗內容，以便提醒人們思考他們專注之外的所有可能，鄂蘭大部分的貢獻即在於此[79]。

四 提升政治活動的自主性

鄂蘭的政治理論的確集中在政治經驗的分析上，這是傳統政治理論和近

---

75 Derwent May, *Hannah Arendt*. p. 89.

76 Noel O'Sullivan, *Hannah Arendt: Hellenic Nostalgia and Industrial Society, in Contemporary Political Philosophers*. New York: DODD, Mead & Company, Inc., 1975, p. 237.

77 George Kateb, *Hannah Arendt: Politics, Conscience, Evil*. p. 43.

78 George Kateb, *Hannah Arendt: Politics, Conscience, Evil*. p. 2; and Bhikhu C. Parekh, *Hannah Arendt and the Search for a New Political Philosophy*. p. X.

79 Margaret Canovan, *The Political Thought of Hannah Arendt*. p. 7.

代政治科學所忽略的部分，事實上，每一種強調都可能是其他人所忽視的某些背景，不過鄂蘭對政治經驗的強調，有其另外一個積極的建樹就是，它不但擺脫政治哲學之作爲社會科學的附庸角色，將兩者之起源、性質、方法、對象做一根本的區分，以便突顯政治哲學的研究性質與獨立地位，同時也提升了政治的自主性。依她之見，傳統政治哲學家並不重視政治哲學的「尊嚴」，它們只觀察政治生活的表面面貌，而未深入探討政治經驗的性質與結構。

哲學家大都將精力投注在對道德生命的探究上，分析道德的困境，提供許多對道德生命不同的衡量，和從各種不同的方式中成就道德的方法，而對政治生命的評價則相對地顯得十分平淡、簡略，欠缺對其豐富多元的性質之描述。此外，從戰爭期間僥倖脫險，走過烽火鼓鼙的現代知識分子，大部分對政治也幾乎深惡痛絕，不但否定政治甚至將政治等同於暴力，並且視政府就是一種將社會均質化，以達到支配、統治爲目的的機關，以及爲了擴張權力不惜與需索無度的利益團體相互勾結、狼狽爲奸……。這些評斷，無庸置疑地，當然加深了人們對政治的負面評價。

鄂蘭的政治哲學主張，的確賦予了政治活動獨特的價值觀，不管是人類的行動或歷史現象，她都以政治性的角度加以觀察或省思，並以政治活動作爲唯一可以美化世界的關懷，透過非暴力的理論基礎，強調權力從活動中建立的事實，鼓舞人們直接參與政治，視政治一如道德和文化，共同形成人類存在的主要方式。因此，依據鄂蘭之意，對政治無動於衷的人，一如欠缺道德本質或沒有文化教養的人般，是有缺陷並且應該接受責難的[80]。她將政治提升爲一種互動性的活動，並且迥異於柏拉圖將政治置於「眞理」的範疇之下，也不同於亞里斯多德將之視爲「至善」的追求，她獨樹一格地將政治劃入「美學」的範圍內，主張非強制性的直接參與政治所臻至的「公共自由」、「公共福祉」，可以等同於締造英雄式的美感追求。肯定政治活動，賦予政治崇高的價值，並鼓勵以政治行動去建立榮耀、創造不朽，這種

---

80 Bhikhu C. Parekh, *Hannah Arendt and the Search for a New Political Philosophy*. pp. 173 ～ 174.

論調，在對政治的一片撻伐聲中，的確令人耳目一新，也打開了許多研究上的新領域。

 理論的缺失與不足

雖然鄂蘭的政治理論，大致有如上面所提的幾點獨特的創見與重要貢獻，但是在許多方面它仍引起很大的爭議，而且論述上也有不足之處。此外我們也應該如此反省：她對政治的思考，是否確實比那些她所反對的意見更爲眞實？她是否已經建立起一套她所謂的「眞正的」（authentic）政治哲學？

一 懷古之思與烏托邦式的理念

鄂蘭據以論述其政治行動的根據，是古希臘時代的城邦政治，然而，我們知道，新的社會是由新的條件所構成的，這些條件也自然而然地改變現代政治的本質與面貌，現代政治不僅不同於中古政治，更與古代政治大異其趣。因此，若欲興革時弊而託古改制，是有可能徒勞無功，且容易被批評爲充滿浪漫的「懷古之思」（nostalgia）[81]，或不切實際的烏托邦理念[82]，鄂蘭在

---

81 Noel O'Sullivan, *Hannah Arendt: Hellenic Nostalgia and Industrial Society*. p. 229. 針對鄂蘭這點幾乎衆所公認的特色，Richard J. Bernstein 卻持相反之論，他認為這是對鄂蘭的錯誤理解，依他之見，鄂蘭的核心論點應該是就植基於人類能力上，可以一起行動、開創的可能性為主要對象，並進一步探討這些可能性中，可以長久保存的是哪些要素；於是，從歷史現象中去反省，她發現了心目中的典範，它們是古希臘城邦、美國革命、巴黎公社、初期的蘇聯，和在 1956 年匈牙利革命期間出現的「公民議會」（the citizens councils），以及美國民權運動和反越戰運動之開始時等等。因此，認為鄂蘭的首要興趣是希臘城邦的「黃金時代」是正確的評論，並且在她的思想中也沒有所謂「懷古的」或是「感傷的」論調。Richard J. Bernstein, *Beyond Objectivism and Relativism: Science, Hermeneutics, and Praxis*. Philadelphia: University of Pennsylvania Press, 1983, pp. 210 ～ 211. 但在此處 Richard J. Bernstein 並不否認鄂蘭思想中的烏托邦成分。

82 Richard J. Bernstein, *Beyond Objectivism and Relativism: Science, Hermeneutics, and*

這方面的立論誠爲一例。

二 對傳統政治哲學的斷章取義

雖然鄂蘭成功地指出，傳統政治哲學中某些鮮少受到批評的主題本身的嚴重誤導，提醒人們重新檢視那些廣被採用的政治主張，它們根本上是非政治甚至反政治的傾向；但是實際上，她對許多重要的政治哲學家之批評都是有問題的，甚至有點故意唱反調的傾向，亦即凡被肯定的皆爲她所否定，反之亦然。引用帕略克（Bhikhu Parekh）的說法就是：她的論述彷彿一幅諷刺畫，當人們強調一個哲學家的思想之確定面貌時，她通常就給予一個破壞性和偏執性的評斷，而且她經常只是批評，卻沒有提出有力的證據以支持自己的論點[83]。此外，爲了歸類的方便，她忽略了哲學家們彼此之間的差異，且因過於誇大他們理論中的部分缺陷，而蹧蹋了許多傑出的見解。這種偏執的評判方式，除了使哲學家們的意見被其片面繼承之外，當然最引人詬病的就是過於武斷所造成的誤解，使她自許建立眞實的努力，反而就是她自己所激烈責難的失眞之處。

三 現象學方法的應用及其困境

一如帕略克所言，鄂蘭「經常只是批評，卻沒有提出有力的證據以支持自己的論點」，凱諾芬（Margaret Canovan）也同樣指出，「她的理論之缺陷，就在於她的思考線索有時變成似乎有點任性似的表達」[84]。在鄂蘭的作品中，她所展現的思考方式是相當多元化的，通常許多思想家們一次只能進行一種論辯時，她就可以在每一種情況中，同時給予兩種以上不同的思考方向，雖然這些思考方向並非多頭馬車各自爲政，而是環環相扣相當豐富也十分複雜，但是它卻無法讓人理出一套整體的系統，亦即她的批評與論述，未

Praxis. p. 210, p. 212; and Margaret Canovan, *The Political Thought of Hannah Arendt*. p. 123.

83 Bhikhu C. Parekh, *Hannah Arendt and the Search for a New Political Philosophy*. p. 49.

84 Margaret Canovan, *The Political Thought of Hannah Arendt*. p. 121.

能成功地提出一組概念，以作爲政治哲學的系統，猶如材料配備樣樣齊全卻端不出一道正式的菜餚般，鄂蘭並未能如眾所期望般建立起眞實反映政治生活之本質的理論架構。我們可以說，鄂蘭的政治哲學是停留在現象描述的層次上，這是她援引現象學的方法，從字義的發展上去尋求古希臘政治的原貌，然後據以逐步建立其理論時所造成的困境。

現象學（Phenomenology）之應用於哲學是始於胡塞爾（Edmund Husserl, 1859 ～ 1938）的創見，現象學的方法基本上是屬於描述性的，主要在爲哲學提供一個揭示人的意識、意向性及人的「生活世界」之結構的解析。現象學和語言學一樣，都依賴語言的分析以確定現象，不同之處在於現象學並不以字詞的一般用法爲主，而是回溯其原始的意義。鄂蘭的政治理論，基本上即是現象學方法的應用，她從字源上去分析政治、行動、自由、平等等概念，並將它們落實於具體經驗之闡釋中，以彰顯其基本的經驗結構，而避免僅是抽象的概念分析。但是由於她過於依賴這個方法，所以有人譏評她是「一種賣弄式的辭典編纂，奠基在一個有趣的信念上：認爲藉由對政治詞彙之字根的研究，就可以使我們知道當時的人（例如在 18 世紀時那些美國人）的所做所爲。」[85] 此外，現象學家以探討文字的起源、文字的原始意義，作爲認識現象的基礎，使得他們專注於各自獨立的現象分析，而拙於處理它們之間的內在關聯，這個缺點也發生在鄂蘭的身上，她可以很敏銳地指出，每一個活動其獨特的性質與經驗的形式，但對於活動與活動之間相互的影響與聯繫之解釋，則顯得左支右絀，無法提出有力的說明。

四 欠缺整體關懷的二元論色彩

由於鄂蘭過於強調私人領域與公共領域的絕對區分，認爲以私人僭取公共，「一定」會破壞公共的性質，或以解決經濟的行政問題作爲政治行動的主題，「一定」會抹煞政治原有的本質，無形中她已使自己掉入決定論的窠臼中而不自知。況且若以現行政治的實際狀況來看，幾乎沒有任何一種活

85 Noel O'Sullivan, *Hannah Arendt: Hellenic Nostalgia and Industrial Society*. p. 247.

動，可以被極端地區分成私人的或公共的，反而是經常以同具兩種性質的狀況出現，並且對於所謂的經濟問題、社會問題或政治問題等，我們也無法在它們之間做出涇渭分明的判別，至於勞動、工作和行動的劃分，也只有在一個純粹靜態的社會秩序裡面才有可能看見。因此，在現實生活中，人們往往交織於人類整體性的活動中之事實，已明顯地反映出鄂蘭方便思考的二元論色彩之缺失，並且也進一步發現其主張，幾乎是以二元排比的方式而呈現出各種變形：

vita activa	public realm	world	politics
----------→	----------→	----------→	----------→
vita contemplativa	private realm	nature	society
statesman	freedom	happiness	ends in itself
----------→	----------→	----------→	----------
adminstrator	liberate	property	means to others

圖 4-10

資料來源：筆者自繪

這種僵化的二元觀念，不但阻礙她去注意經濟影響政治的層面，同時也使得政治思想明顯欠缺對經濟活動和社會性質的探討。

事實上，就當代所迫切需要解決的問題來看，經濟利益的分配比起政治自由的建立，顯然是更為大眾所需要，鄂蘭沒有理由避重就輕地專注於較不普遍被接受的價值。況且，政治之所以為政治，以其本身即為政治活動的目的之說法，過於牽強，至少人們之從事於政治活動的原意，是有其特殊之目標企待完成，亦即政治的目的應該允許有一部分可以存在於其外，而非完全包容於其中，並且政治活動也不是在眞空中操作演練，它是在開放的社會結構裡面與經濟任務糾結纏繞，部分重疊部分獨立運作，一起分享整體結構也同時互有牽制與強迫。所以，鄂蘭強調政治的自主性，雖有其正面的意義，但它卻不可能因此即可與其他經濟、社會的活動完全切割。

此外，在現今以功利掛帥的社會，要讓每一個人純粹的「欲求行動」，實在有如緣木求魚。人民為正義、為報酬而行動的可能性，遠勝於僅是為行動而行動，更何況沒有人可以強迫其他人減少對私利的關懷，而完全奉獻於公益上。而且，也不是只有政治行動才能助人完成人之所以為人的尊嚴與意義，類似有「非洲之父」美名的史懷哲博士（A. Schweitzer, 1875～1965），遠離都市文明，投身於非洲叢林，懸壺濟世長達五十年之久，以及「現代修女」德蕾莎修女（Madre Teresa, 1910～1997），大半生的歲月都蟄居於印度，為貧病孤苦之人服務等等，不也是除了政治行動以外成就不朽的另一種方式？鄂蘭過於強調政治的尊嚴、政治行動的重要性之結果，已使她幾乎遺忘了政治活動本身也有它無法避免的消極性質，例如人性的貪婪、權力的爭逐、貪汙欺詐等等敗德行徑的層出不窮，皆不是僅透過政治行動就可以完全消除盡淨的，並且政治生命的複雜性，也不是每一個人皆可以承受，「紅顏棄軒冕，白首臥松雲」的自在逍遙，可能對某些人而言，才是生命意義最圓融和諧、最完滿的境界。

無論如何，對於鄂蘭的政治行動論較為中肯的批評，應該可以如下的評論作為結論：雖然鄂蘭並沒有建立「眞正的」政治哲學，但是她的確已經提供了基本的要素[86]。此外，值得一提的是，身為女性哲學家，鄂蘭雖然從未公開為女權奮鬥，但她躋身於男性政治哲學家行列所樹立的典範，對女性後學就是最直接有力的鼓舞，而她的主要主張——政治行動論，正是對於久蟄於私人領域中的女性之當頭棒喝，催促她們必須走入公共領域具體行動才能獲得眞正的自由。鄂蘭直接越過性別的議題，以「人」的角度思考人的意義，不分男女，公共領域裡的政治行動才是確認身分、創造意義的主要場域。

鄂蘭不是女性主義者，她是一位哲學家！

---

86 Bhikhu C. Parekh, *Hannah Arendt and the Search for a New Political Philosophy*. p. 176.

影片資料

．布魯諾．牛頓（Bruno Nuytten）導演，《羅丹與卡蜜兒》（*Comille Claudel*），臺北：年代影視，1990，片長約 176 分。

簡介：真人實事的藝術家戀情，男女主角都是當今法國最紅的影星，演來有如時人時景重現眼前，值得一看再看。才情相當的男女既互相吸引也彼此較勁，如何在愛戀時的奉獻犧牲中，仍保有自己的創作空間和確立屬己的成就表現，實在是一門艱難的學問。有一本專論這方面的書值得推薦：Whitney Chadwick & Isabelle de Courtivron 主編，《愛人，同志——情慾與創作的激盪》（*Significant Others: Creativity & Intimate Partnership*，許邏灣譯，臺北：允晨文化，1997），此書不是一本討論同性戀的書，而是蒐集了十三對文學界、藝術界的情侶檔（不限夫妻或異性），描述他們之間互相依賴、合伙共事，既是情侶又是競爭對手的互動關係，精彩且感人。

．茱莉．泰摩（Julie Taymor）導演，《揮灑烈愛》（*Frida*），臺北：中藝國際影視，2002，片長約 125 分。

簡介：墨西哥著名女畫家芙烈達．卡蘿（Frida Kahlo, 1907～1954）的傳記電影，她因繪畫認識她的丈夫知名大畫家狄亞哥．里維拉（Diego Rivera, 1886～1957），兩人分分合合、各有緋聞韻事；芙烈達幼年罹患小兒麻痺，原本志在習醫，18 歲時一場幾乎喪命的車禍讓她躺臥病床畫出自己內心的痛苦，而開啟了畫家生涯。此片獲得 2002 年美國「國家影評人協會最佳影片」、「美國電影協會年度十大佳片」、「2002 年威尼斯影展開幕片」，女主角榮獲金球獎、奧斯卡金像獎提名肯定。電著小說是知名的藝術史家海登·賀蕾拉（Hayden Herrera）根據芙烈達的私人資料，以及畫家友人的回憶所寫之《揮灑烈愛》（*Frida - A Biography of Frida Kahlo*，蔡佩君譯，臺北：時報文化，2003），作者以其專業素養詮釋芙烈達一生及其作品，更是精彩動人。

- 瑪格麗特·馮·卓塔（Margarethe von Trotta）導演，《漢娜·鄂蘭：真理無懼》（*Hannah Arendt*），臺北：台聖多媒體股份有限公司，2013，片長約113分。

簡介：猶太裔的德國人漢娜·鄂蘭（Hannah Arendt, 1906～1975）是20世紀公認的傑出政治哲學家，本片是德國導演Margarethe von Trotta執導的鄂蘭之傳記電影，將她極富戲劇性的一生詮釋得淋漓盡致，讓她鮮明的性格、備受爭議的論述，生動地再現在世人眼前。片中鄂蘭面對艾希曼在耶路撒冷的世紀審判事件，不畏「猶奸」的指控，力陳「在政治中，服從就等於支持」，當社會上大多數的人不思考、造成集體的冷漠，最終就是將整個社會推向瘋狂的犯罪，「最極致的邪惡竟是平凡人所為」，正是她著名的「平庸之惡」或「邪惡的平凡性」（the banality of evil）之重要主張，這個論述讓她成為「橫眉冷對千夫指的女巨人」。本片曾榮獲德國電影大獎之最佳女主角、最佳影片銀獎，巴伐利亞影展之最佳女主角，瓦拉多利得國際影展之銀穗獎最佳影片等殊榮。

主要參考文獻

一、中文部分

Whitney Chadwick & Isabelle de Courtivron 主編，《愛人，同志——情慾與創作的激盪》（*Significant Others: Creativity & Intimate Partnership*），許邏灣譯，臺北：允晨文化，1997。

伊絲貝塔‧愛婷爵（Elzbieta Ettinger），《女哲學家與她的情人》（*Hannah Arendt and Martin Heidegger*），蘇友貞譯，臺北：麥田，1997。

海登‧賀蕾拉（Hayden Herrera），《揮灑烈愛》（*Frida-A Biography of Frida Kahlo*），蔡佩君譯，臺北：時報文化，2003。

陳榮灼、黃瑞琪、蔡英文、羅曉南編譯，《當代社會政治理論對話錄》，臺北：巨流，1986。

漢娜‧鄂蘭（Hannah Arendt），《帝國主義》（*Iwperialism*），蔡英文譯，臺北：聯經，1983。

漢娜‧鄂蘭（Hannah Arendt），《極權主義》（*Totalitarianism*），蔡英文譯，臺北：聯經，1983。

漢娜‧鄂蘭（Hannah Arendt），《極權主義的起源》（*The Origins of Totalitarianism*），林驤華譯，臺北：時報文化，1995。

二、英文部分

Arendt, Hannah, *The Origins of Totalitarianism*. New York: Harcourt, Brace & Co., 1951; New edition with added prefaces, 1973.

Arendt, Hannah, *The Human Condition*. Chicago: University of Chicago Press, 1958.

Arendt, Hannah, *Between Past and Future: Eight Exercises in Political Thought*. New York: Viking Press, 1961; Enlarged edition, 1968.

Arendt, Hannah, *On Revolution*. New York: Viking Press, 1963; Revised second edition, 1995.

Arendt, Hannah, *Eichmann in Jerusalem: A Report on the Banality of Evil*. New York: Viking Press, 1963; Revised and enlarged edition, 1965.

Arendt, Hannah, *Men in Dark Times*. New York: Harcourt Brace & World, 1968.

Arendt, Hannah, *On Violence*. New York: Harcourt, Brace & World, 1970.

Arendt, Hannah, *Crisis of the Republic*. New York: Harcourt Brace & Jovanovich, 1972.

Arendt, Hannah, *The Life of the Mind*. New York: Harcourt, Brace & Jovanovich, 1978.

Arendt, Hannah, *Lectures on Kant's Political Philosophy*. R. Beiner (ed.), Chicago: University of Chicago Press, 1982.

Bakan, Mildred, *Arendt and Heidegger: The Episodic Intertwining of Life and Work*, in *Philosophy and Social Criticism*. Spring 1987, n. l, vol. 12.

Bernstein, Richard J., *Beyond Objectivism and Relativism: Science, Hermeneutics, and Praxis*. Philadelphia: University of Pennsylvania Press, 1983.

Canovan, Margaret, *The Political Thought of Hannah Arendt*. London: J. M. Dent & Sons Ltd, 1974.

Habermas, Jürgen, *Philosophical-Political Profiles*. Frederick G. Lawrence (trans.), London: The MIT Press, 1976.

Hansen, Phillip, *Hannah Arendt: Politics, History and Citizenship*. Cambridge: Polity Press, 1993.

Held, David, *Introduction to Critical Theory: Horkheimer to Habermas*. London: Hutchinson University Library, 1980.

Kateb, George, *Hannah Arendt: Politics, Conscience, Evil*. Totowa, New Jersey: Rowman & Allanheld, 1983.

Lefort, Chaude, *Democracy and Political Theory*. David Macey (trans.), Oxford: Polity Press, 1988.

May, Derwent, *Hannah Arendt*. New York: Penguin Books, 1986.

Parekh, Bhikhu C., *Hannah Arendt and the Search for a New Political Philosophy*. New Jersey: Humanities Press, 1981.

O'Sullivan, Noel, *Hannah Arendt: Hellenic Nostalgia and Industrial Society, in Contemporary Political Philosophers*. New York: DODD, Mead & Company, Inc., 1975.

Rousseau, Jean Jacques, *The Social Contract*. New York: Hafner Press, 1947.

Young-Bruehl, Elisabeth, *Hannah Arendt: for Love of the World*. New Haven and London: Yale University Press, 1982.

三、網路資料

http://memory.loc.gov/ammem/arendthtml/arendthome.html

http://en.wikipedia.org/wiki/Adolf_Eichmann

第五章

性別差異與性別平等教育

思考題

Q：回想一下，小時候別人送給我們的禮物種類，和我們的性別有沒有關係？小時候最喜歡收到什麼禮物？這又和性別有沒有關係？

Q：成長過程中，受到最多的叮嚀是什麼？這些叮嚀和性別有沒有關係？

「活潑如小羊，忙碌如蜜蜂——
這樣的小女孩，人人爭睹她的神采。
溫婉如紫羅蘭，甜蜜如玫瑰花蕾——
這樣的小女孩，人人期望她到來。
明亮如鑽石，純潔如珍珠——
這樣的小女孩，掃去一切陰霾。
快樂如知更鳥，溫柔如鴿子——
這樣的小女孩，人人都喜愛。
飛去尋找她吧，我這首小小的歌，
因我選擇這個小女孩作為我的摯愛。」

〈可愛的小孩〉～～～ Emilie Poulsson, 1853 ～ 1939[1]

「哥哥、爸爸真偉大，名譽照我家，為國去打仗，當兵笑哈哈，走吧、走吧，哥哥、爸爸，家事不用你牽掛，只要我長大，只要我長大……」

「妹妹背著洋娃娃。走到花園來看花。娃娃哭了叫媽媽。樹上小鳥笑哈哈……」

---

1 William J. Bennett 編著，《美德書》（*The Book of Virtues: A Treasury of Great Moral Stories*），吳美真譯，臺北：圓神，1998，頁 0015 ～ 0017。

～～～請將上列兩首童謠中的性別對換過來唱一遍

第一節　生理性別和文化性別

壹　男女有別

在日常生活中，我們通常認爲男生比較粗枝大葉，女生比較溫柔細心；刀槍機械是屬於男生的玩具，家家酒、洋娃娃是屬於女生的遊戲；男生適合當醫生、工程師，女生適合當護士、老師，等等。性別可說是一個人最被注意的特徵，當我們能夠確定對方的性別後，我們對待他們的方式就產生不同。例如：聽到某某人剛生了小娃娃，第一個浮現的問題常是：「是男孩，還是女孩？」寶寶一出生，也馬上被以象徵男女性別的淡藍、粉紅色毛巾包裹起來；接著禮物、衣服、玩具……，就依照這種性別宣示，井然有序地進行。如果有人不按牌理出牌，比如上街時看到一位無法分辨是男是女的人迎面走過時，我們通常會有點疑惑地悄悄回頭再瞧一眼，以便確定其性別。佛洛依德就曾說過：「當你遇到一個人的時候，最先做的區分就是『男生』或『女生』。」[2]

性別區分讓我們有所預期，男生是這樣，女生是那樣，藉此我們可以明確地判斷，應該如何與他或她談話、接觸，應該保持何種距離。但是，這種規範只是爲了方便社會生活，卻不能因其性別，而限制他或她的發展。最常見的現象就是，我們都知道男女有別，但卻有「優劣之別」的偏見，總認爲，男生比較強、比較優秀、比較值得栽培；更甚者還有所謂的「厭女症」（Misogyny）或「厭女主義」（Misogynism）現象，對女性有種厭惡與憎恨的敵意，以至於仇恨、貶抑、歧視女性，中國古代所謂「末喜、妲己和褒姒

---

2 Bernice Lott，《女性心理學》（*Women's Lives*），危芷芬、陳瑞雲譯，臺北：五南，1996，頁 70。

導致夏商周三代滅亡」，這類的「女禍史觀」、「紅顏禍水」論調，其實就是一種仇女、厭女的現象。

事實上，性別之有差異，就像人與人之間有許多的不同，重視差異，給予適情適性的培育，每一個人都可以有不錯的表現。有一句話說：「放對了位置就是人才，放錯了位置就成了蠢才」，功課好有事業心的女兒，為什麼非得要她當個安於相夫教子的家庭主婦？怎麼訓練都不想成為「頭好壯壯」的兒子，為什麼非得要他硬著頭皮當強人？

因擔任八部《哈利波特》（*Harry Potter*）系列影片中的妙麗一角而走紅的英國演員艾瑪・華森（Emma Watson, 1990～），2014 年獲邀成為「聯合國婦女權能署」（簡稱婦女署，UN Women）的親善大使，協助婦女署首次推廣「HeForShe」的運動，中文可以直接翻譯作「他為她」，其實質意涵就是號召男性加入原本被認為僅與女性相關的性別平權運動，希望藉由「男性促進女性權利」，加速成就性別平等的理想。華森首次在聯合國總部發表將近 12 分鐘 HeForShe 運動的演說重點是：我們想要終止性別不平等的信念需要所有人一起參與，因為大家都是性別平等的最佳代言人，「爭取女性權利的女性主義」並不等於「厭男主義」（Man-hating），邀請男性加入爭取性別平權行列，可讓男人也跳脫性別框架，這是為男女共謀福利的事業，華森推動的 HeForShe 也是種 SheForHe 的運動。

 貳 性別刻板化

男女是有先天上的區別，但是其差異性並沒有我們想像中那麼大，何況有很多差別是我們後天發展的結果。可以說，男女在行為及性格上的差異，大都是由社會因素所造成，如個人出生背景因素、周圍親友的期望、社會化歷程、社會的酬賞等等。

1974 年，在多明尼加共和國有一項有趣的性別研究指出，曾有十八位被當作女孩撫養長大的小孩，在 12 歲左右，這些幼年時陰部較為肥厚的女孩突然長出了陰莖變成男生，後來的追蹤調查結果顯示，面對這種性別轉變，十八人中只有一人在青春期之後仍裝扮成女性，有二人在研究期間死

亡，其餘以男性之身分結婚生子並無困難[3]。

另一個著名的研究案例，是發生在 1965 年出生在加拿大溫尼伯市（Winnipeg, Manitoba, Canada）的同卵雙胞胎兄弟布魯斯（Bruce, 1965 ～ 2004）和布萊恩（Brian, 1965 ～ 2002），兩兄弟於 1966 年 4 月八個月大時進行割包皮手術，醫院電灼燒刀不幸發生故障導致電流過強，將先進行手術的哥哥布魯斯的陰莖燒焦，當時人工陰莖手術尚未成熟，醫生宣告壞死的陰莖日後將不能人道。事件發生後十個月，自責的年輕父母正好看到加拿大廣播公司（CBC）製作的一個訪談節目，介紹來自美國霍普金斯大學（Johns Hopkins University）性學專家曼尼博士（John William Money, 1921 ～ 2006），在該大學成立的「性別認同診所」所進行的變性手術；曼尼提出「性別認同門檻」理論，認爲 2 歲半到 3 歲是性別認同的臨界點，在這之前可以把小孩依照父母的意願塑造成爲他們所希望的社會性別，不管他們的生物性別是男是女。於是在 1967 年 7 月小孩 1 歲 11 個月大時，他們讓布魯斯接受這位專家主持的變性手術，包括去除睪丸、建構女性外陰，並改名爲布蘭達（Brenda），與弟弟布萊恩成爲這項實驗絕佳的對照組合。這項變性手術一直被曼尼等研究者視爲成功的實驗，他們持續追蹤觀察並宣稱：兩位原本是雙胞胎的兄弟變成姊弟之後，到了 5、6 歲不管是在玩具的選擇或活動力、行爲表現上，都有明顯的性別差異，顯見父母的教養方式已經產生了男女行爲的分化[4]；曼尼並計畫在布蘭達進入青春期前，讓他開始服用雌激素以助長胸部的發育，以及進行人工陰道手術。不料，這些安排卻被日漸長大的布蘭達所拒絕，因爲布蘭達開始懷疑自己眞實的性別，雖然父母隱瞞事實，再三保證強調他是女兒身，他卻從未覺得自己是女孩。經由溫尼伯當地精神醫師的建議，布蘭達的父母終於吐露實情，而布蘭達也在 14 歲時毫不猶豫地恢復成爲男兒身，取名爲大衛．利馬（David Reimer），接受定期睪固酮的注射，切除服用雌激素長大的乳房，並於 16 歲那年進行陰莖再造

---

3 Bernice Lott，《女性心理學》（*Women's Lives*），頁 38。

4 Susan A. Basow，《兩性關係——性別刻板化與角色》（*Gender: Stereotypes and Roles*），劉秀娟、林明寬譯，臺北：揚智，1996，頁 53。

手術，1990年25歲時結婚，成爲三個孩子的繼父。1997年6月27日約翰·科拉品托（John Colapinto）第一次拜訪大衛·利馬，在1998年12月號的《滾石雜誌》刊登將近兩萬字的專訪，這項痛苦折磨的性別實驗，終於引起世人廣泛的討論和注意，而曼尼的研究也因此一事件深受質疑，聲譽受到極大的打擊[5]。這個事件的後續發展讓人遺憾，大衛·利馬的雙胞胎弟弟布萊恩死於抗憂鬱症藥物與酒精混合的中毒意外，他本人則始終無法擺脫與父母之間的心結，加上離婚、弟弟猝死，他以自殺方式了斷自己錯亂的一生[6]。

圖 5-1 John William Money, 1921～2006

圖 5-2 David Reimer, 1965～2004

性別究竟是先天還是後天的，或者先天和後天的影響成分哪個較占優勢的研究，目前仍在持續進行中，若說性別天生實在失之武斷，若說後天造就，又忽略生物性的力量。事實上，許多專家大致認爲，男女的確有別，但此一有別，後天加工誇大的成分實遠超過先天的基礎；換句話說，「心理層面的可塑性」是相當大的，在成長的過程中，他人的期許、社會的鼓勵，造成我們刻意並持續表現出符合期待的特質，也同時排斥不符合期待的行

---

5 約翰·科拉品托（John Colapinto），《性別天生——一個性別實驗犧牲者的真實遭遇》（*As Nature Made Him: The Boy Who Was Raised As a Girl*），戴蘊如譯，臺北：經典傳訊文化，2002。

6 參見 http://en.wikipedia.org/wiki/David_Reimer，以及 You Tube 有段 8 分 42 秒加拿大 CBC News 的報導：大衛·利馬自殺後記者訪問其父母及其生前的照片、電視專訪等珍貴資料 http://www.youtube.com/watch?v=uDb-rNvyzkA。

爲，形成所謂「性別刻板化」（gender stereotype）的結果。

所以，男女性別是可以從生理上（先天的）和文化上（後天的）的差別來看。從生理性別來看，男女有先天上的差異，但並沒有可靠的資料證明有陽剛陰柔甚至優劣之別，而男尊女卑的觀念更可以說是後天灌輸的結果，是隨著文化發展形成的現象。換句話說，男生和女生的不同，有絕大部分是因爲我們的刻板印象，助長了差異的擴大，並形成一種社會的評價標準，符合性別的表現就有正面的鼓勵，反之則否。不僅對自己也對別人，我們都用這套性別認知的過濾器來指導也規範行爲，它對我們的影響是深遠且強而有力的，而且往往對我們的發展潛能造成莫大的阻礙。

將男女嬰兒以藍色毛巾或粉紅色毛巾包裹區分，並沒有什麼不對，這可以是爲了方便辨識，但值得注意的是，很多人就因爲這樣的性別區分基礎，在撫養嬰兒的過程中，因預存的性別偏見而窄化嬰兒自身的發展。大部分的父母會規範男女嬰兒表現出符合性別要求的行爲，而比較不會針對其個別能力予以超越性別限制的鼓勵，男女嬰兒由此展開不同的學習歷程，隨著年齡的增長，性別的差異乃隨之擴大。生理的性別透過社會化的過程成爲文化上的性別，這個分道揚鑣的歷程，從出生就開始一直持續到終身[7]。

---

7 男女的性別區分就從取名字開始，女生的名字大致都含有「淑麗溫婉」之意，女兒生多了就得「招弟」、「芷秀」；男生的名字則大致是「剛健強壯」之意。網路上曾流傳一些有趣的名字如下：

戶政事務所接獲改名案例	
吳仁耀（好可憐～）	俞人傑（4 月 1 日）
傅步祥（祇怪老母～）	咸希樊（一碗多少？）
孟怡（夜長夢多～）	馬鈴淑（吃多ㄌ會噗噗喔～）
呂彤智（姓藍也可以）	尤詠慈（全票 100 兒童票 60）
曾桃燕（討厭～）	廖詩勁（企檢查膀胱ㄅ～）
蔡仕長（青菜特價 18 元）	任純雯（生過 baby 了）
麥瑩（為了十萬塊）	常杏嬌（醫學證實有益健康……）
陳健仁（這名字很常見）	夏建（劉太太不冠夫姓）
甘禮良（X 其邁不稀奇）	魏笙梓（我用百吉牌～）

參 生理性別

男女在先天上的確是有別，但優劣之別則是後天加上去的價值判斷。男女兩性在生物學上的先天差異，主要是從染色體、激素和生殖器官三方面來看：

一 染色體

男女生最根本的差別乃在遺傳學上，性染色體和性染色質的不同。人有二十二對（四十四個）常染色體和一對（二個）性染色體，女性的基因型是 XX，男性的基因型是 XY。女性卵子都載有 X 染色體，男性精子則可能載有 X 或 Y 染色體，研究顯示：

↗載 X 染色體的精子：體積大、游動慢、壽命長。

↘載 Y 染色體的精子：體積小、游動快、壽命短。

青春期的女性通常每個月排出一顆卵子，卵子的壽命大約是 24 小時，而男性的精子排出後其活動力可維持 3 ～ 7 天[8]。遺傳異常而帶過多的 Y 染色體的男子，即 XYY 基因型的男性極爲少見，據說這類男子身材特別高大、爲人粗暴，並具有反社會傾向，倒是尚無事實證明 Y 染色體具有使人品質優良的理想特性。

在達爾文進化論的研究中曾經指出，雄孔雀耀眼的尾巴和雄獅亮麗的鬃毛不但與生存無關，反而容易因目標明顯而遭來殺身之禍，但卻因爲吸引雌性青睞而在進化過程中仍被保存下來。雌性動物傾向選擇優異的雄性動物之擇偶策略，在人類也是一樣，隨著女性不斷選擇聰明優秀的男性，使得因遺傳突變導致個體更爲成功的男性之基因得以傳宗接代下來，結果擁有成雙的

---

8 Frederic Martini，《解剖生理學》（*Fundamentals of Anatomy and Physiology*），彭英毅編譯，臺北：藝軒，1992，頁 801 ～ 827。

突變基因之女性越來越多加上擇偶傾向，也促成一代比一代更爲聰明的現象，從生物遺傳進化角度來看，女性成爲智商演化的推手[9]。

二 激素

性激素是雄激素（男體多）、雌激素（女體多）和孕激素、睪酮素的總稱，遺傳上和性器官上的差別，是透過性激素的作用來實現其對性發育和性生殖的影響。不過，我們必須知道，男女性都擁有全部種類的激素，兩性的區別是建立在激素的相對比例上，而不是絕對的區別；亦即，我們可以發現某些女性就其個人情形是雌激素多於雄激素，但和某些男性相比，她的雄激素反而比該男性多；例如在更年期中的女性體內雌激素，就有可能少於青春期中男性體內的雌激素。一般而言，雄激素多的個體，表現較積極、主動、具攻擊性，雌激素增加則顯文靜、被動、順從；一個人不分男女，在一天之中，其體內雄、雌激素就有消長的起伏變化，而且某些女性的雄激素

---

9 2002 年時有個有趣的報導指出：經過生物學家的研究發現，決定智商的八對基因全位於 X 染色體上，因此：

(1) 男生是 XY，X 是來自母親，Y 是來自父親，所以男生的智商全部都是來自母親的遺傳。

(2) 女生是 XX，所以女生的智商是父親跟母親各有一半影響。

(3) 由於男生的 XY 染色體無法互補，所以遺傳突變時男性較有兩極化的現象：極端聰明或愚笨，男性聰明和弱智者的數目比女性來得多。

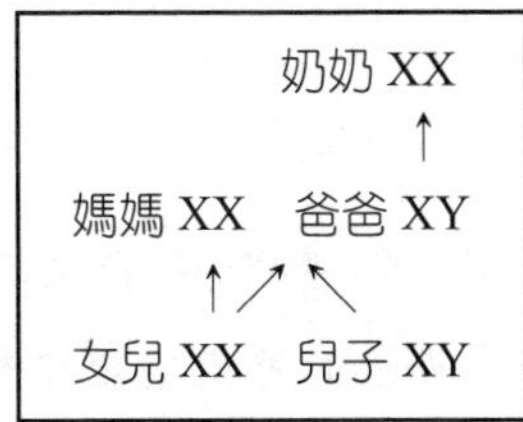

這個研究的弦外之音是，當我們考慮結婚時：

(1) 男方若想擁有優秀的下一代要注意女方的智商而不是她的美貌。

(2) 女方若發現男方很聰明，就得小心她可能會有「厲害的婆婆」。

(3) 將來孩子功課不好、表現欠佳時，該罵誰可別搞錯對象！

也可能比某些男性多的情形看來，男女兩性並沒有先天上男剛女柔的絕對區分。

三 生殖器官

在內生殖器官上，男性爲睪丸女性爲卵巢；在外生殖器官上，男性性器官（輸尿管、陰囊及陰莖）和男性導管（精囊、輸精管及射精管），女性性器官（小陰唇、大陰唇及陰蒂）和女性導管（子宮、輸卵管及陰道）。我們通常是直接從外生殖器官，來判定男女的性別，但是，在懷孕的過程中，如果發生激素不正常的增減，都有可能產下下列性異常的嬰兒，例如[10]：

1. AI（androgen insensitivity）

具有男性內生殖構造（睪丸），但有女性的外生殖器官者。

2. CVAH（congenital virilizing adrenal hyperplasia）

內部生殖系統是女性（染色體XX），出生時外陰部不明顯或帶有陰莖。

3. SCA（sex chromosome abnormalities）

性染色體異常：XXY 的女性，不孕、低智、高胖、性發育遲緩、雄激素低；XO 的女性，沒有卵巢，脖頸周圍和腎臟發育不全；XXX 的女性，形態不易區辨，但可能有語言和學習障礙；XYY 的男性，高大、低智、暴力（未證實）。

4. 性倒錯（sex-reversal）

有些染色體異常的男、女性，具有先天罕見的遺傳缺陷而導致性倒錯的現象，如「具有男性內生殖構造（睪丸）但有女性的外生殖器官者」，「內部生殖系統是女性（染色體 XX），出生時外陰部不明顯或帶有陰莖者」，

---

10 Bernice Lott，《女性心理學》（*Women's Lives*），頁 35 ～ 46。

也有一些情形是「染色體爲 XX 的男性和 XY 的女性，外表爲完全正常的男人、女人，在不孕就醫後才發現異常者。」

醫學界對這些性異常對象的諸多研究，已讓我們更能夠清楚地瞭解性別特質是可以經由後天塑造的事實。

四 左半腦和右半腦

根據研究大腦功能的專家指出，左半腦通常主控語文、分析推理和數學能力，右半腦則專司空間性、綜合性和情感知覺歷程，如有類似這樣分工明確的現象，稱爲「腦側化」（hemispheric specialization）。研究指出，習慣使用右手的人，腦側化情形比較明顯，而慣用左手的人和大腦受過傷的兒童，左右兩邊會同時發展、支持另一邊大腦的功能，所以腦側化現象就不明顯。這種左半腦、右半腦的功能區分，研究有限，但早已有人很武斷地將左半腦歸類爲「男人」的腦，因爲男人富於邏輯分析思考和數學能力，而把右半腦說成是屬於「女人」的腦，因爲女人比較敏感、直覺、感情豐富[11]。

近來有學者研究認爲，經過長期的生存演化，男女大腦已形成明顯的區分：「男生擅長數理推演，女生專精語言記憶。爲什麼？因爲數千年來，男人扮演的角色是『獵人』。獵人需要什麼條件？……男人演化出專司空間推理（判斷獵物在何方位）的大腦。……男人聚在一起時不講話是因爲出聲可能會嚇跑獵物。」男人一心想狩獵回家，所以不會東逛西晃，反之女人「她們在住處（洞穴中）養育兒女，因此她們有很多機會和他人接觸、聊天；而爲了維持一個家族或整個區域的和平，女人也比較懂得如何協調、溝通……。女性會利用空檔採集洞穴附近的水果或野菜等富含纖維質、維他命等菜類……」[12]

---

11 Bernice Lott，《女性心理學》（*Women's Lives*），頁 47 ～ 48；Susan A. Basow，《兩性關係 —— 性別刻板化與角色》（*Gender: Stereotypes and Roles*），頁 62 ～ 64。

12 亞倫・皮斯、芭芭拉・皮斯（Allan Pease & Barbara Pease）合著，《為什麼男人不聽，女人不看地圖？》（*Why Men Don't Listen & Women Can't Read Maps*），羅玲

加拿大心理學家說：「大腦根本就是一個性器官」（The brain is a organ.）[13]。由於嬰兒約在第六、七週大時，其大腦結構與老鼠出生時的大腦狀態相似，所以他們以老鼠實驗證明：「在這個關鍵期，賀爾蒙的影響對性別差異來說是很重要的，因爲大腦的神經細胞成形，定下來即很難在出生後再去改變它。這是賀爾蒙對神經電路組織型態的效應，這也是爲什麼神經科學家會說一出生即有男性大腦和女性大腦的原因」[14]；這也造成「男性因爲必須透過賀爾蒙才能從原來女性的腦轉變爲男性，而在改變的過程中較易發生錯誤，所以偏差情況比女性來得普遍。……最令人吃驚的是男女同性戀人數的不同，男的大約是4%，女的則是1%。」[15] 以及「女性的大腦功能呈『擴展性』分布，零零星星地散布在左右兩腦上。而男人的腦是涇渭分明的，左腦掌管語言能力，右腦則處理空間視覺訊息，單純且集中的分布使其較女性不易分心」[16] 的結果。所以，加拿大大腦性別研究者 Sandra Witleson 說，大腦的性別差異可能會使男人同時在做兩件事情上較爲容易，男人可以一邊說話一邊看地圖，因爲男人大腦控制這兩個作業的地區是在不同的腦半球上，而女人則比較不容易[17]；此外，根據科學家從十四具死後解剖的大腦中發現，連接兩個腦半球的胼胝體和神經纖維叢，女性皆較男性厚且密集，表示可以從左右腦相互傳遞更多的訊息，這似乎說明女性的「直覺」（intuition）和有如女巫般的第六感特別靈敏的原因[18]。

妃譯，臺北：平安文化，2000。

13 Anne Moir & David Jessel，《腦内乾坤——男女有別．其來有自》（*Brain Sex: The Real Difference Between Men & Women*），洪蘭譯，臺北，遠流，2000，頁 21。

14 Anne Moir & David Jessel，《腦内乾坤——男女有別．其來有自》，頁 31。

15 Anne Moir & David Jessel，《腦内乾坤——男女有別．其來有自》，頁 115。

16 Anne Moir & David Jessel，《腦内乾坤——男女有別．其來有自》（*Brain Sex: The Real Difference Between Men & Women*），頁 33。

17 Anne Moir & David Jessel，《腦内乾坤——男女有別．其來有自》（*Brain Sex: The Real Difference Between Men & Women*），頁 38。

18 Anne Moir & David Jessel，《腦内乾坤——男女有別．其來有自》（*Brain Sex: The Real Difference Between Men & Women*），頁 39。

總之，研究大腦結構的的學者大致認爲，不管男女，男性腦基因較強烈者，轉變爲更像男人，女性腦基因較強烈者，轉變爲更像女人，男女大腦有各自的特長和策略，這些差異雖來自生物形成之自然的奧祕機制，但後天訓練仍具作用。例如：一個數學好的女生可能沒有會寫文章的女生受到較多的肯定，父母也較傾向讓兒子學數學、女兒學文學，這或許是左右孩子發展的主因，腦的演化和後天的訓練與刺激仍有著密切的關聯，應該不全然只是生物性的自然發展而已。

由以上的分析可以看出男女的確存在著生理上的差異，除了外觀上可分辨的男性喉結和女性乳房外，首先是染色體的不同，接著是胎兒發育過程中激素的影響，然後出生時生殖器官決定性別的認定。只是，對於自己是男生或女生的性別認同所形成的行爲刻板化，最關鍵也最有影響力的，其實並不是生理因素而是後天文化教養的結果。有些研究者更指出，男女兩性在先天上無法改變的生物事實只有四項：在女性方面是月經、妊娠和哺乳，在男性方面是授精；除此之外，包括青春期中因賀爾蒙變化造成胸部的發育、體毛的多寡和說話的聲調，這些性別差異都不是絕對的；可以這麼說，男、女性在其同性之間的個別差異，可能大於兩性之間的平均差異。

肆　文化性別

經由後天強化、訓練的結果，男女兩性在文化上的差別是多樣的。底下的比較可以約略看出，男女性在先天基礎和後天發展上的微妙差異：

一　存活率

從生理學和胚胎演化歷程來看，女嬰比男嬰的存活率高。根據醫學研究資料顯示，在妊娠期，胎兒的男女比率約爲 130：100，但是出生後下降到 105：100；並且，因爲 Y 染色體所攜帶的遺傳物質比較不足，所以男嬰比女嬰易罹患先天性的疾病；換句話說，男嬰因爲不像女嬰有備用的 X 染色體，一旦一個基因發生問題時就難以補救，所以，不論是「自閉症」、「難語症」、「過動兒」等等，罹患重症的比例都比女性高；而在青春期發育成長的過程中，又因爲生活方式和活動的不同，更使男性容易遭受運動傷害和意外事故，導致女性平均壽命高於男性[19]。

根據報導指出，前蘇俄和美國的第一號太空船中都是載著母狗和母猴，也是有其存活率上的考量結果。因爲，以老鼠和兔子做實驗品的實驗顯示：在一隻腳裹上石膏，另一隻腳什麼都沒有的狀態下，比較兩隻腳的肌肉和骨骼變化的研究中意外發現，雄性一旦被裹上石膏後，便不停地咬著想從束縛中逃出，一副抵死不從的姿態，雌性則在稍做反抗後，即開始吃東西，很快地接受被束縛的狀況，因此在實驗中死亡的大都是雄性。所以，爲了在外太空進行比較艱困條件的研究，太空船中才以攜帶雌性動物爲主。

二 忍痛力

一般人都先入爲主的認爲女生怕痛，事實上女性對輕微疼痛的反應，的確遠較男性強烈，常會又哭又叫，但是遇到眞正痛徹心肺的傷痛時，卻又能強忍下來；男性則不同，男性耐得住一些小痛楚，對於大的疼痛，則幾乎毫無招架之力；常見的現象是，相親相愛的老夫老妻，夫亡妻仍能存，反之則較難。一般的醫學書籍告訴我們：「人若流血超出全血量的三分之一就會死亡」，此項醫學上「失血致死」的定義，根據臨床事實應改爲：男性流失了全血液量的三分之一時，即會死亡；女性則超過二分之一時，才會死亡。又，在生孩子這件巨大的「痛苦工程」中，就足以顯現女性超凡入聖的忍痛能力。

19 根據內政部統計處的資料顯示，2007 年臺灣女性平均壽命首度突破 80 歲大關，高達 80.81 歲，女性的壽命比起男性多出約 7 歲；2017 年國人的平均壽命為 80.4 歲，其中女性 83.7 歲、男性 77.3 歲，皆創歷年新高，也都高於全球女性平均壽命 73.1 歲、男性平均壽命 68.6 歲的水準，不過卻低於日本、西班牙、新加坡等國家，日本仍是全球最長壽的國家。

三 耐飢寒

皮下脂肪就像是一件天然的斗篷，包住了女性的身體，任何一個看起來瘦弱的女性，都儲存較一般男性多的皮下脂肪，至於肥胖的女性更不用說。脂肪可以燃燒產生熱量以度過寒冬與飢餓，因此在許多關於移民潮的研究中發現，攀越天寒地凍而成功移民的性別比例上，女性多於男性。只是，平常外出遇到風雨或寒流來襲，男生如不立即把外套脫下披在身旁女友的身上，相信是很難建立良好的形象，說不定感情因而告吹。這是生理事實和文化要求典型的差異。

四 性慾望

告子說：「食色性也」，西方語言中的「食物與性」也關係匪淺，「渴望」叫 “hunger”（飢餓），“appetite” 是「胃口」也是「慾望」。《禮記．禮運》記載：「飲食男女，人之大欲存焉」，從生物學的觀點來看，「食物」是個體生命發展之必需，而「性慾」更是所有物種生生不息的主要來源。所以，攝取食物營養以生存和滿足性慾以傳宗接代，皆爲人之本性，何來男女之分？

有些人認爲，男性的「性」致勃勃是有其先天生理基礎的[20]，因爲基於生物學上傳宗接代的理由，男性的精子要廣爲播散才能提升生育率，相較起來，女性卵子一個月才只有一顆，當然要小心謹愼地挑選最好的精子受孕，因此女性先天上就較小心，而在她愼選了伴侶後就能從一而終。這種說法被斥責爲是替男性的花心、不負責任找尋藉口，事實上，男女性一樣「好色」，只是好色的結果不同。性行爲之後的男性無須面對「受孕」的生理變化，而且「不合法」的感情遭受的社會責難也較低，比較起來女性的風險就大很多，不論是懷孕或「水性楊花」的指責，都會造成女性在這方面比男性有較多的禁忌。

---

20 網路上有一則以公司名稱來形容男性性能力的有趣對照：男人 20 歲是奔騰，30 歲是日立，40 歲是微軟，50 歲是松下，60 歲是聯想。

根據研究，性別角色意識的形成大約可以分成幾個階段，第一階段是「潛伏期」：他人依照胎兒生物上的男女特徵所給予的回應；第二階段是「出生到3歲」時，孩童不斷被提醒、強化自己的性別，發展出與性別一致的行爲，建立其基本的性別認同；第三階段是「3歲到6歲」時，藉由基本的性別認同，孩童開始注意到性別的差異，展開模仿同性的行爲，並接受相同性別典範的要求；第四階段是「6歲到青春期」時，女孩變女人，男孩變男人，對同性典範的行爲舉止更加認同，以期許自己更像是個女人或男人；第五個階段是「青春期之後」，面臨社會的期待和評價壓力越來越大，周遭親友、同學師長、報章媒體、電視連續劇、廣告訊息……，多管齊下，男女性別意識更加強化，以符合成人世界的性別規範。

此外，父母親的教養方式更是強化性別意識的重要關鍵。父母對男孩子的教育是「期望型」的，對女孩子是「保護型」的；打從幼兒階段開始，男孩子就不斷被灌輸、要求必須學習獨立自主，積極地朝外面的世界挑戰；女孩子則要學習順從和照顧他人，建立持家的美德與能力，以便將來從自己的家庭成功地轉入另一個家庭。通常母親怕管得太多會傷害兒子剛成形的、脆弱的「男子氣概」，故對兒子的掛慮往往被這項隱憂沖淡，兒子也常爲證明自己有別於母親，而故意與母親唱反調做她不喜歡的事情；反之，青春期的女兒卻喚起母親的青春焦慮症，女兒的成長提醒母親不再年輕，且女兒可能懷孕，故對女兒的約束、關注反而增加。這種不同的教養方式，造成兩性在許多方面的差異逐漸擴大，比較明顯的是：

一 女性的語言表達較好，男性的數理能力較高

女性重視家庭生活和群己關係，示弱、傾訴、助人是女孩從小所受的訓練，所以在語言的表達和溝通的技巧上，較屬於是女性的專長。男性的數理、綜合能力較強，這與他從小玩的機械、積木和可以拆裝組合的玩具有關，因爲對空間概念的訓練相當有幫助。

二 女性容易依賴妥協，男性喜歡支配競爭

太有主見、太好勝的女生，和太順從、不夠積極的男生，都容易變成人際關係中的負面特質。因此，外在的評價壓力會逐步強化女性應有的「女性氣質」（柔順依賴、經常微笑、有愛心、照顧弱小……），和男性應有的「男性氣質」（陽剛果斷、理性支配、朝氣蓬勃、有野心、有競爭力……），這些屬於後天文化的要求，最後會內化成男女內心根深柢固的機制，使他們極力想要表現出符合性別特質的行為，也會對周圍的人發出同樣的要求，如此不斷地循環重複下去。

三 女性自我意識薄弱，男性自我意識強烈

「女強人」和「娘娘腔的男生」，都不是讚美用詞。由於女性較不被鼓勵要有雄心壯志，因此對自己的未來常有「以夫為貴因子而驕」的想法，而不太能計畫屬於自己的事業前景，這種依附性格通常自我意識就較薄弱，才能嫁雞隨雞，不會堅持己見。相反地，男性的自我意識不但較強，其形成也較早，男性將來是要成為一家之主，要擔當社會重責大任的，所以必須清楚知道自己有什麼，可以做什麼，應該加強什麼，以及即將成為什麼，男性自我意識的強烈是男性特質之一。

第二節　性別學習與性格差異

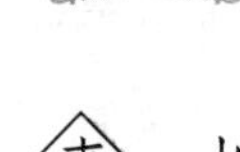

壹 性別氣質的認同

從一出生的性別特徵判斷是男是女之後，我們生活的周圍，就不斷出現這種二元分類的訊息：粉紅色的女娃娃，淺藍色的小帥哥；女生玩洋娃娃，男生玩機器人；扮家家酒時女生是公主，男生是王子；女生負責整理家務，身上要保持乾淨，男生應該到戶外去，沒有汗臭味就不像個男人；女生穿裙子，學習當淑女，男生穿褲子，學習當紳士。於是男、女生在學習性別氣質

的同時也開始形塑性別角色：

一 接受限制 vs. 培養能力

男、女生開始接受不同程度和事物的限制，女生比較負面，限制自己的視野、學習迂迴婉轉地表達，以及熟稔於料理家務、照顧弟妹；男生則被限制遠庖廚、不多話、不任意流露情感，專注自己的興趣，培養多方位的才華能力，以便因應未來之所需。

二 取悅他人 vs. 支配領導

女生比較被鼓勵當個聆聽者、撫慰者的角色，因此，安靜、微笑、點頭、表示肯定的肢體語言，比較容易在女性身上看見，長大成人之後，女性始終擅長扮演取悅他人的角色；男性向來被要求必須要有支配領導的能力，因此，在一般談話中，即可看到男生搶話、插話、眼睛閃爍不願正視發話者，或者使用粗俗謾罵的言語……，無非都是想要掌控發話權力的策略運用。

三 安於妥協 vs. 抵死不從

擁有女性氣質意味著，安於妥協，無條件地不斷提供浪漫的情愫和喝采，助長男性的性別優勢，使其確立不受女性挑戰的位階，藉由女性的仰慕崇拜襯托更強而有力、更明智、更能幹的想像空間；於是男性氣質就以堅強，打腫臉充胖子，硬著頭皮冒險患難來予以回應。極端的女性氣質和極端男性氣質的人，都比較是無法適應社會的人，他們在愛情和婚姻上容易有一廂情願式的執著，缺少適時調整、改變現況的彈性。

四 依賴依戀 vs. 獨立自主

向男人保證女人需要男人，並且非常需要男人的方法就是，無法獨立生活的能力，只要男人不在身邊，就幾乎全面癱瘓的依賴依戀，全然的無知無能狀態，不會換電燈泡、不知道地理位置、不曉得發生什麼社會大事……，不論在外貌（女爲悅己者容）、感情、經濟、社會地位……，女人幾乎都需要男人的認可；相對於男人，就顯得自信滿滿，即使有些心虛，也絕不能露出馬腳。

性別氣質認同其實就是性別刻板化的過程，在這種學習過程中，我們個人不僅被類化，也據此類化別人，男、女分別培養不同的性別氣質，也因此先入爲主地以女人是感性的、情緒化的，男人是理性的、冷靜的，不斷地做類似如此的二元區分。例如：大部分的人會認爲女人的溝通方式「迂迴難測」，有所謂「表象」與「眞相」之分，如果有女人生日到了，雖然表面說不要費心買禮物，但如果眞的沒有人對她表示慶賀、關懷之意，她會相當沮喪，所以，普遍有一種「生日是專爲女人而設」的想法，交往中的男女雙方，也會不約而同地以男方有無送禮，來判斷男方夠不夠愛女方、夠不夠體貼；又如，一個大男生語調感性地說：「我好～無聊～喔～！」或狀甚可愛地說：「我最喜歡吃零食了！」大部分的人會懷疑他的性別認同。這種認知的刻板印象，使我們過濾掉人與人之間的差異性，反將刻板印象內化爲「心理機制」，不但要求自己符合社會的期許，而且也會產生「自我應驗的預言」[21]，亦即，認同性別角色，就會排斥不適合性別表現的行爲，比如說看見有一個人做了二件符合性別以及八件不符合性別的行爲時，我們只看見前者，自動忽略了後者，然後做出「你看吧，我不早就說過了，女人（或男人）都是這個樣子，沒錯吧！」的表示。最常見的例子就是，一個開車技術不錯的女人，若有一次不小心發生碰撞，通常的反應是「我就知道是女的開車」，言下之意是「女生運動神經不好、反應差，才會發生車禍」。

性別刻板化是爲社會所有人共同建構，也爲社會所有人共同分享，而且是成長過程中學習社會化的一種方式；雖然它是一種迅速有效的學習方式，但通常也都是被過度簡化和壓抑的結果，這不但限制我們個人發展的可能性，也造成我們以性別偏見的狹隘眼光看待他人：「男生都是粗枝大葉

---

21 Susan A. Basow，《兩性關係——性別刻板化與角色》（*Gender: Stereotypes and Roles*），頁 20 ～ 23。

的」、「女生都是小心眼的」、「女生最長舌」[22]、「男生就喜歡打架」……諸如此類的二元分化，不但沒有根據，也易造成錯誤的判斷。我們無法以通則論斷個別（邏輯上說的「以全蓋偏」的謬誤），所以不能據以正確地預測團體中任何個人的行爲或特徵，人是複雜、多元的，個人因其個性而展現的多元現象才應是常態，人絕不只是「是男、是女」的簡單分辨而已。

 性格差異的因素

現代的性別平等教育要求儘量朝「中性化」或「雌雄同體化」（androgynous）發展，不是去性別化或無性別化，而是指兼具傳統兩性的特質，不拘泥於性別刻板模式的扮演，而是按照個人的性格、特質與條件，而有彈性的表現屬己的獨特氣質。那麼，性格差異是如何形成的呢？

一 性格差異因後天而定

一般研究顯示，「個別差異」比「性別差異」明確。一個人成長過程中，周圍環境、人群的對待方式、獎罰態度，都是左右性格發展的條件。男孩成爲男人的過程中，較常被鼓勵參與競爭性強的環境，從而培養果斷、理性的工具性特質；女孩則被要求留在家中從事家務、照顧老幼或梳洗打扮的工作，久而久之，自然訓練出養育性、表達性的人格特質出現。一些研究跨文化的學者指出，男性若長期照顧嬰幼兒，只要假以時日，也會發展出溫柔的女性特質，反之，肩負一家生計的女性，也會鍛鍊出屬於男性特質的競爭

22 根據 2007 年 7 月 8 日〈聯合報／美聯社華盛頓五日電〉的報導：「男性向來被認為較沉默，女人則嘮叨不休，可是研究結果顯示，男女一樣多嘴，每天說的話平均都有約 16,000 個字。在這項研究中，396 名大學生連續兩天至十天隨身配戴語音啟動錄音機，把他們每天說的話錄下來。統計結果，女生平均每天說 16,215 個字，男生 15,669 個字，男女只差 546 個字。……這項研究也顯示，不論男女，在同性之間未必比對異性多話，不過討論的話題確有差別。男性彼此之間經常大談工具、汽車和運動，女性則喜歡談八卦和感情關係。」

性格。

個人扮演的角色和成長經驗，深刻地影響一個人性格特質的養成，並且終其一生不曾中斷。不管男女生，在其成長的過程中，不論是兒童時期、青春期、中年期或老年期，隨著身分、經歷、條件的不同而有顯著的不同，一個人並非一成不變地一直固定表現出男性特質或女性特質，反而是在兩個極端之中，某個階段較男性化，某個階段傾向女性化，例如：男性生病時，就好像是卸下武裝的戰士，特別柔弱溫順，整日爲生兒育女操持家務忙碌的女人，大概很難出現仍捲著小手帕不勝嬌羞的模樣。因此，性格發展和一個人的發展階段、生活經驗密切相關。

當代瑞士知名學者皮亞傑（Jean Piaget, 1896 ～ 1980），和美國哈佛大學心理學家郭爾堡（Lawrence Kohlberg, 1927 ～ 1987），都以實證的方式，論述個人性格由外在規範成爲內在涵養的發展過程，以後天道德認知的發展理論，提供性格差異乃是成長過程逐步建構的論述基礎。

圖 5-3　Jean Piaget, 1896 ～ 1980

圖 5-4　Lawrence Kohlberg, 1927 ～ 1987

首先，以皮亞傑來看，他認爲，道德認知起源於遵守規則，尤其是兒童的遊戲規則，規則導引出協作，協作產生責任感，責任感建立規範意識。因此，人類的道德認知不是一出生即已完備，而是經由發展而來：從不知有任何約束規範存在的「無律階段」（stage of anomy，0 ～ 5 歲），進入被動地接受來自成人長者的道德準則的「他律階段」（stage of heteromy，5 ～ 8 歲），到自覺地自我約束，能夠意識到良心自我譴責作用的「自律階段」（stage of autonomy，8 ～ 9 歲以後）[23]。

其次，就郭爾堡而言，他也提出道德認知發展的階段說。他認爲，人如果要成爲自動自發地遵守社會規範的話，通常需要通過六個階段，它們分屬於三個發展的層級，即：「成規前期」（pre-conventional level）、「成規期」（conventional level）和「成規後期」或「原則期」（post-conventional level, or principled level）。在成規前期中，兒童的判斷先經過「以避免懲罰而服從爲取向」的階段一（the punishment and obedience orientation），和「以互惠關係爲取向」的階段二（the instrumental relativist orientation）；之後，在成規期時進入「以和諧的人際關係或『成爲好男孩好女孩』爲取向」的階段三（the interpersonal concordance or "good boy-nice girl" orientation），和「以法律與秩序爲取向」的階段四（the "law and order" orientation）；最後，在成規後期，區分爲兩個階段，即「以尊重合法的社會契約爲取向」的階段五（the social-contract legalistic orientation），和「以普遍的道德原則爲取向」的階段六（the universal ethical principle orientation）[24]。

郭爾堡主張，道德認知發展六階段的演進過程是固定不變的，任何一個人都無法領悟超過其所處階段的道德判斷，這和年齡並無直接的關聯，卻和道德認知的程度密切相關；而個人道德認知的差異以及道德判斷階段的遞升，根據郭爾堡的分析，是因爲人的理智受到比自身所處階段更高的階段所吸引，換句話說，更高階段的道德推理，比原來的階段更完善，更能說服理

---

23 Jean Piaget, *Genetic Epistemology*. New York: Columbia University Press, 1970.

24 Lawrence Kohlberg, *From Is to Ought, in Cognitive Development and Epistemology*. Theodore Mischel (ed.), New York: Academic Press, 1971, pp. 164 ～ 165; Lawrence Kohlberg, *Moral Stages and Moralization*, in *Moral Development and Behavior: Theory, Research and Social Issues*. Thomas Lickona (ed.), New York: Holt, Rinehart and Winston, 1976, pp. 34 ～ 35.

智接受，也更能解決道德衝突；到了最後階段，人們更是可以擺脫先前聽命行事、互助互利、功利考量和遵守法律、契約的道德判斷取向，達到自我規範、自我限制的普遍道德原則階段。

如果我們接受皮亞傑和郭爾堡的觀點，社會規範就成爲可教授的科目，而每一個人的吸收、發展階段各不相同，性格差異由此產生。

二 性格差異有先天因素

不過仍有持不同意見者，依照佛洛依德的理論，男女因先天生理的差別而決定後天性格上的差異。女性的「陽具崇拜」和與「本我連結」而產生依附性的性格，女性的依賴、無助、羨慕男性是「自然而然」的。根據佛洛依德以及後來精神分析學派的分析，男女性心理發展的首要關鍵，在於兒童對於「伊底帕斯情結」和「閹割情結」解決方式的不同，男童因有害怕被父親閹割之恐懼，故能內化父親所代表的社會價值，在「本我」和「超我」的衝突過程中建立「自我」意識，女童則欠缺陽具可被閹割，因此始終與母親共生而未能感受自我。

先從佛洛依德的精神分析理論說起，佛氏認爲，人的精神人格結構可以區分成「意識」（consciousness）與「潛意識」（unconscious）兩個層面。在意識的層面中，我們所表現出來的是「已模式化了的社會個體」，一個知書達禮、行爲有度、爲理性所掌握的「自我」（ego），以及遵守道德原則、充滿義務感的「超我」（egoideal, superego）之綜合體；「自我」表現人格中的「組合性」，「超我」則是一種「要求性」。至於潛意識的層面，是「非理性的本能衝動」在社會化的過程中，被抑制的潛伏之所，佛氏形容它是充滿強烈情慾、熱情衝動的「本我」（id），它的特質就是「衝動性」。

本我原是依照「快樂原則」爲所欲爲，但在文明教化與效用觀念的強調下，被「現實原則」所壓抑，而成爲不爲我們所意識的潛意識狀態。佛氏認爲，如果我們能夠「用心想」，就會回憶起那些被我們刻意壓抑下來的想法或經驗，我們稱之爲「前意識」（preconscious），但潛意識的成分則多半已遭扭曲、變形、轉化或昇華，而無法直接辨識，它們會以「症狀」的方式出現在生活中，例如：說溜了嘴、物件的誤放、健忘症等尋常的錯誤都具有潛意識的意向；睡覺時的夢境也是潛意識願望的替代物，每一個夢常可解析成是眞正願望變形後的產物，以便掩飾、隱藏在意識狀態中不被容許的行爲、想法；較嚴重的是一種所謂「強迫性的妄想症」，如不斷地洗手、覺得有人將加害於己等等，一種恐懼、焦慮的侵襲感。

佛洛依德的「精神分析治療法」就是透過「自由聯想」的技巧，企圖使病人「恢復記憶」，因爲上述的症狀只有在潛意識的狀態下才會產生，當它們成爲意識時，症狀就會消失；然而記憶的恢復經常會遭到抗拒，因爲本我的活動常受到自我、超我等外在任務的非難與指責，使完整個體的和諧、一貫性處於緊張狀態，甚至雙方產生衝突造成人格分裂的危險。佛氏勸戒人們不要過度隱藏這些衝突，讓意識與潛意識之間保持暢通，可以有效治療衰弱、神經質的個性，經由自我的自覺，讓自己變成一個強壯健康的人。

簡單地說，當我們經常說錯話、做錯事，情緒莫名的緊張、焦慮、神經質，或一些奇怪夢境的頻頻出現，甚至嚴重到罹患強迫妄想症時，我們應該細心地去解讀產生這些現象潛在的原因，它們可能是我們內心眞正之願望和外在條件發生衝突後，勉強隱藏起來的本我仍蠢蠢欲動所造成的結果。分析出衝突的眞正原因（靠自己或尋找專業精神分析師），除了可改善狀況外，也能藉此深入瞭解自我眞正的意圖。所謂的自我實現，其實就是增加實現這些意圖的可能性，佛氏認爲，清楚地瞭解自己的問題所在，並且能進一步加以改善的人，身心比較能獲得健康，也比較有能力自我實現[25]。

佛氏的另一個重要的理論就是「性衝動」與「里比多」（libido）的發展理論。"libido" 就拉丁字源的意義來看，有渴望、貪圖、性慾、色情作品等意涵，佛氏的里比多包含前面三者；若就實質意義而言，里比多是指「自體器官藉以完成其自身目的的本能力量」，這種本能不僅是營養、排泄的作用，尚包含性的慾望，後來佛氏甚至將身體各器官的本能力量，都視爲具備性的意義，故把里比多稱爲「慾力」或「原慾」，一種潛藏著的生命創造

---

25 Sigmund Freud, *Three Contributions to the Theory of Sex*. A. A. Brill (trans.), New York: Dover Publications, 2001.

力。里比多的發展有下列五個階段[26]：

㈠「口腔期」（Oral Stage, 0 ～ 1 歲）

因吸吮、咀嚼、吞嚥等口腔活動的滿足所產生的快感。此時期的口腔活動若受到限制，可能會造成日後貪吃、酗酒、抽菸、咬指甲，容易悲觀、依賴、潔癖等所謂的「口腔性格」（oral character）。

㈡「肛門期」（Anal Stage, 1 歲半～ 3 歲）

因大小便排泄、控制腸道所產生之快感。此時期是衛生習慣的養成期，但若管教過嚴容易形成冷酷、頑固、剛愎、吝嗇等所謂的「肛門性格」（anal character）。

㈢「性器期」（Phallic Stage, 3 ～ 6 歲）

兒童已有男女性別之分，男童產生陰莖的驕傲，女童形成陰莖的妒羨；男童會模仿父親，以母親爲愛戀對象產生「戀母情結」（Oedipus complex），女童則以母親爲競爭對手，愛戀父親產生「戀父情結」（Electra complex）。此時期，小孩會有意無意去觸摸、摩擦性器官以獲取快感，當男童發現女童性器官不同時，會懷疑是被父親閹割而產生「閹割恐懼」（fear of castration）或「閹割情結」（castration complex），女童則有所謂的「陽具妒羨」（penis envy）。

㈣潛伏期（Latent Stage, 6 ～ 12 歲）

兒童的注意力已漸漸從對自己的身體和父母的情感轉移到周圍環境的事物，從里比多的發展來看視爲潛伏期。此時期男女異性間的關係大都是男女分別組群的團體活動，甚至壁壘分明。

---

26 路君約，《心理學》，臺北：中國行為科學社，1987，頁 371 ～ 373；張春興，《現代心理學》，臺北：東華書局，2001，頁 456 ～ 457。

(五)生殖期（Genital Stage, 12 歲以後）

兒童第二性徵出現，性器官趨於成熟，兩性差異開始顯著，里比多進入生殖階段的青春期對異性產生興趣，喜歡參加兩性組成的活動，在心理上也逐漸發展與性別相關聯的職業計畫及婚姻理想。

法國精神分析學家拉康，根據佛氏對陽具之可欲性與崇拜的假設，進一步分析男女童的性心理發展過程，認為男童因為在「超我」（他者、父親、父權結構、法律規範）的威脅下（閹割恐懼），較早脫離「本我」（依戀母親）狀態，而能建立「自我」意識；女童則因為沒有閹割恐懼，與母親有「延長共生」的情形，所以較難建立自我，更因陽具崇拜，而憎恨自己，也憎恨母親、憎恨女人，甚至期望生個男孩，以彌補自身的缺陷。這項論述，使得男性經由陽具，在象徵秩序中獲得權力與控制的位置，女性則被化約成陽具崇拜的效用：自卑、模仿、溫順。

性別不等於性格

扮裝皇后魯保羅（RuPaul Andre Charles, 1960～）在《隨心所欲》（*Lettin' It All Hang Out*, 1995）一書中說：「人只有呱呱墜地時一絲不掛，其他時候都是在扮裝」[27]，社會性別是一種扮演，例如，中國戲劇《霸王別姬》、《花木蘭》、日本悲劇愛情故事《蝴蝶君》，喧騰一時的法國男情報員和中國男間諜間眞眞假假的愛情悲喜劇。

白人爵士樂手比利．提普頓（Billy Tipton, 1914～1989），19 歲到 74 歲去世期間，皆扮男裝，並過著男人般的生活，先後和五個女人結婚、領養三個小男孩，不但世人不知道她的眞實身分，連她親密的妻子和小孩也幾乎直到她去世時才驚訝地發現，丈夫、父親原來是女兒身。她們的解釋是「比

27 黛安．伍德．米德布魯克（Diane Wood Middlebrook），《男裝扮終生：20 世紀最偉大的性別演員——爵士樂手比利．提普頓的雙重人生》（*Suits Me: The Double Life of Billy Tipton*），朱恩伶譯，臺北：女書文化，2001，頁 24。

圖 5-5　RuPaul Andre Charles, 1960 ～

圖 5-6　RuPaul, Transgender

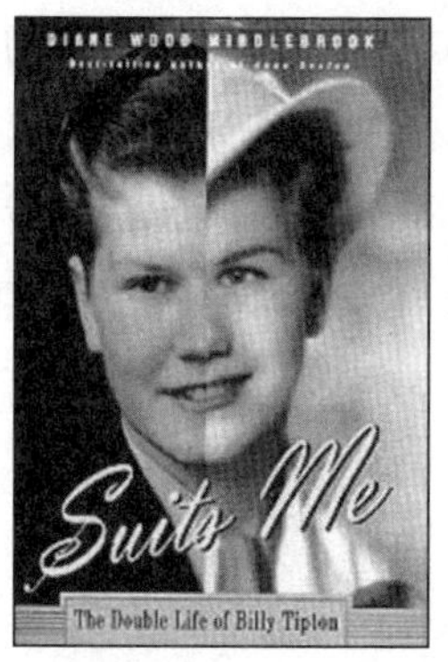

圖 5-7　Billy Tipton, 1914 ～ 1989

圖 5-8　Billy Tipton

利是一位非常重視隱私的人，每次進浴室梳洗更衣，必定都上鎖。瞭解他的人都曉得，他總是隨時穿著束胸，好支撐以前受過傷的肋骨，因爲有輛別克轎車的車頭曾經撞進他的身體——他是這麼説的。」[28] 她束胸、帶假陽具、有性生活，也向知道她眞實身分的表姊解釋她不是女同性戀者，她只是爲方便演藝生涯所做的權衡之計，而從死後之死亡證明書之記載，她不是陰陽人

28 黛安．伍德．米德布魯克（Diane Wood Middlebrook），《男裝扮終生：20 世紀最偉大的性別演員——爵士樂手比利．提普頓的雙重人生》（*Suits Me: The Double Life of Billy Tipton*），頁 25。

而是擁有正常生理的女人，不管她到底要裝扮成男人的眞正理由爲何，她的一生竟能成功僞裝成男人而未被懷疑，顯見生理性別並不是性別差異的主要理由。

第三節 性別平等教育內容

從 18、19 世紀女權運動蓬勃發展以來，不論東西方，女性意識都逐漸抬頭，占有世界人口半數比率的女性，在接受教育、就業任職、參與政治……各方面，都有不同於以往的顯著表現，尤其是社會各行各業傑出女性的日益增加，讓女性典範成爲新一代優秀女性的學習楷模，激勵更多的女性勇敢地爭取發展的空間，努力實現自我。我們期待未來是個「依『能力』分工，而不是依『性別』分工」的社會，讓每一個人都能獲得適情適性的發展。這個發展趨勢是無法阻擋的，而且更需要男女攜手合作，共度轉變期間的一些亂象。有幾項對性別平等的教育措施，我們可以先行努力落實於日常生活中：

壹 玩具種類不要預設性別分配

傳統男生的玩具較有創意，例如機器人的裝卸、變化，能夠啟發空間、技術方面的技巧，而女生的家家酒、洋娃娃通常只是家事的模仿。所以，購買玩具時應盡可能讓孩子有全方位的嘗試與學習機會，男孩子可以從幫玩具娃娃穿衣、洗澡中，學習細緻的照顧活動，女孩子也可以嘗試機器戰警的變化多端，熟悉機械操作。2015 年時，聯合國大會宣布每年的 2 月 11 日爲「國際女性科學日」（International Day of Women and Girls in Science），主要目的就是希望各國政府能夠積極鼓勵更多女性參與科學相關工作，打破「男理工、女人文」的性別隔離現象，制訂科學教育政策、承認女性的科學潛能與成就。

 慎選童話故事淘汰不良讀本

眾所周知的「白雪公主」、「睡美人」、「仙履奇緣」（玻璃鞋）……，這類的童話故事，或迪士尼拍攝而成的大部分卡通錄影帶，對小女生容易有不良的影響，因為故事中的女主角都是長得非常美麗、很會唱歌、受人欺負（後母或巫婆），最後被王子救離苦境。大同小異的故事情節，不斷地在傳達女性以美貌、歌聲換取王子帶來的幸福，如果把內容顛倒過來，等待被拯救的變成是男子，勇敢打敗巫婆的是聰明有智慧的公主呢？女性可以擁有的並不僅只是外表而已，充實自己的內涵也同等重要，何況幸福是要靠智慧來經營的，絕不是以美貌和王子結婚後就能白首偕老，但從小受上述故事內容的反覆灌輸，要導正一般人不要常以美貌評價女性，實際上，連女人自己都很難做到。

 陪伴閱讀書本篩選媒體內容

很多父母對於栽培兒女，真是用心良苦、傾盡所有心力，不惜花大把金錢，買回一套套的文學的、科學的、藝術的……書籍，望子成龍望女成鳳。可是大部分的父母都天真地以為，孩子會「自行」閱讀，「自行」吸收，其實在孩子這種牙牙學語的階段，父母是必須陪伴在身旁一起學習的，一起讀、為他講解、啟發興趣、挖掘潛能。不能把一堆玩具、書本丟給孩子，或因為忙碌經常把他放在電視機前面，就可以教育出傑出的孩子。陪伴孩子閱讀，可以順勢篩選不合時宜的故事內容，培養他正確的人生觀，特別是電視節目；根據國健局於 2005 年完成之「國民健康訪問調查」結果，臺灣 15 歲以上一禮拜完全未閱讀的有 68%，每天都讀書的只有 3%，3 歲至 12 歲的兒童非假日每天大約花 2 小時看電視，到了假日則平均每天花 3.8 小時看電視；到了人手一機的「滑世代」讀書時間更少，根據 2016 年科技部傳播調查資料，民眾每天接觸五大媒體的平均時間分別為：網路 6.4 小時、電視 2.4 小時、廣播 44 分鐘、紙本報紙 12 分鐘、紙本雜誌 4 分鐘；2018 年

法國 Eurodata TV Worldwide 調查 95 國數據顯示：美國與加拿大人最愛看電視，每天平均 4 時 3 分；歐洲觀眾居次，每天 3 時 49 分，亞洲人看電視的時間最少，每天 2 時 25 分。媒體的力量無遠弗屆、參差不齊，暴力、色情、血腥，即使是專門給兒童觀賞的卡通，有很多是成人世界的不良示範，對孩童影響至深且鉅，不能不慎。

 留意書報廣告中的性別歧視

孩子像海綿一般，那種吸收力常叫人驚嘆，而社會中許多不良的價值觀卻到處充斥，平面書報、電視廣告中屢屢出現的色情氾濫、性別歧視，都不斷汙染著孩子健康的心靈。例如：綜藝節目裡的男性主持人，常不惜以低俗的挑逗語言或性暗示訪問女藝人，這類節目不但廣受歡迎，而且都在全家能共同觀賞節目的時段中播出，爲人父母者應該要警覺到低俗笑話帶來潛移默化的不良影響，它會扭曲我們的價值觀，如果人人都能毫無忌憚地言必稱「色」，更能帶來「笑果」和扶搖直上的收視率，那麼我們又能如何教導孩子尊重性別？「身體應該受到尊重」的觀念要從小時候、小地方做起，但很令人憂心的是女性身體跟商品的大量結合：「香車美人」、「高『巢』家庭」、「護膚美容」、「雜誌封面裸露的女郎」……，女人彷彿是可買賣的商品；報章雜誌、廣告媒體更是不斷複製、再現「性別的刻板化」，例如：「電視連續劇」和「廣告內容」充斥著男性要陽光、女性要美白的訴求，男性要理財、女性要理家，男生搬重物、女生學插花……的反覆灌輸；連「少女漫畫和羅曼史小說」女性角色也經常是害羞、被動、臉紅，主要活動是做飯、洗衣、整理房子，男性角色相對正面且多元。扭曲的價值標準正散布在我們日常生活之中，爲人父母者不能不隨時留意，給予孩子適時的輔導、糾正。

 父母的示範和老師的態度

性別平等教育是刻不容緩的重大工程，而且必須從日常生活中積極打造

基礎，這之中父母的親身示範，不斷地提醒孩童正確的觀念，學校老師的平等對待男女學生，都是導正社會風氣相當重要的力量。尊重女性要從家庭做起，男性家長對女性眷屬的尊重[29]，就是孩子最好的榜樣，而孩子成長過程中老師的教育更是具有決定性的影響，老師應更積極地吸收有關性別議題的新知，並確實發揮對學生的影響力。到目前我們還是可以在校園中經常聽到：「男生比較有力氣，男生去搬桌椅、抬便當」、「女生比較文靜，讓女生去畫壁報、編班刊」、「女生比較不懂儀器操作，男生要多幫忙」、「你怎麼那麼愛哭，又不是女生」等等，諸如此類的對話，有很多時候是出自老師的口中；尚未作實際的能力判斷之前，就已經先有了性別分辨，在從事基礎教育的國中、小學、幼稚園當中更是普遍。尤其是，教科書、兒童讀本也在同步進行性別刻板化的催眠功能，美國學者曾就十四家主要出版公司的 134 本小學生讀本進行研究發現：男、女孩擔任主角的比例是 5：2；男、女性的傳記比例是 6：1；男性角色常是「發明家、冒險家、勇敢解圍的英雄……」，女性角色常是「慈愛的母親、等待救援的公主、以溫柔愛心獲得幸福的女人……」[30]。任何理想的達成都是言教不如身教，有一個故事說，螃蟹媽媽問螃蟹兒子：「你怎麼老是歪著走路不直著走呢？」兒子回答：「好啊！媽媽，你先走直的讓我看看！」以身作則，尊重他人，糾正性別歧視，

29 作家 Shireen（林曉菁）在她「離家出走」旅遊的網站 http://www.shireen.de/ 上有一篇文章〈從馬桶裡學尊重〉提到，她到德國一家小吃店看到一張示意男人坐在馬桶尿尿的圖片（如下 Shireen 自己所繪），性別尊重就從小地方開始。

30 Bernice Lott，《女性心理學》（*Women's Lives*），頁 86 ～ 87。

不分男女，都應有其做人的起碼尊嚴，也都可以有其發展自我的空間。

性別平等教育可以說是一種全面性的運動，必須家庭、學校、社會三管齊下。不過，父母的責任特別重大，通常在家庭父母相互尊重的環境下長大的小孩，較能落實性別平權的觀念，也較能拋棄傳統的陳腐之見，眞正實現對性別的尊重。父母觀念的正確比其他條件都重要，他們會以身作則給孩子良好的榜樣，也會用心、平等地對待孩子的差異與發展，更會做好把關的工作，儘量將外在汙染心靈的負面影響降到最低，導正孩子偏差的觀念。總之，性別是有差異，但無絕對的優劣之別，男孩、女孩一樣好，一樣值得栽培，彼此相互尊重，社會才能更加和諧。

影片資料

·《性教育系列——兩性成長篇》，臺北：百禾文化傳播有限公司，2000。

簡介：由百禾文化傳播有限公司（TEL: 02-27201755，FAX: 02-27220959，http://www.e-harvest.com.tw/）引進的這套視聽教材，曾榮獲中華民國性教育協會推薦為優良教育影片，內容分成三集，每集約 24 分鐘。第一集「從男孩到男人」、第二集「從女孩到女人」和第三集「性與責任的省思」，分別藉由圖表和模型探討男孩、女孩青春期的生、心理變化，包括生殖系統、性行為、懷孕、性病……，均請專家學者、醫生進行解說，內容豐富實用。百禾文化還有出品《性教育系列》、《預防強暴及性騷擾系列》、《預防兒童受虐系列》、《預防家庭暴力系列》……，皆適合作為教學的輔助材料。

・《性別平等教育系列影片》，臺北：國立教育研究院，2007～2014。

簡介：國家教育研究院自2007年起邀請晏涵文、黃富源、洪蘭、林麗珊、賴芳玉、龍芝寧等性平專家，針對「性別平等教育」各類主要議題拍攝一系列的教學影片，其中2012年的性別平等教育（V）第四單元《如果早知道——男生也會被性侵》（杰哥不要！），一放上YouTube網站短短時間就已超過200萬人次的點閱率，既引發熱烈討論也落實性別平等教育影片的傳播功能。截至2014年止，該系列影片已經出版7集教育手冊與光碟，每集約有6部18分鐘左右的短片，適合國、高中甚至大學課堂教學討論。相關內容與題材可至國家教育研究院「教育資源及出版中心」免費下載：http://3w.naer.edu.tw/physical.jsp。

主要參考文獻

一、中文部分

Anne Moir & David Jessel，《腦內乾坤——男女有別·其來有自》（*Brain Sex: The Real Difference Between Men & Women*），洪蘭譯，臺北：遠流，2000。

Bernice Lott，《女性心理學》（*Women's Lives*），危芷芬、陳瑞雲譯，臺北：五南，1996。

Frederic Martini，《解剖生理學》（*Fundamentals of Anatomy and Physiology*），彭英毅編譯，臺北：藝軒，1992。

L. Kuhmerker, U. Gielen, R. L. Hayes，《道德發展——柯爾堡的薪傳》（*The Kohlberg Legacy for the Helping Professions*），臺北：洪葉文化，1993。

Susan A. Basow，《兩性關係——性別刻板化與角色》（*Gender: Stereotypes and Roles*），劉秀娟、林明寬譯，臺北：揚智，1996。

William J. Bennett 編著，《美德書》（*The Book of Virtues: A Treasury of Great Moral Stories*），吳美真譯，臺北：圓神，1998。

亞倫·皮斯、芭芭拉·皮斯（Allan Pease & Barbara Pease）合著，《為什麼男人不聽，女人不看地圖？》（*Why Men Don't Listen & Women Can't Read Maps*），羅玲妃譯，臺北：平安文化，2000。

查理斯·史密斯（Charles A. Smith），《兒童的社會發展——策略與活動》，呂翠夏譯，臺北：桂冠圖書，1988。

約翰·科拉品托（John Colapinto），《性別天生——一個性別實驗犧牲者的真實遭遇》（*As Nature Made Him: The Boy Who Was Raised As a Girl*），戴蘊如譯，臺北：經典傳訊文化，2002。

陳小文，《弗洛伊德》，臺北：東大圖書，1994。

陳皎眉、江漢聲、陳惠馨合著，《兩性關係》，臺北：空大，1996。

張春興，《現代心理學》，臺北：東華，2001。

路君約，《心理學》，臺北：中國行為科學社，1987。

黛安・伍德・米德布魯克（Diane Wood Middlebrook），《男裝扮終生：20世紀最偉大的性別演員——爵士樂手比利・提普頓的雙重人生》（*Suits Me: The Double Life of Billy Tipton*），朱恩伶譯，臺北：女書文化，2001。

二、英文部分

Brennan, Teresa, *The Interpretation of the Flesh: Freud and Femininity*. London & New York: Routledge, 1992.

Carter, D. Bruce (ed.), *Current Conceptions of Sex Roles and Sex-Typing: Theory and Research*. New York: Praeger, 1997.

Charles, RuPaul Andre, *Lettin' It All Hang Out*. New York: Hyperion, 1995.

Freud, Sigmund, *The Basic Writings of Sigmund Freud*. A. A. Brill (trans. & ed.), New York: Modern Library, 1938.

Freud, Sigmund, *Three Contributions to the Theory of Sex*. A. A. Brill (trans.), New York: Dover Publications, 2001.

Kohlberg, Jean Lawrence, *From Is to Ought, in Cognitive Development and Epistemology*. Theodore Mischel (ed.), New York: Academic Press, 1971.

Kohlberg, Jean Lawrence, *Moral Stages and Moralization*, in *Moral Development and Behavior: Theory, Research and Social Issues*. Thomas Lickona (ed.), New York: Holt, Rinehart and Winston, 1976.

Mead, Margaret, *Male and Female: A Study of the Sexes in a Changing World*. New York: Morrow Quill Paperbacks, 1949.

Piaget, Jean, *Genetic Epistemology*. New York: Columbia University Press, 1970.

Weber, Samuel, *Return to Freud: Jacques Lacan's Dislocation of Psychoanalysis*. New York: Cambridge University Press, 1991.

三、網路資料

http://en.wikipedia.org/wiki/David_Reimer

Shireen（林曉菁）「離家出走」旅遊網站：http://www.shireen.de/
You Tube: http://www.youtube.com/watch?v=uDb-rNvyzkA
百禾文化傳播有限公司：http://www.e-harvest.com.tw/
國家教育研究院「教育資源及出版中心」：http://www.naer.edu.tw/physical.jsp

第六章

情慾、愛情與婚姻

思考題

Q：當你選擇戀愛對象時，第一個考慮的因素是什麼？有沒有條件？請舉出三項。

Q：當你決定要結婚時，你會希望如何處理彼此的金錢？歸妻管、歸夫管，或各管各的？家用如何支付？

「愛不是彼此凝望，而是看往同一個方向。……
只有心靈才能看清事物的本質，真正重要的東西
是肉眼無法看見的」

～～～聖修伯里（Antoine de Saint-Exupéry, 1900 ～ 1944）[1]

「酒歌	A Drinking Song
酒從唇間進，	Wine comes in at the mouth
愛從眼波起；	And love comes in at the eye;
吾人老死前，	That's all we know for truth
惟知此真理。	Before we grow and die.
我舉杯就唇，	I lift the glass to my mouth,
我看你，我嘆息。	I look at you, and I sigh.」

～～～葉慈（William Butler Yeats, 1865 ～ 1939）[2]

---

1 聖修伯里就是《小王子》（*The Little Prince*，李懿芳譯，臺北：核心文化，2007）的作者。《小王子》一書被譽為 20 世紀除了聖經與可蘭經外，最廣為世人閱讀的書籍，作者在 1944 年一次空中任務後失蹤，逝世五十週年時，法國政府特別為他發行五十法郎的小王子紙幣以資紀念。

2 葉慈是愛爾蘭最受歡迎與喜愛的詩人、劇作家、散文家，是 20 世紀偉大的英語詩人，這首〈酒歌〉由作家陳黎（1954 ～）翻譯，參見「陳黎文學倉庫」網站 http://www.hgjh.hlc.edu.tw/ ～ chenli/index.htm 有許多中外精彩詩作，例如陳黎本人

第一節　友情與愛情

壹　同性情誼與異性情誼

「愛」在人類歷史文化上扮演相當重要的角色，它克服人類的孤獨感，促進自我的成長，激發無數的想像和創作靈感，實現瑰麗動人的各項藝術成就，愛始終是人類歷史魅力無限的主題。愛的情感表現琳瑯滿目：對人、事、物的「熱情」；對父母家人的「親情」；對同窗故舊的「友情」；對親密伴侶的「愛情」；對人生境遇的「同情」；對各種無奈的「悲情」……；熱情、親情、友情、愛情、同情或悲情的區分，只爲了方便講解，其實它們之間有時常難以辨別究係何種情感。例如：和父母也可以建立如朋友般的情感，熱情也常是各種情感中相當重要的成分。在我們渴望一段激昂又刻骨銘心的愛情之前，應先培養我們愛的能力，擴展我們愛的對象，愛情的能量是否能源源不絕，取決於我們有多少的熱情，對人、對事、對物皆然。此處就從人與人之間的友情說起，再述及愛情的眞諦。

通常幼兒尚未意識自己的性別差異時，常常是不分性別地玩在一起，但在性別概念發展得較爲明確的 4、5 歲階段，就開始會有女孩同女孩玩，男孩同男孩玩的區別出現，甚至連玩具種類也產生性別的分類，亦即，小女孩玩起炒菜煮飯的家家酒時，男生也開始聚在一起騎馬打仗。

一　女性之間的情誼

由於女性一向被鼓勵溫柔、體貼、照顧、傾訴等人格特質的培養，所以

〈荷包蛋〉作品，讀來實在趣味盎然：

「荷包蛋像一個搖籃，
柔柔軟軟的蛋白絨布，
裹著黃黃嫩嫩，熟睡的
小嬰孩——
啊，我不忍心用筷子吵醒他」

女性比較能夠擁有親密的情誼，因爲上述特質正是和諧的人際關係所必須重視的項目；但是，相對地女性的不忍、不會、不好意思拒絕，常讓男性無法清楚瞭解女性眞正的想法，因而抱怨女生的「好」、「不好」、「要」、「不要」，究竟要如何區分？例如：連續劇常示範如下的情節——男生說：「我想親你」，女生無限嬌羞地低下頭來嘴裡卻說：「不要」，很少女生在這種時候還直視著男生說「好」，那簡直破壞所有的浪漫。

女性同性情誼的黏暱是依賴、順從、柔弱的象徵，一起上廁所、上福利社，手挽手、胳臂勾胳臂地走在一起，早已是司空見慣的「正常」現象，除非其中有一人相當陽剛，要不然是不太會被質疑爲同性戀的。因此，女性之間容易形成一種「獨占」的情緒，以確保自己在對方心目中的分量，女性會很在意自己是不是對方「最要好的朋友」，遇到有「第三者」（不管是男、女生）的介入，心裡不但感到受傷，甚至會有報復的念頭。

女性之同性情誼最大的考驗，是開始交男朋友時，以男朋友的生活活動爲中心，而與昔日的好友逐漸疏離，這種情況在結婚生子後更爲明顯。爲了丈夫的事業、爲了照顧家庭，女性的生活逐漸封閉在以丈夫爲圓心的周圍，直到有一天婚變、家變、孩子變的刺激到來，女性才會自覺到尋求自我改變的重要，這時，再就業、參與社區活動、媽媽成長班……成爲女性自救的第一步。

二 男性之間的情誼

表達關心、分享私密、溫柔體貼的特質，對男性而言容易被冠上「娘娘腔」、「像個女人」的羞辱，所以，男性從小就必須以遠離和女性有關的事物、粗野誇張的行爲舉止、講黃色笑話、取笑女生等等行爲來爭取同性友誼的認同。

情緒的控制加上強烈的成就慾望，使得男性之間很難能建立如同女性之間的親密情感。女性的同性情誼常是以毫無保留地分享一切建立堅固的情誼，而男性常是依各種目的建立友誼：例如「事業的伙伴」、「打球的朋友」……。

傾訴、哭泣……不是男子漢的行爲，從父親、長官、社會賢達……，所有男性學習的典範裡面，不鼓勵也不示範「女人的東西」，以至於男性突然的溫情表現，反而是令人尷尬且不習慣的。例如：慶祝母親節的理所當然，小孩擁吻母親溫馨感人的畫面；換做父親節，大男孩上前親吻父親，或父親親吻兒子的臉頰，這樣的畫面，相信在電視廣告商的眼中是無助於商機的。

三 男女之間的情誼

若能打破性別的界線，而且敞開心胸交朋友，男女之間的情誼是相當珍貴的。男女雙方皆可提供對方不同性別所造成各種差異的資訊，尤其在談戀愛時，異性的友人常可扮演稱職的軍師角色，讓熱戀中的人眞正站在對方的立場設想。「我們女生通常都是這麼想……」，「站在男生的立場我們是會這樣……」，諸如此類的建言，對於男女之間的不同溝通模式的學習是相當有助益的。

只不過男女之間的友情，婚前容易建立且維持，婚後或有了固定的男女朋友後就較難維繫。最主要是愛情很忌諱「第三者」的介入，尤其是男生的女性友人，和女生的男性友人，未婚或情感沒有歸屬時，都有可能是威脅因子，如果友情的親密度和愛情難分軒輊時，威脅感更大。常常男生的女性友人必須主動向其女友示好，且進一步也建立彼此的同性情誼，反之亦然，否則實在很難維繫這份難得的情感，尤其是女性在婚後想要保有異性的情誼，更是困難。

從心理學的角度來看，建立友情的第一要項是相互欣賞。對方就像一面鏡子，我們之所以喜歡他，是因爲從他身上反照出一個「好的」、「可愛的」、「令人喜愛」的自己，因此，交朋友除了眞誠、互助、聆聽等許多美德的實踐外，勸諫也要適可而止，沒有人希望被否定，所謂「臭味相投」意味著我們尋找友情，其實就是在尋找支持者。所以，「好話常出口，壞話藏心頭」的人比較有人緣，即使想對好友奉勸幾句，也千萬不要疾言厲色地譴責，更不能透過間接的傳話，第三者在傳話中自覺或不自覺地加油添醋，常是友情最大的致命傷；當面婉轉勸告是可行的，但想要讓自己的意見完全發揮影響力，那只是在膨脹自己的權力慾望，不是眞正在幫助對方。道德說教之所以有效，僅在對方確實感受到做與不做的實際利害關係時，在威脅尙未眞正降臨前，我行我素仍然是大部分人的生活方式。

 愛情與婚前性行為

談一段轟轟烈烈的戀愛，似乎是人們內心裡幾近不可救藥的執著，可以至死方歇來形容，有些人很幸運，眞的經歷一段刻骨銘心的戀情而死無遺憾，但也有人一生愛個不停，卻始終不知愛爲何物。而從未戀愛過的人，也到處都有，實在値得同情。英國詩人丁尼生（Alfred Tennyson, 1809～1892）說：「寧可愛過又失去，也不願做從未愛過的人。」[3]

在校園網路的留言版上，曾公開徵求對「男朋友」和「女朋友」下個定義，於是集結許多人的巧思創作之後，出現如下十分有趣的結論，「男朋友」者：

一、指免費的交通工具。

二、不以金錢爲標的物的融資機構，利息往往是以一輩子的幸福支付，不過此種機構呆帳金額相當高。

三、特殊材質的出氣筒，由眞皮所製成，保證經久耐用，非但不會倒、不會變形、褪色，而且具備音效，相當具娛樂效果。

四、寵物的一種，通常由女性飼養，唯有少部分男性亦飼養之，雖然該寵物日常會自行覓食。

對照一下，「女朋友」的定義就是：

一、超高貴的炫耀工具。

二、以榨乾你爲標的物的黑道機構，利息往往是以那時候的衝動支付，不過此種機構謀殺比例相當高，望請三思。

三、成分神奇的人造人，由高科技加工製成，所以保證非常人性化，非但會哭、會鬧，而且要是多吃或不運動，絕對變形、褪色，具備高分貝音效，相當具毀滅效果。

---

3 黛安娜．伊希朵瑞，《愛情地圖》（*Landscapes of Love: An Atlas of The Heart*），艾瑞克．艾利 & 威廉．莫許繪圖，汪芸譯，臺北：天下文化，2006，頁 18。

四、花類的一種，通常任何人都可飼養，唯有少部分花痴及女性飼養之，日常該花兒會招蜂引蝶以利繁殖，飼主需以愛、體貼、瞭解飼之。

愛情中的男女關係眞是如此嗎？這些定義雖然趣味十足，卻也反映目前兩性交往時的性別差異，依然具有傳統的觀念存在。

一　如何愛人與被愛

談過戀愛的人，大概都不會否認，試圖爲愛情下定義或找幾個通則來解釋，都不是一件容易的事，柏拉圖說得傳神：「愛情輕輕一觸，眾人皆成詩人。」[4]有人說，愛情就是「失控」，就是「癡狂」，就是「致命的吸引力」，明知會受傷害仍步步捱近；也有人認爲當你發現「沒有他（她）就活不下去時」，你就已經找到了愛情；愛情說不明白，但當它來臨時，你不會一無所知。羅素（Bertrand Russell, 1872 ～ 1970）說：「在各種形式的謹愼態度中，對愛情謹愼也許最有礙於眞正的幸福」[5]，言下之意，若有人問如何談一場戀愛？最直接的回答就是：準備帶著一顆即將被踩碎的心，衝！衝！衝！就對了。

㈠戀愛的步驟

愛情的性質是很難一語道盡，但仍然可約略綜合出幾項特徵。一般而言，愛情的「正常程序」常是在獲得某一異性的回應信息之後，才揭開序幕，而這個回應信息首由「視覺」開始。

1. 視覺

「眉目傳情」的視覺效用在動物身上就可看出端倪，動物學家說，公蜘

---

4 黛安娜．伊希朵瑞，《愛情地圖》（*Landscapes of Love: An Atlas of The Heart*），頁 19。

5 黛安娜．伊希朵瑞，《愛情地圖》（*Landscapes of Love: An Atlas of The Heart*），頁 18。羅素是一位對生命充滿熱情的哲學家，他在自傳中的開場白說到：「支配我一生的是三個簡單而強烈的情懷（passions）：對愛的渴望、對知識的追求，以及對人間疾苦無可釋懷的憐憫。」大學時期曾將這段話貼在書桌前作為座右銘。

蛛前臂長毛的比沒有長毛的，較能引起母蜘蛛的反應；眾所周知的，雄性動物在外形上的確長得比雌性動物亮麗，以吸引對方的青睞，視覺作用是剛開始交往時的一種訊息交換。以人類來說，我們的心中早有一種特定的模式，某一類的人總是特別吸引我們的注意[6]，就像「按圖索驥」一樣，我們用眼睛去搜索我們心儀的對象，或去回應這樣的注視。由於是按「圖」索驥，所以，從小到大我們「習慣相處」的對象，或「最處得來」的對象所具備的特質，就會在不知不覺中內化成為我們擇偶時的傾向。

這說明經驗、習慣的重要，如果我們朝夕相處的親人具有暴力傾向、邋遢懶散，我們就會因為昔日習慣而對這類人感到熟悉親切；反之，平常與有文學氣質的人接觸頻繁，就較會去注意且想要親近舞文弄墨的人物。換句話說，家中有暴力傾向的雙親，其兒女的婚姻也較易發生暴力事件，有潔癖的雙親，通常也不會有太髒亂的下一代，你自己或你選擇的對象，都會具有昔日慣見的影像，這也是為什麼孟母要那麼大費周章地舉家三遷的原因。所以，男女朋友交往之初，不妨相互到彼此的家庭走動走動，從雙方父母、親人的言談舉止，可稍微預測出其伴侶的個性、價值觀、生活習慣等等，甚至

---

6 2007 年 6 月 14 日《聯合新聞網》報導：「最新研究顯示，女性在童年時若與父親關係親密，長大後挑選男友或老公時，比較可能受到長得像父親的男性吸引。英國杜倫大學和波蘭兩個學術研究機構合作的這項研究，以 49 位 15 至 34 歲身為家中長女的女性為樣本，請每人在十五張耳朵、頭髮、頸部、肩膀、衣著都被裁切掉的男性臉部特寫照片中，挑選她們認為最具吸引力的男性。然後研究人員將受訪者挑出的照片與她們的父親進行比較。研究人員也要求受訪女性評估她們從出生到 7 歲之間和父親的關係，包括父親參與照顧她們長大過程的程度、和她們共度多少休閒時光，以及父親在她們身上投注多少情感等。分析結果發現，認為童年時和父親關係親密的女性，往往容易受到面貌類似父親的男性吸引；自認和父親關係較不熱絡的受訪者則未出現此種現象。這項研究的報告將發表於 7 月號的《演化與人類行為》期刊。領導這項研究的杜倫大學心理系學者琳達．布斯羅伊德表示，男性若認為女婿和自己長得很像，應視為女兒對自己的肯定；這項研究確認女兒和父親關係的好壞會影響女兒對伴侶的挑選，人類大腦不會只根據和周遭人士相處的經驗就建立理想伴侶的挑選標準，而是以和自己有深度正面關係的人作為標準。」

伴侶將來的長相，也會和其父母親現在的樣貌十分吻合[7]。

一般男生比女生重視對方的外貌身材，尤其是厚嘴唇、大眼睛的女孩特別受到注目。女生通常比較重視彼此交往的「感覺」，希望男人處處以她爲重，把她擺在第一位，男生則是把「權勢」（財富、地位、能力）列爲優先考慮，認爲有權勢就容易有女人，美國前國務卿季辛吉（Henry Alfred Kissinger, 1923～）就有一句名言：「權力是最好的春藥」（Power is the best aphrodisiac.）。至於，有人認爲「一見鍾情」才眞正是轟轟烈烈的愛情，其實，如就上面所分析的「習慣」來說，習慣不佳，一見鍾情的熱烈就有可能遭致引火自焚的結果，人如果沒有這種自覺，就會一直重蹈覆轍，不斷愛上同樣類型的人。小說家莫泊桑（Guy de Maupassant, 1850～1893）說：「普通的花朵必須經過相當時間的栽培，才會散發芬芳，愛情的花蕊更不會突然綻放，所以，一見鍾情的愛並不可靠」，這段話可藉以說明，一見鍾情固然能迅速激起愛情的火花，但柴火燃盡後未必彼此消融成一體，反而是各自回家療傷止痛。

2. 嗅覺

動物是用「看」的傳遞情意，用「聞」的談戀愛，「植物綻放出香氣，引誘昆蟲前來受粉，動物以身體的氣息，試探伴侶是否有交尾之意」[8]，氣味刺激官能，令人迷亂，維納斯的愛之焚香、古印度女神燃燒大麻花讓夫婿醉臥美人膝……這些浪漫的故事，可說正是人類對嗅覺更爲精緻運用的結果。

根據佛洛依德的研究，人起初和動物一樣是用嗅覺談戀愛，直到站立行走遮蔽起暴露的生殖器官後，才開始發展出視覺戀愛。Discovery 頻道也報導過人類嗅覺在擇偶時的關鍵性影響：從嗅覺中，我們判讀並傾向與我們

---

7 一個人在選擇伴侶時，其「熟悉的關係世界」、「族譜的婚姻狀況」影響甚深，可參考 Maggie Scarf 的《親密伴侶》（*Intimate Partners*，施寄青譯，臺北：幼獅文化，1988），此書有相當精彩的解說。

8 Christian Ratsch & Claudia Muller-Ebeling 合著，《春藥》，汪洋譯，臺北：時報文化，1998，頁 188。

基因相隔較遠的伴侶交往，這有助於孕育出比較優秀的下一代；選擇香水或香皂的味道時，我們自然而然地採購與我們身上氣味較接近的產品，以強化我們的氣味；接吻時，其實也是在嗅聞對方的味道，嗅覺是情慾的催化劑，個人身上特有的體味，可以加強、刺激情慾的反射作用……。有些研究指出，男生的嗅覺比較靈敏些，也容易執著於某一種特定的香味，因此，香水的消費群以女性爲主，而且有人建議女生最好固定使用同一種品牌的香水，以維持自己特有的「味道」。

在各種感官中，嗅覺是最古老的，也唯有嗅覺能傳入腦皮質的「邊緣系統」（limbic system），控制我們的情緒與感受，所以研究指出失去嗅覺的人比較不容易產生「性趣」。莎士比亞（William Shakespeare, 1564 ～ 1616）的作品有段話雖用來形容紫羅蘭花，但十分傳神地表達出嗅覺記憶裡的喧鬧繽紛：「甜蜜的竊賊，若不是有我愛的呼吸，你又能從哪裡偷來這份甜蜜？」1907 年英國第一位諾貝爾文學獎得主吉卜齡（Rudyard Kipling, 1865 ～ 1936）說得好：「氣味比起景物和聲音來，更能使你的心神斷裂。」久不相見，我們對一個人的長相可能記憶模糊，但當微風吹拂，從鼻翼掠過的一抹清香或一股特殊氣味，卻能喚起我們心靈深處蟄伏許久的感動。

德國作家徐四金（Patrick Süskind, 1949 ～）的小說《香水》（*Perfume: The Story of a Murderer*）描寫一位青年葛奴乙爲了蒐集氣味而連續殺害 25 位眉目如畫的少女，故事說來雖然誇張，但文中所描述的那股激情是絕對有的。例如：葛奴乙殺了第一位紅髮女郎時，「他把自己的臉緊貼在她的皮膚上，張開鼻翼使勁地聞，從腹部開始，接著是胸部，然後是頸部，最後到達她的臉，再穿過頭髮，又回到腹部，接著向下聞到她的陰部，然後是一雙雪白的大腿和小腿。他把她從頭到腳仔細聞了個遍，他蒐集她下巴的香氣，她肚臍的香氣，就連肘彎裡的皺摺縫都不放過。」[9]科學家研究發現，利用母

9 徐四金（Patrick Süskind），《香水》（*Perfume: The Story of a Murderer*），洪翠娥譯，臺北：皇冠，2006，頁 059 ～ 060。對於所喜愛的氣味，我們不也是深吸一口氣，貪婪地儲藏進我們的心肺之中？猶記得就讀小學一年級首次拿到老師發

親的氣味能有效安撫嬰兒的情緒，月經失調的女性長期嗅聞男性穿過的內衣，能改善狀況，甚至聞聞異性的氣味就可以降低男女焦慮的情緒。想想嬰兒的奶香，多讓人有大啖幾口的衝動！

《香水》這本書有它更深刻的意涵：沒有氣味的人，猶如生命一場空白，是沒有靈魂的人，即使以 25 位妙齡女郎渾然天成的氣味所釀造的香水精華灑在身上，也只能換來天使降臨般短暫的幻影，醒來後依然面目可憎。葛奴乙是被她未婚生子的媽媽，在一大群蒼蠅聚集的殺魚檯下面，隨手用殺魚刀割斷臍帶，準備和一大堆清出來的魚肚腸、魚頭一起丟棄的孩子，媽媽後來因爲殺嬰罪被斬首示眾。一個從小就沒有愛的人，「他眞正渴望的是『某些人』的體味：那些稀有珍貴的人類，也就是能夠激起愛情的人類身上特有的體味，這些人才是他要的犧牲者」[10]，所以當他殺人之後「那位少女的形象，她的臉蛋，她的身體，他早就不復記憶，然而他已經保存了她最美好的部分，而且完全據爲己有，那就是她的香氣原則」[11]，這是他殺人的理由，「其實他愛上的並不是一個具體存在的人，不是城牆後面房子裡的那位少女，他眞正愛上的只是那少女身上的香氣，不是別的，而且只因爲他將來可以擁有這份香氣，所以才會愛上它」[12]，可是等到他眞正擁有時，他仍是一無所有，所以，最後他自己走向一群小偷、殺人犯、幫派分子、妓女……等社會敗類聚集的墳場墓園，將整瓶香水倒在身上，「不到一會兒功

下的書本時，那新書散發的紙漿味夾雜著「我上學了」的一股歡欣鼓舞的心情，所以直到現在，每次拿到新書時，都會習慣性地連續翻動書頁，好讓散發的新書味勾起童年愉悅的記憶。歌手辛曉琪頗流行的歌曲〈味道〉，這樣唱著「想念你的笑，想念你的外套，想念你白色襪子和你身上的味道，我想念你的吻和手指淡淡煙草味道，記憶中曾被愛的味道」，正是味道在記憶中的五味雜陳。

10 徐四金（Patrick Süskind），《香水》（*Perfume: The Story of a Murderer*），頁 208。

11 徐四金（Patrick Süskind），《香水》（*Perfume: The Story of a Murderer*），頁 061。

12 徐四金（Patrick Süskind），《香水》（*Perfume: The Story of a Murderer*），頁 210。

夫，天使已經被大卸三十塊了，這伙人每個都抓住一塊，趕緊退到一旁，貪婪地啃食著。過了半小時之後，尚—巴蒂斯特·葛奴乙就澈底從地面上消失了，連一根毛髮都不留下。」[13]

味道可以是用鼻子嗅聞的身體氣味，也可以是從人身上散發出來的獨特氣質，必須用心靈體會；氣味征服了鼻子，氣質卻能征服人的心靈。

3. 聽覺

「聽覺」在雙方發生好感之後，也扮演十分重要的角色。暢敘衷情、傾訴愛意、甜言蜜語是人心的極大享受，況且交談原本就是彼此溝通的重要方式，有時，電話中的談話，在避開面對面的難爲情，以及失去肢體語言的輔助作用後，更能傾注心力於細語柔情的傳達，說出平時羞澀難啟的話語。如果細心觀察，坊間大受歡迎的流行歌曲、KTV 的點唱冠軍曲目中的歌詞，大都和談情說愛有關，哼哼唱唱正是在表達情意或宣洩己懷[14]。

---

13 徐四金（Patrick Süskind），《香水》（*Perfume: The Story of a Murderer*），頁 276。《香水》這部小說拍成電影上映時，不禁讓人懷疑，它如何能把書中的「味道」演出來？電影和原著小說的差別是，小說透過鉅細靡遺的描寫喚起讀者對氣味的共鳴，但是電影卻只能以「視覺」表現「嗅覺」；文學在字裡行間中猶有餘地任由讀者創造想像，電影卻一方面要忠於原著，另一方面又要比讀者更有創意，將文字闊延出去的意義盡可能囊括，才會叫人信服。例如：金庸武俠小說《神鵰俠侶》裡的小龍女，女明星爭相飾演這個角色，但能把小龍女那種不食人間煙火、脫塵絕俗的清麗模樣演出來的，能有幾人？還是留待讀者自由想像，比較不會失望。這部電影的確考驗導演的功力，從影評與觀眾的口碑，導演顯然已讓人心服口服。Tom Tykwer 導演，*Perfume: The Story of a Murderer*，Dustin Hoffman, Alan Rickman, Rachel Hurd-Wood 主演，Dream Works SKG 出品，20th Century Fox 發行，2006，148 分，限制級。

14 談戀愛時，以詩、文往返，也能增添許多浪漫情愫，婉轉動人的愛情詩更是必備工具。例如臺灣頗受歡迎的抒情詩人鄭愁予名作〈錯誤〉：

「我打江南走過
那等在季節裡的容顏如蓮花的開落

雖然詩人濟慈（John Keats, 1795 ～ 1821）說：「聽得到的旋律是甜美

東風不來，三月的柳絮不飛

你底心如小小的寂寞的城
恰若青石的街道向晚
跫音不響，三月的春帷不揭

你底心是小小的窗扉緊掩
我達達的馬蹄是美麗的錯誤
我不是歸人，是個過客……」

收錄在《鄭愁予詩選集》（臺北：志文出版社，1984，頁 115）。談戀愛、寫情書，不找幾篇抒情詩妝點妝點，怎能創造出浪漫的感覺？能寫能畫的席慕蓉之作品《七里香》（臺北：大地，1985）是筆者學生時代的暢銷書，其中〈一棵開花的樹〉（頁 38 ～ 39）不知感動過多少青年男女：

「如何讓你遇見我
在我最美麗的時刻　為這
我已在佛前　求了五百年
求祂讓我們結一段塵緣
佛於是把我化作一棵樹
長在你必經的路旁
陽光下慎重地開滿了花
朵朵都是我前世的盼望
當你走進　請你細聽
那顫抖的葉是我等待的熱情
而當你終於無視地走過
在你身後落了一地的
朋友啊　那不是花瓣
是我凋零的心」

常言道，年輕人熱愛詩文，中年人探討哲理，老年人則是專注於宗教，是有幾分道理。

的，但聽不到的旋律更甜美」，我們依然還是要慶幸自己的耳聰目明，因為猶如一部電影沒有配樂會相形失色一樣，若聽不見聲音我們似乎就如生長在地底下的根莖植物，與外面的世界阻隔[15]。行進中的軍隊需要節奏分明的鼓樂聲以激勵士氣，頒獎典禮、特殊慶典需要歡樂的樂聲陪伴，婚禮、葬禮、宗教活動需要比較隆重肅穆的音樂陪襯，至於談情說愛，緩緩流洩的浪漫樂曲絕對具有加分作用。有研究指出，人的聽覺受到聲音節奏的快慢會影響飲食的速度，無怪乎速食餐飲店大都播放快節奏的音樂，以便讓客人跟著節奏迅速吃完餐點、讓出座位，反過來需要昂貴付費的餐廳飯店，通常都是昏黃的燈光加上柔美的樂曲，在細嚼慢嚥中，吃出氣氛、吃出價值。

「低聲埋怨的長笛，
在漸弱的音符中，發現
無望戀人的苦痛，
其哀歌由宛轉的琵琶低吟。
刺耳的小提琴宣告

他們嫉妒的痛苦與絕望，
憤怒，狂亂的憤怒，
痛苦的深度，與熱情的高度，
為這美麗、倨傲的少女」[16]

---

15 黛安・艾克曼（Diane Ackerman），《感官之旅》（*A Natural History of the Sense*），莊安祺譯，臺北：時報文化，1993，頁 166。黛安・艾克曼的《感官之旅》和《愛之旅》（*A Natural History of Love*，莊安祺譯，臺北：時報文化，1996），第一本書介紹嗅覺、觸覺、味覺、聽覺、視覺、共感覺等每一種感官的作用，第二本書詳述從古埃及到現代膾炙人口的愛情故事，擁有文學博士頭銜的作者，的確博古通今、文采豐富，人文地理、歷史典故、詩詞名作，信手拈來侃侃而談，這兩本書可列為談情說愛的教科書。

16 黛安・艾克曼（Diane Ackerman），《感官之旅》（*A Natural History of the Sense*），頁 204。

音樂的確也是一種語言，「對莫札特而言，音樂不只是情感濃烈的智慧媒體，他也透過它感受，甚至指引了精確的情感。馬勒第九交響曲的第一樂章模擬的是他的心律不整，因而悲嘆生死無常」[17]，所以，談戀愛之前，是不是應該先懂一點音樂，當兩人共處時，才可以適時播放優美動人的音樂，以音樂語言代替我們的心聲，傳達意在不言中的綿綿情意？

4. 觸覺

說到「觸覺」，在保守的東方文化裡一直是項禁忌。雖然身體的接觸是兩情相悅的自然願望，但是，在中國社會向來就不鼓勵，甚至在沒有正式婚姻前是被嚴格禁止的。這導致男人常把性當成一種「戰利品」，攻城掠地之後可以到處誇耀自己的功績；女人則視性爲「獎品」，芳心大悅可以親一下、贈送大禮讓你抱一抱、有婚姻的承諾則可把「全部給了你」。某公立高中的的男生廁所有塗鴉寫到：「F4」就是找到（Find）她們、撫摸（Feel）她們、嘿咻（Fuck）她們、忘了（Forget）她們[18]，塗鴉似乎大都以「性」爲主題，且女性常是被攻擊的對象；有一種塗鴉是前面的人寫一句後來的人也補上一句，形成有趣的對話，例如[19]：

> 「我是十吋長，四吋寬」──「沒錯，那你的老二有多長」（第一個作者誇大生殖器的尺寸，第二個作者閹割了他）。
>
> 「我擁有每個女人有渴望得到的」──「那你一定是在皮衣工廠

---

17 黛安．艾克曼（Diane Ackerman），《感官之旅》（*A Natural History of the Sense*），頁 205。

18 黛安娜．伊希朵瑞，《愛情地圖》（*Landscapes of Love: An Atlas of The Heart*），頁 30。

19 畢恆達，《空間就是權力》（*The Power of Space*），臺北：心靈工坊文化，2001，頁 87。書中還列了幾則很經典的對話塗鴉：
「上帝死了，尼采留」──「尼采死了，上帝留」
「如果顏色是沒有差別的，那麼上帝為什麼把他們做成像大便一樣的黑色」──「那祂為什麼把你做成像衛生紙一樣的白色」

做事」。

沒有性接觸的愛情，亦即所謂「柏拉圖式的愛情」並非不可能，事實上沒有嘗試過禁果的人，單純的交往仍能體驗深刻的愛情，相對而言有過性經驗的人叫他禁慾則比較困難。無論如何，身體是十分敏感的動情區，發生好感→約會交往→碰觸對方→相互擁抱→實現性行爲，這一過程符合了男女生物的本能慾望。不過「男人想當女人的初戀情人，女人想成爲男人最後的羅曼史」、「女人跟自己愛的人上床，男人愛跟自己上床的人」、「男人可以爲上床做任何事，甚至談情說愛；女人可以爲愛情做任何事，甚至跟他上床」[20]，男女之間若仍抱持這類的思維模式，是會使性關係之後的情感品質受到影響，所以還是應該慎重考慮。

如果有良好的心理建設，例如以性作爲表達愛意的一種方式，不是戰利品更非獎品，做愛就會是一門溝通的愛情藝術：「用全部的身體與心靈說我愛你！」何況做愛好處多多，對女性可以減輕經痛、降低壓力、助於入睡，可以釋放「腦內啡」（Endorphin）產生天然的抗憂鬱劑使心情愉悅；男性則可以強化心臟、年輕長壽，以及降低罹患癌症的機率[21]。坊間有許多「性愛聖典」、各類「慾經」，對於擁抱、接吻、愛痕、輕咬等性愛技巧與房中術，皆有圖文並茂、生動詳實的說明，這的確也是一門深奧的學問。

㈡愛情的作用

那麼如何能確定是眞正相愛呢？想要看到他（她）的身影、聽聽他（她）的聲音，聞到對方特有的味道會感到心神蕩漾，從而有擁抱對方的強烈慾望，詩人普希金（Aleksandr Pushkin, 1799 ~ 1837）說得妙：「天上有多少星光，城裡有多少姑娘，但人間只有一個你，天

---

20 黛安娜·伊希朵瑞，《愛情地圖》（*Landscapes of Love: An Atlas of The Heart*），頁 61。

21 黛安娜·伊希朵瑞，《愛情地圖》（*Landscapes of Love: An Atlas of The Heart*），頁 72。

上只有一個月亮」，朝思暮想的就只有一個他（她），這種在視覺、聽覺、嗅覺和觸覺上建立關於愛情的確立感，常是甜美的、叫人迷醉的。在一些探討愛情之所以令人陶醉的報告中指出，愛情有三個基本的要素：「親密、激情與承諾」，熱戀中的情人大腦中會釋放出一種名爲「苯基乙胺」（Phenylethylamine，簡稱 PEA）的化學分子，當大腦接受到愛情的訊息時，會在腦中引發興奮、狂喜、幸福、愉悅的化學作用。PEA 有如天然的「安非他命」（Amphetamine），它讓人身體放鬆產生一種心神蕩漾的感覺，無怪乎戀愛使人迷亂、使人「上癮」、使人幾乎失去了理智，這種化學作用的神奇魔力，豈是理智所能完全控制[22]？正因爲愛情所帶來的神馳意動，能讓人感受到難以言喻的滿足、幸福，經由愛情所導致的創傷煎熬，也很公平地給予了同等的痛苦傷心。「眼觀耳聽鼻聞，最後告知心；萬念起於心，心念由舌出」、「兩性致命的吸引力，很不浪漫地被稱爲化學反應，並與費洛蒙聯想在一起，確實具有超乎基因與環境因素之外的力

22 2007 年 2 月 15 日中央社記者黃貞貞倫敦 14 日專電報導〈醫學研究：愛情威力可比古柯鹼〉：「根據科學家的最新研究，愛情威力對腦部的影響與強力毒品古柯鹼差可比擬，同樣令人『魂不守舍』，快樂上雲霄。發表在《心理學觀察》期刊的最新報告指出，根據研究人員對接受調查的年輕男女腦部掃描資料，浪漫愛情對人類的影響，和飢餓、口渴並無二致，都是很重要的基本需求。當陷入熱戀的男女心中想著深愛的另一方時，他們的中腦腹側蓋區（ventral tegmental area）、腦幹裡主管思考的尾核等三個神經傳導物質多巴胺（Dopamine）較多的區域，就會開始啟動。這項研究是由紐約愛因斯坦醫學院（Albert Einstein College of Medicine in New York）神經學家布朗（Lucy Brown），及新澤西州立大學人類學家費雪（Helen Fisher）共同進行。費雪說，中腦腹側蓋區等區域，如同人類最深層需求的信號釋放區，包括對食物、飲水等基本需求，都由這裡主司，同樣地，吸毒者上癮古柯鹼，及熱戀男女思慕愛人的渴望，都由多巴胺系統主控。研究人員發現，從腦部掃描片發現，陷入熱戀的男女，多巴胺的釋放量也大增，和吸毒者吸食古柯鹼時的情況類似，顯示身體的基本渴望獲得高度滿足後，出現『飄飄欲仙』的感覺。相對之下，失戀者的腦部活動則完全不同，主管冒險的區域會加速運作。足見愛情的威力非同小可。」

量」[23]。

但是有人會認爲這種 PEA 的作用只是一種激情，肉體的感受多於精神的層面，因此隨著接觸的頻繁，時日一久，感官知覺的強度會越來越減弱，熱戀的化學分子壽命僅能維持一年[24]。常言道「婚姻是愛情的墳墓」，正是意味著，當彼此在感官上的刺激強度已經逐漸麻痺後，沒有精神上的相愛，兩人是很難再繼續相處的；即使彼此精神上仍能相愛，這個時候，如果愛情中 PEA 的化學作用眞有如安非他命的效力，那麼是否會讓人渴望有另一段戀情的刺激，以便再嘗試那種如痴如醉的感覺？由此推論，移情別戀或外遇的現象是可以理解的，朋友、同事間打情罵俏的言語，多少也令人體會一點 PEA 的作用，以彌補婚姻中守貞的承諾，當然，重視精神層面從一而終的堅貞情愛，也並非就不正常，這裡所要強調的只是生理對心理的影

---

23 M. Kodis, D. Moran, D. Houy 合著，《第六感官 —— 愛的氣味費洛蒙》（*Love Scents*），張美惠譯，臺北：時報文化，1998，頁 49、62。費洛蒙（pheromones）是一種自然的嗅覺激素，又叫做信息素，異性的體味所散發出來的費洛蒙是吸引動物發情的重要因素，「每一片脫落的皮屑都含有數千個細胞，並充滿了費洛蒙分子，這些分子隨著皮屑飄到空中進行與他人的交流」，而處理費洛蒙訊息的是位於鼻腔內的兩個小器官，「接吻可能就是為了大量吸收彼此的費洛蒙」，頁 30 ～ 31。

24 2005 年 11 月 30 日「新華網」www.XINHUANET.com 蔣黎黎報導〈義科學家找到愛情分子熱戀壽命只有 1 年〉：「心跳加速、神經性發抖、精神亢奮甚至還有一點糊塗 —— 如果你出現上述『症狀』，那你一定是陷入熱戀之中了。但義大利科學家現在要告訴你，這種美妙的感覺不會超過 1 年，也就是說你的熱戀最多只能持續 1 年的時間。據路透社 11 月 30 日報道，義大利帕維亞大學的研究人員表示，讓剛墜入愛河的情侶瘋狂相戀的是人體血液內的那些『愛情分子』—— 神經生長因子。研究人員對 58 名正在熱戀中的人們進行實驗後發現，他們血液中的神經生長因子數量遠遠多於那些單身漢或是已建立起長期戀愛關係的人。但僅 1 年之後，那些當初熱戀者體內的『愛情分子』的數量就下降到了普通人的水準。他們同時指出，究竟怎樣的戀愛方式可以讓人體血液裡的神經生長因子含量最高目前還不得而知。但是這種『愛情分子』確實在開始一段關係的人們的『交際化學』中起著重要作用。研究人員將此結果發表在義大利最新一期的《神經心理內分泌學》雜誌上。」

響，是不容忽視的。

綜合關於戀愛時在生理方面產生化學物質的研究指出：個人體味所散發出來的「費洛蒙」（Pheromone）是一種自然的嗅覺激素，又叫做信息素，靠近交談或接吻時會大量吸收彼此的費洛蒙，通常喜不喜歡繼續進一步就靠對這種費洛蒙的接受程度。這時，如果腦中也產生足夠的神經興奮劑「苯基乙胺」（PEA），會讓人呼吸心跳加速、手心出汗、顏面潮紅、瞳孔放大，產生「來電」的狂喜之情；接著腦中的神經傳導物質「多巴胺」（Dopamine，簡稱 DA），受到刺激會分泌出幫助細胞傳送脈衝的化學物質，用以傳遞戀愛中的興奮、歡愉的感覺（香菸中的尼古丁、巧克力中的苯基乙胺都會刺激神經元分泌多巴胺）；「腦內啡」（Endorphin）這種類嗎啡的強力麻醉劑也同時產生作用，讓人感受到一種溫暖、親密、安逸、寧靜的幸福感。時日一久，親密情感的穩定性有賴另一種化學物質「後葉加壓素」（Vasopressin）登場，它是控制愛情忠誠度的關鍵激素，可以使人的依戀情緒繼續發揮作用，很多白首偕老的神仙美眷，除了心理的因素外，應該與這類物質分泌特別旺盛有關。

「神啊！
為什麼我是短暫就消失的呢？
美如此問道。
神回答說：
我只能完美地完成短暫就消失的東西。
愛、花、露水、青春
一聽到這番話
就哭著從宙斯的王座前退下」　　　　～～～歌德〈四季〉

青春易逝、愛情難覓，人們又常把寂寞錯當愛情。智利詩人聶魯達（Pablo Neruda, 1904 ～ 1973）感慨地說：「愛情是這麼短暫，遺忘卻是那麼漫長！」愛情因相互吸引而逐漸在心、身上形成強烈的「依附性」：在精神上，我們渴求與對方互相依戀的親密感覺，相愛的雙方，彼此分享內心眞實的情感、思想，它會逐漸形成只屬於兩人的隱密領域，所以具有一種「獨占性」、「排他性」，一旦遭遇第三者的闖入，就如同隱私被偷窺般，有被侵犯、被剝奪的沮喪；在身體方面，由於傳宗接代的生物本能，男女相處自然有接觸異性身體的原始慾望，這是身體藉由親密的接觸而獲得彼此緊緊相連、相互附屬的感覺，它在愛情發生時占有相當重要的地位。有著精神之愛的肉體歡愉，性接觸才顯得神聖；有了肉體歡愉的愛戀之情，更能獲得靈性的滿足。這個時候，彼此的依附性更爲增強，雙方都會強烈感受到對方存在的重要性，以及失去對方的恐怖焦慮。

㈢愛需要學習

依上所述，「愛情」和「愛」並不太一樣，愛情有情慾的部分，且比較固著在特定的人身上；而愛的範圍則涵蓋甚廣：愛父母親人的「親情」、愛舊友新交的「友情」、愛鄉親故土的「鄉情」、愛山水自然的「閒情」、愛文學藝術的「熱情」……，都是一種「愛」的能力的顯現，通常這種能力越培養就越強。夫妻之間相處既久，彼此沒有了情慾仍能相親相愛，是愛情已經轉變成親情、友情的成分，如果又有共同的閒情逸致、熱情愛好，感情當然彌篤。因此，陷入熱戀，或徘徊於三角戀情中的男女，應冷靜地分析，彼此之間的熱烈情感，是否只是一時情慾的奔騰？一旦冷卻下來，維繫情感的動力是否依然存在？三角戀情的抉擇也常如此上演：因激情而選擇新人遺棄舊人，時日一久，舊人的諸多優點又重新占上優勢。愛情中的化學作用總有減弱下來的時候，這時，戀情能不能持續，端視情慾之外愛的品質是如何了。所以說，愛是需要學習、培養、經營與擴充的；但是，也並非人人都能擁有一段刻骨銘心的戀愛，這除了要靠一點機緣撮合外，想要擁有愛情，並且能攜手到老，就要先好好的學習如何「愛人」與「被愛」。

「愛」是一種親密的感覺，每一個人都需要「愛」與「被愛」，它讓我們擺脫孤獨無助的感覺，在陌生的環境與人群中建立一份緊密相連的親密性。從小我們就一直在學習如何「被愛」：守規矩不頑皮、合群不故意唱反調、聽話乖巧、討人喜歡……，但我們卻忘了「愛」也是需要學習的，它是一種能力，就好像演奏樂器的能力、閱讀書報的能力一般，它也應該在我們成長的過程中用心去培養[25]。由於只知「被愛」卻不懂得「愛」，所以我們只會把自己裝扮得可愛（男人追求功成名就，女人包裝得柔媚動人），反而不知道如何去愛人，尤其是在人際關係的挫折中，經常指責別人虧待了我們、社會遺棄了我們，心中常常激憤不平，常常不甘心，害怕付出太多。以父母對子女的愛來說，父母可曾如此斤斤計較？可是子女對父母的愛，卻要等到他們也為人父母時，才懂得將心比心、學習回饋。所以愛是需要學習的，它是人格成熟的指標之一，有能力愛人並且從中體現自我之意義的人，才能進一步瞭解愛情的真諦，也才能獲得真正的愛情，因為可貴的愛情，實是這種愛之能力具體實踐的結果。

所以，愛情是屬於身、心面的，在一開始的眼神遊戲、吸引對方，到陷入熱戀後漸趨平淡，每一個階段，專家都有許多的建議。例如第一次約會的「調情成功十祕訣」[26]：

1. 眼神接觸——不是侵略性的眼光，而是誠摯的眼神凝視對方，表達愛意。

2. 神采奕奕——保持微笑，讓對方感受到你是個溫暖、輕鬆、心胸開闊的人。

3. 誠懇交談——避免自鳴得意的誇耀和輕浮的陳腔濫調。

4. 多提對方名字——讓對方感受到自己的重要與獨特性。

5. 表現幽默風趣——尋找對方言語中的笑點，開懷大笑，製造歡樂氣氛。

6. 鼓勵對方開放——讓對方暢談有興趣的任何事情，以微笑、點頭鼓勵繼續。

7. 真心讚賞——稱讚對方真正的特質，讚美他（她）的眼睛，而不是裝飾。

---

25 佛洛姆（Erich Fromm），《愛的藝術》（*The Art of Loving*），孟祥森譯，臺北：志文，1986。

26 根據黛安娜．伊希朵瑞，《愛情地圖》（*Landscapes of Love: An Atlas of The Heart*），頁 30 ～ 31 改寫成簡明扼要的原則。

8. 適時表達意見——不要喋喋不休，也不要沉默不語，身兼說話者與傾聽者。

9. 做你自己——眞面目遲早會洩漏出來，所以盡可能表裡如一。

10. 誠實是最佳的策略——可以直接探詢交往的可能，如不想再約會也不要假裝有興趣，誠實無僞才能避免傷害。

跨過了第一關，接下來如果要維持長久的相愛，必須保持彼此的新鮮感，讓自己容光煥發，隨時給人一種煥然一新的感覺，千萬不能相處久了，女的變成黃臉婆，男的一副邋遢樣；雙方必須要進一步培養共同的興趣和喜好，要能談得來（談戀愛），彼此有良好的溝通，能互相分享喜悅、成就與夢想。人之自我是不斷在成長、轉變的，一個獨立、自主、完整的人格，不但開放自己，也不試圖操控對方，自己不斷地尋求成長，也給予對方同樣的機會與空間。男女雙方想要始終保持「相愛如初」的美滿感覺，就應該具備有豐富的精神世界，讓它永不枯竭，培養細膩的心靈、學習寬厚的胸襟和愛人的能力，重視承諾與責任，使自己的個性日臻成熟穩健，這樣才値得「被愛」，也才知道什麼叫做「愛人如己」。愛的品質和人格的成熟度密切相關，盲目地尋覓愛情，不如先培養健全的人格。

二 婚前可否性行爲

前面提到，肉體的渴望接觸，是愛情不可缺少的部分，但人和動物的差別，就是對行爲後果的認知，和可控制生理衝動的能力。性行爲對動物而言只是生理需求的滿足，但對人而言卻衍生出許多社會意義。

㈠社會的評價壓力

人一置身於社會，個人的行爲就被許多的意義脈絡所包圍。傳統上，「性」的合法性是建立在傳宗接代的基礎上，而婚姻是合法的具體象徵，只有婚姻中的性，才是合法的性。婚姻中的交媾不是以歡愉爲目的，而是爲了生養孩子、延續香火、繼承家業，由於意義重大，性必須受到規範，不能率爾爲之。合法婚姻中的性充滿責任義務，婚外的性行爲，乃成爲滿足情慾、抒解壓力的管道，但在傳統的父權社會中，這顯然是屬於男性的特權，不容女性有置喙的餘地。

民情風俗的改變，性觀念越來越開放，婚前性行爲的接受度也越來越高，在現代以「愛」爲名的性行爲，逐漸取代必須在婚姻中進行的規範。男女情侶的婚前性行爲日益普遍，只要他們有相愛的基礎，爲愛而性可以是合理的、合法的。只不過男女所背負的評價壓力仍有輕重之別，對女性來說，還是必須比男性更審愼爲之。

事實上，現在再將性囿限在神聖的婚姻體制之下，以傳宗接代爲首要功能，似乎頗不符合潮流，言者咄咄聽者藐藐，遵奉者不知有幾人；而高舉愛情的旗幟，以愛爲名宣洩慾望，也似是將愛情過度神話，簡化人類性行爲複雜的社會現象。現代男女之間的性有時是「爲性而性」、「爲生理滿足而性」，甚至「爲人際關係而性」、「爲權力支配而性」……。在日益鬆綁的社會規範底下，性癖好、性虐待、性暴力、外遇事件等等問題的浮上檯面，正足以說明人類性行爲的多元繁複，已非道德教條所能控制得住了。

爲此之故，「性學」研究堪稱爲 20 世紀的新寵。現代性學不斷指出，「智力在經驗和學習中發展，性慾也是如此」、「性慾可被視爲人格向度之一」、「性是個人認同或權力的象徵」、「人類的性興奮主要是一種心理現象」……[27]，在在顯示「性」的問題錯綜複雜；而且越來越多的人主張，追求愛和性的經驗，實際上也是一種「自我的發現之旅」，尤其是對性的好奇、墜入愛河、痛苦的失戀……，幾乎都有可能是年輕人即將經歷的戲劇性轉變，我們應主動提供性的知識和人際關係的教育，讓年輕人在遭遇到每一個階段時能儘量安然度過。

所以說，與其三令五申的苛責、禁止婚前性行爲，不如加強性教育、防範不當性行爲的後果、瞭解個人性慾潛藏的意義，比較有實質的幫助。

---

27 Bernice Lott，《女性心理學》（*Women's Lives*，危芷芬、陳瑞雲譯，臺北：五南，1996），第六章「性」和第七章「關係：愛情、婚姻和其他選擇」，內容精彩，可進一步參考。

㈡性心理的差異

此處僅就男女社會化過程中，因性別的不同導致性心理的差異，藉以說明婚前性行爲中，男女不同的考量，以及承受不同的社會壓力之現象。

一般而言，男女出生之後的生物性別，即決定其日後在社會化過程中，不僅要按照刻板印象學習陽剛陰柔的性別特質，更在性角色的扮演上確立男主動女被動的遊戲規則。從開始的追求、戀情的進行到性交的實現，通常都是由男性所主導，性的主動權歸由男性所掌控，女性只是儘量增加性的吸引力，被動地等待男性的青睞，並且對性表現出「無知無欲」的「可愛」。通常符合刻板印象的要求，較不會遭致非議，也較令人感到安全，例如笑罵一位男性「興致勃勃」是頗有讚許之意，也是正常的現象，反之，用以形容一位女性的話，多半是有「水性楊花」的嘲諷味道。

這種根深柢固的看法，不但忽略兩性生理上的實際差異與需求，更把性生活的教導權、性生活的不協調，歸咎於男性這一方，導致男性「性焦慮」普遍高於女性。加拿大多倫多大學精神科醫師費倫德（Kurt Freund, 1914～1996）於 1983 年提出「求愛障礙概念」（the concept of courtship disorder）時認爲，隨著求愛能力的障礙，就呈現不同的性行爲偏差：

1. 連尋找對象都不敢的人——「偷窺狂」。

2. 正常談情說愛有問題的人——「暴露狂」或「打猥褻電話」獲得滿足者。

3. 無法承受性接觸焦慮的人——「公車上毛手毛腳之徒」。

4. 性交能力有困難的人——「戀童症」（同性、異性，比自己弱小的性對象、雛妓或強暴女童）。

由於男女社會化所產生的心理機制不同，其性幻想、性刺激、性需求皆不相同，一般而言，女性的性禁忌較多，相對地性反應較慢，如若解除心理機制，則反應就會和男性差不多，甚至比男性更豐富[28]。研究指出，老妻少

---

[28] 瑪格麗特．羅洛伊（Margaret Leory），《歡愉——女性性經驗真相》（*Pleasure: The Truth about Female Sexuality*，董綺安譯，臺北：時報文化，1994），這本書

男配才是比較合乎生物學的事實，因爲年輕男子血氣方剛，中年婦女禁忌解除，正是狼虎之年，現在流行的老夫少妻是社會化的結果，沒有生物學的理論支持[29]。

基於性心理差異和生理結構的不同，在「性反應」過程中，一般而言，男性的反應皆較快，達到高潮約爲三分鐘，可持續十秒，高潮之消退亦較快，女性相對則需十到三十分鐘，可持續二十秒左右，且予以適當的刺激，可有連續性之高潮出現。此外男性的性反應也較有一致性，女性則顯複雜（陰道、陰蒂、G點高潮），可塑性亦高。

在「性幻想對象」上，女生較無特定對象，理由是，「女人的性幻想對象不能像照片一樣被看得一清二楚」（有罪惡感），因此，女性雜誌的編輯常遇到的難題是，還沒找到如何去拍裸男而能讓女性讀者接受的門路；男人性幻想的對象，大都是某個認識的、特定的或具體的（如釘在牆壁上的美女）女人，這可從裸女雜誌大行其道而看出端倪。

女性最巧妙之處在於其性感覺在某一程度上，比較能夠固定於一個男人而不斷地成長，從處女到爲人妻，雖面對同一個男人，仍能得到快感及性慾增強，並不見得和越多男人發生性關係，才越能增加快感；相反地，男性在

對於女性撲朔迷離的性經驗，有相當深入的剖析，女性閱讀者可藉由此書許多個別案例的描述，與自身經驗作一對照；男性閱讀者則經由此書在各領域的廣泛觸角，間接揭開女性性經驗的謎底，對女性將會有更進一步的瞭解。

29 報載「臺灣男性學醫學會在2003年時，針對一萬多名、40歲以上男性的陽痿問題進行調查，病患坦承有陽痿現象的比率只有13%，但是若以國際標準的陽痿問卷量表（IIEF）予以測試，則有高達26%已達陽痿標準」，而且「據亞洲地區勃起功能障礙醫學會的統計數據指出，亞洲成年男性性功能障礙比率以新加坡居首（51%），其次為泰國，臺灣、大陸、香港同居第三（31%）。」2018年該醫學會理事長張宏江醫師曾公開說明，勃起硬度不足是常見的男性性功能障礙之一，臨床上勃起硬度分為四級：小黃瓜（四級硬度）、帶皮香蕉（三級硬度）、剝皮香蕉（二級硬度）、蒟蒻（一級硬度），三級以下即是勃起硬度不足；醫學會的最新調查結果顯示，全臺40歲以上男性中，逾155萬人有「勃起功能障礙」與「攝護腺肥大伴隨下泌尿道症狀」，亦即，每五人中就有一人深受兩大共病困擾。

肉體上的感受性較薄弱，只有在侵犯未知、新奇的東西時，才能提高精神上的緊張感，繼而感到興奮，並提升快感。所以，在「性行爲」中，女性是閉眼感受身體的感覺，男性則是張開眼滿足精神上的成就。

「性滿足」與「性高潮」不同，社會從不鼓勵女人要「性」致勃勃，女人喜歡性所帶來的興奮與親密，這與經歷高潮卻仍無法享受性有別，性高潮當然可以增加性的滿足程度，但卻不必把性滿足和性高潮劃上等號，只想獲得性高潮，自慰即可無須伴侶參與。所以說，男女應多注意的是彼此在性上的愉悅，而非專注在有無高潮上，以免造成壓力，而且隨著性觀念的開放，男女生的性意識亦跟著改變，兩性之間性行爲的進行、互動模式，也發生若干的變化。舊有的性學研究不斷遭到挑戰的同時，男女性關係也必然受其影響而不同於以往。

此外，現代性學研究的醫學技術與相關產品，也爲人們帶來許多福音。人們常笑稱有兩種藥的發明是人類的偉大貢獻，一是給男人的「壯陽藥」，一是給女人的「減肥藥」。性是男子氣概的象徵，性能力也是一種支配權力的表現，男性一方面對性感到焦慮，一方面又要極力吹噓。減肥則幾乎成爲女人一生的夢魘，男性縱然對自己的身材也會不滿意，但不至於影響自尊自信，但是女性對自己身材、外貌的滿意度始終很低，女性的自尊自信大部分來自合宜的身材。因爲，以亮麗的外貌來增加性吸引力，才是女人主要扮演的角色，而纖細修長的身材至今仍是美麗的主流標準[30]。

---

30 有一篇作者不詳的網路文章〈低成本做女人〉提到：「在臺灣，做女人成本太高。……國內有些媒體總在報導怎麼樣才更有魅力？要三圍，要穿漂亮的衣裳，要做皮膚護理，講究化妝技巧；要怎麼樣修煉自己怎麼樣拴住男人的心，抓心還要抓胃……這樣做女人豈不是成本太高呢？最後修煉得面目全非，與真實的自己背道而馳。在國外對魅力的理解很大程度上就是有發自內心的微笑，你走在街上迎面走來一個女人，她絕對不會板著臉，而會主動向你微笑示意，這微笑是發自內心的。在國外，講究自然，與大自然親近，女人們喜歡栽花種草喝茶做女紅，這些被中國女人早就摒棄的東西，對她們來說卻是樂此不疲，因為有動手的樂趣；晒太陽，把自己晒成古銅色，誰最健康誰就最美麗，而不是比誰的皮膚最白。……放開一點、簡單一點、單純一點，集滿三點，就會開心一點」，這篇文章讀來真是與我心有戚戚焉。

雖然在性活動上越來越多的女性化被動爲主動，也勇於表達自己的情慾需求，但畢竟仍非普遍的現象，女性依然被期望必須擔任「守門員」的角色。男性可有「弱水三千只取一瓢飲」的藉口，但女性必須懂得拿捏分寸，其性經驗經常被提醒起碼要限定在親密的愛情關係之內。女性必須學習要讓自己既「性感迷人」（被動）又能「潔身自愛」（主動）的道理，雖然這兩樣有時會發生矛盾衝突。性行爲中女性除了心理顧忌較多外，生理方面也是要承擔較多的風險，主要是「性病」和「懷孕」的問題，尤其是發現懷孕卻必須墮胎時，可說是身心俱創。

㈢墮胎的後遺症

「墮胎是一個複雜的道德問題，沒有任何簡單的答案。在前三個月墮胎和最後三個月是不同的；因爲大家庭而負擔過重之貧窮婦女的墮胎也不同於那些富裕的女性；因爲強暴或亂倫而墮胎和那些父母寧可要男孩而墮胎的女性又有所不同」[31]，除了這些複雜情況外，墮胎問題對下此決定的女人，都可能造成身心長期的不良影響。

先就身體方面來看，墮胎在未合法化時，「鐵絲做的衣架、鉤針，浸在松節油裡的鵝翎毛、芹菜莖，以清潔劑、染料、肥皂、超級膠（精製油、肥皂和碘酒的商業調製品）灌入子宮頸，飲用含汞的瀉藥，將熾熱的煤炭放在身體上……，它是痛苦、危險的，而且隱藏在犯罪的罪惡感之中」[32]，即使今天墮胎方式進步許多，合法醫療診所的專業醫師已取代街尾巷角的酒鬼密醫，然而墮胎依然有許多的風險，手術如有不慎，可能導致「子宮穿孔」和「永久不孕」，甚至流血不止而死亡。

如果手術順利，伴隨而至的是心裡的罪惡感。坊間有一種奇特的行業，在住家大樓裡闢室經營「嬰靈塔」，有需要的人，只要買個神主牌位，每月交個三、五千，就有人早晚代爲誦經超渡被墮掉的嬰兒亡靈，據報導生意相當不錯。這種現象正是在說明，個人的宗教信仰和道德感，將使得墮胎

---

31 Bernice Lott，《女性心理學》（*Women's Lives*），頁 396。

32 Bernice Lott，《女性心理學》（*Women's Lives*），頁 392。

的婦女，幾乎一輩子都必須承擔扼殺生命的罪惡感，「嬰靈塔」的現象，只是稍解壓力的方式之一而已。

墮胎問題不僅複雜，其後遺症也很多，不得不謹慎，決定偷嚐禁果的男女，必須主動吸收「避孕的知識」[33]，並且充分瞭解「性病的防治」[34]。性是美好的事情，只是我們應該瞭解自己是「爲何而性」？我們可否有能力承擔所處的家庭環境、社會網絡所給予的評價壓力？良好的性對身體健康也有助益，但是太年輕就有性生活或性對象複雜，就比較容易有生殖器官方面的病變產生，尤其是男歡女愛之後，男生可以輕鬆離開，女生卻必須承受性病的陰影、懷孕的可能、墮胎與否、罪惡感等等折磨。「男女平等」？在這一點

33「避孕的知識」最基本的就是，如何阻止「受精」和阻隔受精卵「著床」，常有一些似是而非的觀念是：以為「性交中斷」（快射精時拔出陰道外），和「陰道沖洗」（射精後立即沖洗陰道）都可以阻止受精，其實懷孕的風險仍相當大。避孕必須經過指導，或者裝上有效的避孕器材，例如：女性的安全期推算法、服用避孕藥、在子宮外口裝上子宮帽阻斷精子的進入，男性則配戴保險套等，雖然都不是 100% 的避孕方式，但風險已降至最低。目前已有新的避孕法，就是在女性的手臂上植入一種如火柴棒大小的合成聚合物「諾普蘭」（Norplant），過程只要 10 ～ 15 分鐘，不會疼痛，避孕有效期長達五年；以及新一代皮下植入式避孕器「易貝儂」（Implanon），一根長 4 公分寬 0.2 公分的避孕棒，棒上的黃體素逐日釋放於體內，可以抑制卵子成熟、使子宮頸黏液變濃稠阻礙精蟲前進，有超過 99% 的避孕效果。至於男性輸精管、女性輸卵管的結紮，則是屬於永久性的避孕法，未婚或尚未生育者並不適合。男女性開始有性生活之後，應該主動到醫院、衛生所去尋求協助，要有安全避孕的知識，才能有愉悅無負擔的性生活。

34 男女生發生性關係時，男性十分在意自己的陰莖長度、大小，以及有沒有滿足、征服對方，對於「性病的防治」反而毫無概念。事實上，東方男性陰莖在勃起狀態平均長度約為 13cm，女性陰道平均長為 8 ～ 10cm，大部分的人都在標準範圍之內，長度、大小不是主要的問題，何況女性性快感不見得就在陰莖的插入上，這方面性學專書有相當實證性的研究資料，可以讓許多煩惱的男性解除疑慮，應該多多閱讀。常見性病種類有「尿道炎披衣菌」、「陰道滴蟲」、「菜花」、「淋病」、「梅毒」、「泡疹」等等，不潔的性交，即使是良家婦女也會罹患，不過目前大都能夠醫治，只有愛滋病毒（AIDS）仍是難纏之症；愛滋病目前雖有「雞尾酒療法」問世，但仍是席捲世界，讓群醫深感棘手的世紀重症。

上就很難達到。

三 相愛容易相處難

兒童在社會化的過程中性別也逐漸被刻板化，不僅在外表穿著、言談舉止上漸漸表現出男女生的分別，也逐步培養出不同的人格特質。從「玩具類型」（機器戰警 vs. 小洋娃娃）、「活動範圍」（野外探險 vs. 家事操作）、「談話內容」（社經體育 vs. 影劇消費）、「興趣發展」（社會地位 vs. 人際關係）等等，都慢慢形成性別的區分，難怪初相識的男女生會覺得對方講話、想法很奇怪，有溝通上的障礙，尤其是性別刻板印象越深的人，越難溝通。心理學家榮格（Carl Gustav Jung, 1875 ～ 1961）說：「兩種性格相遇，彷若兩種化學元素的碰撞：一旦有任何反應，必然是雙方同時改變」[35]，若這個改變是良性循環可以逐步融合，反之不就更加拒斥彼此？

(一)溝通的困難

性別刻板印象造成女人是感性的、情緒化的，男人是理性的、冷靜的二元區分，若果眞是如此南轅北轍的極端性格，彼此如何能夠溝通？男性認爲女人的溝通方式「迂迴難測」，女人喜歡「甜言蜜語」；不幸的是，在性別刻板化的過程中，男性早已被剝奪表達情感的學習權利與技巧，長久下來，使男性在人際互動中「不會說」也「不能說」[36]。所謂「男人有淚不

---

35 M. Kodis, D. Moran, D. Houy 合著，《第六感官——愛的氣味費洛蒙》（*Love Scents*），頁 22。

36 網路上有一則男、女生日記形成有趣的對比。女生日記寫道：「昨天晚上他真的是非常非常古怪，我們本來約好了一起去餐廳吃晚飯，但我白天和我好朋友去 shopping 了，結果就去晚了一會兒，可能就因此他就不高興了。他一直不理睬我，氣氛僵極了。後來我主動讓步，說我們都退一步，好好的交流一下吧。他雖然同意了，但是還是繼續沉默，一副無精打采心不在焉的樣子。我問他到底怎麼了，他只說『沒事』。後來我就問他，是不是我惹他生氣了。他說，這不關我的事，讓我不要管。在回家的路上我對他說『我愛你』。但是他只是繼續開車，一點反應也沒有。我真的不明白啊，我不知道他為什麼不再說『我也愛你』了。我

輕彈」，「哭」是女人的特權，男人可被接受的程度只能是「浮現淚光」，而絕不能「淚流滿面」。這在必須口頭說明或肢體語言的溝通方式上，無疑已經事先設障。尤其是墜入愛河時，「談」情「說」愛、溫柔體貼、浪漫細心……，這些特質似乎都是女生向來就擅長的，當女生反過來也要求男性做到時，經常都是令人感到氣餒、挫折的經驗。同樣地，女生是從良好的人際關係中去定位自己的意義，順從、依賴、沒有主見……，幾乎是從小就必須培養與人相處爲善的基本德行，當遇到一位要求她獨立自主、不要事事依賴的男性時，女生也會感到不知所措。

現代社會在公共領域中，不論男性女性，寡言木訥拙於言詞的人，已逐漸被視爲缺乏競爭力、魄力的表徵；在私人領域中，溫柔體貼、善解人意、專心傾聽、勇敢堅強、獨立自主……，逐漸成爲成熟個體的指標，而無關乎男女性別的特質。放下身段的「新好男人」十分吃香，不僅擺脫傳統只懂得賺錢養家、不懂得情趣的負面形象，尊重女性、重視溝通、愛家愛孩子，逐漸成爲現代女子擇偶的重要條件。而獨立堅強的女性也不會喪失其魅力，這是一個逐漸向「中間」靠攏，強調男女生特質都需具備的「中性」或「雌雄同體」的時代。若仍固守傳統刻板印象，尤其是站在兩個極端的人，不論是人際關係或愛情婚姻，都將是障礙、問題特別多的人。

們到家的時候我感覺，我可能要失去他了，因為他已經不想跟我有什麼關係了，他不想理我了。他坐在那兒什麼也不說，就只是悶著頭的看電視，繼續發呆，繼續無精打采。後來我只好自己上床睡去了。10 分鐘以後他爬到床上來了，讓我吃驚的是他居然過來和我 ML。可是儘管如此我還是感覺，他一直都在想別的什麼，他的心思根本不在我這裡！這真的是太讓我心痛了。我決定要跟他好好的談一談，但是他居然就已經睡著了！我只好躺在他身邊默默的流淚，後來哭著哭著睡著了。我現在非常的確定，他肯定是有了別的女人了。這真的像天塌下來了一樣。天哪，我真不知道我活著還有什麼意義……」，女生疑神疑鬼、長篇大論後，只見男生日記只有一行：「媽的！今天皇馬居然輸了，不過晚上 ML 還挺爽。」

㈡與對方分手

由於傳統性別上的差異，或價値觀、生活習慣……種種不同（即使同性之間亦然），導致時起衝突，其實是常有的現象。衝突並非都是負面意義的，它仍然有積極的作用，由於潛在問題的爆發，才有解決的機會。衝突是爲了溝通、解決問題，不是直接就得分手，那顯然是意氣用事，如果有這樣的心理準備，就比較能冷靜下來思考問題。

女性較容易察覺彼此關係的不適，醞釀很久提議分手時，大概心理已有所調適，男生通常剛開始害怕責任、承諾，關係一穩定後就較會專心於事業，故乍聽分手，男性比較容易失控，比較會有暴力相向的念頭。

良好的溝通有賴於「知識」和「修養」。知識指的是對人性世事的洞察瞭解，「知識就是力量」，深諳人事的人，大部分都能掌握溝通的微妙情境，見招拆招游刃有餘；修養指的是對他人人格缺陷或偏差觀念的包容體諒。盡力之後，如果兩人的相愛眞的無法像王子與公主那樣從此過著快樂幸福的日子，也要好好地分手，這時，有幾個原則需注意：

1. 好聚好散是高深的學問，要顧及對方的顏面，學習婉言相告的技巧，態度明確，溫和而堅持，不出惡言。

2. 如果有第三者也儘量不要曝光，勿讓第三者明顯介入尙未分手的感情中，以免傷害到對方的自尊。

3. 無論任何談判，皆不宜在密閉的空間中，並選擇有利緊急逃離之位置。提高警覺對方攜帶之物品，並避免刺激對方。

㈢被對方拒絕

如果是被對方三振出局，而且眞的已到無法挽回的地步時，要打起精神，學習接受、祝福與成全對方的選擇，並保持風度、感謝對方曾經給予一段美好的時光。不能成爲愛人，就成爲他（她）一生感激懷念的人，窮追爛纏只會使自己更惹人厭煩，而報復也常是玉石俱焚得不償失。

受傷的程度和投入感情的深淺有關，對於不同的痛苦指數，可有如下幾個方法，作爲療傷止痛的參考：

1. 輕度挫折——送他（她）一首詩，好好道別。葉慈這首〈葉落〉意境很美：

「秋天附著修長的葉子葉子愛我們，
守住一些田鼠在成捆的麥穗；
山楸樹葉都黃了，高過我們頭頂，
還有那潮濕的葉也黃，那野草莓。

愛情衰蝕的時刻竟已經襲到了，
我們憂傷的靈魂是困頓而且疲憊；
無須等激情的季候遺棄，讓我們
就此吻別，淚滴落你低垂的眉。」[37]

2. 中度痛苦——盡可能的忙碌，當義工、做運動，或去從事可讓自己精疲力盡的工作，例如搬運工、大賣場的收銀員……，累到沒有時間去想，時日一久，傷痕便會慢慢癒合。千萬別在雨中散步、不要哼唱感傷的歌，或去悼念昔日同遊之地，那只會徒增落寞，無濟於事的。

3. 重度傷害——失戀到這種地步直可說是錐心之痛，有時眞是無藥可醫，彷彿世界末日的來臨，若果眞是如此，不如讓生活有一百八十度的轉變，搬家、換工作、出國留學、環遊世界……，化悲憤爲力量，澈底洗心革面一番。

克服任何挫折，本就應該在平時就培養一顆堅毅的心，養尊處優的溫室花朵，怎麼比得上一株任憑風吹雨打的野外小草擁有堅韌的生命力？爲人父母者，應該從小就要幫助自己的小孩學習克服挫折的能力，教導他們擴展自己愛的對象，培養對親朋好友之愛，對知識藝術之愛，對山川風景之愛。有了豐厚的愛，將來遭遇愛情的失敗，才不會彷彿天崩地裂、一無所有，才會

37 葉慈（W. B. Yeats），《葉慈詩選》（*Selected Poems of W. B. Yeats*），楊牧編譯，臺北：洪範，1997，頁 15。

懂得愛自己、原諒自己的誤判，將失敗的戀情轉化成爲生命中一項美麗的遺憾，而不是永遠無法復元的傷口。

參　墮胎的道德爭議

根據內政部近幾年的統計資料顯示，全臺每年都有將逾 3,000 名女性未成年生子，並以花蓮縣、臺東縣、苗栗縣比例最高。「大孩子生小孩子」問題重重，就小媽媽來說，不僅在心理上尚未準備好要成爲母親，也經常因此中斷了學業與事業，打亂人生階段的進程，而對小嬰孩來說，母親懷孕期間的懵懂無知，亂服藥物、營養不良、未定期接受檢查等等，容易造成嬰兒的健康情況不佳，先天不足加上後天照顧不良，嬰兒猝死、遭受虐待、被遺棄……，已經是一項越來越惡化的社會問題。

如欲解決上述問題，避孕常識的廣泛宣傳是最迫切需要努力的方向，墮胎是不得已的措施。臺灣在 1985 年通過並實施《優生保健法》之後，墮胎已經能在正規的醫院裡進行，使女性的安全保障提高許多，不過，墮胎在心理方面的疑慮仍未解除。

一　優生保健法

2009 年 7 月 8 日修正後的《優生保健法》[38] 共有五章 18 項條文，其中較爲重要者爲第三章的「人工流產及結紮手術」第 9 條規定：懷孕婦女經診斷或證明有下列情事之一，得依其自願，施行人工流產：

㈠ 本人或其配偶患有礙優生之遺傳性、傳染性疾病或精神疾病者。

㈡ 本人或其配偶之四親等以內之血親患有礙優生之遺傳性疾病者。

㈢ 有醫學上理由，足以認定懷孕或分娩有招致生命危險或危害身體或精神健康者。

㈣ 有醫學上理由，足以認定胎兒有畸型發育之虞者。

38《優生保健法》全部條文參見「全國法規資料庫」http://law.moj.gov.tw/Scripts/newsdetail.asp?no=1L0070001。

㈤ 因被強制性交、誘姦或與依法不得結婚者相姦而受孕者。

㈥ 因懷孕或生產將影響其心理健康或家庭生活者。

未婚之未成年人或受監護或輔助宣告之人，依前項規定施行人工流產，應得法定代理人或輔助人之同意。有配偶者，依前項第六款規定施行人工流產，應得配偶之同意。但配偶生死不明或無意識或精神錯亂者，不在此限。第一項所定人工流產情事之認定，中央主管機關於必要時，得提經優生保健諮詢委員會研擬後，訂定標準公告之。

二 墮胎的方法

根據聯合國「人口基金會」提出的《2000 年世界人口狀況報告》說，對女性的歧視及暴力「仍深植在全世界的文化之中」，「全球仍發生八千萬起非自願的懷孕案例，兩千萬起在不安全條件下墮胎事件，數以百萬計凌虐及強暴情事，以及殺害女嬰和所謂『遮羞』殺人事件。……至少有三分之一的婦女被毆打、誘騙、強迫性行爲，或遭遇某種方式的凌虐，四分之一的女性在懷孕期間被凌虐，至少六千萬名女童，大都在亞洲，因爲殺嬰、疏忽及其他因素而被列爲『失蹤』。」[39]全世界每十次平安生產的同時，就有4.5次的墮胎，而有 95% 的墮胎是在已懷孕的前三個月中進行的，因爲這是最安全、最簡單也最不會出問題的時期[40]。

傳統的墮胎方式主要有：

㈠「月經規則術」或稱「眞空吸出法」（vacuum aspiration），局部痲醉後利用一條塑膠軟管，以眞空吸引的方式，將子宮內容物吸出，需時約二十分鐘，適合月經過期後兩週內較小的胎兒。

㈡「子宮刮除術」或稱爲「膨脹刮除法」（dilation and curettage），用金屬管深入子宮內部吸出胎兒，或再刮除子宮內膜，以避免殘餘，手術需要在已懷孕的前三個月中進行，最遲至十二週，需局部痲醉，前後時間約爲一至二小時。

---

39 2000 年 9 月 21 日《中國時報》蕭羨一綜合英國倫敦 20 日外電報導。

40 Bernice Lott，《女性心理學》（*Women's Lives*），頁 382 ～ 383。

㈢「注入鹽水溶液」、「羊水內前列腺素注射」和「膨脹排泄法」，是超過四個月以上的胎兒，以注射藥劑的方式，使胎兒無法順利著床，四至七天後用超音波檢查，確定胎兒已停止發育和心跳後，再促使子宮收縮，讓胎兒自動流出[41]。

墮胎的合法化造就墮胎業的盛行和墮胎手術的高額利潤，現在各婦產科、醫院皆可以爲女性做這項手術，1996 年底衛生署已經同意在醫生的監督之下，合法使用口服式的墮胎劑，使墮胎更形方便，亦即，法國羅素（Roussel-Uclaf）藥廠在 1980 年合成的藥物，RU-486（Mifepristone）已正式上市。RU-486 原本只是一種「腎上腺醣皮質激素拮抗劑」，所以以公司縮寫加上編碼爲記，卻意外發現它可以阻隔必要的賀爾蒙訊息，而停止妊娠。若性交後立即服用，成功率高達 96%，只適用於懷孕七週內，並確定爲非子宮外孕者，服用後所引起的子宮出血量，比一般的經血量多，平均出血日爲八天，若使用不愼會導致血崩而流血不止[42]。日前報上報導已有人在網路上直接販售，不過常因爲藥效不足或成分不明，對服用者的身體健康造成莫大的威脅，所以，仍必須請教醫生才是安全。

三 生命科技的爭議

1978 年 7 月 25 日，人類第一個經由體外受精的「試管嬰兒」誕生了，這位女寶寶是由母親的卵巢取出一枚卵子，放在小塑膠盤上，隨後將先前已在培養液中的父親之精子取出加入，放在顯微鏡之下，確定受精後，讓受精卵分裂三次再植回母親的子宮內，九個月之後，順利產下第一個試管女嬰，締造人類胚胎學上傲人的成就[43]。

---

41 Bernice Lott，《女性心理學》（*Women's Lives*），頁 392 ～ 393；和吳嘉麗等編著，《現代社會與婦女權益》，臺北：空中大學，2001，頁 355 ～ 359。

42 吳嘉麗等編著，《現代社會與婦女權益》，頁 354 ～ 355。

43 李．希爾佛（Lee M. Silver），《複製之謎——性、遺傳和基因再造》（*Remaking Eden: Cloning and Beyond in a Brave New World*），李千毅、莊安祺譯，臺北：時報文化，1997，頁 81 ～ 82。

嶄新的醫學技術雖然帶給不孕夫婦莫大的福音，但它衍生出來的醫學倫理問題才正要開始。1981 年，一對夫妻也經由體外受精的方式，成功製造三個胚胎，一個植入妻子的子宮後卻不幸流產，留下兩個胚胎冷凍保存，以準備下一次的植入；但這對夫妻卻在 1983 年搭乘小飛機時失事墜機，雙雙罹難，還留下八百餘萬美元的遺產，他們生前未曾交代如何處理剩下的兩個胚胎，以至於它們頓時成為「孤兒胚胎」[44]。於是，「如何處理這兩個冷凍孤兒胚胎？」、「誰有權作銷毀或植入其他人子宮的決定？」、「孤兒胚胎是否有生存權、繼承權？」1996 年 7 月 31 日，《華盛頓郵報》也出現如下的報導：「三千餘冷凍的人類胚胎遭父母遺棄，將於週四（8 月 1 日），根據英國『限制無主冷凍胚胎』的法令而遭摧毀」，消息一出，輿論譁然[45]。

近幾年來「基因複製」的成功，更將這類問題的爭議拉到最高點。我們知道，細胞是構成生物的最小單位，地球上的生物皆起源於第一個祖先細胞，生物之間的相似性遠比相異性來得多，揭開生命起源的面紗，就是發現細胞自行複製的眞相；亦即，動、植物的成長不是靠細胞變大，而是細胞的複製增多，而人類已能掌握這項技術。1997 年 2 月 23 日舉世震驚的科技創舉，劃破了生物學、倫理學、法律……長久以來的基礎，第一隻複製綿羊桃莉公開亮相，這是「核移植」技術的結晶：「由單一的皮膚細胞取出遺傳物質，去除其相關的蛋白質訊號，然後再把這個遺傳物質注入已經去除原有遺傳資料的卵子細胞質內，卵子細胞質包含了所有開啟胚胎遺傳因子設定的蛋白質訊號，這個訊號就會躍入赤裸的 DNA 上，發育成爲捐贈基因者的複製體。」[46]這項自成羊胸部組織單一細胞，直接發育成桃莉綿羊的複製技術發展至今，已經越來越成熟，它在理論上應用到人類自體的複製已經沒有

---

44 李・希爾佛（Lee M. Silver），《複製之謎──性、遺傳和基因再造》（*Remaking Eden: Cloning and Beyond in a Brave New World*），頁 97 ～ 98。

45 李・希爾佛（Lee M. Silver），《複製之謎──性、遺傳和基因再造》（*Remaking Eden: Cloning and Beyond in a Brave New World*），頁 102。

46 李・希爾佛（Lee M. Silver），《複製之謎──性、遺傳和基因再造》（*Remaking Eden: Cloning and Beyond in a Brave New World*），頁 110。

困難，「複製人」呼之欲出，繁衍生命單一性別（目前以雌性爲主）即可爲之，無須透過兩性的交配；如此繼續發展下去，除了對生命意義感到困惑外，人類的婚姻制度、人倫秩序、長生不死等等問題，也都將要重新思考。

四 墮胎是否是殺人

目前許多先進的國家大都已將墮胎合法化，這項法條的建立就是運用新興科技作爲立法根據的重要示範，接下來，「代理孕母」、「優良胚種銀行」、「培養供治療用之胚胎」等等，都將尋求科學的有力解釋來驗明正身。

以往關於墮胎可否合法化的爭論關鍵在於「受精卵是生命嗎？生命從何時開始？」、「墮胎是不是殺人？」、「胎兒從何時起算是人？」、「人的定義是什麼？」的困惑，而科學已能提供部分解釋。

先看以推論的方式表達贊成墮胎的論點[47]，主要如下：

㈠ 湯普森（Judith Thomson）認爲，「即使有人必須依賴一個母體而生存，這個母親對自己的身體仍有絕對的自主權。」例如：某天醒來，突然發現一位世界知名的小提琴家，只有你的體質能救他，所以未經同意你們之間已經用導管連結起來，而且必須維持九個月，這時，即使救助這位小提琴家是美德一樁，你也可以拒絕，胎兒與母親的關係就是類似這樣的情況。

㈡ 英格麗徐（Jane English）主張，「避孕失敗而導致懷孕，基於自衛的理由當然有權可以拒絕」。假設有一個瘋狂的科學家催眠一群無辜的小孩夜晚去襲擊別人，只要遇襲，就必須臥床九個月，因此，人人裝備機械人保護。若有一天你突然遇襲，機械人又湊巧發生故障，這時爲了自衛只好殺了那個小孩，墮胎就如同自衛殺人，雖然小孩是無辜的。

㈢ 葛洛兒（Jonathan Glover）建議應該以獲得最好之結果爲目的，來考慮手段的適用與否，非自願生下的小孩，易衍生爲問題兒童，所以爲社會整

---

47 本段主要參考香港中文大學哲學系講師，李翰林撰〈墮胎問題新探〉，收錄在錢永祥、戴華主編之《哲學與公共規範》論文集，臺北：中央研究院中山人文社科所，1995，頁 1 ～ 27。

體利益考量，應該允許不想懷孕生小孩的人有墮胎的權利。

以推理的方式爲墮胎辯護，還是難以平息爭議，因此佐以科學的論據[48]如下：「胎兒是不是人，何時成爲人？」向來有六種說法：

㈠ 是從「出生」開始。

㈡ 是「受孕」的那一剎那。

㈢ 是「胎動」的那一刻。

㈣ 是「離開母體能獨立生存」時。

㈤ 是「腦電波的出現」。

㈥ 是「自我意識的產生」。

不管哪一種說法，當它被據以說明胎兒是人時，胎兒的生命即是神聖不可剝奪的，否則即是殺人，例如天主教以受孕的那一剎那，認定胎兒已經是人，而譴責任何墮胎的行爲。

胎兒既不完全是「人」，也不完全是「非人」，而是一點一滴的成爲人，從卵子遇到精子開始，整個卵子變成胚胎，然後逐步發育爲嬰兒：第四週出現心跳；六至八週內，有了迷你手腳和五官；第十二週，五臟六腑已然成形；在第十八和二十二週之間，母親可以感受到胎兒踢動的「胎動」現象；第二十四至二十六週，胎兒的肺首次開始運作，離開母體生存成爲可能，而這個時候大腦皮質也剛好要啟動，屬於人類的自我意識跟著形成。所以，大部分的研究者乃根據上述的現象，傾向於支持「人性和在子宮外生存的能力同時發展」之主張，也就是在胎兒約六個月大的時候，腦部的個別細胞，因爲大腦皮質的運作，開始如接上線的機器般，能夠傳達人類思想的訊息，這時如果予以墮胎，那種被結束生命的痛苦，可能會因此傳達到腦部而有痛楚的意識，若用這樣的結果來判斷墮胎的行爲，那麼墮胎在此時無疑是殘忍的扼殺一個已有意識的生命。

爲了兼顧女性權益與胎兒生命，於是就有了如下的折衷方案：「人工流產應於妊娠二十四週內施行，但屬於醫療行爲者不在此限」（臺灣《優生保

48 李．希爾佛（Lee M. Silver），《複製之謎——性、遺傳和基因再造》（*Remaking Eden: Cloning and Beyond in a Brave New World*），頁 62 ～ 73。

健法施行細則》第 15 條〈人工流產之施行〉）。

第二節　同性戀議題

2000 年 4 月 20 日，屏東高樹國中三年級葉姓學生，被發現陳屍在學校廁所裡，頭部遭到嚴重撞擊，在尚未查明兇手是誰之前，葉同學生前的娘娘腔傾向受到同志團體的高度重視，他們認爲，葉同學在學校早就因爲性傾向明顯異常，而不斷遭受同學們的「性別檢查」，他的死因應該與此相關[49]。在此之前，長期擔任「防治愛滋病義工」的祁家威，就曾因爲他公開同志身分，而在臺北新公園附近遭到一群年輕人的圍毆，同性戀者之受歧視、被打、被殺，已經不是新鮮事，而且是中外皆同。2001 年 3 月 9 日發生的大學生「箱屍案」，加害者與被害人皆是從網路上認識的同志，初步判斷是因爲嘗試「窒息式的性愛」不當而意外死亡，這件轟動社會的案子，更使同志形象蒙上一層陰影。

不論在東、西方，同性戀者在體制上皆一直遭受或多或少的迫害，即使在最近幾十年社會風氣較爲開放，公開自己的同性戀身分，仍然要背負社會汙名，以及面對失業、被害等重大風險的威脅。按國際慣例每年的六月是

---

49 2006 年 10 月 18 日教育部「性別平等教育全球資訊網」有一則最新消息〈送玫瑰花及卡片給「玫瑰少年葉永鋕」〉如下：「六年半前，高樹國中國三學生葉永鋕，因為溫柔及愛做家事的特質，被同學譏笑『娘娘腔』，更因長期被欺負而不敢在下課時間上廁所。葉生在畢業前夕，於廁所滑倒致死。檢察官對學校主管提起公訴，歷經二次發回更審，上個月高等法院判決大逆轉，認定學校設備有瑕疵，校長等三人均被判刑。關心性別人權的朋友們都稱呼永鋕『玫瑰少年』（源自同名的法國電影）。玫瑰少年葉永鋕的逝去，究竟帶給社會與學校什麼樣的省思與意義？人本教育基金會於 10 月 19 日（四），上午 9:30 至 11:30，在國立屏東教育大學國際會議廳，舉辦『看見葉永鋕——追思研討會』，歡迎關心的朋友報名參加，也歡迎無法前來的朋友們，送玫瑰花或卡片追思葉永鋕。聯絡專線：08-737-0925，聯絡人：林盈潔。」

所謂的「同性戀驕傲月」，2001 年桃園國中的段姓老師就選在六月的第一天，破天荒的公開他的同志身分，他的勇氣令人相當敬佩，報章媒體也大幅報導，但讓人憂心的是，新聞賣點熱鬧一過，段老師能否安然地留在原職任教？雖然教育部長信誓旦旦地保證，不會給予「不正當的壓力」，但是學生家長、排斥同性戀者眞的會按兵不動？表面支持的人又有幾分眞心？

作家白先勇先生在 1983 年發表的《孽子》，以一名因其同性戀傾向而遭父親逐出家門的少男「李青」爲主軸，大膽披露 1970 年代臺北新公園[50]裡的男同性戀社群的次文化以及同性性交易等內情，其中有一段同志纏綿悱惻的「另類情愛」令人記憶深刻：「阿鳳在一場故意挑起的劇烈爭執後，心甘情願的死在愛人的利刃底下」，以結束這種向來被描述爲「錯放軀殼的靈魂」所無法承擔的悲情，這使新公園蒙上一層浪漫又遺憾的面紗。2003 年時，曹瑞原導演將《孽子》拍成連續劇在公共電視臺播出，他刻意把這一段愛情悲劇拍得盪氣迴腸：微弱的月光中，俊美的阿鳳跪臥在愛人懷裡，傷口的疼痛和心靈的解脫，混雜在雨水與淚水交織的臉上，阿鳳淒美的身影爲同志戀情譜下擺脫不了的悲劇命運。曹導演的另一部作品是《童女之舞》（改編自曹麗娟 1991 年聯合報短篇小說首獎同名作品）：兩個女孩壓抑的眞情、「沒有配樂的獨舞」，和由關錦鵬導演的《藍宇》（改編自網路暢銷小說《北京故事》），企圖以行爲療法改變同性戀傾向卻反而越陷越深的憂鬱藍調，以及 1997 年香港王家衛導演的《春光乍洩》中同志的愛恨情愁等等，這些影片都有說不出來的苦悶與傷感。

反觀有幾部叫好又叫座的國外同志影片，就顯得輕鬆許多。例如：較早在臺灣上映的 Rose Troche 導演，《我女朋友的女朋友》（*Go Fish*）

---

50 位於臺北火車站附近的臺北新公園也是 228 紀念公園，入夜後是男同性戀者主要的聚集場所，據說分成三個區域：「哥區」、「妹區」和「老區」，並不歡迎女性的進入。比較起來，臺灣女同性戀者似乎也和世界其他各地的女同志一樣，不若男同性戀者的活躍，北一女曾有兩名資優生相約在旅館自殺，當時就寫下「社會的本質不適合我們」的感慨，彷彿唯有死才能解脫錯放軀殼的靈魂，女同性戀者除了同志身分的壓力外，還比男性多一層性別的束縛，內心的苦悶可想而知。

（臺北：嘉禾發行，1994，片長約 83 分），以一種半玩笑的方式，討論女同性戀遭到誤解的各種議題；克勞德福涅導演，《男男大不同》（*Fen Suis*）（公共電視播出，法國片，1997，片長約 95 分）；Lisa Cholodenko 導演，《高檔貨》（*High Art*）（臺北：春暉國際，美國片，1998，片長約 101 分）；Jim Fall 導演，《天雷勾動地火》（*Trick*）（臺北：皇統科技，美國片，1999，片長約 89 分）……，這幾部影片大致都是以寫實的手法描述同志戀情，樸實、自然、不煽情；尤其是 Josiane Balasko 導演的《我的心裡只有妳沒有他》（*French Twist*）（臺北：年代影視，1995，片長約 107 分），描述狀似美滿的一對夫妻，丈夫屢次偷腥，有一天突然被一位男性化的 T 婆闖入後生活大亂的有趣情節，加上意想不到的結局，令人在詼諧幽默的劇情下，對同志戀情有著同理心下的瞭解與接納。

是否民眾接納程度影響著影片內容的感傷和幽默與否？臺灣這一系列的影片依然彈著悲情的主調，彷彿反映同志在臺灣仍有著擺脫不了的羅網之事實。公共電視除了播出《孽子》一劇外，也有另一部相當好的短片《幸福備忘錄——你所不知道的同志家庭故事》，分別記錄臺灣第一對公開的男同志婚姻「許佑生和葛瑞」，以及第一對公開的女同志婚姻「湯姆和漢娜」。許佑生在片中調侃記者說：「你們是來採訪我和葛瑞分手了沒有是吧！」而湯姆和漢娜似乎就在眾人的預期下演出「分手劇」。「湯姆和漢娜」的例子是負面的，但「許佑生和葛瑞」卻和一般的異性戀婚姻一般，相互扶持、繼續堅持。

有一則笑話說，一個男子對酒保抱怨道：「我的生活很慘，哥哥、弟弟和我都是同性戀」，酒保問：「你們家難道沒有人喜歡女生嗎？」男子回答：「有，我妹妹！」當我們能以輕鬆、自然的方式面對同性戀者，當我們能用幽默甚至諷刺的手法拍攝同志影片，一如對人生百態的自然抒發時，是否才是同志真正在臺灣自在生活的寫真？

歷史

在許多早期的文化裡，性行爲或愛情經驗的對象並不一定是異性。盛極一時的齊姆印地安人（Chimu Indians）文化（祕魯文化的源頭），其製造的飲用器皿上，經常可見有描繪同性戀行爲的圖像。古希臘時代有種「孌童戀」（Paiderastia），「孌」是容貌美好的意思，指成年男性對美少男或男童的戀慕，是公開承認的一種社會關係，也是自由公民相處關係中的一種文化模式，這與現代對未成年人性虐待的「戀童症」（Pedophilia）不同；柏拉圖在著名的《饗宴篇》（*Symposium*）中就提到，愛情可以區分爲「聖愛、俗愛與對美少男之同性愛」，甚至提出最高貴的愛是男人之間的愛。

羅馬帝國時期之初，雙性戀很盛行，至少在某些時期它被普遍接受，後來第一批基督教徒因爲貞操和禁慾的戒律，起而反對他們自己認爲的敗德荒淫行爲，《聖經》即記載聖保羅對男人與男人、女人與女人性交的譴責。影響所及，在中世紀，同性相姦被列爲七大死罪之一，理由是會讓國家遭致天譴，根據法庭的判罪紀錄，義大利威尼斯當地就有成千上百的男性因爲肛交被捕，佛羅倫斯有十分之一青少年被捕，下場都極爲悽慘，要不是被絞死、鋸成兩半，就是上刑臺活活燒死，因爲罪刑如此嚴厲，一般都不敢公開自己的同性戀行爲，而難以追查當時的流行程度。

文藝復興時期，是個理性啟蒙的時代，凡事都必須尋找科學的理由，以科學理性的方式解釋人類的行爲，同性戀因而不再被隨意入罪，於是出現越來越多對同性戀或同性戀次文化的描述，同性戀活動或許受到官方的禁止，但實際上卻被默許。到了 18 世紀，出現一批主張「生物決定論」的科學家，宣稱個體是由他們的生理所決定，同性戀是天生的，法律開始趨向人性化，許多國家廢止了同性戀者的死罪。19 世紀時，「生物決定論」幾乎獨占鰲頭，科學家忙於記錄天生生理的差異，用來解釋社會許多不平等的現象，例如：女人大腦的大小、形狀和男人就是不同，難怪會形成性別分工現象，白種異性戀的男人大腦最優秀，所以世界文明大都由他們所創造，世界也由他們所掌控；這種理論也用來解釋階級差異，科學家的腦最大所以最有成就，挖土工人腦最小天生就只能從事這種行業，將被剝奪權利的族群歸因於天生劣質的結果。

19 世紀科學和醫學的研究，幾乎是爲當時社會的主流價値發言，他們將同性戀和異性戀的差異，預設爲就是生理結構的不同，因此，努力去尋找證明，並配合統治階級的論調，認爲同性戀將會威脅到父權統治，破壞自然規律，所以必須接受治療。當時普遍存在的意見是，同性戀是生理結構異常所造成的先天疾病，既然是病應該可以想辦法治療、改變，如果不想被治療被改變，就必須強迫就醫診斷。於是，19 世紀末出現一批「性學家」，他們說同性戀者是介於男性和女性之間的第三性，將同性戀「問題化」，描述成爲一種變態的精神疾病。於此同時，德國出現由同性戀者所組成的「科學人道主義組織」，努力對抗將同性戀視爲性變態的看法，主張同性戀既然是天生的傾向，就不應該被強迫改變，這就好像白皮膚和黑皮膚的先天差異，卻要強迫改變膚色一樣的荒謬。

第一次世界大戰之後，德國頗富聲望的性學專家赫緒菲爾德（Magnus Hirschfeld, 1868 ～ 1935）醫生，是研究各種性認同的開路先鋒，他發揚「科學人道主義組織」的觀點，認爲性傾向既然是天生的，就不應該視爲一種疾病，致力於將同性戀的觀點正常化。希特勒也接受他的看法，但作法卻不同，同性戀者被他歸類成爲猶太人問題之一種，處境更慘。德國納粹在 1933 年關閉赫緒菲爾德的性研究中心，焚燬他的藏書、研究資料，並以種種最殘酷的方式對同性戀者進行迫害。納粹系統的殺人執行者有許多是精神科醫生，他們強迫猶太人配戴「黃星」，男同性戀者「粉紅色三角形」，而女同性戀則是象徵反社會人士的「黑色三角形」標誌，無數男女同志，被拘禁、嚴刑拷打和殺害。即使在聯軍解放集中營釋放猶太人時，同性戀者依然被視爲非法之徒而被移往一般監獄繼續監禁。

第二次世界大戰之後，精神分析師不但想治療女同性戀者，也要一併治療想要獨立自主的女人，因爲一方面她們都有可能是潛在的女同性戀者，另一方面男性爲奪回戰爭期間被女性取代的工作崗位，他們希望女人回歸正常的異性戀家庭。於是，佛洛依德的精神分析學被用來解釋，父親缺席母親過分強勢的不良影響是導致性格異常的主要原因，將同性戀描述成是後天學習經驗的結果，必須定期做精神分析治療找出童年的創傷。1960 年代是個各種反抗運動蓬勃發展的時代，人權主張、社會革命、學生運動……，年輕的激進分子宣揚個人主義、到處示威抗議，受到這種氣氛的感召，同性戀團體爭取自身權利的意識日漸增長，也學會集結運動、聯合造勢的力量。不過，當時青少年自殺案例中仍有將近 30% 是因爲發現自己是同性戀者，也有爲數不少的同志眞的尋求精神分析師的協助，希望經由治療能返回正常的生活。

1969 年 6 月，紐約市的警察，例行性臨檢格林威治村一家男女同性戀者聚集的「石牆」（Stonewall）小酒吧，因爲毆打男同性戀者且對女同性戀者性騷擾，引發前所未有的同志大團結起義抗爭，即所謂的「石牆暴動」（stonewall riot）。暴動持續三天，値勤警察被關在酒吧裡，聞訊趕來的同志把酒吧四周的街道擠得水洩不通，並且集體湧向「美國精神病理學會」抗議，「同性戀應該合法不應被騷擾」的訴求在暴動過後仍然持續運作，終於促使「美國精神病理學會」在 1973 年時，正式將同性戀從「心理異常診斷手冊」中移除。石牆暴動是同性戀解放運動史上，最具關鍵性的一個重要事件，從此每年六月的最後一個週末，來自世界各地的男女同性戀團體，都會在該地舉辦嘉年華遊行，甚至將該日訂爲「全球同志驕傲日」。1978 年舊金山的一場同志活動中，開始設計出「彩虹旗」作爲同志活動的象徵，到了 1989 年「六色彩虹旗」正式受到世人的注意與流傳，1998 年在澳洲雪梨還舉辦了一場全球最大的「同志嘉年華會」。

世紀末絕症「愛滋病毒」的蔓延，使初露曙光的同性戀人權又再度跌入谷底，同性戀和愛滋病被劃上等號，使世界重新掀起「恐同症」（Homophobia）的浪潮。1999 年倫敦蘇活區，炸彈客在倫敦市區同性戀酒吧放置炸彈，造成兩人死亡的慘劇，1998 年，光在美國就發生 2,250 起謀殺同性戀案件，其中以 10 月 7 日的「馬修雪帕事件」最爲有名。年僅 21 歲的馬修．雪帕（Matthew Shepard, 1976 ～ 1998），因爲公開其同志身分，被綁在懷俄明州某處的籬笆上，以手槍槍柄凌辱、毆打後，孤伶伶地在寒冷的深夜中死去，第二天屍體被發現時，他清秀的照片臉孔和死亡慘狀的鮮明對比，引起社會相當大的震撼，許多美國人爲他舉辦守夜燭光晚會，呼籲全世界正視同性戀者的人權，希望馬修・雪帕是最後一位受害者。即使在美國和英國這麼文明開放的社會，都有同性戀遭到暴力攻擊的事件，更遑論其他地區；截至 2000 年爲止，《國際人權宣言》之中尚未提及對同性戀人權的保障，同性戀在許多國家中依然受到法律的禁止：在古巴違者處「三至十二個月監禁」，阿爾及利亞「三年有期徒刑」，伊朗「以石頭砸死」，阿富汗「肛交最重可處以死刑」，車臣「以石頭砸死或鞭打致死」，中國大陸有因爲參加同性戀研討會而被關十三天者，牙買加禁播與同性戀有關的歌曲……[51]。

圖 6-1　Magnus Hirschfeld, 1868 ～ 1935

圖 6-2　Matthew Shepard, 1976 ～ 1998

臺灣社會雖然各方面的觀念已經相當開放，但對待多元性別的態度還是停留在「假裝不存在，即使有也不承認」的狀態，許多父母在發現自己的孩子是 LGBTIQQA 時——女同性戀（Lesbian）、男同性戀（Gay）、雙

---

51 本段關於同性戀歷史，參見下列三部影片資料寫成：Edited by Donna Read & Jean-Francois Monette, Directed by Jean-Francois Monette & Peter Tyler Boullata, *Anatomy of Desire*. The National Film Board of Canada, and Bare Bone Films, 2000; Lionel Bernard, *Homophobia: The Painful Problem*. Lionel Bernard Film, 2000; Producer and writer by John Scagliotti & co-producers and archival director by Janet W. Baus & Dan Hunt, *After Stonewall: From the Riots to the Millennium*. After Stonewall Inc., 1999.

性戀（Bisexual）、跨性別（Transgender、Transsexual）、雙性（陰陽）人（Intersex），以及代表酷兒（Queer）與疑性戀（Questionary，不確立性傾向），及加入一個「A」（Straight Allies）代表支持同性戀（Homosexuality）的異性戀（Heterosexuality）盟友——依然會強迫他們與一名無辜的對象結婚，以便傳宗接代。社會普遍仍認爲，性別異常是違反自然規則的，因此並不鼓勵公開，而對於性別異常施暴的人，也頗理直氣壯地認爲是在「教訓異常行爲」，是「替社會端正形象」的正義之舉。因此，在日常生活中因爲性別異常身分而被盤問、逮捕、強暴和殺死的夢魘，至今依然是他們內心揮之不去的陰影。臺灣雖然已於 2019 年 5 月 24 日成爲亞洲第一個施行同婚合法化的國家，但爭議依然不斷，短時間內尚無法弭平歧見。

成因

《品花寶鑑》（清・陳森）描寫名旦杜琴言和名士梅子玉兩男子之間的戀情，白先勇的《孽子》在臺北新公園的流連忘返，深刻勾勒出同性戀者的徘徊與痛苦。透過文學的描述，同性戀已有悠長的歷史，不過，不管在歷史中的任何時刻，女同性戀者之中的愛情表達都極少留下紀錄，這不足爲奇，因爲在男性的社會裡有關女性特質的種種往往隱而不見。因此，說起同性戀這個名詞，通常指的是男同性戀[52]，而且各項研究也都是以男同性戀者

---

52 女性化傾向的男生或男性化傾向的女生，並不就是同性戀者，他們就像異性戀者一樣，從極端陽剛到非常陰柔，每一種角色都有，我們只是對「娘娘腔」和「T婆」印象較深而已。同性戀傳統上是指「性異常者」，有「令人厭惡的壞習慣者」之意，在 19 世紀末英國維多利亞時代，才像糖尿病、高血壓似地以「同性戀」（Homosexuality）之「病名」出現。早期，約 17 世紀左右，通常以希臘神話人物中具有兩性特徵的 Hermaphroditos 之名，稱呼陰陽人、雌雄同體或男同性戀者為 “Hermaphrodite”，之後出現一個帶有歡愉、嬉鬧之意的 “Gay” 代替之；而女同性戀者為了和男同志區分開來，乃採用希臘女詩人 Sappho 所居住的 Lesbos 島名，另為自己命名為 “Lesbian”，這個命名有「女性自覺不必認同男性至上之女性」的涵義，藉以取代之前使用的 “Female homosexual”，它有「依附於男性神話、理

爲主。

《漢書．董賢傳》曾記載：「漢哀帝寵幸董賢，與共臥起，嘗晝寢偏藉上袖，上欲起，賢未覺，不欲動賢，乃斷袖而起」，這是「斷袖之癖」的由來。漢朝諸位皇帝有斷袖之癖的似乎不少，司馬遷《史記．佞幸列傳》可以說是篇「同性戀風流帳」，一開始就提到「非獨女以色媚，而士宦亦有之」，漢高祖劉邦與籍孺、漢惠帝與閎孺，籍孺、閎孺「此兩人非有材能，徒以婉佞貴幸，與上臥起，公卿皆因關說」，之後的漢文帝與鄧通、漢景帝與周仁，最風流非漢武帝莫屬，青梅竹馬的韓嫣、犯法受宮刑的音樂家李延年、武帝衛皇后的弟弟衛青和外甥霍去病等，都有被武帝寵幸的紀錄。一般說來，「斷袖是癖，不是病」，「自厭性同性戀者」（ego-dystonic homosexuality）才被歸類爲「心理性失常」的疾病，它的症狀是不斷抱怨異性對他缺乏性的吸引力，同時，對於同性的性需求又產生罪惡感，久而久之，造成內心無法承受的衝突，經常感到孤獨、自卑和不合群，嚴重者會有自殺的傾向[53]。

關於同性戀的形成原因，主要有兩種說法：

一　先天因素

基因、賀爾蒙、腺體分泌、腦下垂體異常等因素造成，最常聽到的說法是，下丘腦有塊區域，男同性戀者比男異性戀者要小，是造成性異常的主因。美國第一位公開同性戀身分的精神科醫生理查．皮拉德（Richard C. Pillard, 1933 ～）認爲同性戀有遺傳的根源：「同性戀中的男性，他的兄弟有四倍於常人的機率成爲同性戀者」；1993 年美國國家衛生研究院的知名

念、事業的女性」之負面涵義。至於「T 婆」或“Tomboy”是指像男孩的女孩、頑皮、粗野的姑娘，有人直譯為湯包，是“Sissy”指娘娘腔男生的對照。現在不分男女同志，流行以“Queer”自稱，意指不是主流也不是非主流的性別演繹，是超越二元對立，遊走、跨越於性別界線的自由人。

53 林麗雲，〈自厭性同性戀者的治療〉，收錄在余德惠策劃之《中國人的同性戀》，臺北：張老師文化，1995，頁 37 ～ 39。

學者丁·哈默（Dean H. Hamer, 1951～）發表了一篇 “A Linkage Between DNA Marker on the X Chromosome and Male Sexual Orientation” 的文章中指出：「大多數的男同性戀者，多半是母系一支的親戚。從遺傳學的觀點來分析，影響同性戀的基因應該是在 X 染色體上，X 染色體是由母系遺傳的」，「從 40 對同性戀的兄弟中和他們所應用的 22 個指標上，他們在 X 染色體長臂最尖端一處叫 Xq28 的位置上，找到了連鎖（Linkage）……，雖然他們找到的是基因的連鎖，還不是基因本身，那已經是邁進了一大步。他們的證據很有說服力地指出，有些在 Xq28 位置的基因和男同性戀趨向有關」，換句話說，從對男同性戀者的家庭做家族背景調查發現，母系的親族有較多的同性戀家族成員，父系家族方面則沒有顯著相關；再從染色體上去分析，在 X 染色體的長臂上，有五個稱之爲 Xq28 處的區域位置相似，所以，哈默推論「男同性戀的遺傳機制與 X 染色體有關，且爲性聯遺傳，但即使有此基因，若無適當環境也不會演變成同性戀。」[54] 由於有學者在加拿大對男同性戀者進行類似研究，卻未發現如哈默所宣稱的 X 染色體區段，研究結果本身也還有許多難以解釋的地方，所以至目前爲止即使同性戀來自遺傳，也未必就有某個特定的「同性戀基因」存在。

二 後天因素

佛洛依德認爲同性戀乃是一種開始於 3～5 歲之間性心理發展的「停滯」（fixation）現象，起因於男性的「閹割恐懼」（castration fear）和女性的「伊底帕斯情結」（Oedipal complex）與「陽具崇拜」（penis envy），以及早年生活對母親的過度黏膩、欠缺來自父親的影響、自戀階段的停滯不前等等因素（strong fixation to mother, lack of effective fathering, inhibition of masculine development, fixation at the narcissistic stage），佛氏並不認爲同性戀是一種疾病，其生活能力、道德感與智能程度都與其他人無異，但是是一

54 孔憲鐸、王登峰，〈基因與人性：影響人性的若干基因〉，《心理學探新》，中國：南昌，2006 年 1 月，頁 18～24；「心理搜捕社區」http://bbs.psysoper.com/viewthread.php?tid=1038。

種因為性發展遲滯所導致的性功能變異，應該接受治療。除了家庭環境與成長的經驗（例如：父親缺席或有暴力傾向的男孩容易發展成男同性戀者；而與母親關係疏離有陽具崇拜的女孩容易發展成女同性戀者）外，後天的學習（例如：清一色的男校或女校容易一個影響一個，或性工作者因職業需要反而變成習慣）也會成為同性戀者，所以青少年所交往的同伴有異性者，其性驅力比較容易發展成兩性的關係。

以上兩種說法，皆尚待進一步的研究，同性戀究竟是先天因素還是後天學習的結果，一直是典型的爭議焦點，彷彿絕對的生理或絕對的環境因素之解釋，就可以把繁複的問題簡化，既方便又省事。事實上，對於「同性戀成因」的探討，隱含著一種將同性戀視為「病態」的立場，因此才需要追究其起因，然後提供治療或預防對策。只要有敵意和偏見存在，就有人想要矯正同性戀，尋找同性戀的原因仍將持續不輟，有朝一日或許在 DNA 上也會有新的發現，屆時是否就可以在產前檢查當中篩檢出來，而以先天異常疾病之名合法予以墮胎？

根據許多同性戀者自己的說法是，同性戀就像異性戀般自然發生，而且是從很小的時候，自己就知道自己是同性戀了。所謂正常價值不是多數的價值，或排除異己的價值，真正需要診斷的可能不應是同性戀者，而是「恐同症」（Homophobia）者，我們應該去研究一下，為什麼這些人這麼排斥、厭惡同性戀？

「國家地理頻道」（National Geographic Channel）有一個關於動物與性的系列報導：《動物的情慾世界》（*Wild Sex*），共有四集「百無禁忌」（Deviants）、「英雄本色」（Macho Males）、「蛇蠍美人」（Femme Fatales）和「隨性所致」（Swingers）[55]。內容介紹動物王國裡奇特有趣的性愛遊戲，除了雄性的暴力、競逐、諂媚等各種求偶策略，和雌性取得精子之後的反臉無情（蜘蛛吞食伴侶、螳螂咬斷愛人頭顱）之外，最令人嘖嘖稱奇的是，「這個世界充滿了變性、變裝癖、無性生殖和雌雄同體，極力追求自

---

55 參見「國家地理頻道」http://www.ngc.com.tw/watch/WILD_SEX.asp 網站節目介紹，以及四集播出之內容。

慰、同性戀和性解放」。

首先，影片旁白指出動物的同性性交行爲十分氾濫，而且彼此甘之如飴很少反抗，例如：獅子、長頸鹿、獵豹等等，都會有耳鬢廝磨的親熱行爲，尤其是公猩猩更可以「縮回陰莖形成凹洞讓其他公猩猩插入」；而鞭尾蜥蜴可以不需要公蜥蜴即能傳宗接代，雌蜥蜴之間的同性性行爲是「爲了釋放必要的賀爾蒙，所以就照本宣科一遍，這有點像女同志的性交，其中一方扮演雄性，還不能繁殖的母蜥蜴就假扮雄性的角色」。

其次，世界上也存在著許多雌雄同體的動物，先以海兔爲例，海兔具有功能齊全的雙性生殖器官，兩隻海兔相遇時，其中一隻先扮演雄性的角色，行完第一次周公之禮後再互換角色，原先的雄性變成雌性，扮演雌性的翻身成爲雄性，更有趣的是，其他海兔也會發現它們的敦倫之樂而紛紛加入戰局，於是越來越多的海兔前來同樂開起性愛派對，一隻接著一隻，既是插入他人者的雄性個體，也是被插入的雌性身軀，形成壯觀的「菊鍊式」性交，而且持續好幾天並釋放出驚人的繁殖力，「腳踏多條船的現象不僅顯示出一夫一妻制在動物世界中非常罕見，同時集體性交的狀況也相當頻繁。動物也有需求，假如需求沒有得到滿足，牠們往往會向鄰居尋求慰藉。請忘卻傳統的承諾與忠誠，看看動物世界當中視爲家常便飯的分手、通姦和雜交」；蝸牛也是雌雄同體的動物，它們的性交就有「虐待狂」的傾向，「它們具備了原始的邱比特之箭，愛的螯刺，兩隻有性慾的蝸牛相遇時，一切就回到了中世紀」，雌雄同體的蝸牛兼具精子和卵子，精明的蝸牛大都不願以稀有的卵子去交換大量的精子，除非對方能保證精子的品質，這時展現堅硬銳利無比的「愛的螯刺」，就是品質保證的活廣告，「當螯刺刺進去的時候，會產生大量的黏液，裡面包含一種化學成分，改變了蝸牛體內的雄性器官。……對蝸牛來說，只能說愛是痛苦的，蝸牛的性交很慢並不奇怪，沒想到竟然充斥著性虐待。」

此外，還有「變裝慾」的動物，以帶蛇爲例，在交配的季節，占 98% 的公蛇經常飢渴地尋找稀罕的母蛇，除了依賴視覺和嗅覺找尋體積較大、味道不一樣的母蛇外，公蛇在找到母蛇後會故意散發出母蛇的氣味以誘開其他競爭的公蛇，好讓自己捷足先登，獲得青睞。而身長 5 ～ 30 公分的小型海魚海馬（Hippocampus），更是顛覆了性別角色的扮演，母海馬可說是動物界中唯一無須大腹便便、辛苦懷孕的母性，公海馬沒有「男根」，身上有一副「育兒囊」，雌雄海馬交尾時，是由母海馬主動將她生殖孔周圍猶如「小龜頭」的「生殖凸起」插入公海馬的育兒囊中，在短短的幾秒間，排射10～100多顆的卵子，育兒囊壁受到刺激就會形成宛如胎盤的海綿狀組織，開始供應氧氣與營養，20～45天後不到一公分長的小海馬就從育兒囊中一隻一隻地被「分娩」出來。當然，動物界也有奉行一夫一妻制的伴侶，例如寒鴨、南極企鵝、長耳鴞、克爾氏犬羚、雁、狐狼等等，其中以黑美洲鷲最叫人刮目相看，一男一女不離不棄，不僅謹守一夫一妻制，連性生活也是在巢穴中私下進行，爲什麼會有這種現象？專家解釋「可能是繁衍後代最佳的方式，這種關係生下的子女存活率比獨立個體的繁殖更高，也或許是爲了保衛配偶」。

不管如何，從動物界這種千奇百怪的性活動不難看出，人類所謂的「正常」在動物界僅成爲一種「選擇」，或許有人會說，就是因爲人不是動物所以才能與動物有所區隔，性禁忌正是人類理性選擇的文明現象。不過，人的「獸慾」眞的完全被克服了嗎？還是更以僞裝的方式出現？或者因爲「忍耐」而變得更爲「殘忍」？看到動物的性傾向和性活動如此豐富多元，除了驚嘆大自然之奧妙神奇之外，是否能衍生對吾人習慣以管窺天的偏執之反省，而對於異己者能有更大的包容[56]？

---

56 2006年12月21日彭淮棟編譯報導〈科莫多蜥蜴富蘿拉處女生子〉：「一隻科莫多蜥蜴處女生子，孵化期可能就在耶誕節前後。不過，園方說，信徒可以放心，生出來的七隻小蜥蜴不會取名耶穌。8歲的富蘿拉1歲那年，被從印尼的科莫多島帶到切斯特動物園。蜥蜴4到5歲才性成熟，富蘿拉向來只和妹妹妮西同住，從未和雄性相處，更別說交配，今年5月，富蘿拉生下25個蛋。雌蜥蜴未交配而生蛋，並非天大怪事，但那些蛋通常未經授精，不會發育成胚胎。園方慎重，把那些蛋擺進孵卵器，其中一半看起來像真的蛋，顏色白皙，蛋殼硬實。怪事還在後頭，三個蛋破了，科學家看見血管，還有小小的胚胎，立即將那些蛋、富蘿拉的身體組織採樣，連同一隻雄科莫多蜥蜴的組織採樣，送往利物浦大學化驗，以便確定孩子的來歷。檢驗結果，蛋裡的DNA都是富蘿拉的。她有七個寶寶即將破殼

參 確認

在醫學上，情感比重同性多於異性即是同性戀，反之即爲異性戀，只是有的人差距頗大（10% 和 90%），有的人差距較小（45% 和 55%）而已，如果兼有兩性的性行爲謂之「雙性戀」，兩性都不愛的情況亦有「自戀」、「戀物」、「戀獸」等情況。青少年有同性性行爲，不見得就是同性戀，若嚴厲阻止反而強化往同性戀發展，如要確定，一般認爲大約到 25 歲較能判定，且幾乎終生不會改變。所以，大抵上有下面三種情形者，可稱爲同性戀者：

一、一個人的幻想、情愛、性交的對象是同性。

二、就像許多異性戀者一樣，是一種生活方式。

三、25 歲過後仍不會改變的傾向。

另有一種「變性慾」者，在變性手術之前，往往誤斷爲同性戀，其實他們應屬異性戀者的心態。變性慾者在心理上是一般的異性戀，同性戀者並不厭惡自己的性別，如果讓他們自由選擇，他們還是喜歡自己的性別，當然更喜歡和同性在一起。有些同性戀者可能會打扮成異性的模樣，但絕不是要使自己進入異性的行列中，例如：扮女性的男同性戀者，對女性還是會有不舒服的感覺，而男性化的女同性戀者，雖穿著有男性化傾向，但卻不希望別人誤認她是男性。所以，「同性戀就是對同性的欲求偏愛，而變性慾則是道地的異性戀者。」[57]

美國金賽（Alfred Charles Kinsey, 1894 ～ 1956）博士從 1938 年開始以問卷調查方式研究人類性行爲，對象包括各年齡、族群、階層的美國男性

而出。科學界興奮透了，未經雄性授精的處女生殖，科學名詞叫『孤雌生殖』，包括爬蟲類以及魚、黃蜂、芽蟲在內，自然界約 70 個物種有此現象，但科莫多雌蜥蜴自己產卵兼授精，一身兼為父母，卻是科學界首次見識，動物園人員興奮到不行。」

57 祈家威，〈我是不是？我怎麼辦？〉，收錄在余德惠策劃之《中國人的同性戀》，臺北：張老師文化，1995，頁 27 ～ 30。

民眾，他和他的工作伙伴曾實際訪談超過一萬八千人，人數之多是前所未有，資料之豐富也遠超過在他之前任何一位科學家，性學大師的尊稱絕非憑空得來。金賽的第一份研究報告是 1948 年的《人類男性的性行為》（*Sexual Behavior in the Human Male*），1953 年《人類女性的性行為》（*Sexual Behavior in the Human Female*）也跟著問世。金賽發現，許多人與異性和同性都有過性行為：

一、受訪男性中有 37% 曾經至少有過一次達到高潮的同性性行為。

二、受訪男性中 35 歲前仍未婚者，有 50% 曾經至少有過一次達到高潮的同性性行為。

三、受訪男性中 16 歲至 55 歲者，有 10% 曾經過著至少三年的全部（或幾乎全部）同性戀之生活。

根據他的研究資料顯示，自認是男同性戀者當中，曾有 75% 的人和女性有過性經驗，而女同性戀者中有 3/4 曾經和男性至少性交過一次，異性戀者中也有 3/4 的人，一生中曾和同性至少發生過一次性行為，這說明人對性的感覺有很多的可能性，絕不只是異性戀和同性戀的簡單區分。因此，金賽把人的性傾向分成 0 到 6 七個等級，0 代表絕對異性戀，6 代表絕對同性戀，從 0 到 6，同性戀的比重逐漸增加，異性戀的比重逐漸減少，同性性行為與異性性行為普遍共存於人類性行為之中，不應被視為不正常或不自然、精神官能症或精神病。[58]：

一、0——絕對異性戀，無任何同性戀部分。

二、1——大部分異性戀，只有偶發的同性戀。

三、2——大部分異性戀，略多於偶發的同性戀。

四、3——異性戀與同性戀傾向約略相等。

五、4——大部分同性戀，略多於偶發的異性戀。

六、5——大部分同性戀，只有偶發的異性戀。

---

58 Alfred Charles Kinsey, W. B. Pomeroy, C. E. Martin, *Sexual Behavior in the Human Male*. Philadelphia: W. B. Saunders, 1948, p. 659.

七、6——絕對同性戀，無任何異性戀部分。

據金賽之調查，完全同性戀者約占 4%，而美國目前較可靠的資料顯示，3% 的男人和 2% 的女人爲完全同性戀者；另外還有境遇性、偶發性、反抗傳統、金錢交易等四種所謂「假同性戀者」，他們與同性發生的性行爲尚未被列入其中討論[59]。所以，人類對於性的感覺林林總總，數不勝數，「生物現象最讓人驚奇、也最重要的就是……沒有兩個個體是一樣的」，「正常」和「異常」的概念並不具意義，金賽引用某位醫生的說法就是：「只有三種性異常行爲：禁慾、獨身和晚婚。」[60]金賽的研究猶如「原子彈」炸開人們封閉已久的思維，在當時引起熱烈的討論與批評，有人質疑他偏好找白人當樣本，也未遵守隨機對照方法，以及他個人私生活的「不尋常」[61]。

---

59 在性行為的角色扮演上有一種區分是：

(1)「1」：代表主動者。

(2)「0」：代表被動者。

(3)「6、9」：代表相互口交。

(4)「10」：代表可以是「1」也可以是「0」。

(5)「11」：代表「1」「0」「6、9」都可以，性角色經常變換，並不限定扮演固定角色。

金賽曾指出，許多異性戀的女性比女同性戀者，在性生活中較不易也較不常達到高潮，大部分的同性戀者對其性關係十分滿意；至於，對同伴要不要「忠貞」，男同性戀者比女同性戀者及異性戀者，更容易與同伴以外人發生性行為。

60 詹姆斯・瓊斯（James H. Jones），《金賽的祕密花園——性壓抑的歲月》（*Alfred H. Kinsey: A Public/Private Life*），王建凱等譯，臺北：時報文化，1998，頁 266 ～ 267。

61 Bill Condon 導演，《金賽性學教室》（*Kinsey: Let's Talk about Sex*，臺北：大無限 2006）是一部關於金賽的研究及其私生活的傳記電影，叫好又叫座，值得一看。中文劇情簡介如下：「性學大師艾佛・金賽真人真事改編，一名挑戰真相勇往直前的傳奇人士，大膽揭開了人性底層的神祕面紗。1948 年金賽博士（Liam Neeson 飾演）以《人類男性的性行為》一書改變了美國大眾對性的認知。金賽出身於哈佛大學動物學家，以研究黃蜂行為聞名，在前往印地安那大學任教生物學時認識了聰明、開放的女學生克萊拉（Laura Linney 飾演），並結為夫妻，在他任教的過程中，驚訝發現到記載人類性行為的文獻嚴重不足，當有學生來向他諮詢關於性

無論如何，金賽所累積的大量樣本可以說是空前絕後，他在人類性行爲的多樣、複雜性以及過去許多被汙名、邊緣化的性行爲之研究，實是讓人耳目一新並且終於搬上檯面被公開討論。

圖 6-3　Alfred Charles Kinsey, 1894 ～ 1956

圖 6-4　Liam Neeson 飾演《金賽性學教室》（*Kinsey: Let's Talk about Sex*）影片

醫療

同性戀者可以讓他們變成異性戀者嗎？傳統主流論調將同性戀當成疾病看待時，至少曾提出四種治療方法，不過，都沒有積極的證據顯示其療效：

的問題時，沒有臨床研究足以解決這些棘手的問題。為了能用最嚴苛的科學方法來審視問題，金賽博士聘請來最堅強的研究團隊，他們改良了面談技巧，讓人們能在無所畏懼、羞恥心或罪惡感中暢所欲言，當金賽博士在 1948 年出版了他的第一本著作，立即引起各方騷動，學界紛紛以原子彈來形容本書威力，然而 50 年代韓戰爆發，社會風氣日趨保守，他的續作對於女性性行為的研究是對美國善良風俗的嚴苛打擊，在各界嚴厲抨擊下基金會中止了對他研究計畫的贊助，而金賽的健康狀況也在此時亮起了紅燈。金賽博士一心建立起的性愛烏托邦，也在人心底層嫉妒與猜忌作祟下宣告破裂。」

英文官方網站：http://www.foxsearchlight.com/kinsey/

一 精神分析法

依據佛洛依德的理論，以「自由聯想」（free association）、「夢的解析」（dream analysis）以及「說出」（talking out）等治療法，將內心的衝突克服。精神分析師認爲，同性戀是種「焦慮」的表現，直接面對焦慮，找出焦慮的原因，就可以消除同性戀現象；或者放棄愛人，阻止焦慮表現出來，告訴自己「我是同性戀，我想改！」下定決心，這個想法就會植入內心深處，眞正接受改變，焦慮不見，自然就會痊癒。

二 行爲治療法

即採用「嫌惡療法」（aversive therapy）放映一些同性戀的裸照或影片給患者觀賞，若患者出現興奮及性衝動的慾望時，即立刻予以電擊或中斷，逼使患者的慾望無法達到滿足，並大聲說出「我不喜歡同性」，繼而放映異性的身體及臉孔，強迫患者接受，直至患者表示對異性的愛戀、幻想爲止，或至少達到將「對男體的興奮」與「電擊的痛苦」聯結在一起，建立「制約」（conditioning）後，對男體將產生恐懼厭惡感而不會再尋求同性慰藉。治療結果顯示，改變性傾向的電療非但沒有成功，反而造成憂鬱症、自尊心喪失、焦慮、性無能等併發症，失去了原來的熱情。

三 藥物治療法

「化學去勢」（androgen deprivation），以雌性激素（女性賀爾蒙）或抗雄性激素（睪丸抑制劑）注入男性體內，令他失去性衝動；目前，有些歐美國家會對強姦累犯，實施化學閹割去勢，使其失去性慾、無法勃起而達到與手術去勢相似的效果。二次世界大戰期間，曾參與英國頂級機密情報機構，協助盟軍破譯德國密碼的現代「電腦之父」艾倫・圖靈（Alan M. Turing, 1912～1954），就是被以同性戀罪名遭到起訴並定罪，當時給予他的兩個選擇是坐牢或女性荷爾蒙注射，他選擇後者，導致後來痛苦自殺身亡。2014 年奧斯卡金像獎獲得八項提名的熱門電影《模仿遊戲》（*The Imitation Game*），即是圖靈眞實人生的寫照。

四 愛心矯治法

在長遠的歷史中，同性戀是不符合《聖經》的性規範，但是神愛世人，當然包括同性戀者在內，只是神不認可同性戀的行爲，因爲《聖經》明白記載，婚姻必須由一男一女成立。所以，基督教裡比較溫和的一派會主張同性戀者是有「病」但不是有「罪」，應該用愛心、宗教信仰來「拯救」他們。2009 年發行的電影《爲巴比祈禱》（*Prayers for Bobby*），是敘述一位年輕的同性戀者巴比，因爲母親的宗教信仰而導致他自殺的眞實故事。母親瑪莉・葛菲斯（Mary Griffith）在兒子死後悲痛欲絕成爲同志人權鬥士，慘痛的代價讓她醒悟，爲什麼上帝沒有治癒巴比，是因爲巴比只是特別並沒有不正常。葛菲斯著名的一句話：「當你在家或是在敬拜的地方回答阿門的時候，先想一想並且記住，有個孩子正在聆聽。」（Before you echo Amen in your home and place of worship. Think and remember. A child is listening.）爲巴比祈禱，不是祈禱上帝赦免他的罪惡，而是希望獲得上帝眞實的祝福。

同性戀「應該」或「能夠」被治癒嗎？不論國內外，成功的案例仍不顯著，反倒是，規勸家人接受這個事實，一起培養他的適應能力，而不要勉強他改變來得容易。同性戀者如果心理不健康，大都是社會壓力和歧視所致，同性戀本身和異性戀一樣，是不會導致人格異常的。事實上，我們對「正常」的定義常意味著「多數、自然」，但如果一個國家裡瘋子很多，瘋子是正常嗎？何況同性之愛同性或愛異性，是依何種判準去界定哪一個才是自然的[62]？

---

62 現代性學研究越來越細緻，從下列幾個專有名詞，就約略可以看出其中的分辨：

(1) sex　生物性別

(2) gender　文化性別

(3) sexual orientation　性傾向，「本質論」者的翻譯；性取向，「社會建構論」者的翻譯

(4) gender stereotypes　性別刻板印象

(5) gender identity　性別認同

(6) gender identification　性別確認

組織

根據統計，在世界各地中，同性戀的人口約在 3% ～ 5%，如果包括雙性戀則可高達 15%；臺灣同性戀團體估計本地應有 5% ～ 10% 的同志人口，約是一百至二百萬人[63]。爲了排斥社會可能的窺視與侵犯，臺灣已有不少同志主動現身「出櫃」（come out）且建立組織也締造許多「第一」的紀錄[64]：

一 1990 年

㈠ 臺灣第一個女同性戀團體「我們之間」成立。

㈡ 凌煙《失聲畫眉》（臺北：自立晚報社文化出版部），以女同志爲主題的小說奪得該年自立報百萬小說獎，1991 年拍成電影（臺北：三本出品）。

二 1991 年

㈠ 曹麗娟《童女之舞》（臺北：大田，1998）女同性戀短篇小說勇奪《聯合報》第十三屆短篇小說獎，曹瑞原導演將之拍成電影獲得 2002 年電視金鐘獎單元劇最佳女主角、最佳女配角入圍。

㈡ 老闆賴二哥將杭州南路上的「Funkey」轉型爲臺灣第一家男同志酒

---

(7) gender stability　性別固定

(8) gender consistency　性別一致性

(9) gender preference　性別偏好

(10) gender constancy　性別恆定

63 2000 年開始，臺北市政府每年編列一百萬元的預算，舉辦同志相關活動「同玩節」。2003 年第四屆臺北同玩節時，市長馬英九在致詞中說道：「在臺北市 264 萬戶籍人口當中，按照可靠的估計，大概有將近十分之一，也就是大概有 26 萬人是同志。」

64 參考鄭尹真整理，〈青年文化十年記：同志運動十年 1994 ～ 2004 大事回顧〉；莊慧秋主編，《揚起彩虹旗》，臺北：心靈工坊，2002，本書有許多同志活動的珍貴紀錄。

吧，並定期舉辦同志議題座談會。

三 1993 年

臺灣大學首先成立男同性戀研究社「Gay Chat」；1995 年，臺大女同性戀研究社「浪達社」（Lambda）跟著成立，師大、政大、交大也陸續成立地下同志社團；1996 年，臺大等學生催生「全國大專同志聯盟」（簡稱「全同盟」），爲同志人權奮鬥。目前同志社團尚有東吳大學「同志合作社」、中央大學「酷兒文化研究社」。

四 1994 年

㈠ 臺大「Gay Chat」製作最早的校園同性戀刊物《Chatting》出刊。

㈡ 由「我們之間」發行的《女朋友》雙月刊雜誌創刊。

㈢ 第一本由男同志學生社團（Gay Chat）編寫的《同性戀邦聯》（臺大研究社編，臺北：號角）出版。

㈣ 中央大學資管龍貓 BBS 站臺成立第一個「MOTSS」（Member of the Same Sex）網路聯誼，因當時社會保守，版務工作亦相對低調；近年來，高中及大學 BBS 站臺上設有「MOTSS」版的情況已十分普遍。

五 1995 年

㈠ 首屆「校園同志甦醒日」（GLAD）在臺大舉辦。

㈡ 第一本由女同志學生社團（浪達社）編寫的《我們是女同性戀》（臺大女同性戀文化研究社，臺北：碩人）發行。

㈢ 第三屆亞洲女同性戀聯盟（ALN）大會在臺北召開，是臺灣首度舉辦國際女同志研討及聯誼活動。

㈣「同志空間行動陣線聯盟」（同陣）成立，訴求保存臺北新公園的同志歷史記憶。

六 1996 年

㈠「同陣」舉辦首屆「彩虹情人週」，包括十大夢中情人票選、園遊會等活動。

㈡ 第一個同志基督徒教會「同光長老教會」成立。

㈢ 第一本以商業方式發行的同志刊物《G&L》雜誌（臺北：熱愛出版有限公司）創刊。

㈣ 第一個女同志專屬BBS站「壞女兒」（telnet://140.114.98.23）成立。

㈤ 名作家許佑生與伴侶葛瑞公開舉行臺灣首次同志婚禮[65]。

㈥ 第一個華人女同志網站「我的拉子烘焙機」（To-Get-Her Lez Cyber Pub, http://www.to-get-her.org）開張。

㈦ 楊宗潤負責的「開心陽光出版社」成立，是臺灣第一家專門出版同志書籍的出版社。

七 1997年

㈠「拉拉資訊推廣工作室」（http://www.lalainfo.com.tw）成立，第一個以推廣、教育女同志進入網路世界的團體，活動力十分旺盛，每年固定舉辦「雷斯盃球賽」與「網路拉子人口普查」。

㈡ 鄭美里《女兒圈》（臺北：女書文化）出版，是第一本以田野調查方式探討女同志家庭關係之專書。

㈢ 第一個由同志教師組成的團體「教師同盟」（10月25日）成立，創會會長阿寶，以「整個社會賦予老師的責任就是傳道、授業、解惑，但是如果一個老師不能肯定自己，找到自己的價值，又怎麼能扮演好老師的角色？」之理念，在網路上號召同志教師參加聚會、聯絡感情、交換心得。

㈣「彩虹・同志夢・公園」園遊會在臺北新公園舉行，建立臺灣在六

---

65 許佑生和葛瑞婚後曾公開表示想要領養小孩，目前同性戀可否領養小孩的最大爭議在於，他們該如何教養小孩？小孩的性別認同會不會發生困難？以及是否會教育出也有同性戀傾向的下一代？同性戀者會說，小孩的性傾向未必會複製父母的性傾向，像他們不就是從異性戀的家庭出生長大。不過這樣的說法，未必能被社會大眾所支持，成人的性傾向已經無法改變，下一代的性別認同卻不能失控，這是同性戀家庭無法順利領養小孩的主要原因之一。

月同志驕傲月舉辦大型活動的傳統。

㈤ 爆發「常德街事件」，十五名武裝員警對經常有同志活動的常德街展開大規模攔街臨檢，將四、五十位民眾強行帶回警局拍照。

㈥ 第一份在東臺灣發聲的同志刊物《同位素》創刊，之後轉為電子報形式發行，到 2002 年成為發行量最大的同志刊物。

㈦「同志助人者協會」成立，是第一個以同志諮商工作為主的組織；翌年更名「性與性別諮商協會」，成為籌組「同志諮詢熱線」的前身之一。

㈧ 中央大學性／別研究室出版《性／別教育通訊》創刊號，是第一本對同志友善，並強調將同志議題放入性別教育中的教育專業刊物。

八 1998 年

㈠「臺灣同志諮詢熱線」（http://www.hotline.org.tw/）成立，提供長期固定的電話諮詢服務，並以組織形式推展同志運動。

㈡ 臺大城鄉所「性別與空間研究室」出版《同志空間專輯》，是第一本從性別與空間的角度探討同志空間的專書。

㈢ 張娟芬《姊妹戲牆——女同志運動學》（臺北：聯合文學）出版，第一本探討女同志遭壓迫之歷史的本土著作。

㈣「1998 選舉同志人權聯盟」發表《同志人權宣言》，邀請三黨市長候選人簽署；馬英九、陳水扁皆作正面回應，新黨王建煊以宗教理由拒絕簽署，並公開發言反對同性戀。

九 1999 年

㈠ 賴正哲的「晶晶書庫」在臺北公館開幕，是臺灣第一家同志書店。

㈡ 陳俊志導演《美麗少年》在華納威秀影城上映，是獨立製片的同志紀錄片第一次在院線公開上映。

㈢ 李湘茹導演《2，1》，第一支公開放映的女同志紀錄片。

十 2000 年

㈠「集合出版社」成立，是第一家以發行女同志文學為主體的出版社。

㈡「社團法人臺灣同志諮詢熱線協會」在內政部立案通過，成爲第一個正式立案的全國同志組織。

㈢ 我國第一個同志人權組織「臺灣同志人權協會」在高雄市社會局立案成立。

㈣ 邵祺邁、方慶史《臺灣 G 點 100 全都錄》（臺北：開心陽光），採中英對照的國際化格式出版，是第一本包含評鑑向度的本土男同志場所指南。

㈤ 臺北市政府編列一百萬預算，舉辦第一屆同志公民運動「臺北同玩節」，是官方首度以常態預算編列同志相關活動經費。

㈥ 陳水扁總統接見來臺參加「臺北同玩節——同志論壇」的兩位美國同志運動人士，臺灣同志社團代表陪同出席，是我國總統首次接見同志運動人士。

十一 2001 年

㈠ 春節期間晶晶書庫被砸磚塊，同志團體發起連署，共有 50 多個團體、200 多位個人參與連署，隨即進行點燈活動爲晶晶書庫聲援、打氣。

㈡ 臺灣人權促進會的「2000 年臺灣人權報告」邀請同志團體撰寫同志篇，將同志人權列入年度報告之中。

㈢ 張喬婷《馴服與抵抗：十位校園女菁英拉子的情欲壓抑》（臺北：唐山）出版，第一本探討女同志在青春校園生存的專書。

㈣ 張娟芬《愛的自由式：女同志故事書》（臺北：時報）出版，第一本以田野調查方式探討 T 婆文化與女同志愛情的著作。

㈤ 關錦鵬導演的同志電影《藍宇》獲金馬獎十項提名，奪下四項大獎，關導演特意選在臺北著名男同志酒吧 Funky 舉行電影主題曲 MTV 首映。

㈥ 司法院大法官會議發布釋字第 535 號解釋文，明確指出「警察不得不顧時、地及對象任意臨檢」，即使是「針對性」的臨檢，也必須在維護人權的嚴格條件下進行，是保障同志基本人權的一項重要宣示。

十二 2002 年

首屆以本土同志作品為主題的《熱不拉 G——同志影像二輪放映》影展在華山藝文中心放映。

十三 2003 年

㈠ 曹瑞原導演改編自白先勇小說《孽子》在公共電視臺播出，引發熱烈討論。

㈡ 臺大浪達社成立第一所「校園同志圖書館」，提供同志書籍、史料及學術研究資訊。

㈢「同志參政聯盟」成立，是第一個以參政為宗旨的同志社團。

㈣ 總統府公布「人權保障基本法」草案，條文明訂：性傾向自由權利不應被歧視，同性男女得依法組成家庭及收養子女，將同性戀人權納入法律保障。

㈤ 呂秀蓮副總統出席衛生署主辦愛滋病防治博覽會提出「愛滋天譴論」，民間社團強烈反彈。

㈥ 民進黨立委侯水盛發言表示「同志婚姻合法化是亡國政策」，在輿論壓力下公開向社會道歉。

十四 2004 年

㈠ 同光教會成立八週年，在四位臺灣長老教會牧師見證下，曾恕敏被按立成為臺灣第一位同志牧師，於臺北義光教會舉行封牧儀式。

㈡ 周美伶導演《豔光四射歌舞團》，是臺灣第一部扮裝皇后電影，獲得「2004 溫哥華國際影展」龍虎獎競賽，及入選「2004 韓國釜山國際影展」亞洲之窗單元。

十五 2019 年

㈠ 2017 年 5 月 24 日司法院大法官釋字第 748 號解釋文：「民法第四編親屬第二章婚姻規定，未使相同性別二人，得為經營共同生活之目的，成立具有親密性及排他性之永久結合關係，於此範圍內，與憲法第 22 條保障人民婚姻自由及第 7 條保障人民平等權之意旨有違。有關機關應於本解釋公布之日起二年內，依本解釋意旨完成相關法律之修正或制定。至於以何種形式達成婚姻自由之平等保護，屬立法形成之範圍。逾期未完成相關法律之修正或制定者，相同性別二人為成立上開永久結合關係，得依上開婚姻章規定，持二人以上證人簽名之書面，向戶政機關辦理結婚登記。」

㈡ 2019 年 5 月 17 日依據大法官釋字第 748 號，和 2018 年 11 月 24 日公投第 12 案「你是否同意以民法婚姻規定以外之其他形式來保障同性別二人經營永久共同生活的權益？」（同意 640 萬票 58.1%：不同意 407 萬票 37%），訂定「同性婚姻專法草案」在立法院三讀通過，並於 5 月 24 日生效，臺灣成為亞洲第一個同性婚姻合法化的國家。草案全文共 27 條，名列年滿 18 歲的同性伴侶可向戶政機關辦理結婚登記，婚姻當事人可收養另一方的「親生子女」，同性配偶擁有合法財產繼承權、醫療權、互負扶養之義務，以及遵守單一配偶相關權利義務等。

陸 態度

法國思想家傅柯（Michel Foucault, 1926 ～ 1984）臨死之前都不願意承認自己的同性戀身分，而被人批評為哲學家「可恥的緘默」[66]，事實上，自稱是同性戀即是一種「政治宣言」，因為是對傳統所謂「正確的」、「好的」社會行為進行公開的宣戰，它所引來的敵意和批判，都會超出個人所能承擔的意義。傅柯即曾指出，性絕不是與政治和公共空間隔絕的活動，人們終究難逃社會權力的魔爪而獲得解放，似乎唯有死亡才能擺脫束縛，「我們社會的主要慣例體制表現出邪惡的效能，極力對個人施以監控，『消除他們的危險狀態』，通過反覆灌輸訓誡條例來改變他們的行為，結果不可避免地將造

66 詹姆斯・米勒（James Miller），《傅柯的生死愛慾》（*The Passion of Michel Foucault*），高毅譯，臺北：時報文化，1995，頁 31。

就一些無創造能力的『馴服的團體』和聽話的人群。」[67]

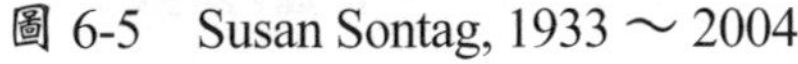

圖 6-5　Susan Sontag, 1933 ～ 2004　　圖 6-6　Michel Foucault, 1926 ～ 1984

美國文學家宋塔（Susan Sontag, 1933 ～ 2004）認爲，社會無遠弗屆的權力伸展，連疾病本身也反映社會教條的身影，一個人患了何種病，就和他穿何種衣服一樣，具有某種象徵的意義，疾病變成了一種隱喻。例如「肺結核」經常被描繪成一種高雅的疾病，主角通常身形纖細、多愁善感，《茶花女》和《紅樓夢》的林黛玉都是典型的代表，癌症則是一種可怕、命定、遭天譴式的疾病。「與賦予結核病的那種溫柔的死形成對比，愛滋病和癌症一樣，導致難堪的死，纏繞著集體想像力的所有那些被隱喻化的疾病，無一例外都將導致難堪的死。……最令人恐懼的疾病是那些被認爲不僅有性命之虞，而且有失人格的疾病」[68]，宋塔認爲，疾病只應被診斷與治療，而不應被詮釋及評價。根據統計，「後天性免疫缺乏症候群」（AIDS）的病人，很多是男同性戀者，據宋塔的解釋，我們只能說此病可能和部分男同性戀者的

67 詹姆斯・米勒（James Miller），《傅柯的生死愛慾》（*The Passion of Michel Foucault*），頁 19。

68 蘇珊・宋塔（Susan Sontag）《疾病的隱喻》（*Illness As Metaphor and AIDS and Its Metaphors*），程巍譯，上海：譯文出版社，2003，頁 112 ～ 113。

性愛方式有關，某種性愛方式是不健康的，而不能得出「AIDS 是男同性戀的疾病」、「男同性戀者有害身體健康」、「男同性戀是不道德的」，進而構成對同性戀者的歧視與迫害[69]。沒有人自願是同性戀就如同沒有人希望自己生來就異常或是殘障一般，我們不應歧視無法選擇的人；應該針對病情治療病患，而不是評價、拒絕他們。

目前社會面對同性戀者，大約可歸納出三種類型的態度：

一、第一型：「厭惡排斥型」，同性戀是可恥的應該討伐杜絕。理由是，會引起社會秩序紊亂、家庭結構瓦解、傳染愛滋病……。

二、第二型：「愛心矯治型」，同性戀者很可憐應該幫助他們改變。理由是，有「病」但不是有「罪」值得同情，應該用愛心來「拯救」他們。

三、第三型：「平等尊重型」，同性戀者與平常人無異，應該得到尊重與接納。理由是，除了感情對象特殊外與一般人無兩樣，人有權力選擇自己的愛情和對象。

在感情方面，我們社會是爲異性戀者而設計的，社會提供了各式各樣的「鞏固因素」，來幫助異性戀者穩定複雜多變的感情；而同性戀者面對的卻

---

69 1981 年時，因為美國南加州大學（UCLA）的 Gottlieb 醫師，在美國疾病管制局（CDC）發表首次在五位年輕男性身上發現的愛滋病毒，而他們剛好都是同性戀者，所以將愛滋病等同於同性戀，造成防治上的嚴重疏忽，事實上，1998 年時有項調查數據顯示，全世界因性行為而感染愛滋病者占 80～90%，其中異性戀占 80%，同性戀只占 10%，愛滋病幾乎是由異性戀為主要傳染途徑，錯誤的歸因，顯見認知偏見的嚴重後果。臺灣籍的愛滋病感染者及病患在臺灣可享受由中央編列預算的免費醫療服務，愛滋病匿名篩檢（不須提供真實姓名且檢查結果只告訴本人）有十多個單位，例如：臺北市立性病防治所（02-2370-3739）。根據 2014 年 2 月 6 日的統計，臺灣本國籍人中總計有 26,646 人感染 HIV 病毒：

(1) 以性別看，其中男性 93.39%，女性 6.61%。

(2) 以年齡看，20～49 歲 72.24%；15～24 歲的 20.08%。

(3) 以感染途徑看，男同性性行為 45.06%（女同性性行為無案例），注射藥癮者 25.37%，異性性行為 19.28%，雙性性行為 8.58%。

(4) 以地區看，新北市 22.18%，高雄市 14.34%，臺北市 14.01%。外籍人士總計有 893 名感染者。

是充滿「瓦解因素」的社會，「所有的社會因素都傾向於聚合一對異性戀者，拆散一對同性戀者」[70]。典型性別角色的扮演是異性戀者的主要特色，男尊女卑、男主外女主內，有各式各樣的性別分野，而不是能力分工，但同性戀伴侶的關係，則沒有傳統角色的束縛，可以按照各自能力與興趣分工、協作，一起分擔也共同分享。異性戀者常自陷於傳統的價值觀中，去評估彼此的角色和關係，而使感情發生變質；同性戀情一旦公開，最深的情結獲得突破，在情感上就顯得較為自在，彼此之間反而能夠拋棄傳統夫妻的扮演模式而傾向好朋友的關係。不過，同性戀關係比一般異性戀關係短促，除了上述社會的瓦解因素外，也因為同性戀者在結束彼此的感情時，少了法律手續、孩子的問題，以及對同伴的經濟依賴、社會責任等障礙，分手剩下只是個人調適的問題。

 展望

1998 年 12 月，由蒂巴．梅格（Deepa Mehta, 1950 ～）導演的女同性戀電影《慾火》（*Fire*），在印度新德里上映了三個禮拜後，即被一群憤怒的男性搗毀廣告招牌、撕裂宣傳海報，還衝進電影院大肆破壞。這部電影以印度最具代表性的建築物——阿格拉（Agra）的「泰姬瑪哈陵」（Taj Mahal）[71]開場，敘述一場嫂子與弟媳之間的不倫戀情，這個遭禁忌的愛情幾乎公開挑戰整個印度的傳統與異性戀的社會價值觀，因此引發印度男性的極度緊張；從報導此一事件的新聞媒體中，映入眼簾的是一群焦躁不安的男人

---

70 余德惠策劃，《中國人的同性戀》，臺北：張老師文化，1995，頁 123、158。

71 泰姬瑪哈陵是印度蒙兀兒帝國第五世皇帝為其愛妃所建之陵墓（泰姬 Taj 為皇冠，瑪哈 Mahal 為皇宮，「泰姬瑪哈」在印度文裡為「皇冠皇宮」之意），泰姬入宮 19 年，於 1630 年生下第 14 個孩子後死於南征的軍營中，皇帝為紀念愛妻動用二萬名工匠，建造了這座舉世無雙的大理石藝術建築（據說建造該陵墓的設計工匠最後被國王砍去雙手，以防止他再度建造同樣的絕世之作），與中國萬里長城、埃及金字塔、美國大峽谷、印尼婆羅浮屠、巴比倫的空中花園和城牆等，並列為世界七大奇景。參見 http://www.bamboo.hc.edu.tw/ ～ shally/india/agra/agra04.htm。

毫無理由的衝動辱罵，似乎只是想藉由暴力表明，如果讓一部女同性戀電影，如此明目張膽公然演出，就是對男人的挑釁與不敬，應該教訓她們，要讓女人安分守己地回歸家庭、臣服於男人，當然還要帶上一段冠冕堂皇的說詞：「爲了維護社會秩序和大自然的規律」。

圖 6-7　Deepa Mehta, 1950～

圖 6-8　Deepa Mehta, *Fire*. Canada, 1996

「異性戀文化」是支撐「父權文化」的基石，兩者皆是主流價值的意識型態。父權文化是以典型的異性戀角色建立整套的規範系統，同性戀勢力的漸漸抬頭，無異是父權文化逐步瓦解的警訊，因此，爲了捍衛自己的價值觀，藉由暴力攻擊是最迅速的方法；一個人若不支持同性戀或加入攻擊同性戀的陣營，就視同也是在替父權文化辯護，這就是女同志運動和女性主義結盟的主要原因。支持同性戀解放運動，等於是向現有的父權體制進攻，經由父權文化的瓦解，才有可能讓現有以異性戀爲主而設置的各項社會制度產生變革，同性戀的解放運動也才有眞正的希望。女權運動是針對傳統性別角色挑戰，而同性戀則是更澈底的顚覆；因此，基進主義的女性主義者才會宣稱：女性主義是理論，女同性戀才是實踐，一個人不可能白天是個搖旗吶喊、爭取權力的女權運動者，到了晚上卻回到敵人的陣營中去，所以，除非是女同性戀者或即將成爲女同性戀者，才是眞正的女性主義者。女同性戀者如此的激昂亢進，其實，就是因爲她們比男同性戀者更要承受父權文化的壓迫所致。

若要讓尊重差異不只是美麗的口號，就應該從接納同性戀開始。有些人對同性戀的支持態度，其實是一種僞似的開明，除非家裡就有一個被接納的同性戀成員，才有資格說自己是個尊重差異的身體力行者，因爲，同性戀者在遭遇被異性別者的追求，或愛上同性別的異性戀者，以及種種歧視的挫折之後，最痛苦的應該就是如何讓父母接受他是同性戀的事實，父母經常是最後一個知道的人，父母若不諒解永遠是同性戀者最沉重的負擔，一般人的心態常是「同性戀當然可以接受，但希望不會是我的親人」。同樣地，同性戀者也應該尊重異性戀者的價值觀，尤其是在異性戀者無法接受其感情時，不能立即套上「壓迫者」的罪名，尊重差異就是接受彼此價值觀的不同，每一個人都應該從克服困難中成長，而不是以攻擊別人作爲確立自我的方式。持平而論，同性戀者通常比異性戀者更懂得尊重別人，因爲他們都可能經過長時間的壓抑與掙扎，從自己的痛苦當中學會尊重別人的隱私和生活方式。總之，我們如何對待一位異性戀者，就依同樣的方式去面對一位同性戀者，應該就是最自然的方式[72]。

---

72 筆者指導學生畢業論文中以「同性戀議題」為研究主題的已有：

(1) 鄭慧妮，《雌性豪邁的服裝表現——陽剛女同性戀之服飾心理個案研究》，臺北：輔仁大學織品服裝學系，2000。此論文榮獲第二十七屆畢業成果展前五名。

(2) 吳志鴻，《同性戀犯罪與被害型態之研究》，桃園：中央警察大學犯罪防治研究所，2004。

(3) 王貴正，《由仇恨犯罪概念論同性戀汙名化形成及影響》，臺北：臺北大學犯罪學研究所，2007。

(4) 潘冠宇，《臺灣同性戀警察人員的職場處遇》，桃園：中央警察大學行政管理研究所，2019。

四篇論文題材鮮少有人研究，且皆有實際的訪談調查，具有一定的貢獻。

第三節 婚姻與外遇

壹 婚姻的意義

人們都需要愛與被愛，更盼望能在內心情感和身體慾望上找到一個親密的對象。許多研究顯示，年老單身的男女，他們感受到的沮喪、孤獨、挫折、不快樂的感覺，都比擁有伴侶者強烈，因此，親密關係的建立是人存在的基本需求之一，而婚姻就是一種藉由制度廣被社會所承認的永久性結合，透過法律規範形成穩定的關係，保障與另一個人的親密行爲，共享彼此的情愛、性慾、子女、財富等等。婚姻和同居、試婚最大的不同，就是「法律的保障」和「社會的意義」；透過「公開舉行儀式」或「法院公證」的方式，雙方取得嶄新的社會身分，名正言順參與彼此的活動。這也是爲何婚姻中的第三者經常十分在意「名分」的原因，介紹「這是我的妻子」和「這是我的同居人」，當然有不同的評價；此外，夫妻相處產生衝突時，分手後果的考量顯然多於同居和試婚的情形。簡而言之，婚姻至少具備四種意義：建立親密關係、分享經濟資源、合法的性與傳宗接代、參與彼此的社交網絡。

若從人類婚姻的發展歷史來看，婚姻的意義隨著時代的推移也有若干的差異：在遠古時代，婚姻主要是爲了「傳宗接代」；爾後，婚姻附上了「功利目的」的考量，如擴展種族、消弭戰爭的通婚制度，以及男人以優異的社會地位換取一位美麗女子的生育能力、管理家務、性的提供、情感的慰藉等，都可稱得上是著眼於功利目的的結合；19、20 世紀時，婚姻的意義有了很大的轉變，雖然仍有爲「傳宗接代」、「功利目的」而結婚者，但是它賦予更多心靈層面的要求，尤其是對「愛情盟約」的渴望。現代女子不必一定要有生育能力，也不一定要很會整理家務，「頂客族」（DINK：Double Incomes and No Kids）的流行，以及越來越多的男人也喜歡挽起衣袖洗衣燒飯的情形看來，現代人對婚姻已有不同於以往的期望。對婚姻不切實際的期望和對自由的過度堅持，都容易形成晚婚或不婚的結果，加上愛情的熱度常被婚姻生活中的繁瑣澆熄，故人們常埋怨婚姻扼殺了愛情，婚姻是愛情的墳墓，婚外情成爲一道逃生口，或乾脆脫離婚姻的束縛，這使得婚姻的必需性受到懷疑，也顯示出現代人的婚姻愛情觀充滿著矛盾——既希望因愛情而結婚，又害怕結婚埋葬了愛情[73]。

如果每一對伴侶皆因愛情而結婚，婚後又能相愛到老，這當然是人人期盼的理想狀態，但也因爲這不是一件容易的事情，所以必須在婚禮的進行中，再三「祝福」、「叮嚀」雙方白首偕老、永浴愛河。婚姻之道是門重要且必須嚴肅對待的功課，我們首先必須破除下列四點「婚姻的迷思」（marital myth），再進一步釐清婚姻關係中許多重要的議題：

---

73 歷年出生數、結婚對數、離婚對數比較表　單位：人，對，%

項目別	出生			結婚			離婚			
	出生數	較上年增減		結婚對	較上年增減		離婚者之結婚年數結構比 %			
		人數	%		對數	%	全年離婚對數	未滿5年	5-9年	30年以上
2004	216,419	-10,651	-4.69	131,453	-40,030	-23.34	62,635	37.55	22.46	3.12
2005	205,854	-10,565	-4.88	141,140	9,687	7.37	62,650	34.03	23.91	3.31
2006	204,459	-1,395	-0.68	142,669	1,529	1.08	64,476	31.42	24.85	3.79
2007	204,414	-45	-0.02	135,041	-7,628	-5.35	58,410	30.78	26.34	3.96
2008	198,733	-5,681	-2.78	154,866	19,825	14.68	56,130	29.50	27.42	4.36
2009	191,310	-7,423	-3.74	117,099	-37,767	-24.39	57,233	28.38	28.94	4.44
2010	166,886	-24,424	-12.77	138,819	21,720	18.55	58,037	27.69	30.99	4.09
2011	196,627	29,741	17.82	165,327	26,508	19.10	57,077	28.68	28.38	4.27
2012	229,481	32,854	16.71	143,384	-21,943	-13.27	55,835	28.70	26.31	5.08
2013	199,113	-30,368	-13.23	147,636	4,252	2.97	53,599	30.63	24.45	4.54
2014	201,383	2,270	1.14	149,287	1,651	1.12	53,144	31.28	22.44	4.78
2015	213,598	12,215	6.07	154,346	5,059	3.39	53,448	32.97	20.79	4.93
2016	208,440	-5,158	-2.41	147,861	-6,485	-4.20	53,850	33.61	20.66	5.01
2017	193,844	-14,596	-7.00	138,034	-9,827	-6.75	54,439	33.90	21.56	5.28

資料來源：內政部户政司。

說明：離婚率以結婚未滿5年的比率最高，結婚5～9年居次，亦即，歷年婚齡未滿10年即離婚者皆超過5成，結婚30年以上的離婚率最低，但近幾年有增高之趨勢。

一 真正相愛是沒有條件的

根據心理學家的研究統計，男女的相互吸引，受到「時空因素」、「外表長相」、「能力才幹」、「人格特質」等等因素的影響，在盛行自由戀愛的今天，這些「條件」格外顯得重要；研究發現在約會交友的過程中，自然而然的傾向尋求相「匹配」（長相、能力）、「熟悉」（時空）以及「有德行」（愛心、重義氣）的人選進一步交往。

二 必須熱烈相愛才能結婚

婚姻有建立親密的關係之意義，但親密的關係並不就意味著必須熱烈相愛，常常可以聽到一句話就是「相愛容易相處難」，最愛的人可能常是最不容易相處的對象；何況因著個性的不同表達愛的方式也不同，有激情的、浪漫的、友誼的、親情般的……，穩定美滿的婚姻關係，比較不常建立在熱情的指數上，反而是其他方面的關係程度，例如性生活的和諧與否、人生價值觀的異同、興趣嗜好能否分享等等。

三 甜蜜美滿的婚姻沒有衝突

衝突是親密關係常見的現象，所以重點不是「有沒有衝突」而是「如何解決衝突」。新婚夫妻最容易遭遇的衝突是「財物的分配」、「習慣的不同」、「期待的落差」，若能建立從衝突中釐清問題、相互學習、凝結共識的態度，衝突就有其正面的意義。

四 孩子可以彌補婚姻的裂縫

孩子的降臨使得夫妻雙方的生活作息都有很大的改變，彼此單獨相處的時間機會也跟著減少，所以，孩子的誕生反而可以用來測試夫妻的配合度和婚姻的穩定度，若想藉由專注在撫育新生兒的喜悅上，以挽救觸礁的婚姻關係，通常是很難如人所願的。

 衝突的管理

衝突既是親密關係常見的現象，如何有效管理衝突，成為婚姻當中無法避免的重要課題。這裡以「管理」衝突來代替「解決」衝突，是因為有些衝突是無法解決的，「懸而不決」，學習包容與尊重，不必拼個是非對錯，反而可以降低衝突造成的傷害。

由於每個人的成長背景、教養方式、角色期許的不同，在各方面有著極大的差異，加上婚姻具有其社會之意義，不僅男女扮演之角色不同、功能有異，其對婚姻的期許也存在很大的差別，因此婚姻衝突的管理和性別的議題密切相關。

一 角色分工

首先，社會傳統文化根據男女性別的刻板印象教育男女兒童，也以這套方式衡量兩性的行為和表現。亦即，男性從小即被鼓勵往「公領域」發展，努力進取，追求社會上的「工作成就」；女性則被鼓勵留在「私領域」內，學習如何從一個家庭進到另一個家庭的美德，表現「持家成就」。一般而言，30 歲左右的男人大致已發展成獨立自主的人格，並積極尋找在社會上出人頭地的機會；反觀女人，卻反而在完成生命中的兩件大事：「結婚」和「生育」之後，才有類似的「覺醒」，婚姻逼使小女孩上市場、學開車接送小孩……，快速走向社會化，逐漸建立其人際關係和社會資源。不管是先立業再成家，或先成家再立業，男人總是必須表現負擔家計的能力，而且還要有保證維持得很好的自信，婚後隨著家庭發展的需要更須不斷提高自己的經濟條件；從這個角度來看，婚姻似乎是一場買賣[74]，男人努力賺錢以便交換

---

74 自 1990 年代以後，許多在本地找不到配偶的男性，花一筆錢就可以「買」到新娘，婚姻仲介的網路廣告隨處可見，2001 年一位新娘的價碼是：越南 29.9 萬，中國 19.9 萬，柬埔寨 31 萬。廣告上還附帶說明「娶老婆」的好處：

(1) 可賺錢——老婆每月工作收入 2 萬，一年收入約 24 萬。

(2) 可睡覺——有了老婆就不用出去找女人，一年可省 8 萬。

女性的家事服務和獨享的性，這樣一來一個不會持家，丈夫有外遇、兒女不爭氣的女人，在社會的定義下就是一個澈底失敗的女人。換句話說，男人和女人各有不同的致命傷，男人怕「失業」，女人怕「離婚」。

傳統上，男性是以經濟力建立婚姻關係中較高的地位和較大的權力，而依照性別意識型態和物質供應來源的事實，女性位於從屬之地位乃是必然的現象。因此，現代許多女性主義者認爲，想要走出惡質婚姻的女性，當務之急就是尋求經濟獨立，才有可能擺脫依賴，爭取發言權、決定權。這對許多習慣於傳統家庭結構的男人來說，不啻爲一項嚴重的挑戰；根據研究調查結果顯示，當男女雙方都能接受「平權家庭」（egalitarian family）的觀念時，其對婚姻的滿意度較高，但當男性侷限於傳統丈夫的角色，而妻子卻有平權看法時，婚姻的滿意度最低；此外，大多數的男性傾向傳統形式的婚姻，但現代女性則心儀於平權的婚姻關係。

現代女性不斷積極擠入公領域的自覺，不但威脅到男性的領空，也使婚姻的穩定性深受考驗。時代已然改變，刻板的角色分工模式必須認眞思考其存在的意義。現代男性面對如此來勢洶洶的改變，大致有如下幾種因應方式：

㈠捍衛傳統的價值

據報載，日本某大學一位年屆六十的老教授，因看不慣時下青年男女，

---

(3) 可工作——老婆會洗衣、煮飯、做家事，若請佣人一月 1 萬計算，一年可省 12 萬。

(4) 生小孩——傳宗接代，無法計價，非常偉大。

這個充滿歧視的廣告最後還說：「結婚好處這麼多，你為什麼不結婚，除非你有問題」，並附帶可代辦離婚手續，每次收費新臺幣 3 萬元。2017 年，根據內政部戶政司的統計資料顯示，臺灣外籍配偶（新住民）已超過 53 萬人，下一代則約有 40 萬人。近年來，臺灣經濟優勢不再，以東南亞為主之外配人數已逐年減少，由於異國婚姻基礎相對薄弱，外配一旦取得我國籍後的離婚率高達 25%，遠高於國人平均離婚率 14%，且離婚後有 70% 是在三年內與外國人共結連理，衍生「連鎖移民」之效應。

男不男女不女的穿著打扮，於是寫了一本敘述傳統陽剛之美與陰柔之德的懷古之作，沒想到，此書竟然大爲暢銷，一推出即熱賣接近百萬冊。顯見確有許多同好和他一樣有思古之幽情，相當緬懷昔日男性橫眉豎目的勇者之姿和女性嬌羞溫柔的順從美德。

㈡與女性主義結盟

也有一批立志當「新好男人」的現代男性，主動瞭解女性主義的主張，積極吸收相關的知識，學習如何自我調適，甚至參與女權運動。例如報上曾經登載，日本國立大阪大學從 1994 年的春季開始，率先開設「男性學」（Men's Studies），這門大學一、二年級學生共同必修的科目規定每週上課一次，共有七名社會與心理學教授擔任此課程，分別由社會、思想、人權、文化和宗教等各種不同的角度，來探討性別差異、同性戀、性騷擾、家庭、職業等等問題，並介紹女性主義和男性解放運動等社會潮流。

㈢尋找其他的出路

由於同性戀比異性戀在角色的扮演上比較沒有那麼清楚分工，加上男同性戀者比女同性戀者較少受到女性主義平權思想的影響，因此，同性戀身分的曝光，雖然有必須承受的社會壓力，不過對於男女分工角色和男女平等訴求的聲浪，卻也是一種可以跳離爭辯、置若罔聞的方式。社會上，以同性戀身分出櫃或堅持獨身主義的人，已經越來越多。

近年來，由於女權運動的蓬勃發展，在各行各業已經不斷出現女性傑出人才，男女重新分工的型態已經顛覆了婚姻固有的角色功能，不婚、離婚率越來越高的現象，正足以說明調整傳統步伐已是刻不容緩的趨勢：

1. 在公共領域中，不論男女性，寡言木訥拙於言詞的人，已逐漸被視爲缺乏競爭力、魄力的表徵，過去專屬於「男性氣質」——主動競爭、積極進取、領導統御……，已是管理人才必須具備的特質。

2. 在私人領域裡，「女性氣質」——溫柔體貼、善解人意、專心傾聽……，加上勇敢堅強、獨立自主等等，逐漸成爲成熟個體的指標，而無關乎男女性別的特質。

3. 我們不難發現時代的趨勢是，除了勤奮工作外，能夠傾聽、關懷、體貼他人心意，並且尊重女性、重視溝通、愛家愛孩子的「新好男人」，逐漸成為現代女子擇偶的重要條件；而獨立自主的「女性主義」者，也並非劍拔弩張、感情失敗、自私自我之流，女性的溫婉細心和周密有效率的辦事能力，可以並行不悖，美德也是任事能力的指標。

總之，新世紀的男女兩性都應有終身學習的觀念，並彼此從基本的尊重做起，澈底改變重男輕女的態度，積極落實性別平等的觀念，依照「能力」分工而非刻板化的「性別」分工，如此一來，男女不管在公、私領域內，都能適才適性的獲得發展，婚姻關係才能如虎添翼、相輔相成。

二 表達方式

傳統男女性別的角色分工，不但使得發展空間有別，在人格特質上也形成不同的表達方式。例如女人慣常以如下幾個步驟來表達意願：

(一) 步驟一——承認女弱男強的「示弱哲學」，以退為進的誘惑方式先行撒嬌一番。

(二) 步驟二——既然女弱男強，「強者必須疼愛、禮讓、照顧弱者」。

(三) 步驟三——所以，強者應該依弱者的意思去做。

如此一來，女人雖自承為弱者，卻出現化明為暗的發布命令要強者受命行事的弔詭現象。如果這套伎倆被看穿，則最後的殺手鐧就是：

(四) 步驟四——撒嬌動作幅度加大「一哭二鬧三上吊」，或者假裝無知崇拜的神情找個臺階下。

社會上「那是女人不要跟她計較」之類的言詞，是女人可藉以反敗為勝的策略，但也是女人不被尊重的現象。刻板印象中女人的語言是迂迴難測的，「女人心海底針」，女人的眞正意思和表面語言是相反的等等，這些可說是傳統性別教育的結果。

相較之下，強調社會地位、維持顏面的男人，在權力的位階上本來就高於女人，男人是發號施令者、是事情的決定者，男人要不斷地展現謀略進取、雄心壯志的氣魄；「像個女人一樣」，恐懼、示弱和求助都有失男性尊嚴，是大丈夫的禁忌。所以，遇到挫折的男人，只能有如下的表現[75]：

㈠ 步驟一——縮斂不動散發「悲壯」（普天下無人瞭解我）和「委屈」（全天下皆有負於我）的氣氛。

㈡ 步驟二——傳統男性的原型是沒有眼淚、沒有傷口的完美狀態，因此，堅強的男人頂多只能「浮現」卻不許「滴下」眼淚，更遑論哭出聲音了。

㈢ 步驟三——如果眞要嚎啕大哭，也不能爲家庭私事而哭，必須找出憂國憂民的理由，才可氣壯山河，抹面痛哭。

只要一進入社會定義的「男性」，也就意味著一種完美、剛硬而理智的存在，使得示弱、傾訴、求助一直是女性的專長，主動想交談、溝通、改善關係的人，也多半是女人，而越不擅長溝通的男人，就成爲越想逃家越可能成爲工作狂的人。

美國著名的婚姻與家庭諮商專家蘿拉．史萊辛爾（Laura Schlessinger, 1947～），她根據自己所主持的熱門節目「Dr. Laura Radio Advice Call-in Show」的扣應案例，指出男人經常做的十件糊塗事與相對的建議如下[76]：

㈠硬逞騎士精神

不顧一切地滿足女人的要求、企圖改變一個女人、不敢毅然割捨一段不良的男女關係。

建議：把長髮公主留在她的塔裡，讓她自己剪去長髮、做成繩索、爬下塔來，「支持她、陪她度過難關，而非保護成讓她完全免於逆境」。

㈡緊閉情感需求

耍酷、忌諱「娘娘腔」、盲目地拼命工作。

建議：「在情感上依賴女人反而是一種力量的象徵」。

---

75 王浩威，《臺灣查甫人》，臺北：聯合文學，1998。

76 蘿拉．史萊辛爾（Dr. Laura Schlessinger），《男人，別傻了！——大丈夫常做的十件糊塗事》（*Ten Stupid Things Men Do To Mess Up Their Lives*），李月華譯，臺北：天下文化，1998。

㈢盲目衝刺事業

大部分男性的人生目標是：「照顧家庭」，擁有一份「待遇優厚的職業」，和「累積可觀的財富」；大部分女性的人生目標是：「照顧家庭」，「發展良好的人際關係」，和「追求心靈的成長」。

建議：男人總誤以爲「造福」家庭的唯一方法便是拼命工作賺錢，這反而導致婚姻的失敗，要培養「時間管理」的能力，「公私兼顧」。

㈣拒絕紆尊降貴

要求自己「像個男人」，在社會上當老大，在家裡拿家人出氣以建立地位和滿足控制慾。

建議：「避免不必要的衝突」、「學著勇敢說出心裡話」，求救不是「自宮」之舉，面對自己的恐懼，正視情感上的需求。

㈤任「性」而為

男人追求性愛的方式類似從事戶外活動：挑戰、征服和勝利的三段式成就感，而且只需要「找個溫暖的地方把那話兒放進去」，就可安心睡去；女人對性愛的態度，就比較重視情境、講究感覺。男人任「性」之狀計有：「對色情刊物飢渴無度」、「只用性定義男女關係」、「進行沒有保護措施的性行爲」、「只做愛不談情」、「只上床不談未來」、「與女友之姊妹或好友上床」、「和自己不愛的人上床」、「以爲男女對性的看法完全一致」、「以爲女人對性一無所知」、「辦完事即睡著或離開」。

建議：以「神聖」和「道德」的角度來考量性愛，將可使人生具有意義感，而不會只是「找點刺激後拍拍屁股走路」的空虛、不踏實。

㈥草率訂終身

父親「縱橫情海」的價值觀，常讓兒子視婚姻如敝屣而非無價之寶，買車都要「貨比三家」不吃虧，匆忙結婚常是因爲不想成爲「老處男」。

建議：多款「惡女」，將使人痛不欲生——「陰晴不定女」、「感情浪蕩女」、「樂於拯救女」、「嬌生慣養女」、「好吃懶做寄生蟲女」……。不想成為愚蠢婚姻的受害者就得仔細評估結婚對象是否有下列特質：見多識廣、機智靈巧、不水性楊花、有幽默感、有愛心、喜歡小孩、熱誠、溫順、配合度高、迷人。

㈦放任婚姻關係

男人視婚姻為南征北討的「結果」，既已娶她為妻此事已了，老婆是「戰利品」而非「資源」，是「萬能女傭」，從此無後顧之憂，只要盡了義務（不喝花酒，不搞外遇，薪水交回家），就不該再有負擔。

建議：絕不要輕忽夫妻關係，否則這段感情將趨於枯槁，重視彼此心靈的需求與成長，才有可能永遠相愛。

㈧未善盡父道

「如何當爸爸」的條件只有一項：供應精蟲；「如何當好爸爸」的條件卻有一大串：「唸書給孩子聽」、「陪孩子散步」、「指導孩子做功課」、「傾聽孩子的心聲」、「認識孩子的朋友」、「讓孩子充分感受溫暖和感情」等等。

建議：「換尿布的男人有能力改變世界」，為人兒者，最好的師法對象莫過於自己的父親，這是母親所無法取代的。

㈨捨不得「斷奶」

只要女人肯付出母親般的關懷與照顧，男人便會覺得自己談戀愛了。

建議：「孝順的兒子」不等於「未斷奶的孩子」；不必要永無止盡的「取悅母親」，沒為母親爭光是兒子的失職，但若是母親個人人格缺陷造成的後果，就非兒子之責。

㈩誤解「男子漢」的真義

「男人本色」是經驗與自我探索過程的累積，可是一不小心就很容易變成錯誤的「男性本色」，就常有人認為自己變成男人是在「發現流汗有臭味時」、「加入高中足球校隊時」、「14 歲第一次與女人發生性關係時」、「第一次跟人家打架時」、「18 歲考上駕照時」、「找到第一份工作時」……。

建議：尊重自己的價值遠比自我膨脹來得重要，一段海枯石爛的婚姻是值得等待的，長時期的喜悅本身即是就是一種福報，我並非宇宙的中心。

男女受到後天教養的影響，成年後行為、思想、表達方式等各方面已有的不同，即使是同性之間也因性格上的差異產生許多誤解與摩擦，所以溝通是絕對必要的。婚姻中夫妻之間的溝通方式，經常是妻子比較能清晰地、主動地、婉轉地表達自己的感覺，較會用目光（直視）、聲音（「嗯嗯」）、態度（點頭）來聆聽對方說話，而丈夫則傾向避免談論自己的情感，且因不習慣靜靜聆聽的角色，而常有打斷、改變話題的情形，在肢體語言上也不常有點頭或直視對方說話的善意表現。這種因為社會化過程所形塑的性別特質，對於婚姻中的溝通是相當不利的，良好的溝通是良好的關係之必備條件，過度男性化（剛強）或女性化（柔順），在現代社會已不見得能保證成就良緣美眷，男女雙方都必須學習放下身段示弱求助、積極傾聽、理性解決的溝通模式。良好的溝通模式至少需注意下列三個原則：

㈠ 使用「我」而非「你」的陳述方式。因為後者有責備的意味，容易遭致對方的反感而拒絕對談[77]。

㈡ 找出問題本身的癥結，並提出可能的解決方案，耐心傾聽和瞭解對方的真正意願，避免重翻舊帳。

㈢ 不要將「性」作為緩和或解決問題的工具，要多以讚美、欣賞、支持的語言和態度肯定對方的表現。

---

77 法國 Jacques-Remy Girerd 所創作的《法國瘋影動畫工作室：精選短片 1》（臺北：弘恩文化，2006），影片有八段小故事，片長約 45 分 30 秒，其中《自私者》（*L'égoïste*）敘述一個以自我為中心的男子，說話總以「我」開頭：「我」覺得、「我」認為……，有天他遇到一個跟他神貌相像的女人而瘋狂愛上她，一次車禍意外，他的臉遭到毀容，美麗的妻子雖依然守護身旁，但妻子與他的「不同」讓他無法忍受，於是有天夜裡，他拿起斧頭毀了妻子的容貌，從此他再度坦然愛上妻子。

三 焦慮危機

男女性別的不同也造成不同的焦慮和危機。男女戀愛到了決定婚嫁時，一般而言，女生會比男生更爲警覺和實際，但一旦下定決心後又會表現得積極投入，因爲家是女性成就感的主要來源，而且婚後女性的社會地位、生活品質、社交範圍都將十分仰賴丈夫，女怕嫁錯郎，不得不小心謹愼[78]。身爲妻子的身分後，女人常見的焦慮和危機感主要是：

(一)「在適婚年齡時找不到丈夫，你是失敗的；得到丈夫卻又失去了他，則你是無能的」，所以，「女人一生都在努力捕捉金龜婿，得手後則要想盡辦法看守他」（Simone de Beauvoir）。

(二)「當你的身體必須整天接觸糞便和四季豆，你的心靈也會如此」，戀人絮語是天馬行空式的浪漫不切實際，婚姻生活則是房子貸款、家事操作、養兒育女的現實問題，女人身材的變形、話題的千篇一律，連自己都會越看越不滿意。

(三) 沒有自我實現的母親，容易把她的希望寄託在兒女的栽培上，造成家庭氣氛的壓力鍋效應，管教過嚴、強迫兒女接受自己的模式發展，又擔心將來兒女羽翼一豐，展翅高飛遺棄了她，處處顯得憂慮、緊張、神經質，無法放鬆自己。

男性也有自己的焦慮和危機感：

(一) 社會成就的表現遲滯或挫敗，職位沒有遞升，薪水沒有增加，或遭到裁員、解僱的命運，一直是男性的隱憂。

(二) 男性在成長過程中習慣於支配、引導的角色，婚後的朝夕相處以及女性本身的自我成長，妻子不但不再樣樣依順，且由於瞭解、看穿進而能夠

---

78 有一則從網路抓下來的趣談頗能道出年齡對女人的威脅：

「17 歲到 20 歲的女人，像個橄欖球——20 幾個人搶著要；

21 歲到 30 歲的女人，像個籃球——10 幾個人爭著要；

31 歲到 40 歲的女人，像個桌球——A：給你！B：我才不要；

41 歲到 50 歲的女人，像個躲避球——見到就閃！

51 歲到 60 歲的女人，像個高爾夫球——滾得越遠越好！」

從容面對丈夫的意見，這顯而易見已經威脅到男性慣有的威風與尊嚴。

㈢ 子女成長過程中父親角色的缺席，使得子女傾向支持母親，男性疲於奔命養家活口，子女卻不聽管教，情感疏離。

爲了維持男人的堅毅形象與在家的尊嚴，許多男人通常不會把工作上的委屈帶回家中，寧可一人默默承受，或藉酒消愁，幾杯黃湯下肚，可以毫無禁忌地顯露脆弱、胡鬧、發酒瘋、爭執吵架、孩子氣……，比較嚴重的是回家毆妻。根據家庭暴力事件的研究報告指出，性別刻板化越嚴重、越認爲男人在家應保有尊嚴的男人，當他遭遇挫折時，越會訴諸暴力的解決方式，以便迅速恢復優越地位；而很多長期忍受婚姻暴力的女人，通常也是有性別刻板觀念的人，或是因爲仍抱持著當初結婚時的美麗夢想，加上事後男性的懺悔，乃一而再地給予機會，形成「循環毆打」的現象。

婚姻不只是單純兩個人的事情，它更是一個「社會事件」，男女雙方都必須面對彼此的家族、社會環境的期許和壓力，除了適當扮演應盡的角色和應履行的責任外，互相調整，找到最適合兩人相處的模式，就是最好的婚姻生活方式[79]。例如：適合料理家務的先生和事業心重的妻子，需不需要堅持「男主外女主內」的原則，這就要評估彼此能不能忍受旁人異樣的眼光，因爲社會評價也是婚姻和諧的指標之一，除非能完全不在乎別人的意見；又如

---

79 Whitney Chadwick & Isabelle de Courtivron 主編，《愛人，同志——情慾與創作的激盪》（*Significant Others: Creativity & Intimate Partnership*）（許邏灣譯，臺北：允晨文化，1997）；和安茱兒．蓋博（Andrea Gabor），《愛因斯坦的太太——百年來女性的挫敗與建樹》（*Einstein's Wife: Work and Marriage in the Lives of Five Great Twentieth-Century Women*）（蕭寶森譯，臺北：智庫文化，1997），這兩本書總共蒐集了十八對科學界、物理界、文藝界的情侶檔（不限夫妻或異性），描述他們之間互相依賴、合伙共事，既是情侶又是競爭對手的互動關係，讀者可以從中思考如何經營自己的婚姻。而本土作品，陳文茜等口述的《造反的演員——十位顛覆傳統角色的女人》（楊語芸記錄整理，臺北：臺視文化，1997），這本書介紹十位當今臺灣的名女人，暢述她們成長的心路歷程，分析個人感情、家庭、事業、社會等等的看法，因為有一些共同的背景，加上都是經常見諸報章媒體的名人，所以更覺親切，隨著每位傑出女性的生平點滴記敘，讀來會有很大的啟發。

「單身好還是結婚好？」、「要不要和公婆住在一起？」、「婚後要不要有孩子？」、「要生幾個孩子？」……仔細分析這些問題，任何一項決定都各有其利弊得失，享受其利也要一併承擔其弊，決定後就要學習接受。

四　外遇問題

婚姻生活中彼此的熟悉感會逐漸失去性慾中所需要的神祕性、挑逗性，使得夫妻生活日漸有愛無性，談戀愛時的感覺逐漸降溫，因此常聽人建議：「保持精神緊張的狀態是使愛情永恆的妙方」，可是，誰會有那麼旺盛的精力整天去營造羅曼蒂克的氣氛？尤其是，男人在結婚後比較會全心全力投注在事業的發展上，因為男人普遍認為事業的成功可以贏得一切，包括愛情在內；女人在結婚後，則大部分會發揮她們所有的愛在家庭生活的經營上，直到她們感覺到自己已不再被愛、被需要時，才開始質疑自己的付出，這通常會發生在丈夫事業有成、兒女長大獨立時。有些性學研究者指出，婚姻儀式上「專一而永恆的相愛，至死不渝」的誓約，對男人而言較難做到。因為在性慾的本能上，男人較單調而機械，常常需要從精神面去尋求滿足，例如從女人的反抗、欲拒還迎、羞澀神祕中達到性的刺激，所以男人通常是睜著眼睛去觀賞女人的表情、神態、動作，以增加性的興奮；相反地，女人性慾的單調或複雜端賴身體的開發程度，她們的身體幾乎到處都是性敏感地帶，所以女人可以閉著眼睛去體會身體的感受。據此而論，男人的性慾需要有新鮮對象的刺激，女人的性慾則較能固定在一位可以滿足她的對象上。許多外遇原因的研究都指出，「性的吸引力」是婚外情發生的主因，男人以外遇行為來彌補在太太身上找不到的新鮮刺激，或藉此以證明寶刀未老；女人的外遇或起因於對丈夫的報復行為或因為性生活的不滿足。這似乎可以用來說明，大部分的婚外情並非愛情在婚姻中被埋葬了，而是雙方情慾消失的結果，彼此若仍相愛是不至於走上離婚之途的；但是，如果連相愛都不可能時，那就不是單純的性慾問題，這要從雙方性格發展的差異分析討論，許多發生婚外情的人，他們認為與外遇對象「談得來」是他們背叛婚約的主因，這個比例甚至超過「性的吸引力」。引用研究外遇問題的專家之研究結果就是，兩情相悅是因為彼此能夠得到「親密感」、「情緒宣洩」、

「休閒遊樂」、「知性分享」、「性生活」等需求的滿足，其重要性分別即如前之排列順序，因此，在外遇問題上僅是性的出軌，並不能否定原來婚姻中的親密情感。

人類學家對於人類社會既需要婚姻制度的保障，又經常發生外遇越軌的現象，提出許多有趣的分析報告，此處僅就「男性天生喜歡拈花惹草，女性天生就比較專一嗎？」和「何以外遇？」兩個問題，整理一些人類學家的看法以供參考[80]。針對第一個問題答案正反皆有：贊成者認為，男女兩性的性活動差異和其「生殖策略」有關，由於男性會製造大量的精子，所以必須擁有許多的性伴侶，以提高傳宗接代的機率，而女性只提供極少量的卵子，所以她必須慎選一個具備好精子的供應者並與之維持長久的關係，因此，「男人是天生的玩家，女人是天生的管家」；反對者駁斥這樣的主張，認為此種看法幾乎漠視人類社會進化的事實，亦即，男女兩性的性差異受到文化的影響程度，已非單純的生理現象所能解釋。這樣的爭論影響到第二個問題的解說，亦即，撇開社會文化意義的影響純就生物學的立場來看，有人的看法剛好和前述說法相反，主張男女性「同樣好色」、「同樣興致勃勃」，人類是雜交的動物，一夫一妻的婚姻制度是為了「規範性愛的優先順序」和「家業繼承的合法化」才建立的；差別只在於，女性偷情只要善加隱瞞，就至少有「增加資源」和「有備無患」的好處，這是為了生存之必要手段，而男性之偷情主要和「香火」有關，性伴侶越多香火就越旺盛。說起來，人類真是複雜的動物，一方面希望安定，另一方面卻又渴望激情，難怪有人說

80 海倫．費雪（Helen E. Fisher），《愛慾——婚姻、外遇與離婚的自然史》（*Anatomy of Love: A Natural History of Mating, Marriage, and Why We Stray*）（刁筱華譯，臺北：時報文化，1994）；和羅伯特．傑伊．羅素（Robert Jay Rusell），《權力、性和愛的進化——狐猴的遺產》（*The Lemur's Legacy: The Evolution of Power, Sex, and Love*）（林憲正譯，臺北：正中，1995）。兩本書皆引用動物學、進化論、人類學和古生物學的豐富資料，解說人類是如何的操縱社會的進化，特別是在性別差異和性慾對象上，是如何從規範束縛、分工合作、權力分享等等不同的社會行為，經過數千萬年遺傳到我們現在的狀況；作者也進一步提出，建構較好的人際關係和較少破壞性的社會之建議。

道：「人生悲劇有兩種，一種是戀愛失敗，一種是戀愛成功。」

外遇類型種類繁多，例如拈花惹草型、舊情復燃型、日久生情型、報復型等等，還可以細分成身體出軌、心理出軌或身心都已出軌的情形；而男性發生外遇和女性發生外遇的原因也不盡相同，例如權力的展現、證明魅力未失、不服老、尋找刺激、性滿足、報復等等。眞心相愛是幸福婚姻最理想的前提和基礎，但是，戀愛的激情和婚姻關係中柴、米、油、鹽、醬、醋、茶的繁瑣，是有矛盾的，因此維持不易；此外，置身於社會意義之下的男女性，各有其必須扮演的角色和責任，使婚姻生活頻添許多緊張壓力，於是，偷情的行為反顯刺激和浪漫，更有抒解壓力的功能；甚至，許多外遇研究證明，婚外情在未曝光時，偷腥的一方因為歉咎贖罪的心理作用，反而更善待其原來的配偶。一般來說，男性比較容易發生外遇，且也因為社會壓力較小相對就容易曝光，大部分發生婚外情的男性是不會想要離婚的，因為不符「成本效益」，重新再經營一個家和其周邊的一切並不是那麼容易，所以，婚外情在失去新鮮感後平均只能維持二到四年之間；反之，女性外遇引發的責難較多，故常因特別謹慎小心更增添越軌的刺激性而可以維持許多年。

五　家庭暴力

畫家侯俊明的結婚喜帖非常另類，特別摘錄於下[81]：

〈愛恨交加　欲仙欲死　欲罷不能〉

實在不曉得要怎麼開口。公主和王子要結婚了——這個素來被稱為「終身大事」的鬼玩意兒，終竟落在我們身上了。狂喜啊。

任它是相愛或相殘，兩人相處久了，縱然不是什麼天造地設的才子佳人，也會彼此上癮的。當大部分的人都在詛咒它卻又無法悖離它時，即不難瞭解，這玩意是比「毒品」還應該被禁的。

---

[81] 侯俊明的「結婚喜帖」是其敘述與妻分手的文章〈英雄之旅〉中，附帶刊登的手寫喜帖，收錄在《張老師月刊》（臺北：張老師文化，1998 年 12 月號刊物，頁 112），該 12 月號月刊有多篇談「分手」的精彩資料和文章，值得參閱。

婚姻，是上帝對人類最嚴厲的懲罰。想著接下來可能發生的各種振奮人心的事——毆妻、殺夫、虐童、亂倫、外遇……。「家」實在是個精彩的好所在——罪惡的溫床。

這是人間煉獄的大好姻緣，我們就要跳進去了。

為慶祝這生命裡的大抉擇、大墮落，擇凶日敬備喜筵。恭請

闔第光臨

湖口徐女進玲

六腳侯氏俊明　　鞠躬

〈附記：希望您能配合儀式進行，在會場請遇人即說「我愛你」，以示婚姻之邪惡本質。此外請不要給予新人太多的祝福語，諸如「白頭偕老」、「永浴愛河」等等，反人性的政治用語，大伙都尷尬。〉

「家」一向被形容成是最安全、最溫暖的地方，但每天翻開報紙眞的就如畫家筆下冷竣的調侃：毆妻、殺夫、虐童、亂倫、外遇……輪番上演，家的確是個精彩的好所在，是罪惡的溫床。

臺北縣轟動一時的鄧如雯殺夫案、嘉義水上鄉攜子女自焚後仍遭丈夫、小叔踢打焦黑屍體的畫面……，歷歷在目，家庭暴力已不是家務事。「婦女新知基金會」曾列舉家庭暴力的特徵是：

㈠「只打家內人」，妻小是丈夫的附屬品，只爲芝麻小事，也會施暴洩憤。

㈡「只在家裡打」，得以沒有證人而被當作家務事淡化處理。

㈢「爲逞慾而打」，宣洩工作上的挫折或爲了證明自己的優勢地位。

㈣「外表正常」，施暴者沒有心神喪失，也沒有罹患疾病。

㈤「不會停止暴力」，所謂循環暴力的現象就是「爭執→施暴→懺悔→爭執→施暴→懺悔→爭執→……」會不斷地循環下去，不會停止，即使強迫矯正治療，仍有 99% 以上會持續施暴[82]。

1998 年 6 月 24 日總統頒布《家庭暴力防治法》，簡稱《家暴法》，正

---

82 女人完全逃家編輯小組，《女人完全逃家系列㈢——婚姻暴力》，臺北：婦女新知基金會出版部，1997，頁 5 ～ 6。

式實施一週年後，有份民間的調查數據顯示，臺灣地區至少有十四萬六千多名婦女遭受家庭暴力，卻有超過半數的婦女不知道各級地方政府設有「家庭暴力防治中心」，必要時，還可以向法院聲請「保護令」。根據 2015 年 2 月 4 日修正後的《家暴法》第 8 條之規定：「直轄市、縣（市）主管機關應整合所屬警政、教育、衛生、社政、民政、戶政、勞工、新聞等機關、單位業務及人力，設立『家庭暴力防治中心』，並協調司法、移民相關機關，辦理下列事項」[83]：

㈠ 二十四小時電話專線服務。

㈡ 被害人二十四小時緊急救援、協助診療、驗傷、採證及緊急安置。

㈢ 提供或轉介被害人經濟扶助、法律服務、就學服務、住宅輔導，並以階段性、支持性及多元性提供職業訓練與就業服務。

㈣ 提供被害人及其未成年子女短、中、長期庇護安置。

㈤ 提供或轉介被害人、經評估有需要之目睹家庭暴力兒童及少年或家庭成員身心治療、諮商、社會與心理評估及處置。

㈥ 轉介加害人處遇及追蹤輔導。

㈦ 追蹤及管理轉介服務案件。

㈧ 推廣家庭暴力防治教育、訓練及宣導。

㈨ 辦理危險評估，並召開跨機構網絡會議。

㈩ 其他家庭暴力防治有關之事項。

前項中心得與「性侵害防治中心」合併設立，並應配置社會工作、警察、衛生及其他相關專業人員；其組織，由直轄市、縣（市）主管機關定之。

《家暴法》第二章專門討論關於「民事保護令」的部分，民事保護令（以下簡稱保護令）分爲「通常保護令」（有效期間爲二年以下，法院得依當事人或被害人之聲請撤銷、變更或延長，延長之期間爲二年以下）、「暫時保護令」及「緊急保護令」（法院核發暫時保護令或緊急保護令，得不經審理程序，依聲請人到庭或電話陳述家庭暴力之事實，足認被害人有受家庭暴力

83《家庭暴力防治法》全部條文參見「全國法規資料庫」http://law.moj.gov.tw/Scripts/NewsDetail.asp?no=1D0050071。

之急迫危險者，應於四小時內以書面核發緊急保護令，並得以電信傳眞或其他科技設備傳送緊急保護令予警察機關）。法院於審理終結後，認有家庭暴力之事實且有必要者，可依聲請或依職權核發包括下列一款或數款之通常保護令：

㈠ 禁止相對人對於被害人、目睹家庭暴力兒童及少年或其特定家庭成員實施家庭暴力。

㈡ 禁止相對人對於被害人、目睹家庭暴力兒童及少年或其特定家庭成員爲騷擾、接觸、跟蹤、通話、通信或其他非必要之聯絡行爲。

㈢ 命相對人遷出被害人、目睹家庭暴力兒童及少年或其特定家庭成員之住居所；必要時，並得禁止相對人就該不動產爲使用、收益或處分行爲。

㈣ 命相對人遠離下列場所特定距離：被害人、目睹家庭暴力兒童及少年或其特定家庭成員之住居所、學校、工作場所或其他被害人或其特定家庭成員經常出入之特定場所。

㈤ 定汽車、機車及其他個人生活上、職業上或教育上必需品之使用權；必要時，並得命交付之。

㈥ 定暫時對未成年子女權利義務之行使或負擔，由當事人之一方或雙方共同任之、行使或負擔之內容及方法；必要時，並得命交付子女。

㈦ 定相對人對未成年子女會面交往之時間、地點及方式；必要時，並得禁止會面交往。

㈧ 命相對人給付被害人住居所之租金或被害人及其未成年子女之扶養費。

㈨ 命相對人交付被害人或特定家庭成員之醫療、輔導、庇護所或財物損害等費用。

㈩ 命相對人完成加害人處遇計畫。

⑪ 命相對人負擔相當之律師費用。

⑫ 禁止相對人查閱被害人及受其暫時監護之未成年子女戶籍、學籍、所得來源相關資訊。

⑬ 命其他保護被害人、目睹家庭暴力兒童及少年或其特定家庭成員之必要命令。

法院爲第六款、第七款裁定前，應考量未成年子女之最佳利益，必要時並得徵詢未成年子女或社會工作人員之意見。第十款之加害人處遇計畫，法院得逕命相對人接受認知教育輔導、親職教育輔導及其他輔導，並得命相對人接受有無必要施以其他處遇計畫之鑑定。

家暴包括身、心面的暴力，也擴及同居的關係人；家庭暴力的受害者，絕不能忍氣呑聲、姑息養奸，一定要尋求協助，如果一味忍受，將可能爆發更大的衝突傷害而不可收拾[84]。而且，小孩子通常也會成爲施暴的對象，耳濡目染的結果，長大成人之後，女孩依其「習慣」會不自覺地接受一個有暴力傾向的男人結婚，而重演父母的婚姻暴力模式，男孩則可能成爲下一個施暴者。內政部於 2001 年起將原有全國婦幼保護專線整合成爲「113 保護專線」（「113」代表 1 隻電話、1 個窗口，以及家庭暴力、兒童保護、性侵害等三種服務），這是支 24 小時免付費的求助電話，只要撥打「113」電話，專線系統就會將電話轉接到求助者所在位置之當地的「家庭暴力暨性侵害防治中心」，由專業工作人員提供各項線上諮詢服務，如有必要也會立即知會當地警察人員前往處理。

---

84 2007 年 8 月 12 日《中國時報》報導「惡夫刺青虐妻」駭人聽聞：「嘉義縣 29 歲男子以刺青工具，在妻子魏女之後背、前胸、私處等部位，刺上『賤女人』、『臭雞 x』、『也是一個很會說謊的臭雞 x』等詞之刺青，使魏女全身皮膚，受有重大而難治之傷害。……因李宗政的妻子魏女並未提出告訴，法官遂判決公訴不受理，一審僅依槍擊岳父、妨害自由、違反槍砲彈藥管制條例等罪名，判處有期徒刑十二年，併科罰金臺幣十五萬元。……臺南高分院後將原審判決撤銷，合併李宗政應執行有期徒刑十七年，併科罰金臺幣十五萬元」；當天同一版面還有另一則讓人怵目驚心的報導「家暴犯哭求復合」：「彰化 33 歲的婦人『小佩』，遭老公長期凌虐，傷痕累累、慘不忍睹，……小佩身上到處都是衣服鐵架勾出來的傷口，背部從上到下青一塊紫一塊，腿部、手臂也是大面積淤青，旁邊的人想要幫她擦藥，都不知道該從何擦起，更令人聽了覺得不忍的是，小佩到醫院驗傷才知道她已經被丈夫打到聽力受損，……她指控丈夫把她拖到廁所，逼迫她吃下使用過的衛生紙，可惡的是，婦人的丈夫毆打她之後，又傳簡訊苦苦哀求原諒，但婦人已經忍不了，向警方報案，申請保護。」前一個案例生有二子，後一個案例竟能忍受六年婚姻育有三個孩子。

家庭裡潛藏的另一項邪惡因子就是「亂倫」的行為，父女、母子、兄弟姊妹……，加害者與受害者之間有血親或姻親關係的性行為，都算是亂倫。亂倫事件中的父執輩（生父、繼父、養父或祖父），大都是有酒癮或性需求異常者，而母親通常在家沒有地位、關係疏離，以至於女兒被迫權充母親的角色；如果是母親與兒子的亂倫，母親通常較為強勢、自戀，父親地位沒有價值，軟弱或疏於關心；至於兄弟姊妹之間的亂倫，大都發生在父母疏於照顧的家庭，使得因為好奇而發生性關係，或遇到有暴力傾向的兄弟而被強暴，甚至也有淪為親友洩慾工具的情況。

「亂倫何以成為一種禁忌？」如此提問並非就是要肯定亂倫的正當性，反而是藉以釐清我們對習以為常的道德禁令的重新確認。亂倫成為禁忌的理由主要有四點：

㈠ 在遺傳學上：近親繁衍易因單一病毒即遭滅種。

㈡ 在人類學上：

1. 家族以女性作為擴大結盟的工具，而禁止與族人結婚。

2. 為避免如父、女之婚生子的稱謂問題之困擾，且維護家族倫理秩序，故訂立規範禁止之。

㈢ 在社會學上：亂倫常是擁有權勢者，對天真無邪、無以自保者施壓剝削的結果，這種暴力加諸的傷害，理當受到制裁。

㈣ 在心理學上：亂倫禁忌是心理學的自然進化，觀諸猿猴類動物，亦對家人「性」趣缺缺，此即，相處日久即失去性吸引力的現象。

就以第㈢項而言，亂倫即是一種家庭暴力傷害，那對於被害者而言，將是一輩子揮之不去的可怕夢魘，當然必須受到譴責。

參 幸福的條件

一 離婚的影響

人生若是一場學習的過程，婚姻則是學習和一個人相愛到老的功課。現代婚姻越來越無法依賴法律規範或社會壓力來維繫，從一開始，婚姻生活就容易因為彼此理想的落差、家族相處的困難[85]、財務的爭執等等而產生婚姻危機，使得婚姻的頭一、二年感情最不穩定也最易仳離，日後彼此人格發展的差異，人生際遇的變化，都會使婚姻面臨解散的考驗。所以，學習控制衝動、聆聽對方的需求、用心經營兩人的生活，才有可能擁有當初的誓約：「恆久的相愛」。不過，有些婚姻關係眞可用「食之無味棄之可惜」，甚至「相互折磨」來形容，加上彼此若已無心經營時，分道揚鑣雖然消極，也未必不是彼此解脫的方式。根據資料統計，在臺灣經由法官裁判「判決離婚」或按民法「協議離婚」的原因主要有：「惡意遺棄」、「不堪同居之虐待」、「意圖暴力殺害對方」、「重婚者」、「通姦者」、「被處徒刑者」、「有不治之疾病者」、「生死不明已達三年者」……，其中以前兩項所占比例最多。

離婚對男女雙方而言都可說是受害者，鮮少有完全勝利的一方，而且婚齡越久離婚的衝擊越大，當事人大都會有空虛孤單、挫折感、罪惡感、自尊受損、仇恨相關的人、拒絕他人幫助等負面的情緒出現。離婚意味著多年來共同努力的成果必須分割或放棄，生活意義必須重新規劃定義，社交人群也面臨解構重建的命運等等，這種身心混亂必須費時費心調整的情形，可能要經歷至少二、三年甚至更久的時間療傷止痛，才能眞正接受事實再站起來。若有子女，離婚的後續問題更加棘手，尤其在子女尚年幼時的離婚，容易因為失去對父、母親的認同機會以及家庭的溫暖，而出現反社會行為、憤世嫉俗的現象。許多相關研究顯示，父母離婚的家庭之子女，在「自我」方面，比較傾向負面評價，自貶、感覺自己無能、沒有價值；在「人格」方面，出現較多的攻擊行為，易怒、焦慮、破壞、霸道……，犯罪比率偏高；在「學業」方面，學習較不專心，學科成績下降。

---

85 中國人的孝道思想在王文興的暢銷名著《家變》（臺北：洪範，1973）當中，有相當深刻感人的描繪，作品問世已有幾十年，至今讀來依然沁人心肺；而胡幼慧的學術著作《三代同堂——迷思與陷阱》（臺北：巨流圖書，1995），以研究批判的角度闡述「三代同堂」的「七大陷阱」，和中國家庭獨特的「婆媳之爭」，對於經由婚姻關係所建構的倫理道德規範，有相當深入的分析、探討。

結婚需要愼重，離婚更非同兒戲，很多的決定並非好或壞的二分法，而是「兩害相權取其輕」。

二 穩定的婚約

穩定的婚姻關係至少應該具備同質性、互補性和開放性三項條件：

(一)同質性

首先就同質性而言，伴侶間年齡、教育程度、家庭背景、社會地位、宗教信仰、價值觀念上的相似，可使兩人的相處減少磨擦與衝突，彼此做事的態度、使用的語言、人生的信念較易溝通，也比較能達成共識，加上與自己條件相當的人成婚，社會壓力較少，自然也較感舒適自在，傳統所說的「門當戶對」其意義在此。

這裡要特別注意的是，大部分的人在成長的過程中，已經逐漸形成自己心目中的「白雪公主」或「白馬王子」，這類理想對象的形塑，有時是受父母教養的影響，有時是自己習慣相處的對象。例如：一個與弟弟或年輕男孩相處十分融洽的女孩，可能較易選擇比她年紀小的人爲伴侶；一個與年長女孩一直都有不錯的交往經驗的男孩，也比較傾向於娶大姊型的女孩爲妻。這透露出，若從小家中出入皆是斯文型的人，或是草莽型的人，自然會影響長大後與不同類型的人處不處得來的觀感；確切一點地說，如果家庭中父親是暴力型的，女兒基於相處上的習慣，容易嫁給一位有暴力傾向的先生，兒子也易認爲打女人不是什麼過錯，如果父親本人以及來往之人大都溫文有禮，兒女比較認同客客氣氣的夫妻生活。有些人的婚姻，常常是父母模式的再現，原因即在於生活習慣影響了個人的價值觀，如欲建立一個高品質的婚姻生活，對從小形成的一些既定觀念的重新省思，是十分必要的。

(二)互補性

其次從互補性來看，愛情常從對方是「獨一無二」的感動開始萌芽，進而爲對方的某些人格特質深深吸引。例如崇拜有藝術成就表現的人，會因爲自己能力的侷促有限，轉而去追求在這方面的佼佼者，以彌補自己的不足；

認同勤勞節儉的美德，但自己卻邋遢浪費的人，會特別欣賞平日就整整齊齊、乾淨勤快、用錢節制的人。這就是俗話說的「一個蘿蔔一個坑」的夫妻互補性質，但是起初的吸引力卻常成爲後來雙方衝突的主因，因爲沒有在自我身上培養那份「吸引」的特質，反而在另一半身上尋求滿足，將導致兩人的差距越來越大，終至引發抱怨衝突。例如一個藝術造詣越來越高，一個越來越疏淺；邋遢浪費的越變本加厲，勤快節儉的越鑽牛角尖。所以，互補性雖是婚姻的主要性質之一，但互補的空隙不能太大以致格格不入，互補是補不足而非補欠缺，個人應力求自身的獨立自足，而非永遠依附對方存在。

㈢開放性

最後就開放性而言，很多夫妻都有想要影響、改變對方的雄心壯志，這使得婚姻成爲一場權力的競技，彼此爲控制優勢的取得奮鬥不懈。例如有很多女人會埋怨先生沒有婚前的溫柔體貼，這有時是女人對控制優勢逐漸失去的惆悵表示，有時是顯示男人已取得主控權的疏忽漠視，不過大多時候，如果我們能夠瞭解不穩定和穩定的關係之間，當然會有對待上的差別，相信這樣的體諒加上刻意的關懷，還是可以維持一份不同於以往的親密情感。事實上，現代婚姻的持久性已日漸降低，保留適當的彈性，給彼此一個開放空間，反而可以增加夫妻間的親密程度。尊重對方的隱私、興趣，培養自己成熟獨立的人格，我們可以努力實現理想中的我，也讓對方有成爲他自己所想要的樣子之機會，亦即，我們可以和另一個非我的個體保持親密的情感，而無須力圖重塑、改變、說服、糾正對方，將對方扭塑成另一個我。同時，擴展自己的生活圈子，不侷限於家庭生活，建立人際網絡，參與社區活動，讓自己的生活活潑豐富起來，這些對以家庭爲生活中心的女人而言尤其重要。

心理學家佛洛姆（Erich Fromm, 1900 ～ 1980）認爲愛是主動的過程，而不是被動的過程，「病人抱怨寂寞、不被愛、不討人喜歡，可是豐富的治療總是探討相反的範疇：他們沒有愛的能力。」[86] 除了給予，愛還有其他的

---

86 Irvin D. Yalom，《存在心理治療（上）（下）》（*Existential Psychotherapy*），易之新譯，臺北：張老師文化，2004，頁 506。

基本元素：關懷、反應、尊重和知識，因此，成熟、無所求的關係有下列幾個特徵[87]：

㈠ 喜歡另一個人的意思是以無私的方式建立關係：放下自我。

㈡ 喜歡另一個人的意思是盡可能澈底瞭解、經歷對方。

㈢ 喜歡另一個人的意思是關懷對方的存有與成長。

㈣ 愛心是主動的，成熟之愛是愛人，而不是被愛，充滿愛心地爲他人付出，而不是「迷戀」他人。

㈤ 愛是人在世上的存有方式，並不是與某個特別的人之間獨占、逃避世界的奇妙連結。

㈥ 成熟的愛會從人的豐富流出，而不是來自人的貧瘠；是出於成長，而不是需求。愛並不是因爲人需要他人才能存在、變得完整、逃避可怕的寂寞。……過去的愛是力量的來源；現在的愛是力量的結果。

㈦ 愛是相互的，人眞的「轉向他人」時就會改變，當能把對方帶進生命時，自己也會變得更充滿生機。

㈧ 成熟的愛並不是沒有回報，人會改變、變得豐富、實現自我、存在孤獨會減輕。透過關愛，自己也得到照顧。可是這些回報來自眞誠的關愛，並不是刻意去做。借用法蘭克的說法：回報是自然產生，無法追逐而得。

每一段愛情都會從絢爛歸於平淡，愛情轉爲親情愛人成了家人，從欣賞喜歡到熱戀相愛，最後變成了習慣，但，有多少人能習慣這種習慣？蘇格拉底說：「結婚或不結婚你都會後悔」，所以「吃碗內看碗外」是人之天性，但能克服此一天性，愛惜身邊曾同甘共苦又予以承諾的伴侶，這才是人可貴的地方。根據許多社會學家研究的結果顯示，幸福美滿的婚姻通常具有如下六點特徵：

㈠ 彼此眞誠相愛而結婚。

㈡ 雙方共同理財不負債。

---

87 Irvin D. Yalom，《存在心理治療（上）（下）》（*Existential Psychotherapy*），頁 508。

㈢ 夫妻一起分擔家務事。

㈣ 親密美好的性愛生活。

㈤ 教育孩子的立場一致。

㈥ 共享興趣和休閒時光。

值得一提的是，現代人越來越注重婚姻中性的和諧關係，但是如果性關係有如上述，在社會層面上對男性的縱容，在生物本能上男女的先天差異，那麼，強調身體的從一而終，顯然在婚姻中就必須處處謹慎預防對方的出軌。有人認爲，在這方面何不網開一面，打開一扇窗，以利婚姻的通風，而不是一旦發現外遇戀情，就走出婚姻的大門，只是這種觀念應該是男女適用的。換個角度來看，強調心靈上的相愛不渝，或許較有意義也較能節制身體出軌的衝動，況且社會上有很多離婚的案例，並非肇因於任何一方的出軌行爲，而是兩人已無法繼續相處的事實。因此，婚姻美滿幸福的指數，和夫妻之間的溝通、互動情形最是密切相關，通常雙方彼此關心、互相諒解的程度越高指數就越高，反而和收入多少、住宅大小較無關聯。而情慾問題雖然在婚姻中占有十分重要的地位，但兩人性情相投、生活上相扶持，彼此體貼、尊重對方，這種情投意合的相愛，即使清淡如水，仍有它的甘甜美味，就像日落黃昏時老夫老妻攜手散步的情景，不是乾柴烈火似的激情象徵，卻有如冬日暖陽的溫馨。刻骨銘心的相愛應該不是情慾的豐富變化，而是人心自私的克服、自我的成長，以及不求報償的犧牲奉獻，這是終極一生都要學習的功課，婚姻更是必須以此來用心經營。

萬一兩人的婚姻無法持續到老，就像談一次戀愛就成功的人其實也不多一樣，「永浴愛河」、「白首偕老」因爲並不容易才特別挑起人們的嚮往與祝福。這個時候，外遇也好、相處不來也罷，忍氣吞聲，或吵吵鬧鬧、同歸於盡，都不可能讓彼此過得更好；與其相互折磨，何不構思較有建設性的做法。結束婚姻關係各奔前程，或繼續留下來奮鬥，這是見仁見智，沒有一定的答案，每一個人都各有其不同的條件和處事態度，打破僵局常要付出一定的代價，有人承擔得起，有人卻沒有勇氣接受，但不管如何，當雙方的感情已滯泥不前時，適當的改變，勇敢的承擔，才有可能突破困境。而這絕非是哭泣吵鬧就可殺出一片天地的，如何化耐力爲魅力，是需要冷靜的頭腦和生活的智慧，一個眞正會愛自己的人，應該也會懂得如何成全別人的。

三 階段性危機

人生的難關層出不窮，既然決定結爲夫妻，就要有攜手共同面臨危機的心理準備，以下有幾個主要的家庭危機提供參考：

(一)上學危機

小孩在成長的過程中，不但要學習認識自己，也要學習與人相處。孩子一出生就有自己的主張（例如餵食時的扭頭拒絕），我們若希望孩子聽話、尊重別人，我們也要先學會聆聽他們的語言。不過，現代家庭因爲孩子少，父母常有過度保護、縱容、溺愛的傾向，使孩子們反而比較會堅持己見，而欠缺與人和睦相處的忍讓訓練。開始上學後，團隊相處分散在家中獨占的注意力，孩子更容易有不安全和缺乏被尊重的感覺，所以，焦慮和委屈也常會接踵而至。

這時父母耐心傾聽、接納孩子的聲音，是相當重要的，在談論和訴說的過程中，孩子緊繃的情緒就會獲得釋放。通常回家後會主動提起小玩伴的姓名、校園發生的事件，而不是頻頻告狀、數落別人不是的小孩，人格發展比較正常；父母予以適當的疏導後，可以進一步培養孩子的紀律感，學習自主，爲自己行爲負責的責任感，例如：每天固定時間做完功課後，才能自由遊戲，玩完玩具約定收好才能吃飯等等。要讓孩子成爲什麼樣的人，父母的身教效果是勝過所有口頭訓誡的，孩子的行爲、價值觀，經常就是父母的縮影。

(二)青春期危機

青春期的特徵是充滿理想，容易有不切實際的行爲。有些青少年因爲不滿現實生活，容易透過「偶像崇拜」的投射心理，或以吸食強力膠、安非他命，「產生幻象」的自我麻痺方式，從中尋求滿足。青少年常希望自己被視爲是特殊的人物，具有不可替代性，但又經常不知道自己到底想做什麼，或能做什麼，這是一種認同的危機。例如：在《少年阿默的祕密日記》一書中，阿默的困擾就是，「全家沒有人知道我是知識分子、是未來的偉大詩人」；阿默的父母有次談話不小心提到「我們還要冒險生像阿默這樣的孩子嗎？」讓阿默相當挫折；阿默在「看完《動物農莊》後，決定杯葛豬排」[88]，阿默的故事在輕鬆幽默的筆觸下，道盡青年人的無名焦慮。

不滿現實、喜歡批評、唱反調的叛逆性格，只要自由不要責任，對抗權威，想要突破卻不知要突破什麼，十分在意自己的隱私不想被干涉等等，都是青少年心情的最佳寫照。除此之外，此時最常發生的危機，莫過於是被「情」、「性」所困的兒女私情了。關於性，坊間隨處可見的性學報告書，已經使這一代的年輕人，不必暗中摸索似是而非的性知識；至於愛情，除了可遇不可求外，它是有一些必備條件的[89]。例如：

1. 話題談得來（談戀愛）。
2. 興趣可分享（親密知音）。
3. 施與受的平等（有參與感）。
4. 互補性的支持（彼此需要）。

---

88 英國政治諷刺作家歐威爾（George Orwell, 1903 ～ 1950）的《動物農莊》（*Animal Farm*，孔繁雲譯，臺北：志文，1983），敘述為了建立動物的樂園，豬起義帶頭趕走農莊主人，革命成功後，豬群卻學起人類用兩條腿走路，成為新的獨裁統治者，對政治人物的冷嘲熱諷，令人不覺莞爾。湯蓀（Sue Townsend），《少年阿默的祕密日記》，薛興國譯，臺北：聯合文學，1989，也是一本值得推介的好書。

89 若還沒能遇到真愛，不妨多多閱讀經典言情小說，有道是「書中自有顏如玉與美嬌娘」。對一本小說創作的感動與否，經常和人生閱歷的印證有關。隨著作者鋪陳安排的情節、生花妙筆的婉轉敘述，彷彿撩撥起平時難以言傳的生活感觸、經驗細節、想像空間……，感動因為逼顯內心之真實，精彩語句畫線折角，寫上註腳眉批，也是讀者的自我創作。斜倚沙發、床榻，展讀精彩名作，與書中人物談戀愛，更是快意。有幾本，建議試試：米蘭．昆德拉（Milan Kundera），《生命中不能承受之輕》（*Nesnesitelná Lehkost Bytí*，韓少功、韓剛譯，臺北：時報文化，1995）、村上春樹（Haruki Murakami），《挪威的森林》（*Noruwei No Mori*，賴明珠譯，臺北：可筑書房，1992）、瑪莉蓮．賽門斯（Merilyn Simonds），《獄中情人》（*The Convict Lover*，林劭貞譯，臺北：高寶國際，1998）。

5. 相互肯定信賴（有安全感）。

在臺灣，青少年還有一項決定將來活得快不快樂的關鍵，就是「有沒有考上理想的大學」。幸好現在升學管道已經逐漸多元化，年輕孩子可以選擇先工作再進修，或一路升學拿文憑再就業。如果能進入大學或專科學校，很多人都建議，剛入學的新生，有四個必修的學分不能錯過：

1. 學問——大學是精英教育，要奠定好專業的根基。

2. 愛情——越年輕時談的愛情越沒有現實考量就越純眞。

3. 社團——從團體活動中培養領導能力，校園內的錯誤較可以被原諒。

4. 打工、實習——理論與實務的整合，瞭解時代脈動。

如果即將踏出校門，在此也以這四個必修學分，引用一些名人之言做個延伸：

1.「完全沒有缺乏的人，也不可能再有更多的快樂了」（三毛）。所以，應該有終身學習的觀念，樂在工作也樂在學習，訓練、培養自己的思考判斷能力，越老越有智慧。

2.「人生最大的悲哀不是失戀，而是沒有眞正愛過一個人」（白先勇）。付出一些時間、流幾滴淚、受一點傷，是想要有刻骨銘心的愛情必須付出的代價，「愛」常是越濃越苦，不怕苦，才能享受愛的甜蜜滋味。

3.「一個人要說得盡興，必須有另一個人聽得入神。善言，能贏得聽眾，善聽，才贏得朋友」（余光中）。懂得聆聽，才會成爲成功的領導者。

4.「不懂世情，叫人覺得危險；太懂世情了，又叫人覺得淒涼」（蔡美麗）。不一定是宗教信徒，但能常保一顆虔誠感恩的心（聖）；不一定要成爲哲學家，但要懂得時時自我反省（眞）；不一定是藝術家，但有鑑識欣賞的能力（美）；不一定功成名就，但懂得造福人群（善）。

㈢新婚危機

男女自古以來就彼此需要，但生活在一起卻又有極大的困難。結婚長期同處，有點像賭博，押錯了寶，可能要賠上下半輩子的幸福。通常新婚夫妻最容易遭遇的危機是：

1. 理想的落差

就像張愛玲的《紅玫瑰與白玫瑰》裡說的，紅玫瑰與白玫瑰結了婚以後分別成了「蚊子血」與「飯黏子」。

2. 相處的困難

相愛容易相處難，沙粒雖小，但揉進眼睛裡就是不舒服，有公婆、姑叔、妯娌在，更容易產生群我關係失調。

3. 財務的爭執

經濟問題很難協調，夫妻財產「分治」顯得生疏，「共有」在開銷上易起紛爭，「私房錢」又似乎是對彼此忠誠度的考驗[90]。

90《民法》親屬編「夫妻財產制」修正案已由立法院於 2002 年 6 月 4 日完成三讀，主要內容如下：

(1) 夫妻財產制有三種：法定財產制、約定財產制（共同財產制及分別財產制）。

(2) 夫妻得於婚前或婚後，以契約約定選用共同財產制或分別財產制，並向法院登記，如未約定則採用法定財產制。

(3) 法定財產制的種類區分為婚前財產與婚後財產，不動產可以登記之時點認定，動產則以取得時間認定，如不能證明為婚前財產或婚後財產時，法律先推定為婚後財產；不能證明為夫所有或妻所有時，例如家中電視機沒有發票或任何支出證明時，法律先推定為夫妻共有，如有反證時可以推翻之。又婚前財產在婚後所生之孳息，應算入婚後財產，例如婚前擁有之股票於婚後產生之紅利，納入婚後財產範圍。

(4) 婚前財產與婚後財產之區別實益：婚後財產於法定財產制關係消滅時，應為剩餘財產之分配，由夫妻各得二分之一，但如果平分結果對配偶之一方不利時，得請求法院調整或免除。例如夫妻之一方好吃懶做，靠另一方努力辛苦養家，因對家庭無貢獻，所以其剩餘財產分配請求權法院可以調整或免除，以維公平。

(5) 不論婚前或婚後財產，所有權由夫妻分別所有，各自管理、使用、收益（例如出租）及處分（例如變賣）。如有負債，亦各自負清償責任。

參見「權平法律資訊網」http://www.cyberlawyer.com.tw/alan3-1201.html。

夫妻如果能夠度過新婚時期的危機，接下來可能要面對的是懷孕生子的危機。周遭人有意無意的投以「生不生得出來」的懷疑眼光，常考驗著女人對事業的執著程度，過分投注在事業上，可能會賠上不孕的代價或高齡產婦的危險，如果確定懷孕，則：

1. 未知的恐懼

孩子健不健康、性別無法控制。

2. 外貌的改變

女性逐漸臃腫的體態，生產過後妊娠紋、靜脈曲張、胸部下墜等後遺症。

3. 夫妻的緊張

夫妻之間面對新生命的來臨，會有不同的感受和期待，學習聆聽→接受→回應彼此的感覺，調整夫妻關係是十分重要的。

家是神聖的，夫妻對家庭經濟應有妥善的安排，對於生養小孩應有仔細的計畫，共同創造一個屬於自己家庭特有的文化儀式，學習尊重個人的隱私權，給彼此獨立的時空，充實自我同時也保持身體的健康。

人在不同的階段會有不同的情感需求，所以婚禮上的誓詞「白首偕老、永浴愛河」是相當不容易的一門功課。而現代社會急遽變遷的腳步，使得夫妻角色發生變化，彼此關係自由許多，外遇問題頻傳，破碎家庭跟著增加。婚姻諮詢專家對這類事件提出的忠告是：

1. 要隨時隨地調整自己人生的信念，千萬不要停滯不前、終止學習。

2. 要不斷擴展「愛」的能量，愛自己，愛家人，也要能發自眞誠地愛他人。

3. 學習尊重他人，給予他人自由的空間，也同時給予自己喘息的機會。

㈣中年危機

在人生的青、中年階段，人們常會疑慮自己眞正要做什麼，對自己的能力產生懷疑；成家之後，會有經濟壓力過重的問題出現；有時，待人處事拿捏不準，又易造成人際關係惡劣的困擾；如果家庭、事業一帆風順，有些人會不滿現狀，想要實現更高的人生理想，有些則安逸過久，反而無法適應社會價值觀念的轉換。

這些危機逐漸克服後，人到中年，築夢奮鬥大致都告一段落，男人往往「七子登科」，妻子、房子、車子、金子、孩子，加上肚子、禿子通通都有了，卻感覺自己彷彿是設定了職業階梯在消磨有限的人生，雖然步步高升願望達成，卻仍有「做無聊之事以過有涯之人生」的不安。女人犧牲青春歲月，全心全力拉拔孩子長大成人，這時也正是孩子們羽翼豐滿，正待展翅高飛的時候，女人心裡的失落感，加上更年期的身體不適，都是大部分男女一到中年皆會面臨的「中年危機」。

中年危機的症候群是：

1. 子女長大離家，女性感覺不再被需要，男性不再有旺盛的創造力。

2. 女性更年期來臨造成的生理變化影響心理層面，男性增加啤酒肚，體力、外表的老化，失去聚焦作用，衍生自卑心態[91]。

3. 懷疑性很高、缺乏安全感，容易氣憤、發怒，情緒不穩定。

對症藥方琳瑯滿目，大致可歸納如下：

1. 如果美容手術、運動健身，都無法挽回青春，就接受自己臉上的皺紋和身上的贅肉吧！身體健康，培養成熟、知性之美，才是上策。

2. 如果財力足夠，可以提升生活品質，享受比較高貴、深層、精緻的文化生活，創造適意、寬廣、有趣味的人生。

---

91 女性更年期大家都知道，其實男性也有更年期：「臨床上顯示，男性進入更年期，如果性賀爾蒙過低，出現的症狀有：倦怠、無力、虛脫、沮喪、無助、陽痿、肌肉酸痛、關節僵硬及全身不適，另外還有心絞痛及心臟冠狀動脈的疾病。表現在行為上是：喪失積極的態度、對工作不起勁，……還有一種類型的男性，會因為壓力過大，而造成酗酒、抽菸、缺乏運動及體重過重等問題。」（書田泌尿科診所黃榮堯主任 www.3net.com.tw）

3. 如果覺得人生沒有意義，就嘗試去當社會志工[92]，與人建立非功利性的友誼，不計酬勞地貢獻自己。可把「服務、犧牲、奉獻」的名言放在書桌前、刻在牆壁上，或紋在手臂上。

㈤老年危機（死亡危機）

年紀一大，「力不從心」這句話並不能準確地描述出，由無用感所產生的極爲敏感的自卑和消極心態。尤其是失去職業舞臺的男人，一旦回到一向爲女人所專擅的家庭時，更易顯得意志消沉。君不見在公園裡蹓躂徘徊不回家或者在安養院裡的老年人，都以老男人居多嗎？男人似乎從年輕到老都在

---

92 註表 -1 2012 年（全）社會福利類志工年齡及性別分配 單位：人

年齡 / 性別	男	女	合計
未滿 12 歲	326	368	694
12 歲 -17 歲	8,992	8,944	17,936
18 歲 -29 歲	8,505	13,252	21,757
30 歲 -49 歲	12,789	31,077	43,866
50 歲 -54 歲	9,084	21,732	30,816
55 歲 -64 歲	11,298	30,855	42,153
65 歲以上	9,251	16,481	25,732
合計	60,245	122,709	182,954

資料來源：衛生福利部志願服務資訊網。

註表 -2 2012 年（全）社會福利類志工學歷及性別分配 單位：人

學歷 / 性別	男	女	合計
研究所	2,418	2,815	5,233
大專	18,850	33,695	52,545
高中（職）	24,247	48,032	72,279
國中及以下	14,730	38,167	52,897
合計	60,245	122,709	182,954

資料來源：衛生福利部志願服務資訊網。

逃家，只是理由不同罷了。老年人的心態是：

1. 需要依賴別人，卻又不想依賴、不服輸的矛盾心理。

2. 自憐、自艾又不甘願，不自覺地攻擊他人以保護自己。

3. 有接近死亡的恐懼感，和深度的寂寞感。

作家張曉風對於老年心態，曾有令人莞爾的精彩描述：

「早上，看見風和日麗，
穿了T恤短褲拿著球拍就走出門去的，是年輕人。
早上，看見風和日麗，
想了想，又多帶了件外套的，是中年人。
早上，看見風和日麗，
想了又想，終於覺得還是帶把傘比較妥當的，是老年人。」

家裡有老年人的子女，應注意自己回應的態度，儘量給予足夠的安全感與溫暖，買禮物、給零用金、定期探望，不可忽視，並且記得不要吝於表現出肯定、讚許的支持眼光，尊重和鼓勵老人家多運動、多旅遊，擁有正常的社交生活。

至於老人自己，除了要主動提升自己的生活品質外，也應開始認眞考慮死亡的問題。面對死亡的心理過程十分不容易，庫伯羅斯（Elisabeth Kubler-

---

註表-3　2012年（全）社會福利類志工職業及性別分配　　單位：人

職業／性別	男	女	合計
工商界人士	17,478	21,308	38,786
公教人員	6,326	8,619	14,945
退休人員	10,886	13,109	23,995
家庭管理	1,869	46,031	47,900
學生	15,197	17,487	32,684
其他	8,489	16,155	24,644
合計	60,245	122,709	182,954

資料來源：衛生福利部志願服務資訊網。

Ross, 1926～2004）曾經提出「臨終五階段」說：

1. 否定（denial and isolation）—「不！不可能是眞的！」「不要告知家人！」

2. 憤怒（anger）—「爲什麼是我？」

3. 討價還價（bargaining）—「對，是我，但……」「請再給我一些時日，我將……」。

4. 沮喪（depression）—「有什麼用呢？」

5. 坦然接受（acceptance）—「我再也無法抵抗了……」。

並不是每一個人都會到達「坦然接受」的階段，所以平常多涉獵臨終的知識，或參與宗教活動，勇敢、積極面對，是有必要的；此外，有幾件事必須事先安排：

1. 提早處理自己的財務，避免日後的紛爭。

2. 表明遺體的處理方式，例如器官捐贈、火化土埋等等。

3. 立好遺囑，交代未竟之事，請子孫代理[93]。

肆 婚姻的契約

關於結婚的基本條件、夫妻間的權利義務關係，我國《民法》皆有明文規定，例如：「男未滿十八歲者，女未滿十六歲者，不得

93「遺囑」有下列幾種（詳見《民法》）：

(1) 自書遺囑——由立遺囑人親自簽名、書寫，不須見證人或公證人。

(2) 公證遺囑——由公證人、見證人及遺囑人共同簽名。

(3) 密封遺囑——應遺囑簽名、封縫處簽名；原則遺囑人自寫，例外非本人自寫，陳述繕寫人之姓名住所由公證人、遺囑人、見證人同行簽名；見證人二人以上；須公證人。

(4) 代筆遺囑——由遺囑人口述遺囑意旨使見證人中一人筆記宣讀講解，須經遺囑人認可；見證人數三人以上；不須公證人。原則遺囑人同見證人全體簽名。

(5) 口授遺囑——遺囑人口授由見證人一人將其意旨作成筆錄或將其口授遺囑內容錄音；見證人二人以上；不須公證人。應遺囑人與見證人同行簽名。

結婚。」（第 980 條）；夫妻間以不冠姓爲原則，「夫妻各保有其本姓。但得書面約定以其本姓冠以配偶之姓，並向户政機關登記。冠姓之一方得隨時回復其本姓。但於同一婚姻關係存續中以一次爲限。」（第 1000 條）；關於夫妻的住所是由雙方共同協議，「未爲協議或協議不成時，得聲請法院定之。法院爲前項裁定前，以夫妻共同户籍地推定爲其住所。」（第 1002 條）；夫妻財產制的部分，不論訂定、變更或廢止，都必須以書面爲之，「夫妻未以契約訂立夫妻財產制者，除本法另有規定外，以法定財產制，爲其夫妻財產制。」（第 1005 條），所謂的法定財產制，簡單說明是指「夫或妻之財產分爲婚前財產與婚後財產，由夫妻各自所有。不能證明爲婚前或婚後財產者，推定爲婚後財產；不能證明爲夫或妻所有之財產，推定爲夫妻共有。夫或妻婚前財產，於婚姻關係存續中所生之孳息，視爲婚後財產。」（第 1017 條）；即使是日常家務事《民法》亦有規範「夫妻於日常家務，互爲代理人。」（第 1003 條），家庭生活費用的分擔「除法律或契約另有約定外，由夫妻各依其經濟能力、家事勞動或其他情事分擔之。因前項費用所生之債務，由夫妻負連帶責任。」（第 1003-1 條）。

民間團體「現代婦女基金會」因應性別平權的理念與落實《民法》的精神，提倡結婚前訂定「婚姻契約」的觀念已有多年，這雖然是從法律的角度出發，提供給即將步入禮堂的新人或有意結婚者參考，但契約內容仍必須以「不違反公共秩序善良風俗」的前提才具有法律效力。例如：在契約中如果約定雙方若有一方外遇就必須無條件離婚，或是離婚後的財產分配、贍養費與子女監護權等超越法律的規範，則是無效的。所以，在我國《民法》皆有詳盡規定下是否仍需要簽訂婚姻契約，乃是見仁見智，有些人可能認爲太現實、太計較，反而破壞一起同甘共苦的美好期待。總之，婚姻契約是希望婚前講清楚、寫明白，避免日後爭執無所依據，但這當然並非幸福的保證書。底下是現代婦女基金會提供的「婚姻契約」範本，供未來佳偶參考。

婚 姻 契 約

立約人＿＿＿＿＿（甲方）、＿＿＿＿＿（乙方）情投意合，締結良緣，茲為保障婚姻生活幸福美滿，本於理性溝通協調，經慎重考量，互為下列約定：

一、夫妻冠姓

立約人同意婚後 □保有本姓 □夫冠以妻之姓 □妻冠以夫之姓

二、夫妻住所

立約人同意婚後之夫妻住所地為＿＿＿＿＿＿＿＿＿＿＿＿＿＿＿＿＿＿，如日後有變更住所之必要時，雙方願本於平等原則，另行協議。

三、夫妻財產制

立約人同意婚後之夫妻財產制為：

□法定財產制，由夫妻各自管理、使用、收益、處分自己名下財產；於法定財產制消滅時，有夫妻剩餘財產分配請求權。

□約定財產制：

□分別財產制，結人不結財。

□一般共同財產制、財產管理權由＿＿＿＿＿任之。

□所得共同財產制、財產管理權由＿＿＿＿＿任之。

立約人並同意於婚後就約定財產制前往管轄法院登記處辦理登記，非經登記不得對抗善意第三人。

四、家務分工

夫分工項目＿＿＿＿＿＿＿＿＿＿，妻分工項目＿＿＿＿＿＿＿＿＿＿。

（一）採買日常用品（二）煮飯（三）洗碗（四）倒垃圾（五）清潔、整理家務（六）房屋之修繕（七）餵乳（八）換尿布（九）接送子女上下學（十）寵物飼養（十一）其他＿＿＿＿＿＿＿＿＿＿＿＿＿＿＿＿＿＿＿＿＿＿。

以上未有約定者，立約人雙方同意共同分工並互相協助。

五、家庭生活費

立約人同意婚後因日常生活中食、衣、住、行、育、樂、醫療、保險所生費用及子女扶養費由：

□夫負擔全部 □妻負擔全部 □夫妻雙方各分擔二分之一。

□夫妻雙方依經濟能力及家事勞務狀況比例分擔，夫負擔＿＿，妻負擔＿＿。

□其他：　　　　　　　　　　　　　　　　　　　　　　。

前開款項應於每月五日前直接匯入＿＿＿＿＿＿銀行，帳號＿＿＿＿＿＿＿，戶名＿＿＿＿＿＿。

每月每人之家庭費用不得低於當地平均國民消費支出或新臺幣＿＿＿＿＿元（每年按物價指數調整）。如因任一方婚後經濟狀況顯著變更者，得另行協議。

六、自由處分金（零用金）

立約人同意婚後除前開家庭生活費外，由：

□夫每月提供新臺幣＿＿＿＿＿＿元供妻自由處分。
□妻每月提供新臺幣＿＿＿＿＿＿元供夫自由處分。
如因任一方婚後經濟狀況顯著變更者，得按比例增減自由處分金，並得另行協議。前開款項每月五日前直接匯入＿＿＿＿＿＿，銀行帳號＿＿＿＿＿＿，戶名＿＿＿＿＿＿。

七、子女姓氏

立約人同意所生第一名子女從□父姓　第二名子女從□父姓
　　　　　　　　　　　　　　□母姓　　　　　　　　□母姓
　　　　　　　第三名子女從□父姓
　　　　　　　　　　　　　　□母姓

八、立約人承諾婚後所生子女權利義務之行使及負擔由雙方共同任之，雙方同意遵守下列之行為：

（一）不得不當體罰、虐待、傷害或操控子女。
（二）保證提供子女健全穩定之生活環境。
（三）不得唆使子女從事危害健康、危險性工作或欺騙。
（四）不得遺棄子女。
（五）不得供應子女觀看、閱讀、聽聞或使用有礙身心之電影片、錄影節目帶、照片、出版品、器物或設施。
（六）不得剝奪或妨礙子女接受國民教育之機會或非法移送兒童至國外就學。
（七）不得強迫、引誘、容留、容認或媒介子女為猥褻行為或姦淫。
（八）不得供應子女毒藥、毒品、麻醉藥品、刀械、槍砲、彈藥或其他危險物品。
（九）不得利用子女攝製猥褻或暴力之影片、圖片。
（十）不得帶領或誘使子女進入有礙其身心健康之場所。
（十一）不得為其他對子女或利用子女犯罪或為不正當之行為。

如夫妻對子女權利義務之行使及負擔有不一致之情形，願本於子女最大利益原則協議之。

九、立約人之一方因移民、職業或就學而與他方分居兩地者，在子女最佳利益考量情形下，關於未成年子女之權利義務行使或負擔，授權由與子女共同生活之一方單獨決定之。

十、立約人承諾婚後互負貞操、忠誠義務，如有違反，每次應給付他方懲罰性違約金新臺幣＿＿＿＿＿元整，並視同他方有不履行同居義務之正當理由，得攜子女外出住宿，並同意授權與子女共同生活之一方單獨行使未成年子女之權利義務行使或負擔，直至立約人改善為止。

十一、立約人之一方承諾婚後絕對不可對他方實施家庭暴力行為（即身體上或精神上不法侵害行為），如有違反，每次應給付他方懲罰性違約金新臺幣＿＿＿＿＿＿元整，並視同他方有不履行同居義務之正當理由，得攜子女外出住宿，並同意授權與子女共同生活之一方單獨行使未成年子女之權利義務行使或負擔，直至立約人改善為止。

十二、婚後如遇有難以溝通之情形，雙方願意接受婚姻諮商。

十三、立約人就下列事項已盡告知義務：

□前曾有婚姻關係。

□前曾有子女。

□需與其他家庭成員同住，成員有：＿＿＿＿＿＿＿＿＿＿。

□前曾有勒戒、前科紀錄。

□前曾有或現罹患重大疾病（例如：精神疾病、不能人道）＿＿＿＿＿。

□其他＿＿＿＿＿＿＿＿＿＿。

十四、特約事項：

□戒除不良習慣：酗酒、吸毒、賭博⋯⋯。

□其他：＿＿＿＿＿＿＿＿＿＿。

十五、本契約如有未竟事項，雙方同意悉依性別平等、理性和平、互相尊重原則處理。

立約人　甲方：　　　　　　乙方：

中華民國　　年　　月　　日

第四節　性暴力防治

教育部爲維護學生受教及成長權益，建立一個免於性暴力侵犯的學習環境，早在1999年3月5日就已訂定「大專院校及國立中小學校園性騷擾及性侵犯處理原則」，其中規定如有疑似「以明示或暗示之方式，從事不受歡迎之性接近、性要求，或其他具有性意味之言語或肢體行爲者，或意圖以屈服或拒絕上開行爲，影響他人學習機會、僱用條件、學術表現或教育環境者」，就應移交「學校性騷擾及性侵犯處理委員會或小組」處理，其中處理之「女性委員名額不得少於二分之一」，經查證如屬實，將依相關法令規定予以懲處[94]。

---

94 王如玄主編，《女人六法》，臺北：婦女權益促進發展基金會，1999，頁206。

向來寧靜單純的校園裡，由於近些年來不斷傳出疑似性侵犯事件而顯得暗潮洶湧，男老師端坐肅立人人自危，女學生紛起猜疑，逐一檢視自己的人際關係，稍有蛛絲「狼」跡，可能會立即敏感地牽強附會起來。尤其是1994年時，連續爆發三起震驚社會的校園性侵害案件，使得神聖、單純的師生關係蒙上陰影——師大黎姓老師的強暴疑案、彰化湖東國小洪姓老師涉嫌誘姦手球隊女隊長，到緊接著爆發的中正大學雷姓老師的性騷擾疑案。每一個人都試圖對自己的行為提出合理的解釋，旁觀者也希望從各式各樣的報導中解讀出一套邏輯性的說明，但是，合理有效的論證，並不代表就是事實。以這些案件來看，當事人都似乎顯得振振有詞，卻反而模糊了事實的眞相。

首先，以湖東國小的案件為例，女學生只有國小六年級，尚處於懵懵懂懂的年紀，我們雖不排除早熟的女學生可能對男老師會有少女情懷般的思慕之情，但是對於國小、國中這個年齡層的小女生來說，身心俱未成熟，貴為人師者，不但要極力避免學生不當的情感投射，更應肩負起疏導之責，豈能趁勢加以利用，造成成長過程中不可挽回的遺憾？更不應該的是，女學生對男老師可能並無情愫只有單純的敬意，以至於不知抗拒也不知如何抗拒，遂讓老師輕易得逞誘姦之實，這種情形，再怎麼冠冕堂皇之詞，也難辭其咎。

那麼，女學生如果「夠大」，人格夠成熟的話，可以和男老師發生「師生戀」嗎？以師大案來看，如果是師生戀，就目前臺灣社會的接納程度，它並不是完全不可思議，更不可能造成輿論如此譁然。中年男性的成熟穩重加上讀書人的豐富學養，在一個崇拜父權的社會裡，很難不吸引女學生的仰慕；而正處於荳蔻年華的女學生，縱然是柳下惠再世，也不能過分苛責一個正常男人自然而然的心動感覺。如果男無婚約女亦未嫁，校園中師生戀的美滿結局並非前所未聞，反而是人們津津樂道，衷心祝福的。問題的癥結就在於，如果女學生僅是崇拜仰慕，並沒有性接觸的慾望，或尚未有與之發生性關係的心理準備，而男老師則連哄帶騙的「霸王硬上弓」，算不算「性侵」？

社會對性侵案，向來存有許多的迷思：

壹、對「加害人」而言，普遍認為：

一、加害人係一時的生理衝動，其實性侵是父權文化下展現宰制女性的一種權力慾望。

二、加害人多爲陌生人，其實有許多的性侵案是約會強暴，在表面正常交往的過程中，突然發生令被害人措手不及的粗暴行爲。

三、加害人是屬於低下階層的人，事實上根據刑案統計資料，加害人遍布各個階層，而且也有女性加害人。

貳、對於「被害人」而言[95]：

一、被強暴的女性，一定行爲不檢、穿著暴露，以至於引誘人犯罪，實

---

95 網路有篇作者不詳〈一篇訪問「強暴犯」的報告〉的文章頗值參考，摘要如下：許多強暴犯認為，「被害者」具有如下的特質：

(1)「髮型」——他們最喜歡跟在「綁馬尾」，有髮髻或綁辮子的女性身後，或是其他可以輕易抓住的髮型；他們也喜歡跟著長髮女性，短髮的女性不常會是目標。

(2)「衣著」——他們會找尋穿著「可迅速脫去」的女性，他們認為最好的穿著是一件式的罩衫（例如：洋裝、連身裙），因為許多強暴犯會隨身攜帶剪刀來剪開衣服。

(3) 正在說大哥大、找錢包者或在走路時做其他事的女性，因為她們絲毫無防備，而且可以輕易的被控制住。

(4) 在一天的時間中，他們喜歡在一大早攻擊和強暴女性，因為她們此時清爽、乾淨。

(5) 容易發生攻擊的地點第一名是商站前的停車場，第二名是公司的停車場或車庫，第三名是公共廁所。

(6) 他們不會選上帶著「雨傘」或其他類似物品的女性，因為這可以用來造成防禦的距離。

所以，要使強暴犯產生「你並不是適合被攻擊的對象」的念頭，且必須學習下列幾種防衛的方式：

(1) 如果有人在街上或停車場中跟著你，或是在電梯或手扶梯上，直視他們的臉，而且問他們問題（例如：現在幾點了？），或是進行禮貌性的交談（例如：我簡直不敢相信，這裡會這麼冷？今天天氣真差！）因為，現在你已經看到他們的臉，而且可以在鏡子後面指認他們，你也因此失去成為他們目標的機會。

(2) 如果有人正靠近你，將你的手伸至胸前，並大喊站住或退後。因為如果女性大喊或表現不怕反擊回去的態度，他們就會離開。

(3) 再次提醒，他們尋找的是「容易」的目標，他們要的是一個不會惹麻煩的女人。

際上，根據加害人之自訴，他們所選擇的作案對象，經常是落單女性、看似容易得手的乖乖牌。

二、被害人身上若沒有紅腫、瘀青的反抗痕跡，則多半是出於自願，但實務經驗卻證明，女性在被強暴時要不是被下藥、灌醉已無意識而無法抗拒，就多半是忌憚於對方的權勢（殺害、解聘、告訴父母……）而任憑擺布。

三、被害人另有圖謀而謊稱受到性侵，這尤其是當雙方是熟識或女方從事應召行業時，最容易遭到如此的質疑。

在性侵疑雲中，如果男性加害人已婚，最常見到的現象莫過於是，妻子的出面相挺辯護，宣示對丈夫的絕對信任，這樣的行爲其實更凸顯父權社會女性從屬地位的悲哀：在「妻以夫爲貴」的前提之下，爲了丈夫的前途著想，女性應該忍耐爲夫諉過，這是女性應有的美德，如此一來女性不但贏得掌聲，也贏得婚姻（丈夫的感激），兩個女人之間相互較量的結果，男人永遠是漁翁得利者。

很明顯地，師大案的難分難解，正因爲上述之強暴迷思的作祟，而沒有任何一方獲得輿論全然的支持。至於中正大學的性騷擾疑案，在父權社會的體制下，傳統價值觀已將男性的主動、陽剛，女性的被動、陰柔之面貌內化成爲心理機制。女性從小被告誡身體的不可觸犯性，以及護衛貞潔的必要，使得女性遇到心儀的男性時，縱然有情慾的衝動願意被接觸，也必須保持矜持，更不能主動示意。於是在愛情的追逐中，男性無法確知女性是眞的不要或是羞於啟齒，唯有「鼓起勇氣」冒險一試，才能使一切明朗化。此外，對於女性而言，男人與男人之間拍拍背脊、摟摟肩膀、哥倆好的親密舉動，在兩性交往逐漸開放，男女之間也可以建立純粹友誼的今天，女性是要嚴肅抗議或是爽朗接受呢？

其實，人與人之間善意的表達，本來就不是非得透過肢體的接觸方能傳眞，尤其是長官、上司或老闆，其身分地位已經是某種權勢之表徵，多少令人因現實利益的考量而有所忌憚不敢表示拒絕。況且對大多數的女性而言，無端的或突如其來的身體碰觸，大部分都是十分嫌惡的，如果男性自認是正人君子，最好不要太放縱自己的行爲，「保持距離，以策安全」，運用在男性身上，也是自清的良方。同樣地，對女性而言，實不必再在意人情壓力，在自覺受到性騷擾時，如果沒有明確表達自己的不快甚至怒意，常讓男性誤以爲只是忸怩作態，故作矜持；何況對於平常就不拘小節的男性來說，人們可能錯解了他的肢體語言，如同中正大學的雷姓老師，有許多人爲他抱屈，因爲他一向熱心待人視學生如子女，從來沒有人向他反應他關懷的舉動已構成侵犯，直至事情爆發。這種誤解是有可能發生，也是頗令人遺憾的。此外，女性實不宜單獨和男性相處，尤其是進入其房間，因爲容易產生錯誤的聯想。畢竟男女獨處於象徵私人最隱密的生活空間中，已足夠讓男性想入非非，誤以爲對方是可侵犯的。因此，明確地說「不」，堅持自己的態度，不要有得罪對方的顧忌而鬆動自己的原則，否則，「一個銅板敲不響」的大帽子一扣下來，再怎麼強調自己是貞潔烈女，也是百辭莫辯，有口難言。而且一個沒有不良企圖的人，也會因女性的怒氣，瞭解並收斂他不當的行爲，這點體諒應該不至於影響日後正常的友誼發展。

隨著女性教育水準的普遍提升，和經濟能力的獨立，女性已經不再以家庭爲主要的活動範圍，不管是在校園裡或走入社會，兩性接觸的頻率大爲增加，同性和異性之間的交往模式，本來就有差別，如何拿捏其中的分寸，不得不謹慎。以下有一些比較重要的議題，平時宜多留意。

 性騷擾的防治

一 定義

經過多年的討論、立法、修法，目前關於性騷擾的防治主要有：《性別平等工作法》、《性別平等教育法》、《性騷擾防治法》，分別以職場上、校園內、公共場所爲主要的防治範圍。三法略有出入，但基本上都是以下面三種普遍被認同的法定要素，作爲「性騷擾」的基本概念[96]：

㈠ 行爲具有性的本質。

---

96 高鳳仙（2005）。《性暴力防治法規——性侵害、性騷擾及性交易相關問題》，臺北：新學林。

㈡ 行為具有不合理性。

㈢ 行為具不受歡迎性。

《性別平等工作法》中關於性騷擾的部分，主要處理雇主對受僱者或求職者的性騷擾，或受僱者在職場或執行業務時遭受性騷擾等職場性騷擾為主；《性別平等教育法》中所稱之校園性騷擾事件，是指性騷擾事件中的當事人為學校校長、教師、職員、工友或學生，不同學校間所發生者也包括在內；至於《性騷擾防治法》防治的對象則是指上述兩法以外之人皆適用。

據此，三法關於「性騷擾」的定義如下：

㈠《性別平等工作法》[97]（2002 年公布，主要「保障工作權」）

本法所稱性騷擾，謂下列二款情形之一：

1. 受僱者於執行職務時，任何人以性要求、具有性意味或性別歧視之言詞或行為，對其造成敵意性、脅迫性或冒犯性之工作環境，致侵犯或干擾其人格尊嚴、人身自由或影響其工作表現。

2. 雇主對受僱者或求職者為明示或暗示之性要求、具有性意味或性別歧視之言詞或行為，作為勞務契約成立、存續、變更或分發、配置、報酬、考績、陞遷、降調、獎懲等之交換條件。

㈡《性別平等教育法》[98]（2004 年公布，主要「保障受教權」）

性騷擾指符合下列情形之一，且未達性侵害之程度者：

1. 以明示或暗示之方式，從事不受歡迎且具有性意味或性別歧視之言詞或行為，致影響他人之人格尊嚴、學習、或工作之機會或表現者。

2. 以性或性別有關之行為，作為自己或他人獲得、喪失或減損其學習或工作有關權益之條件者。

97《性別平等工作法》全部條文參見「全國法規資料庫」http://law.moj.gov.tw/Scripts/newsdetail.asp?no=1N0030014。

98《性別平等教育法》全部條文參見「全國法規資料庫」http://law.moj.gov.tw/Scripts/NewsDetail.asp?no=1H0080067。

㈢《性騷擾防治法》[99]（2005 年公布，主要「保障人身安全」）

本法所稱性騷擾，係指性侵害犯罪以外，對他人實施違反其意願而與性或性別有關之行為，且有下列情形之一者：

1. 以該他人順服或拒絕該行為，作為其獲得、喪失或減損與工作、教育、訓練、服務、計畫、活動有關權益之條件。

2. 以展示或播送文字、圖畫、聲音、影像或其他物品之方式，或以歧視、侮辱之言行，或以他法，而有損害他人人格尊嚴，或造成使人心生畏怖、感受敵意或冒犯之情境，或不當影響其工作、教育、訓練、服務、計畫、活動或正常生活之進行。

簡單地說，「性騷擾」之定義，是以「性別」為基礎，違反當事人的「自由意願」，且與「性」相關的行為；其認定著重在「被騷擾者的主觀感受」及「客觀合理標準」的綜合考量，而不是依「行為人有無性騷擾意圖」為判斷。將性平三法做一簡單比較如下：

法源	目的	適用範圍	追訴時效	主管機關
《性別平等工作法》（性工法）	保障工作權	1. 雇主性騷擾受僱者或求職者。 2. 受僱者執行職務期間被他人騷擾。	無時間限制。 立法意旨乃考量權力不對等，故申訴無期限，即使離職仍可提出。 損害賠償請求權，自請求人知有損害及賠償義務人起 2 年，性騷擾行為 10 年，不行使而消滅（第 30 條）。 （非工作時間亦納入規定，且只要有業務往來關係的不同事業單位、最高負責人或僱用人，均受法律規範。）	1. 中央：勞動部。 2. 地方：直轄市、縣（市）政府之勞工局。

99《性騷擾防治法》全部條文參見「全國法規資料庫」http://law.moj.gov.tw/Scripts/NewsDe-tail.asp?no=1D0050074。

<table>
<tr>
<td>《性別平等教育法》
（性平法）</td>
<td>保障
受教權</td>
<td>1. 性騷擾事件之一方為學校校長、教師、職員、工友或學生。
2. 另外一方為學生。</td>
<td>無時間限制。
接獲調查申請或檢舉時，應於 3 日內由性平會議決受理或不受理，20 日內以書面通知是否受理，如受理即組成調查小組 3～5 人，2 個月內完成調查報告，必要時得延長 1 個月。不服 20 日內申復，一次為限。</td>
<td>1. 中央：教育部
2. 地方：直轄市、縣（市）政府之社會局。</td>
</tr>
<tr>
<td>《性騷擾防治法》
（性騷法）</td>
<td>保障
人身安全</td>
<td>不適用性平法及性工法者。</td>
<td>行為告訴1年（第13條）。損害賠償請求權，依據性騷法第 9 條、民法第 184、195、197 條侵權時效為 2 年。
申訴或移送到達 7 日內開始調查，並應於 2 個月內調查完成；必要時，得延長 1 個月。</td>
<td>1. 中央：內政部
2. 地方：直轄市、縣（市）政府之社會局。</td>
</tr>
<tr>
<td colspan="5">Ps. 不論工作場所或校園之性騷擾行為，皆有《性騷擾防治法》第 12、24 及 25 條之適用：
第 12 條
廣告物、出版品、廣播、電視、電子訊號、電腦網路或其他媒體，不得報導或記載被害人之姓名或其他足資識別被害人身分之資訊。但經有行為能力之被害人同意或犯罪偵查機關依法認為有必要者，不在此限。
第 24 條
違反第 12 條規定者，由各該目的事業主管機關處新臺幣 6 萬元以上 30 萬元以下罰鍰，並得沒入第 12 條之物品或採行其他必要之處置。其經通知限期改正，屆期不改正者，得按次連續處罰。
第 25 條
意圖性騷擾，乘人不及抗拒而為親吻、擁抱或觸摸其臀部、胸部或其他身體隱私處之行為者，處 2 年以下有期徒刑、拘役或科或併科新臺幣 10 萬元以下罰金。前項之罪，須告訴乃論。</td>
</tr>
</table>

關於性平三法委員會的設置辦法，整理如下：

性工法：依該法第 5 條，各級主管機關成立「性別平等工作委員會」				
委員數	女性比例	委員資格	任期	組織
5～11 人	1/2 以上	勞工事務、性別議題、學職經驗或法律專人士，其中勞工團體、婦女團體各占 2 人。	2 年	由各級主管機關定之，地方可設「就業歧視評議委員會」。

性平法：依該法第 7、8、9 條規定，成立「性別平等教育委員會」。						
層級	主任委員	委員數	女性比例	委員資格	開會時間	組織
中央	教育部部長	17～23 人	1/2 以上	專家學者、民間團體代表及實務工作者應占 2/3 以上。	每三個月應至少一次，專人處理業務。	中央主管機關訂定。
地方	直轄市、縣（市）長	9～23 人	1/2 以上	專家學者、民間團體代表及實務工作者，應占 1/3 以上。	每三個月應至少一次，專人處理業務。	直轄市、縣（市）主管機關。
層級	主任委員	委員數	女性比例	委員資格	開會時間	組織
學校	校長	5～21 人	1/2 以上	得聘性別平等意識之教師代表、職工代表、家長代表、學生代表及專家學者。	每學期至少開會一次，專人處理業務。	學校定之。

性騷法：依該法第 6 條，直轄市、縣（市）政府應設「性騷擾防治委員會」。				
主任委員	委員數	女性比例	委員資格及任期	組織
直轄市市長、縣（市）長或副首長	無規定	不得少於 1/2	有關機關高級職員、社會公正人士、民間團體代表、學者、專家；其中社會公正人士、民間團體代表、學者、專家不得少於 1/2，任期無規定。	由地方主管機關訂之。

二 迷思

「性騷擾」有許多實務上曖昧難辨之處，例如[100]：

㈠ 罵女人都是笨蛋，也算是性騷擾嗎？

㈡ 勾肩搭背會構成性騷擾嗎？

㈢ 對方用目光上下掃瞄我的身材是性騷擾嗎？

㈣ 講黃色笑話會構成性騷擾嗎？

㈤ 收到色情電子郵件算不算是性騷擾？如果我覺得好玩，可以再寄給他人嗎？是否構成性騷擾？

㈥ 追求與性騷擾的界線爲何？

㈦ 女生自己穿著暴露，不就是要讓別人多看幾眼？

原內政部「家庭暴力及性侵害防治委員會」（2013 年政府組織再造已移撥至衛生福利部保護司）的專家，針對上列問題之回答簡述如下：

㈠ 針對問題㈠之回答：「罵女人都是笨蛋，是嚴重的性別歧視，如該情境讓人覺得不舒服，足以影響人格尊嚴或感受到敵意或冒犯的環境者，即可能構成性騷擾。惟實務認定需相當審慎，是否成案，仍需依被害人『主觀認知』及『客觀合理標準』等綜合考量而個別認定。」

㈡ 針對問題㈡、㈢、㈣之回答：「性騷擾事件，是綜合個案事件發生之背景、環境、當事人之關係、行爲人言詞、行爲及相對人認知等具體事實判斷，並非單一條列之言行而做判斷」，因此勾肩搭背、目光上下掃瞄、講黃色笑話等等，「如讓人覺得不舒服，足以影響人格尊嚴或感受到敵意或冒犯的環境者，即可能構成性騷擾，惟實務認定需相當審慎，是否成案，仍需依被害人『主觀認知』及『客觀合理標準』等綜合考量而個別認定。」

---

100 參見內政部「家庭暴力暨性侵害防治委員會」網站：http://dspc.moi.gov.tw/mp.asp?mp=1，點選「常見問題」可以看到性騷擾常見的問題與解答。婦幼安全已為我國十分重視的政策，為統合並擴大婦幼保護資源，2013 年政府組織再造，原內政部任務編組「家庭暴力暨性侵害防治委員會」已移撥至衛生福利部保護服務司，其業務包含五大項：家庭暴力防治、性侵害犯罪防治、性騷擾防治、兒童及少年保護、兒童及少年性剝削防制等。

㈢ 針對問題㈤之回答：「如果你（妳）收到色情電子郵件，感到不舒服，可能構成性騷擾，不過如果覺得好玩，想要寄給別人，這也意味他人寄色情郵件給你（妳）的行為，你（妳）並不會覺得被冒犯，這就不構成性騷擾。但倘若你（妳）將色情電子郵件轉寄給別人，他人是否會覺得不舒服，你（妳）不是很確定，你（妳）切勿轉寄他人，否則即有可能構成性騷擾。這也就是性騷擾防治法不斷倡導的立法意旨：『尊重』！你（妳）不要以為自己覺得沒什麼了不起的事，就認為別人應該也是如此，每個人都應該『尊重他人的差異性』，這也是為什麼性騷擾的認定著重在『被騷擾者的主觀感受』，而不是『行為人有無性騷擾意圖』的主要原因。」

㈣ 針對問題㈥之回答：「追求與性騷擾的界線在於該行為是否受歡迎。追求是兩相情願的，性騷擾是有一方覺得違反其意願、而有不舒服的感受，並且足以影響其正常生活。因此不受歡迎的過度追求，便有可能成為性騷擾」，所以「不要將對方的『友善』誤解為『性趣』」，「對自己身體及感覺的直覺要有信心，以直接（如面談、寫信）或間接（請他人轉告）方式，讓對方知道其之言行是不受到歡迎的，並要求對方立即停止該言行。在進行此動作時，最好順便錄音，以便將來舉證之用。」

㈤ 針對問題㈦之回答：穿著打扮是個人的品味及自由，即使暴露，並不意味著他人可以任意碰觸或騷擾。

三 預防

㈠如果遇到熟人性騷擾的時候該怎麼辦？

1. 相信自己的直覺，千萬不要自責、不要遲疑、不要被脅迫。

2. 立即反應說「不」，堅定且明白的對騷擾者表示抗議、表示自己的不悅。

3. 喝令騷擾者停止騷擾的行為，要求他道歉，並避免與之再次接觸。

4. 將自己的遭遇說出來，可結合其他受害者共同舉發。

5. 平日就有歧視、汙衊女性之言談舉止者，應避免與之單獨相處。

㈡如果是在公共場所遭到陌生人的性騷擾時又該怎麼辦？

1. 大聲說出自己的遭遇以求援，隱忍只會讓對方變本加厲。

2. 深夜、清晨外出，或行經人煙稀少之處，應提高警覺，發現有形跡可疑之人或懷疑被人跟蹤，應立即前往人多之處、商店、治安機關或按附近住家門鈴向屋主求援。

3. 搭乘電梯應避免與陌生男子同乘，或儘量靠操作面版站立，以防萬一可立即碰觸到求救鈴，或開門逃出。

㈢那麼，反過來說，要如何避免騷擾到別人？

1. 尊重他人身體的自主權，以對方的感受為主，若親密的言語或動作造成對方不悅，應立即停止。

2. 不要隨意開黃腔、貶抑女性，或勾肩搭背、讓人有不舒服的身體碰觸，更不能傳遞色情圖片與信件。

3. 如與對方有權力差異的關係（例如老師與學生、老闆與職員……），擁有較大權力者，更應謹言慎行。

4. 勿將他人友善的態度解讀為有「性趣」，也勿利用他人的仰慕，從事不受歡迎之性接近、性要求，或其他具有性意味之言語和肢體行為。

5. 勿因雇主身分之相對優勢，使受僱者面臨遭受性別歧視的「敵意環境性騷擾」，以及以性作為考績、陞調、獎懲等等的「交換利益性騷擾」。

四 申訴

防治性騷擾的《性別平等工作法》、《性別平等教育法》、《性騷擾防治法》三法皆有明文規定，機關機構或雇主負有防治性騷擾的責任，必須設立委員會提供教育宣導和申訴的管道與調查的機制，對於違反防治義務之機關機構或雇主，將受到行政處罰或負擔賠償責任：

㈠《性別平等工作法》申訴程序

（追訴時效：無時間限制，損害賠償 10 年）

1. 依照《性工法》及相關準則規定，各級工作場所只要人數達 10 人以上，雇主必須訂立性騷擾防治措施、申訴及懲戒辦法，並且在工作場所內顯著的地方公開揭示這些性騷擾防治的訊息，並印發給各個受僱者。被騷擾者可依內部申訴管道直接向雇主提出。但是，如果性騷擾行爲人本身是雇主，則是直接到當地縣市勞工局提出申訴。

2. 職場性騷擾事件發生時，可同時進行申訴、告訴、求償或調解：

(1) 行政申訴：依據《性工法》。申訴處理委員會組成調查小組進行事實查證，懲處結果最多僅能改變行爲人的身分（例如：公司主管將騷擾者調職、降職、減薪、要求道歉等）。

(2) 刑事告訴：依據《刑法》、《性騷擾防治法》第 25 條。對騷擾者提出刑事告訴，目的是希望騷擾者被判刑（2 年以下）或科處罰金（新臺幣 10 萬元以下，罰金是繳給政府）。

(3) 民事求償：依據《民法》。對騷擾者提出民事賠償之聲請（《民法》第 18、184、195 條，直接對當事人提出聲請，如回復名譽、精神賠償等，歷年來判決出現過最高精神賠償金額爲 30 萬元，最低爲 5 千元）。

(4) 申請調解：向社會局（處）/ 家防中心申請調解、賠償或其他。

㈡《性別平等教育法》申訴程序

（追訴時效：無時間限制）

1. 性騷擾事件中的當事人爲學校校長、教師、職員、工友或學生（不同學校間所發生者也包括在內），依《性別平等教育法》之規定，應向校園中的性別平等教育委員會申請調查，但學校之首長是加害人時，則應向學校所屬主管機關申請調查。2010 年 6 月 22 日《性別平等教育法》新增訂了一項重要的內容：學校校長、教師、職員或工友，只要知悉校內發生「疑似」校園性侵、性霸凌、性騷擾事件，應於 24 小時內向學校及主管機關通報，否則將被處 3 ～ 15 萬元罰鍰；再犯及僞造、變造、湮滅或隱匿他人所犯校園性騷擾、性霸凌事件證據者，將遭解聘或免職。

2. 校園性騷擾發生時，可同時進行申訴、告訴、求償或調解：

(1) 行政申訴：依據《性平法》。學校性平會組成調查小組進行事實查證，懲處結果最多僅能改變行爲人的身分（例如：師對生性騷擾，學校教評會將老師停聘、解聘、不續聘，或要求道歉、上性別課程等）。不過學生可要求相關的輔導和協助。

(2) 刑事告訴：同前。

(3) 民事求償：同前。

(4) 申請調解：同前。

㈢《性騷擾防治法》申訴程序

（追訴時效：1 年）

1. 性騷擾事件被害人如果是在一般場所遭到性騷擾，可立即向該場所負責人申訴（或於事件發生後一年內提起），加害人若爲該場所員工，則該場所負責人應進行調查，若非該場所員工，則該場所負責人應將申訴書移交當地直轄市、縣（市）政府社會局處理；被害人亦可向警察機關報案，警察機關應依職權處理並詳加記錄，若知悉加害人所屬之單位，應移請該所屬單位繼續調查，並副知該管直轄市、縣（市）主管機關及申訴人；若加害人不明或不知有無所屬之單位，則應即行調查，並依被害人之意願移送司法機關。向警察機關報案時，記得要先索取三聯單備存。如果確定要提出申訴，須請警察局轉社會局會同處理。

2. 公共場所性騷擾發生，可同時進行申訴、告訴、求償或調解：

(1) 行政申訴：依據《性騷法》。當地縣市的社會局、會同警察局，組成調查小組進行事實查證，懲處結果僅能以行政手段懲處行爲人或其雇主的責任（例如：要求雇主繳交罰鍰給國庫）。

(2) 刑事告訴：同前。

(3) 民事求償：同前。

(4) 申請調解：同前。

校園性侵害或性騷擾事件通報處理程序參考流程圖

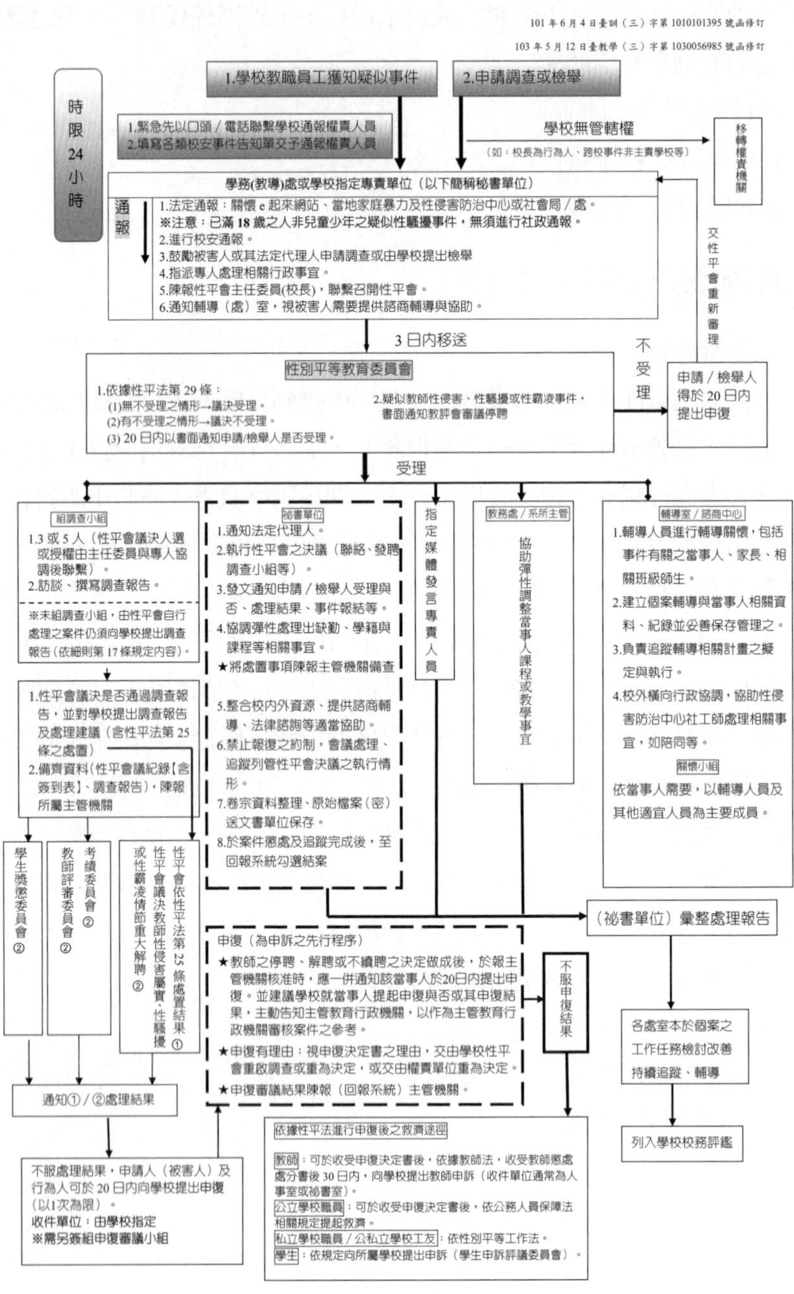

教師涉及性平案件處理流程圖

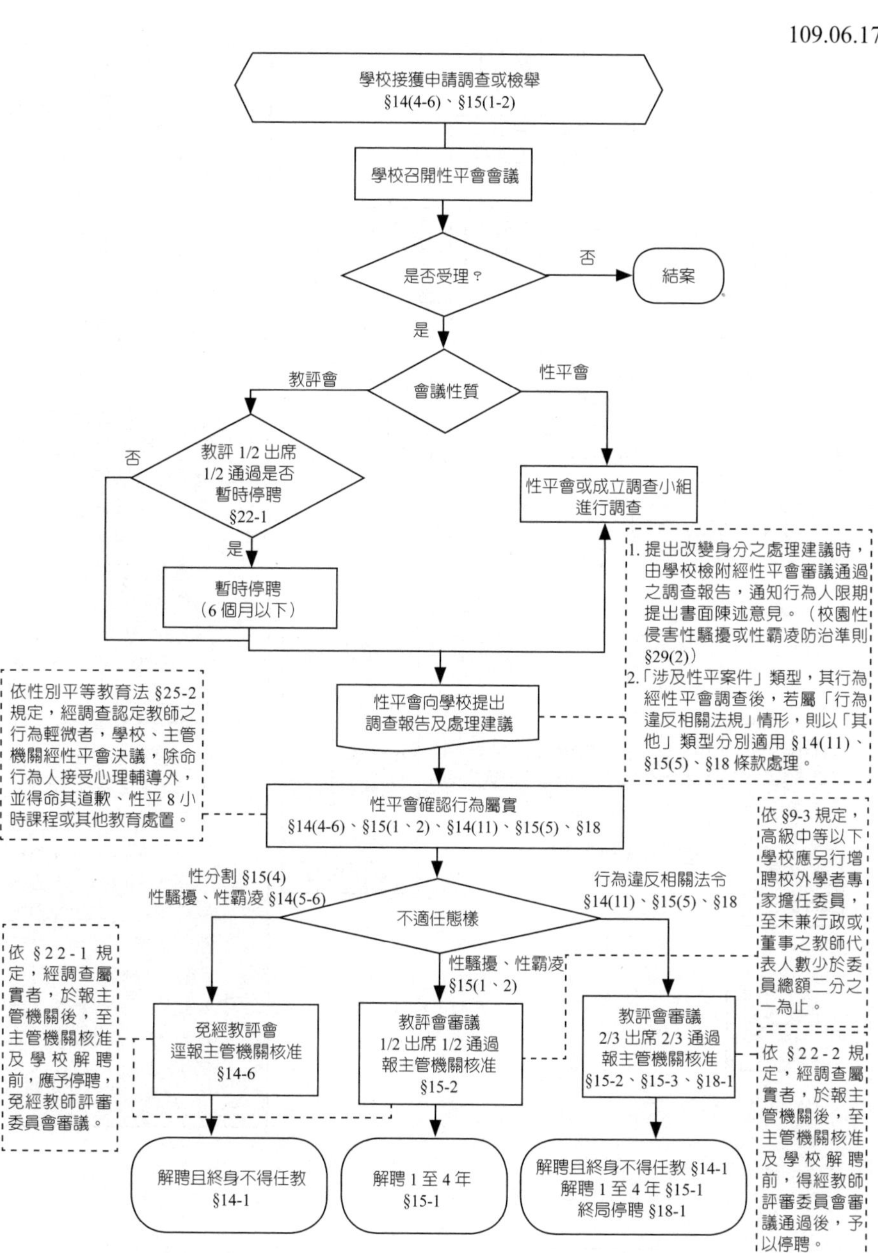

資料來源：教育部教師法授權子法說明會

警察機關受理性騷擾案（事）件處理標準作業流程[101]

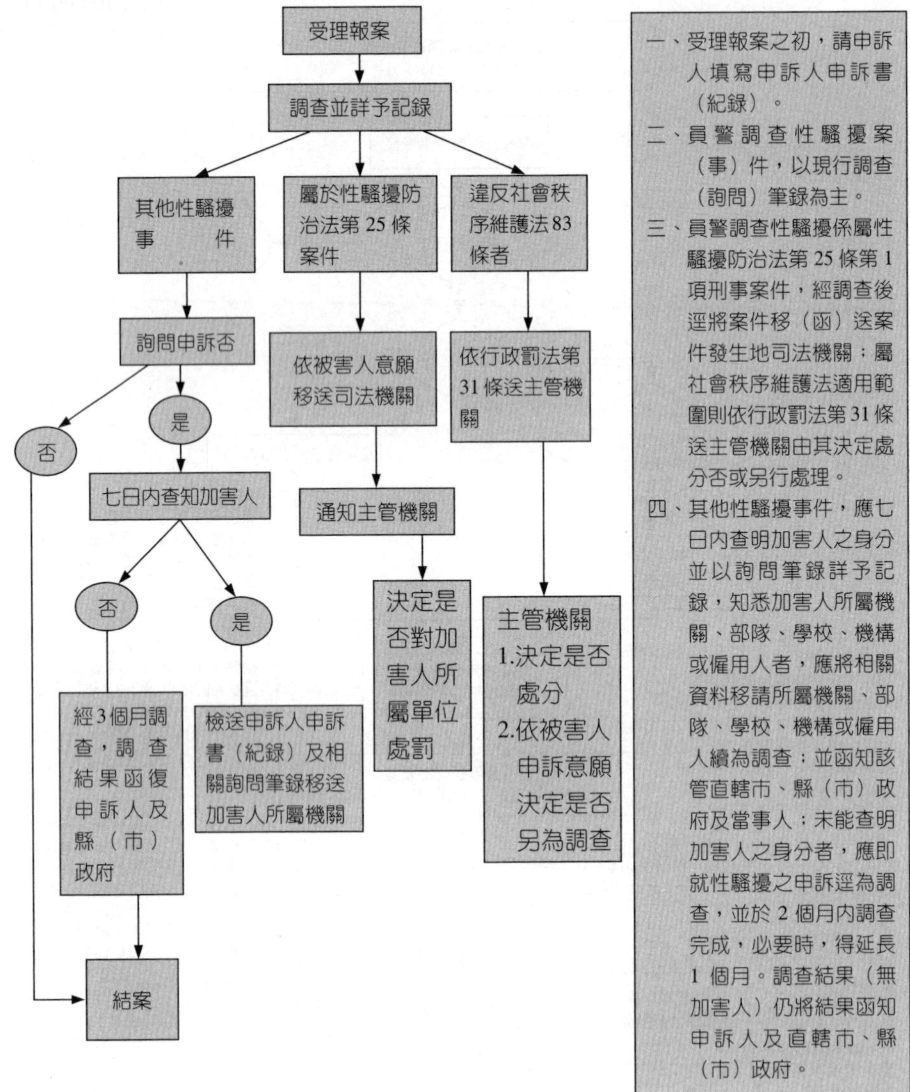

101 內政部警政署編印（2006）。《警察實務》（96 年常訓教材上冊），臺北：內政部警政署，頁 242。

 性侵害的防治

《性侵害犯罪防治法》1997 年 1 月 22 日頒布，同年 7 月 22 日起實施[102]，根據 2015 年 12 月 23 日修正後之主要內容如下：

一、所謂「性侵害」，簡單言之，即是包含強制性交罪、強制猥褻罪、乘機性交猥褻罪、利用權勢性交及猥褻及準強制性交與準強制猥褻罪等。依一般通俗說法，強制性交就是俗稱之強暴罪，但強制猥褻罪就是強制以性交以外，其他足以令人引起性慾之行為。

二、直轄市、縣（市）主管機關應設性侵害防治中心，辦理下列事項：

㈠ 提供二十四小時電話專線服務。

㈡ 提供被害人二十四小時緊急救援。

㈢ 協助被害人就醫診療、驗傷及取得證據。

㈣ 協助被害人心理治療、輔導、緊急安置及提供法律服務。

㈤ 協調醫院成立專門處理性侵害事件之醫療小組。

㈥ 加害人之追蹤輔導及身心治療。

㈦ 推廣性侵害防治教育、訓練及宣導。

㈧ 其他有關性侵害防治及保護事項。

前項中心應配置社工、警察、醫療及其他相關專業人員；其組織由直轄市、縣（市）主管機關定之。地方政府應編列預算辦理前二項事宜，不足由中央主管機關編列專款補助。

三、各級中小學每學年應至少有四小時以上之性侵害防治教育課程，前項所稱性侵害防治教育課程應包括：

㈠ 兩性性器官構造與功能。

㈡ 安全性行為與自我保護性知識。

㈢ 性別平等之教育。

㈣ 正確性心理之建立。

102《性侵害犯罪防治法》全部條文參見「全國法規資料庫」http://law.moj.gov.tw/Scripts/NewsDetail.asp?no=1D0080079。

㈤ 對他人性自由之尊重。

㈥ 性侵害犯罪之認識。

㈦ 性侵害危機之處理。

㈧ 性侵害防範之技巧。

㈨ 其他與性侵害有關之教育。

四、疑似性侵害犯罪情事者，應立即向當地直轄市、縣（市）主管機關通報，至遲不得超過 24 小時。性侵害犯罪之案件，審判不得公開，但有下列情形之一，經法官或軍事審判官認有必要者，不在此限：

㈠ 被害人同意。

㈡ 被害人為無行為能力或限制行為能力者，經本人及其法定代理人同意。

性侵害包括「強制性交」和「猥褻」兩類。凡是對於男女以強暴、脅迫、恐嚇、催眠術或其他違反其意願之方法而為性交者，即構成「強制性交」；而「性交」的定義由陽具插入陰道，擴大解釋為口交、肛交、手交、異物插入等均包括在內，只要被害人的性器官被侵犯到都算是性交。「猥褻」則指加害人為了滿足性慾，對被害人進行親吻、撫摸等肢體接觸稱之。

如若遭遇性侵害之不幸事件，應該立刻尋找合格的醫生檢查，以便進行必要的蒐證、治療或避孕措施，千萬不要洗澡更衣，才能夠保存相關證據。現在許多醫院都有 24 小時的急診室，可以立刻就醫，或者撥打 24 小時服務專線：「婦幼保護專線 113」、「報案專線 110」。盡可能記住歹徒的人、車特徵，以便正確描述加害者的重要線索，有助警方早日破案；「人」的部分是指：頭髮臉部特色、口音、身高、體型、年齡、衣著……；「車」的部分是指：顏色、年分、款式車牌號碼、特別的裝飾、逃逸方向與方式……。

性侵害發生時如同前面性騷擾的處理方式，可同時進行申訴、告訴、求償或調解，差別主要在於性騷擾屬於「告訴乃論」，亦即必須被害人提出告訴，檢察官才會追訴，而性侵害之犯罪原則上為「非告訴乃論」，檢察官知道犯罪發生時，就可以主動偵辦。性侵害只有二種情形需要告訴乃論，一種是對於配偶的強制性交，另一種則是未滿 18 歲之人，對未滿 16 歲（《刑法》

性自主權為16歲以上）之男女為性交者，可減免其刑或為告訴乃論外，其餘皆為非告訴乃論（不管被害人意願，案件一定會進入司法程序），因為好奇或相愛而誤嚐禁果，考慮雙方尚年幼有保護之必要，故又稱為「兩小無猜條款」（《刑法》第227之1條）。

對於性侵害應建立正確的認知如下：

一、性暴力多是來自於熟識者，尤其是性侵害前三名分別是男女朋友、同學和親屬。

二、性犯罪雖和性慾有關但主要仍是權力控制。曾有針對性犯罪者調查，問他們「為何選這個對象」，結果「感覺不會報警」和「看起來不會反抗」高達七成以上，「穿著挑逗服裝」卻不到一成。

三、不是每個當事人都會選擇司法救濟，尤其是熟人所為的震驚很難平復，要先處理情緒。

四、性暴力案件經常取證困難，檢察官在無法取得足夠事證下，法官也得依照無罪推定、罪疑唯輕原則審判，所以冷靜蒐集證據確屬必要。

五、臺灣性侵害習慣採被害人有無拒絕的「違反意願說」（violation of will），目前正積極倡議應採被害人有無允許的「積極同意說」（affirmative consent），亦即「說是才算同意」（Only Yes Means Yes）。

預防陌生人性侵，平日應儘量使用大眾交通工具，如果必須乘坐計程車，臺北市政府警察局信義分局有特別宣導「搭乘計程車安全守則」如下：

一、若計程車有下列現象，則不宜搭乘：主動靠邊攬客者、車窗不夠明淨由外而內視之不明者、裝潢怪異或陳設看似危險者、無營業登記證或車牌不明者、車座歪斜可能藏匿他人或已有乘客者、車窗車門開關把手脫落或缺少者。

二、司機若有飲酒、服裝不整或神色詭異等情形，不必驚慌，應設法脫身下車。可佯稱前方商店或路口有朋友正在等候；或利用在路口停等紅燈時，設法安全下車脫逃。

三、發現司機不軌，可立即反制（如：抓住其方向盤製造假車禍，或讓司機陷入其他困境而被人指責、與人爭論），以爭取空檔，尋求救援。

四、上車先默記其所屬車行、車號、駕駛職業登記證號碼及姓名。亦可於上車前委由親朋好友，或商請保全人員、商店店員、義警義交、警察人員等協助記錄。

五、不可隨意飲用司機或外人提供之餐點及飲料。

六、乘車時切勿入睡，以免讓意圖犯罪者有機可乘。

七、儘量減少與司機交談。

八、若有異狀，或發現司機不依指定路線行駛，可用手機傳達求救訊息，或小心地將物品伸出車窗外揮動求救，以吸引他車車主或路人注意。

九、多利用警察局各派出所及警察服務聯絡站所提供的安全叫車服務。

十、7-11 設有「免費叫車平安歸」的叫車服務，只要告知店員即可，在 7-11 門市皆有錄影設備，更可保障搭乘計程車的安全性。

近年來婦幼安全已爲我國重大施政方針，爲統合並擴大婦幼保護資源，2013 年政府組織再造，原內政部任務編組的「家庭暴力暨性侵害防治委員會」移撥至「衛生福利部保護服務司」，包含：家庭暴力防治、性侵害犯罪防治、性騷擾防治、兒童及少年保護、兒童及少年性剝削防制等五項業務。並且爲強化警政婦幼組織能量，警政署也自 2014 年 1 月 1 日起增設「防治組」，下設「婦幼安全科」辦理全國婦幼安全保護警政工作策略釐定與推動，並以預防犯罪、保護被害人爲重點，規劃各項婦幼保護工作。

2018 年內政部警政署推出精進版的手機 APP 提供下載，以「快捷功能鍵、風格個人化」的設計，讓各選單一目了然，根據警政署發布的功能分類如下：

一、臉書專區：連結「NPA 署長室」、「警光新聞雲」等 FB 粉絲團專區資訊。

二、電話報案：提供 110 報案專線、113 保護專線、165 反詐騙專線。

三、視訊報案：能立刻透過 GPS 定位，把畫面送到警政單位指揮中心，同時全程自動錄影錄音存檔，假設情況緊急不能發出聲音，也可透過文字傳訊息與警方即時交談。

四、收聽警廣、即時路況查詢。

五、治安專區：守護安全、查捕逃犯、失竊車輛查詢、失蹤人口查詢、受理案件查詢、刑案線索平臺。

六、交通專區：交通事故資料申請、違規拖吊查詢、即時路況查詢、即時路況通報、測速執法點查詢。

七、165 專區：新聞快訊、闢謠專區、反詐騙宣導、可疑訊息分析、詐騙來電排名。

八、服務專區：入山申請、多國日常問候語、拾得遺失物查詢、執法機關、警廣協尋失車、失蹤人口、警察刑事紀錄證明書。

九、呼叫計程車。

十、其他警政 APP 連結。

圖 6-9　警政服務 APP 下載圖示

圖 6-10　警政服務各項功能選單圖示

參　安全防暴原則

職場如戰場，對女性來說，除了要面對工作壓力、家庭事業兩頭忙之外，比起男性還要多負擔的風險就是「性暴力」。上個班還要與狼共舞？犯罪防治專家黃富源編寫《向企業性騷擾說再見：工作場所性騷擾防治手冊》[103]，其中有兩項原則值得參考：

103 黃富源，《向企業性騷擾說再見：工作場所性騷擾防治手冊》，臺北：中華民國勞資關係協進會，1997。黃富源，《警察與女性被害人：警察系統回應的被害者學觀察》，臺北：新迪文化，2000。

一 SAFE 安全原則：Secure、Avoid、Flee、Engage

㈠ Secure（尋求安全）：初次約會邀同伴隨行，約會地點在公共場所。

㈡ Avoid（躲避危險）：有違常理的約會時間或地點，都應拒絕或延期。

㈢ Flee（逃離災難）：相信直覺，發現異狀，立即離開嫌疑人。

㈣ Engage（緩兵欺敵）：若已無法躲避，先答應對方再藉故應付，並伺機逃離。

二 STOP 防暴原則：Security、Time、Occasion、Person

㈠ Security（安全），防人之心不可無。

㈡ Time（時間），約會時間要正常。

㈢ Occasion（場所），約會場所要正當。

㈣ Person（人物），約會對象要正派。

加害人的特徵並不會清楚地寫在臉上，許多心理學家針對性侵犯的研究，雖歸類出戀童型、權力型、憤怒型、虐待型……，但也只能在事發後瞭解其犯罪傾向與動機，卻無法改變被害人被侵害的事實與日後心理的創傷。如何防範、避免才是最重要的，依照上述「安全原則」和「防暴原則」提高警覺，若不幸仍遭到傷害，保住生命、記住特徵、留下證據、尋求協助，這是自救最有效的途徑，其餘，如何避免二度傷害，則應該教育社會大眾對女性貞節意義的重新省思。

爲了避免性侵害被害人重複陳述案情所造成的傷害，內政部特別於2005年11月8日公布《性侵害案件減少被害人重複陳述作業要點修正規定》如下：

一、爲提供性侵害案件被害人友善之詢（訊）問環境，建構司（軍）法警察、社政、醫療或少年法院（庭）、檢察、軍事檢察等機關（構）相互聯繫機制，以減少被害人重複陳述，特訂定本要點。性侵害案件減少被害人重複陳述之作業流程依《刑事訴訟法》、《少年事件處理法》、《軍事審判法》、《性侵害犯罪防治法》相關法令及本要點規定辦理。

二、直轄市、縣（市）政府性侵害防治中心（以下簡稱防治中心）爲辦理本要點所定事項之聯絡中心。各該地區司（軍）法警察、社政、醫療或少年法院（庭）、檢察、軍事檢察等機關（構）均應指定專責聯絡人，建立聯繫通報網絡。

三、下列性侵害案件之被害人，其詢（訊）問依本要點規定辦理，但經社工人員訊前訪視認不適宜或不必要者，不在此限：

㈠ 未滿十八歲之人。

㈡ 心智障礙者。

㈢ 前二款以外之被害人經申請適用本要點者。

性侵害案件發生後顯有保全證據或逮捕現行犯等急迫情形，而有即時詢（訊）問被害人之必要者，應於司（軍）法警察（官）或少年法院（庭）法官、檢察官、軍事檢察官初訊完畢後，再依前二項規定由社工人員對被害人進行訊前訪視。

四、各單位處理性侵害案件，應辦理下列事項：

㈠ 防治中心：

1. 指派社工人員辦理。

2. 告知被害人於本要點所規定程序中得享有之權利、保護事項及作業流程。

3. 必要時徵得被害人同意陪同辦理驗傷、採證。

4. 聯繫轄區警察（分）局（憲兵隊）。

5. 進行訊前訪視。

6. 陪同詢（訊）問。

㈡ 司（軍）法警察機關：

1. 通報該管防治中心。

2. 通知轄區警察（分）局（憲兵隊）辦理性侵害案件專責人員。

3. 告知被害人於本要點所規定程序中得享有之權利、保護事項及作業流程。

4. 通知防治中心指派社工人員進行訊前訪視。

5. 必要時派員陪同驗傷、採證。

6. 依社工人員訊前訪視評估結果聯繫管轄少年法院（庭）、檢察、軍事檢察機關。

7. 注意現場處理及跡證之勘驗蒐證，並依少年法院（庭）法官、司（軍）法檢察官指揮進行詢問。

㈢ 醫療機構：

1. 通報該管防治中心，並聯繫轄區警察（分）局（憲兵隊）到場。

2. 告知被害人於本要點所規定程序中得享有之權利、保護事項及作業流程。

3. 進行驗傷、採證，必要時會診相關科別。

4. 指派社工人員或護理人員陪同驗傷、採證。

5. 依需要聯繫防治中心社工人員進行訊前訪視。

㈣ 少年法院（庭）、檢察、軍事檢察機關：

1. 通知該管防治中心派員處理。

2. 告知被害人於本要點所規定程序中得享有之權利、保護事項及作業流程。

3. 依需要通知社工人員進行訊前訪視。

4. 必要時通知司（軍）法警察、社工人員陪同驗傷、採證。

5. 訊問或指揮司（軍）法警察（官）詢問。

㈤ 學校或其他單位：發現疑似性侵害案件時，應立即通報（知）該管防治中心。

五、社工人員進行訊前訪視應塡具性侵害案件減少被害人重複陳述作業訊前訪視紀錄表。

六、依本要點作業流程處理性侵害案件時，被害人應塡具性侵害案件減少被害人重複陳述作業同意書，社工人員應依被害人身心狀況及偵查案件之需要，評估被害人適宜接受詢（訊）問之期間，提供司（軍）法警察（官）、少年法院（庭）法官、檢察官或軍事檢察官參考決定詢（訊）問之時間。前項被害人爲禁治產或未滿十二歲之人時，應經其監護人或法定代理人同意。但監護人或法定代理人爲加害人者不在此限。司（軍）法警察（官）、少年法院（庭）法官、檢察官或軍事檢察官決定詢（訊）問之時間、地點後，應通知該管防治中心通報各相關單位之專責聯絡人。

七、司（軍）法警察、社政單位應會同進行詢問，分別製作詢問筆錄、紀錄，必要時得請醫療或相關專業人員協助。詢（訊）問過程應全程連續錄影錄音，並得以電腦視訊系統連線少年法院（庭）、檢察、軍事檢察等機關，由少年法院（庭）法官、檢察官、軍事檢察官或指揮（協調）司（軍）法警察（官）執行。司（軍）法警察（官）詢問完畢後，應即檢同筆錄及相關資料，以傳眞、電子郵件或其他方式向少年法院（庭）法官、檢察官、軍事檢察官報告，少年法院（庭）法官、檢察官、軍事檢察官如認有不足時，應即指揮司（軍）法警察（官）補訊。

八、司（軍）法警察（官）詢問及製作筆錄，應二人一組，一人詢問，一人記錄。社工人員並應會同辦理。

九、執行詢（訊）問被害人之錄影錄音啟動時，應宣告詢（訊）問案由、日期、時間（時、分）及地點，完成時亦應宣告結束時間（時、分）後停錄，其間連續始末爲之，錄影錄音帶或電磁資訊應注意完整、清晰，並注意呈現被詢（訊）問人之語氣表情及肢體動作。

十、詢（訊）問錄影錄音應一次完成，詢（訊）問錄影錄音帶或電磁資訊應保留備查。司（軍）法警察（官）執行詢問錄影錄音因故不能一次完成時，經社工人員評估確有依本要點作業流程進行之必要者，得檢具相關資料，報告承辦少年法院（庭）法官、檢察官或軍事檢察官，再依本要點相關規定辦理。前項錄影錄音啟動後，因錄影錄音造成被害人身心反應無法自由陳述或完全陳述時，經社工人員評估，得不進行錄影錄音，不受第七點第二項之限制。前二項未完整進行之錄影錄音帶或電磁資訊仍應依前點規定宣告停止後停錄，併同案卷保存或移送。

十一、詢（訊）問被害人時，應注意使被害人之法定代理人、配偶、直系或三親等內旁系血親、家長、家屬等有陪同在場及陳述意見之機會，其有干擾程序進行或影響被害人情緒或自由陳述時，宜適當處理。

十二、詢（訊）問被害人應以懇切態度耐心爲之，並體察其陳述能力，給予充分陳述機會，使其能完整陳述。

十三、社工人員應全程陪同，給予被害人及其家屬情緒支持，在詢（訊）問中並得陳述意見。

十四、詢問錄影錄音帶或電磁資訊經被害人確認後，應密存於司（軍）法警察機關，以證物方式處理。

十五、詢問被害人錄影錄音帶或電磁資訊應鎖藏於專櫃，編碼建檔，指派專人妥適保管，並確實記載入藏、取出及移送紀錄。

十六、司（軍）法警察機關於案件調查或偵查完成移送時，應於移送書內附記欄註明本案依性侵害案件減少被害人重複陳述作業要點辦理。

十七、少年法院（庭）法官、檢察官、軍事檢察官於調查或偵查時，及法官、軍事審判官於審判時，宜先勘驗被害人詢（訊）問錄影錄音帶或電磁資訊，瞭解被害人陳述之內容，避免就同一事項重複傳訊被害人。

十八、防治中心應設置隱密、溫馨之會談室，裝設隱藏式電化錄影（音）系統及單面玻璃牆等，並得以電腦視訊系統連線相關單位。防治中心於必要時，得協調相關單位設置前項之設施。

十九、防治中心得製作被害人個案處遇報告或提出心理衡鑑報告，提供調查、偵查、審判參考。

簡單地說，爲了避免性侵害案件被害人重複陳述案情的傷害，製作筆錄與專責人員，都必須具備一定性別文化的敏感度，除了言談舉止間的拿捏得宜外，應注意維護被害人之祕密及隱私，不得洩漏或公開，避免在公開場所製作筆錄與重複詢（訊）問，故錄影錄音應一次完成，被害人如爲兒童或少年者應通知社工人員到場，家長有異議時應於筆錄中詳實記載，性侵害證物盒必須於 7 日內送驗，以確保證據的安全時效。

三 跟蹤騷擾防制法（Stalking and Harassment Prevention Act）

2021 年 12 月 1 日爲保護個人身心安全、行動自由、生活私密領域及資訊隱私，免於受到跟蹤騷擾行爲侵擾，維護個人人格尊嚴，特制定並公布《跟蹤騷擾防制法》，2022 年 6 月 1 日本法自公布後六個月施行，共 23 條條文。

根據警政署統計臺灣每年約 8 千件跟騷案，若將私下隱忍未報警案件也納入統計，跟蹤犯行已不是少數個案。婦女團體建議《跟騷法》立法多年，歷經多次悲劇後，才三讀通過完成立法。

跟蹤騷擾經常是重大犯罪的前兆，且與致命危險有高度相關，具備發生率高、危險性高、恐懼性高和傷害性高四大特徵，對被害人日常生活及身心安全，都具有相當程度的破壞性與危險性。

所謂跟騷行爲必須符合幾個要件：

㈠ 反覆或持續：這些行爲是反覆發生，或是具有持續性。

㈡ 違反意願：被害人並不想遇到這些行爲，約有八項樣態——監視觀察、尾隨接近、歧視貶抑、通訊騷擾、寄送文字影像或其他物品、冒用個資、不當追求和妨害名譽。

㈢ 與性或性別有關：像是爲了追求、表達愛慕，如果是記者基於報導目的，而和性或性別無關的跟追，就回到《社會秩序維護法》的跟追規定。此外，如果被害人被跟性或性別有關的行爲跟蹤騷擾，加害人另外跑去跟蹤騷擾被害人的家人時，即使對被害人家人的行爲跟「性或性別無關」，也是《跟騷法》禁止的跟蹤騷擾行爲。

㈣ 使被害人心生畏怖：造成被害人心理上的恐懼，足以影響被害人日常生活或是社會活動。

如果遇到跟騷行爲時，可以：

㈠ 向警察機關報案，警察機關受理後，應即開始調查、製作書面紀錄，並告知被害人得行使之權利及服務措施。

㈡ 警察機關應該依職權或被害人的聲請，核發「書面告誡」給行爲人。必要時，應採取適當措施來保護被害人。如果行爲人在書面告誡後 2 年內再爲跟騷行爲，被害人可以向法院聲請保護令。

㈢ 行爲人如對警察書面告誡不服，可在收到 10 日內表示異議，由上級警察機關決定，是否要更正或維持。

㈣ 實行跟騷行爲，是告訴乃論的犯罪行爲，被害人請求警察機關調查後，可以在知悉犯人之時起，於 6 個月內提出刑事告訴，追究刑事責任。

跟騷和性騷的差別：

㈠ 跟騷之認定，應就個案審酌事件發生之背景、環境、當事人之關係、被害人之認知及行爲人言行連續性等具體事實爲之。

㈡ 性騷之認定，是以性別爲基礎，違反當事人的自由意願，且與性相關的行為；其認定著重在被騷擾者的主觀感受及合理被害人的綜合考量，而不是依行為人有無性騷擾意圖為判斷。

㈢「無合理懷疑原則」（beyond reasonable doubt），意指法院要判決一個人有罪，必須根據不足以產生合理懷疑的證據才行，亦即必須根據經驗法則，理性之人會覺得是無可懷疑的證據。跟騷是犯罪行為，刑事有罪判決，須以「無合理懷疑」之心證確信為前提；性騷成立否之證據法則，不應如刑事程序適用「無合理懷疑」之標準，應適用「明確合理之法則」，即一般理性之人，在相同之證據上，均會認為有性騷擾之可能時，始能認定之。

警察機關受理性侵害案件作業程序

一、依據：

㈠ 性侵害犯罪防治法及其施行細則。

㈡ 警察機關辦理性侵害案件處理原則。

二、流程：

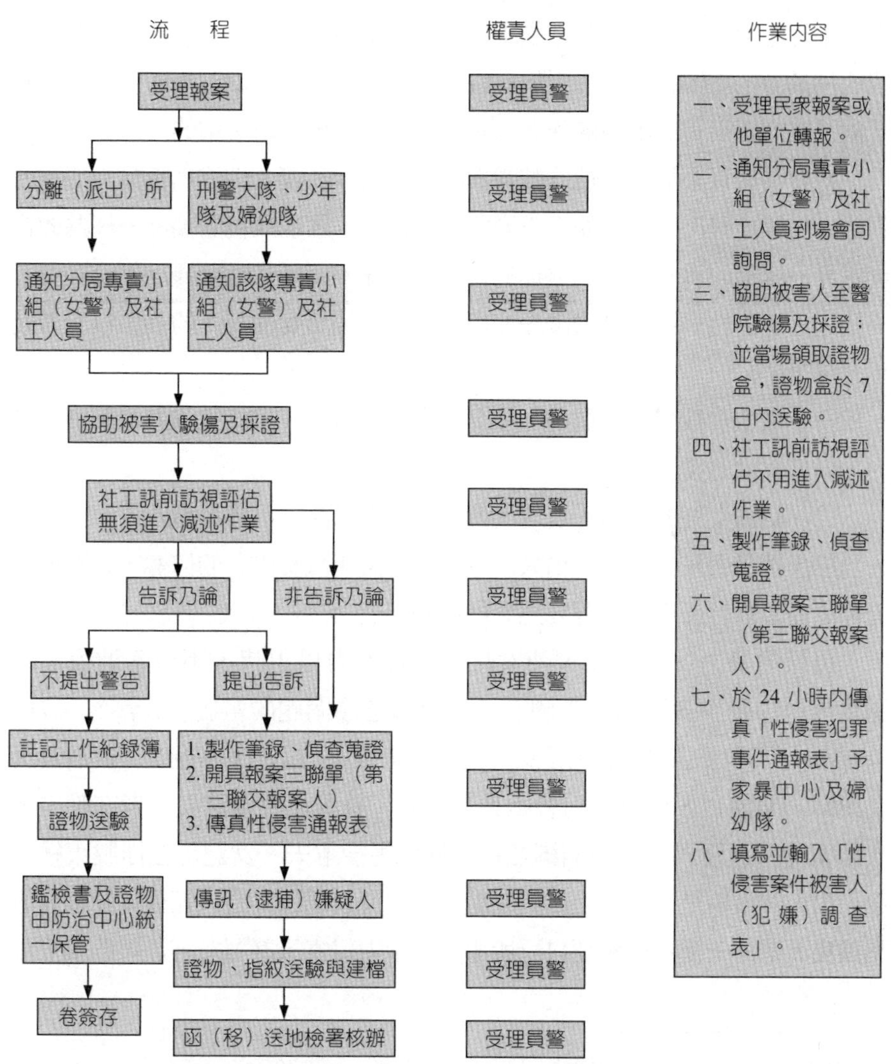

資料來源：桃園縣政府警察局「婦幼隊」http://wcp.tyhp.gov.tw/service/service02.htm，2014/04/28。

肆　性暴力的影響

雖然男對女、女對男，或同性對同性的性暴力皆有可能，但是，男對女的性暴力困難度低，女對男的性暴力困難度高，這是一種典型的性別不對等，平行思考方式容易忽略結構中不平等的權力分配方式。因此，最容易構成的性暴力，主要在於男性對於女性，這是植基於「性別刻板印象」，以及「兩性之間不平等的權力關係」，是有其文化內涵作用其中的。

社會長期以來對於女性的歧視與敵意，很容易讓女性成爲性暴力的宣洩對象，依輕重程度可以有如下不同的表現程度：性別歧視的笑話→輕蔑的言詞戲弄→淫穢的書刊影像→機構的排斥不信任→侮辱和性騷擾→恐嚇和脅迫→強迫性交→性虐待→身體凌虐和謀殺。這些加諸女性身上的暴力侵犯背後正意味著：

一、象徵女性先天的弱勢，使女性從小就籠罩在可能被強暴的恐懼中長大，降低女性的獨立性。

二、貶抑女性的自尊、自信，使女性淪爲物品，可被掠奪。

三、性暴力是對另一個男人（受害者的父親或丈夫）的侮辱，以至於受害者不僅因獸行而受害，還要感到恥辱和罪惡[104]。

這樣的暴力文化內涵，使女性遭受性暴力侵犯時，不僅不敢張揚，還要自己主動說謊隱瞞。美國有一部討論這類問題的電影《控訴》（*The Accused*）[105]，受害者被輪暴之後，還被指責是自己招惹的，連受委託的辯護女律師一開始也如此認爲而要她私下和解。臺灣徐姓資深女記者在晚上下班回家時，遭侵入的暴徒綑綁並連續性侵害後離去，女記者在掙脫束縛之後，第一件事情是洗去身上所有的證據，到警察局報案時，僅願承認只有遭到猥褻，對外一律不敢承認自己所遭受的暴力侵害，歷經七、八年的獨立療

---

104 Bernice Lott，《女性心理學》（*Women's Lives*），頁 306。

105 Tom Topor 原著，Jonathan Kaplan 導演的《控訴》（*The Accused*，臺北：影傑，1988），故事敘述女主角（Jodie Foster 飾演）到酒吧找朋友，喝了幾杯酒後就在酒吧隨著音樂翩然起舞、姿態撩人，引起許多男人側目，竟在衆人鼓譟圍觀下當衆遭到輪暴。身心俱創的女主角委託女律師（Kelly McGillis 飾演）為她到法院「控訴」，全片藉由官司過程探索性別、人性及道德觀念等諸多不正義的現象，Jodie Foster 因成功詮釋一位誓死找回公道，不但要在多次的開庭審問中陳述痛苦的被強暴過程，還要與她的辯護律師找出強暴犯及在案發現場大呼過癮的冷血旁觀者，她以此片勇奪奧斯卡影后大獎。

傷止痛之後，最後她選擇勇敢站出來，出版《暗夜倖存者》[106]一書說出這段慘痛的經歷，並質疑：被偷、被搶，我們都會大聲呼救，並積極保留證據，何以被強暴了卻要隱瞞眞相？

「性侵害＞侵害」，前者加重社會對女性「性」的貞操價值，使得身體上的嚴重傷害，變得難以啟齒的羞辱，以至於被侵害可以大喊救命，被性侵害卻不能張揚。媒體「報導 or 不報導」？報導，女孩會受二度傷害；不報導，卻也弔詭地承認確實普遍存在對「性」的迷思；媒體確有責任報導遭受侵害的事件，但不必聚焦在「性」的侵害，可惜媒體的職業倫理與性別文化素養始終有待加強。受害者的「復原力」來自大家共同的努力，災難無法全然滅絕，但愛的力量卻可以累積催化爲重生的力量，如何表達愛與關懷，需要學習、需要傳播及宣導，否則用錯方法傷害更深。

性侵害的受害者，從嬰幼兒、國小孩童到老婦人都有，青少年及兒童受害比例較高約占七成左右，具有學生身分約有五成，男、女性皆有，但男性不到一成。學者認爲，遭到性暴力尤其是性侵害的女性，只有約十分之一的人會向警方報案，強制性交的實際發生率比調查報告高出六到十倍。

性暴力可能發生在任何地點、任何時間，但最常發生在週末、傍晚到凌晨之間、暑假期間，大部分的性暴力都是熟人所爲，學校、家裡、工作場所等各種看似安全的地點都有可能發生性暴力事件，因此，純粹限制女性穿著或外出行動，並不能有效預防性犯罪。

性侵害犯罪不僅是「性」的暴力犯罪，也非純粹皆是「生理」之需求，它存在著某種「權力與控制關係」，加上社會價值觀壓力，被害人容易罹患

---

106 徐璐，《暗夜倖存者》，臺北：平安文化，1998。這本書的封面寫著：「她不是英雄，也不是沉溺悲情的受害者，只是不想在自己生命中，有段缺席的記憶！徐璐本是人人稱羨的女性成功典範。可是，六年前的一個暗夜裡，一個歹徒闖入了她的公寓，接下來的是黑暗、黑暗與黑暗……被強暴的陰影幾乎淹沒了她，使她只能不斷地自責、逃避和偽裝。但如今，她親筆寫出她經歷的一切，她知道她必須停止逃避，看清楚並接受所有她曾逃避的一切，勇敢面對這些傷口，並且去思考它們對於生命所帶來的意義」，能說出來，至少已經稍能平息內心之痛，書中也舉出許多走出暗夜的例子，對曾經遭遇如此不幸的人特別具有意義。

「創傷後壓力症候群」（Post-traumatic stress disorder，簡稱 PTSD，又稱創傷後遺症）：抑鬱寡歡、沮喪無助、飲食起居模式改變、易與家人親友發生口角爭執、抱怨不明的病痛不願上班上學等等，對其心理、生理、自尊心和人際關係會有深遠的負面影響，甚至危及與周遭親友之間的親密互動，形成所謂的「被害人漩渦反應」或「替代性創傷」（Vicarious trauma）：因爲對受害者的同理，自己也出現了自責、負面的創傷反應[107]。

世界上存在著各式各樣的差異，權力卻決定差異之優劣與相對限制，例如：大部分的地方都警告晚上 11 點後女性不准外出，因爲女性是潛在的受害人，男性是潛在的加害人，但爲何不規定男性晚上 11 點後不准出門？權力介入許多規範，實應重新思考規範的正當性。加拿大「暴力防治導師」（Mentors in Violence Prevention, MVP）的創辦人兼董事長傑森．凱茲（Jackson Katz）在 TED 有場「對婦女施暴——是男人的問題」（Violence against women - it's a men's issue）的演講中提到，以下面三個句子爲例，我們會很驚訝地發現，在以男性爲主題的性暴力談話中，男性是如何大量被抹去其主體性，只剩下被害女性成爲問題的核心：

第一句 John beat Mary.
約翰打瑪麗

第二句 Mary was beaten by John.
瑪麗被約翰打

第三句 Mary was beaten.
瑪麗被打

凱茲進一步提出「防治性暴力男人可做的十件事」（10 Things Men Can Do to Prevent Gender Violence）節譯如下：

一、男性不僅是性罪犯或潛在的性犯罪者，同時也是助長性暴力的旁觀者。

二、如果發現有兄弟、朋友在欺負或不尊重他的女性夥伴時，請伸出援

---

107 黃富源，〈強、輪姦被害人特質及其創傷理論之探討〉，《警察大學學報》第三十四期，桃園：警察大學，1999，頁 227 ～ 261。

手，嘗試表明自己的立場或尋求幫助，千萬不要容忍和沉默。

三、認眞反思那些無意識卻帶有性別歧視與暴力的行爲或態度，並努力糾正它們。

四、如果你懷疑身邊的女性可能遭受到家暴或性侵害，請溫和地詢問她們是否需要幫助。

五、如果你曾經有對女性在精神、心理、肉體或性上施暴的行爲，請立刻尋求專業的幫助。

六、如果你有參與一個組織或者擁有一定的社會資源，請和所有女性一起爲結束任何形式的性暴力努力。

七、對於同性戀、雙性戀、變性人和性別認知障礙者公然的暴力攻擊與性別歧視，必須駁斥這是錯誤的行爲。

八、透過參加活動、課程、看電影和讀書會的學習，以提升對男性行爲多樣性的瞭解，以及社會因素如何影響男女個體衝突的認識。

九、拒絕購買和消費任何詆毀女性或侮辱女性的雜誌、影音產品、網站或音樂。

十、引導和教育年輕男孩如何正確對待女性（男性），培育他們成爲一個不會侮辱歧視女性（男性）的眞正男子漢。

此外，近年來女性主義的發展，使得許多似是而非的「性自主權」概念淪爲發洩情慾的藉口，這尤其是出現在一方學識淵博另一方因敬仰崇拜，幻想一段平等的浪漫情愛，卻在知道對方的性關係十分雜亂之後，才驚覺到自己不僅成爲對方思想上的俘虜，更是其宣洩的性工具。2017 年，26 歲的文壇新秀林奕含在出版第一本著作《房思琪的初戀樂園》後不久即自殺身亡。她寫了一本疑似遭誘姦的小說，讀過或未讀，或由媒體，或由轉知，人們雖看法不一，但結論似乎都指向必須再加強性平教育，教導捍衛身體的自主權。從教育的角度來看，近年來性平教育雖有提升，但最不足的是思辨能力的建構。解放、反叛若沒有思辨的基礎，容易變成只是莽撞、只是年少輕狂。現代人大多將個人主義誤讀爲自由主義，自由主義是以不侵犯他人爲前提，個人主義卻是追求個人意志的無限上綱，意思是，在管不住孩子的情形下，更應該教育他如何思辨。

人在成長的階段，經常是藉由「他者」確立「自我」，我們有可能因為仰慕而愛上一個人，藉由他的愛，我們確立了自我存在的價值與意義，尤其是自認雀屏中選的愛，更能凸顯自己的獨特性，而不會被淹沒在群體中。自殺事件發生後，媒體一直把重點放在「性」上面，個人認為，對一個心思敏銳的作家而言，心痛的不是性的侵犯，而是愛的剝削與欺騙；如果我們一直都在談性，我們就不斷地再複製女性貞潔的偏見。發現我愛你而你卻不愛我，或你並沒有像我所想像的那般愛我的震驚，若走不出來就會全盤否定過往的一切，這個我們所互動所愛的「他者」，有可能是父母、老師、同學、伴侶……，憤怒、挫折、失望，經常是成長的開始，但也有可能是自戕的起點！我們很難獲得任何關於自我的事實，除非透過他者的眼光與意見，這產生一種沉重的負擔與存在的矛盾：我的確就是那個「他者」正在監視並評判的對象，因為「他者」使我認識到自我的存在，但也同時讓自己囚禁在「某種無所不包地作繭自縛的凝視之中」，拒絕經由他者以定義自我，是一種覺醒，擁有獨立的自我才能自在，自在才有自信。所以，我們的孩子除了性教育，也必須有這種思辨能力的訓練。

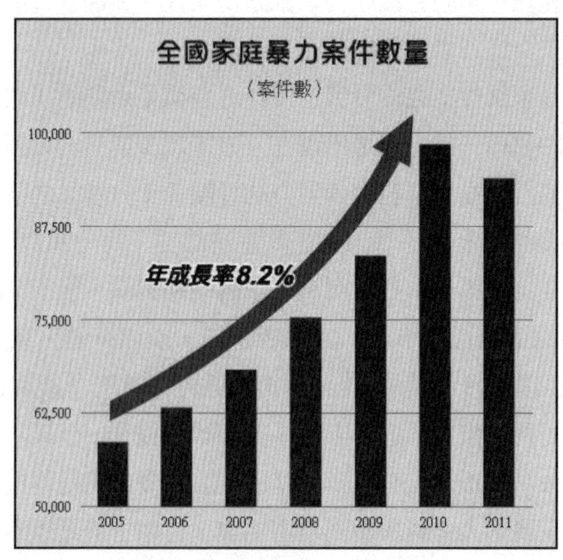

圖 6-11　全國家庭暴力案件數量（2005～2011）

資料來源：內政部。

圖表繪製：「數說台灣」www.taiwancharts.com

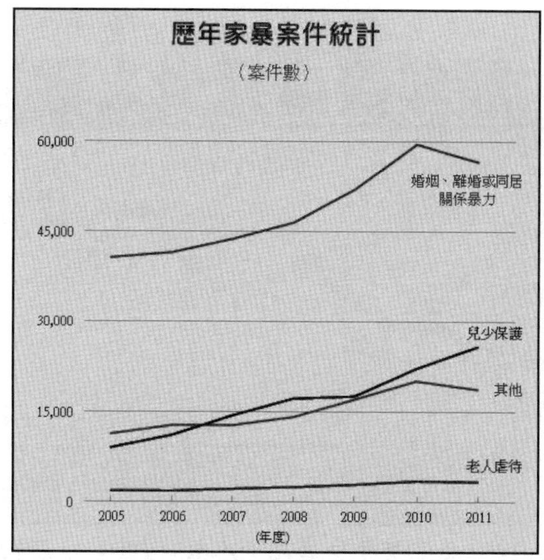

圖 6-12　歷年家暴案件統計（2005～2011）

資料來源：內政部。

圖表繪製：「數說台灣」www.taiwancharts.com

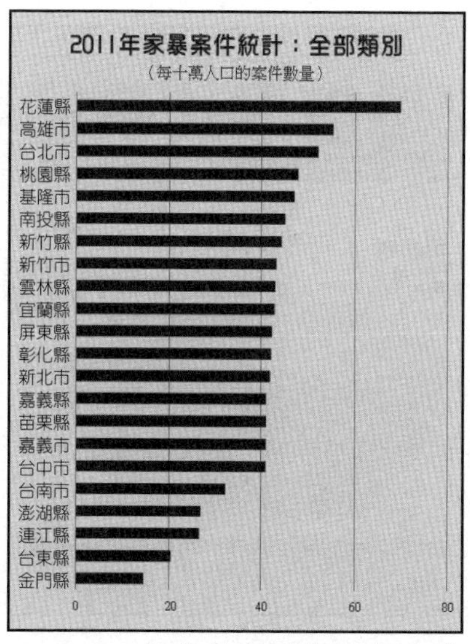

圖 6-13　2011 年全臺各縣市家暴案件統計

資料來源：內政部。

圖表繪製：「數說台灣」www.taiwancharts.com

圖 6-14　全年歷年受虐兒少人數（2004～2012）

資料來源：衛生福利部。

圖表繪製：「NGO 觀點」http://ngoview.pts.org.tw/

圖 6-15　施虐者身分比例

資料來源：衛生福利部。

圖表繪製：「NGO 觀點」http://ngoview.pts.org.tw/

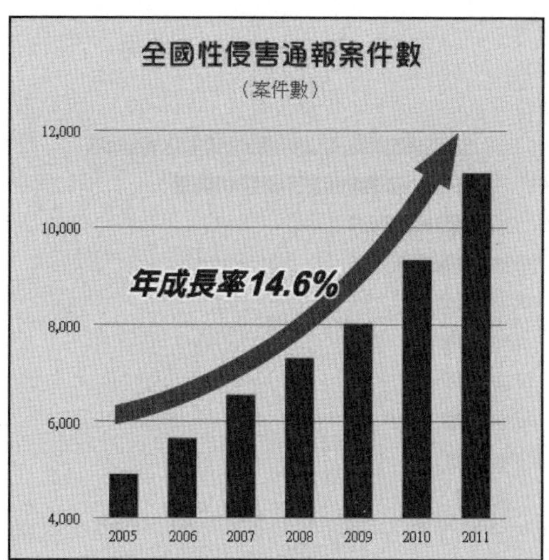

圖 6-16　全臺性侵害通報案件統計（2005 ～ 2011）

資料來源：內政部。

圖表繪製：「數說台灣」www.taiwancharts.com

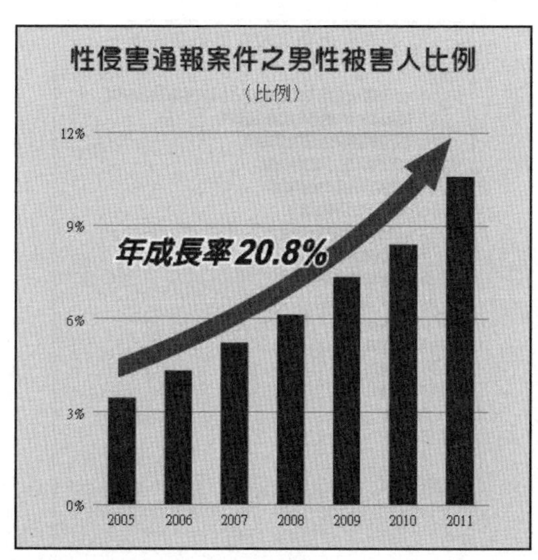

圖 6-17　性侵害通報案件中男性被害人比例（2005 ～ 2011）

資料來源：內政部。

圖表繪製：「數說台灣」www.taiwancharts.com

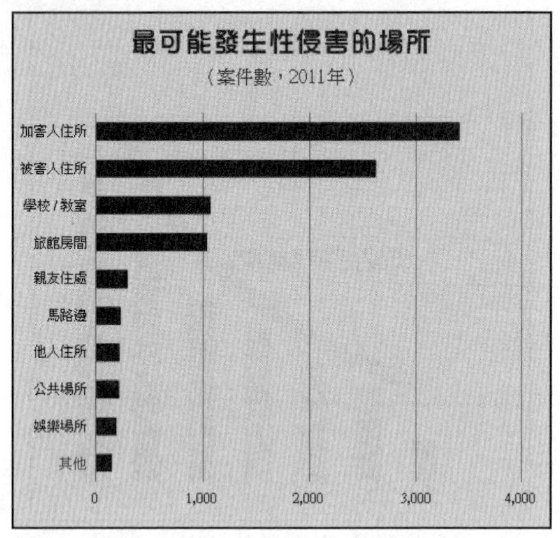

圖 6-18　最可能發生性侵害的場所案件數（2011）

資料來源：內政部。

圖表繪製：「數說台灣」www.taiwancharts.com

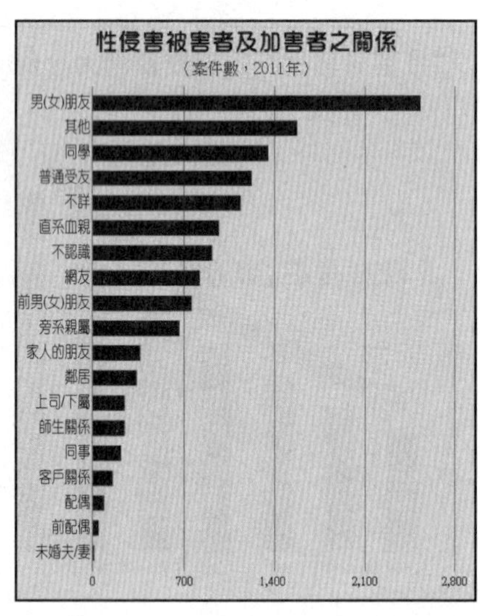

圖 6-19　性侵害案件中被害者及加害者的關係統計（2011）

資料來源：內政部。

圖表繪製：「數說台灣」www.taiwancharts.com

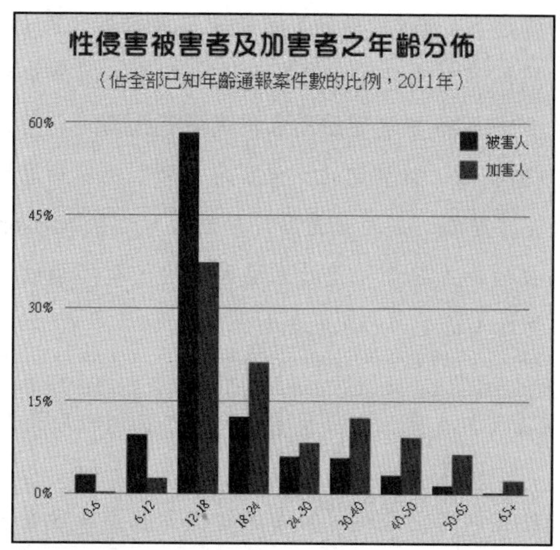

圖 6-20　性侵害案件中被害者及加害者之年齡分布統計（2011）

資料來源：內政部。

圖表繪製：「數說台灣」www.taiwancharts.com

影片資料

・《家庭暴力防治宣導教育》，臺北：內政部家庭暴力防治委員會發行，2001。

簡介：內容一張光碟分成三部分：一、影片《100 公分的世界》（片長 9 分鐘），二、影片《36 巷 5 號 4 樓》（片長 7 分鐘），三、動畫《家庭暴力防治法》（國、臺語發音各 27 分鐘）。影片拍得相當寫實，課堂放映時，有些學生都忍不住潸然淚下，是少數拍得相當成功的宣導影片；令人動容的劇情之後立即介紹《家庭暴力防治法》，具有事半功倍之效。

・Lennart Nilsson 導演，《愛的奇蹟》（*The Miracle of Love*），臺北：齊威國際多媒體股份有限公司，1999，片長 52 分鐘。

簡介：媒體推薦如下：《愛的奇蹟》是瑞典籍的攝影大師 Lennart Nilsson 繼《生命的奇蹟》、《未知的世界》等以人體為主題的最新作品。如同其他作品一樣，Nilsson 捨棄電腦動畫與模擬等技術，以特別設計的內試鏡和 35 釐米膠捲拍攝，詳實記錄了子宮內人類胚胎從卵囊破殼而出到嬰兒順利產出的完整歷程。影片雖是屬科學教育，但在 Nilsson 獨特的攝影美感和顯像的技巧下，將影片提升至藝術層次，美不勝收，要讓年輕孩子感受生命的美好，這是一部絕佳教材。

- 《希望：為愛重生》，臺北：可樂電影公司，2014，片長 123 分鐘。

簡介：因為擔任民間公益團體「婦女新知協會」副理事長一職，故得以受邀觀賞韓國電影《希望：為愛重生》的試映會，個人深感電影的社會責任與實踐公益的影響力實在十分強大，幾經斡旋，獲得警大學生總隊和人事室的全力協助，以及可樂電影公司的熱情回應，於 2014 年 3 月 19 日下午 1：00～4：00，就在警大小講堂展開一場電影上院線售票之前的免費加映會和座談會。會後隊職師長的強力推廣和學生們的回應文不斷，顯見一部成功的電影所可以形成的深遠影響。本片由《王的男人》而成名的導演李濬益，根據真人實事所拍攝的《希望：為愛重生》（又名《素媛》），已經在向有韓國奧斯卡獎的青龍獎中獲得 7 項提名，並勇奪最佳影片、最佳女配角及最佳劇本獎。本片令人讚賞與動容之處在於，很真實卻不煽情地詮釋孩童遭受性侵後全面的復原過程。

主要參考文獻

一、中文部分

Bernice Lott，《女性心理學》（*Women's Lives*），危芷芬、陳瑞雲譯，臺北：五南，1996。

Christian Ratsch & Claudia Muller-Ebeling 合著，《春藥》，汪洋譯，臺北：時報文化，1998。

Irvin D. Yalom，《存在心理治療（上）（下）》（*Existential Psychotherapy*），易之新譯，臺北：張老師文化，2004。

L. K. Weisman，《設計的歧視──「男造」環境的女性主義批判》（*Discrimination By Design: A Feminist Critique of the Man-Made Environment*），王志弘等譯，臺北：巨流，1997。

M. Kodis, D. Moran, D. Houy 合著，《第六感官──愛的氣味費洛蒙》（*Love Scents*），張美惠譯，臺北：時報文化，1998。

Maggie Scarf，《親密伴侶》（*Intimate Partners*），施寄青譯，臺北：幼獅文化，1988。

Mary Ann Lamanna & Agnes Riedmann 合著，《婚姻與家庭》（*Marriages and Families*），李紹嶸 & 蔡文輝合譯，臺北：巨流，1991。

Nancy Friday，《男人的慾望城國》（*Men In Love: Men's Sexual Fantasies*），林寰譯，臺北：展承文化，1995。

R. J. Gelles & C. P. Cornell，《家庭暴力》（*Intimate Violence In Families*），劉秀娟譯，臺北：揚智文化，1996。

V. J. Derlega & L. H. Janda，《心理衛生──現代生活的心理適應》（*Personal Adjustment: The Psychology of Everyday Life*），林彥妤、郭利百加等譯，臺北：桂冠，1993。

Whitney Chadwick & Isabelle de Courtivron 主編，《愛人，同志──情慾與

創作的激盪》（*Significant Others: Creativity & Intimate Partnership*），許邏灣譯，臺北：允晨文化，1997。

女人完全逃家編輯小組，《女人完全逃家系列㈢——婚姻暴力》，臺北：婦女新知基金會出版部，1997。

王文興，《家變》，臺北：洪範，1973。

王浩威，《臺灣查甫人》，臺北：聯合文學，1998。

孔憲鐸、王登峰，〈基因與人性：影響人性的若干基因〉，《心理學探新》，中國：南昌，2006年1月號。

安茱兒・蓋博（Andrea Gabor），《愛因斯坦的太太——百年來女性的挫敗與建樹》（*Einstein's Wife: Work and Marriage in the Lives of Five Great Twentieth-Century Women*），蕭寶森譯，臺北：智庫文化，1997。

米蘭・昆德拉（Milan Kundera），《生命中不能承受之輕》（*Nesnesitelná Lehkost Bytí*），韓少功、韓剛譯，臺北：時報文化，1995。

村上春樹（Haruki Murakami），《挪威的森林》（*Noruwei No Mori*），賴明珠譯，臺北：可筑書房，1992。

李・希爾佛（Lee M. Silver），《複製之謎——性、遺傳和基因再造》（*Remaking Eden: Cloning and Beyond in a Brave New World*），李千毅、莊安祺譯，臺北：時報文化，1997。

余德惠策劃，《中國人的同性戀》，臺北：張老師文化，1995。

吳嘉麗等編著，《現代社會與婦女權益》，臺北：空中大學，2001。

佛洛姆（Erich Fromm），《愛的藝術》（*The Art of Loving*），孟祥森譯，臺北：志文，1986。

周華山著，《同志論》，香港：同志研究社，1995。

胡幼慧，《三代同堂——迷思與陷阱》，臺北：巨流，1995。

侯俊明，〈英雄之旅〉，收錄在《張老師月刊》，臺北：張老師文化，1998年12月號。

徐四金（Patrick Süskind），《香水》（*Perfume: The Story of a Murderer*），洪翠娥譯，臺北：皇冠，2006。

徐璐，《暗夜倖存者》，臺北：平安文化，1998。

海倫・費雪（Helen E. Fisher），《愛慾——婚姻、外遇與離婚的自然史》（*Anatomy of Love: A Natural History of Mating, Marriage, and Why We*

Stray），刁筱華譯，臺北：時報文化，1994。
席慕蓉，《七里香》，臺北：大地，1985。
高鳳仙，《性暴力防治法規——性侵害、性騷擾及性交易相關問題》，臺北：新學林，2005。
畢恆達，《空間就是權力》（*The Power of Space*），臺北：心靈工坊文化，2001。
黃富源，《向企業性騷擾說再見：工作場所性騷擾防治手冊》，臺北：中華民國勞資關係協進會，1997。
黃富源，〈強、輪姦被害人特質及其創傷理論之探討〉，《警察大學學報》第三十四期，桃園：警察大學，1999，頁227～261。
黃富源，《警察與女性被害人：警察系統回應的被害者學觀察》，臺北：新迪文化，2000。
陳文茜等口述，《造反的演員——十位顛覆傳統角色的女人》（楊語芸記錄整理，臺北：臺視文化，1997。
凱西．戴維斯（Kathy Davis），《重塑女體——美容手術的兩難》（*Reshaping the Female Body: The Dilemma of Cosmetic Surgery*），張君玫譯，臺北：巨流，1997。
凱瑟琳．麥金儂（Catharine A. MacKinnon），《性騷擾與性別歧視——職業女性困境剖析》（*Sexual Harassment of Working Women*），賴慈芸等譯，臺北：時報文化，1993。
湯蓀（Sue Townsend），《少年阿默的祕密日記》，薛興國譯，臺北：聯合文學，1989。
莊慧秋主編，《揚起彩虹旗》，臺北：心靈工坊，2002。
詹姆斯．米勒（James Miller），《傅柯的生死愛慾》（*The Passion of Michel Foucault*），高毅譯，臺北：時報文化，1995。
詹姆斯．瓊斯（James H. Jones），《金賽的祕密花園——性壓抑的歲月》（*Alfred H. Kinsey: A Public/Private Life*），王建凱等譯，臺北：時報文化，1998。
聖修伯里，《小王子》（*The Little Prince*），李懿芳譯，臺北：核心文化，2007。
葉慈（W. B. Yeats），《葉慈詩選》（*Selected Poems of W. B. Yeats*），楊牧

編譯，臺北：洪範，1997。

瑪格麗特・羅洛伊（Margaret Leory），《歡愉——女性性經驗真相》（*Pleasure: The Truth about Female Sexuality*），董綺安譯，臺北：時報文化，1994。

瑪莉蓮・賽門斯（Merilyn Simonds），《獄中情人》（*The Convict Lover*），林劭貞譯，臺北：高寶國際，1998。

鄭愁予，《鄭愁予詩選集》，臺北：志文，1984。

錢永祥、戴華主編，《哲學與公共規範》論文集，臺北：中央研究院中山人文社科所，1995。

歐威爾（George Orwell, 1903～1950），《動物農莊》（*Animal Farm*），孔繁雲譯，臺北：志文，1983。

黛安・艾克曼（Diane Ackerman），《感官之旅》（*A Natural History of the Sense*），莊安祺譯，臺北：時報文化，1993。

黛安・艾克曼（Diane Ackerman），《愛之旅》（*A Natural History of Love*），莊安祺譯，臺北：時報文化，1996。

黛安娜・伊希朵瑞，《愛情地圖》（*Landscapes of Love: An Atlas of The Heart*），艾瑞克・艾利 & 威廉・莫許繪圖，汪芸譯，臺北：天下文化，2006。

蘇珊・宋塔（Susan Sontag）《疾病的隱喻》（*Illness As Metaphor and AIDS and Its Metaphors*），程巍譯，上海：譯文，2003。

羅伯特・傑伊・羅素（Robert Jay Rusell），《權力、性和愛的進化——狐猴的遺產》（*The Lemur's Legacy: The Evolution of Power, Sex, and Love*），林憲正譯，臺北：正中，1995。

蘿拉・史萊辛爾（Dr. Laura Schlessinger），《男人，別傻了！——大丈夫常做的十件糊塗事》（*Ten Stupid Things Men Do To Mess Up Their Lives*），李月華譯，臺北：天下文化，1998。

二、英文部分

Altman, Irwin & Joseph Ginat, *Polygamous Families in Contemporary Society*. Cambridge: Cambridge University Press, 1996.

Barash, David P., *The Myth of Monogamy: Fidelity and Infidelity in Animals and*

People. New York: Owl Books, 2002.

Batchelor, Mary, Marianne Watson & Ann Wilde, *Voices in Harmony: Contemporary Women Celebrate Plural Marriage*. Iowa: Cedar Fort, 2000.

Browne, K. & M. Herbert, *Preventing Family Violence*. England: John Wiley & Sons, 1997.

Bryant-Jeffries, R., *Counselling for Progressive Disability: Person-centred Dialogues*. London: Radcliffe Medical Press, 2003.

Burke, P., *Brothers and Sisters of Children with Disabilities*. New York: Jessica Kingsley, 2004.

Clarkson, P. & J. Mackewn, *Fritz Perls*. London: Sage Publications, 1993.

Ellis, A. & C. Maclaren, *Rational Emotive Behavior Therapy: A Therapist's Guide*. CA: Impact Publishers, 1998.

Gelles , R. J., *Intimate Violence in Families*. CA: Sage Publications, 1997.

Glueckauf, R. L., *Family and Disability Aassessment System*, in *Handbook of family measurement and techniques*. J. Touliatos, B. Perlmutter, & M. Straus (eds.), Newbury Park, CA: Sage, 2003.

Germain, C. B., & A. Gitterman, *The Life Model of Social Work Practice: Advance in Theory and Practice*. New York: Columbia University Press, 1996.

Goffman, Erving, *Interaction Ritual: Essays on Face-to-Face Behavior*. New York: Pantheon Books, 1982.

Gore, Tipper, & Al Gore, *Joined at the Heart: The Transformation of the American Family*. New York: Owl Books, 2003.

Hampton, R. L., *Family Violence: Prevention and Treatment*. California: Sage Publications, 1999.

Katz, Jonathan, *Gay American History: Lesbians and Gay Men in the U.S.A*. New York: Thomas and Crowell, 1976.

Moats, David, *Civil Wars: Gay Marriage in America*. New York: Harcourt, Brace, Jovanovich,, 2004.

Nichols, W. C., *Treating People in Families: An Integrative Framework*. New York: Guilford Press, 1996.

Wolfe, P. S., *The Influence of Personal Values on Issues of Sexuality and Disability*, in *Sexuality and Disability, 15*. 1997, 69-90.

Stone, Lawrence, *The Family, Sex and Marriage in England 1500～1800*. New York: Harper & Row, 1979.

Sullivan, Andrew, *Same-Sex Marriage: Pro and Con: A Reader*. New York: Vintage, 1997.

Taylor, G. R., *Parenting Skills and Collaborative Services for Students with Disabilities*. Lanham, MD: Scarecrow Education, 2004.

Walker, L. E., *The Battered Women*. New York: Harper & Row, 1979.

三、網路資料

Bill Condon導演，《金賽性學教室》（*Kinsey: Let's Talk About Sex*），臺北：大無限2006，英文官方網站：http://www.foxsearchlight.com/kinsey/

內政部「家庭暴力及性侵害防治委員會」網站：http://dspc.moi.gov.tw/mp.asp?mp=1

「心理搜捕社區」：http://bbs.psysoper.com/viewthread.php?tid=1038

《民法》親屬編「夫妻財產制」「權平法律資訊網」：http://www.cyberlawyer.com.tw/alan3-1201.html

《性別平等工作法》全部條文「全國法規資料庫」：http://law.moj.gov.tw/Scripts/newsdetail.asp?no=1N0030014

《性別平等教育法》全部條文「全國法規資料庫」：http://law.moj.gov.tw/Scripts/NewsDetail.asp?no=1H0080067

《性侵害犯罪防治法》全部條文「全國法規資料庫」：http://law.moj.gov.tw/Scripts/NewsDetail.asp?no=1D0080079

《性騷擾防治法》全部條文「全國法規資料庫」：http://law.moj.gov.tw/Scripts/NewsDetail.asp?no=1D0050074

《家庭暴力防治法》全部條文「全國法規資料庫」：http://law.moj.gov.tw/Scripts/NewsDetail.asp?no=1D0050071

「泰姬瑪哈」：http://www.bamboo.hc.edu.tw/～shally/india/agra/agra04.htm

「財團法人婦女權益促進發展基金會」：http://www.womenweb.org.tw/wrp.asp

「國家地理頻道」：http://www.ngc.com.tw/watch/WILD_SEX.asp

「陳黎文學倉庫」網站：http://www.hgjh.hlc.edu.tw/ ～ chenli/index.htm

「新華網」：www.XINHUANET.com

《優生保健法》「全國法規資料庫」：http://law.moj.gov.tw/Scripts/newsdetail.asp?no=1L0070001

第七章

均衡差異和平等的性別正義

思考題

Q：世界上存在著各式各樣的差異，權力卻決定差異之優劣與相對限制，例如：大部分的地方都警告晚上 11 點後女性不准外出，因為女性是潛在的受害人，男性是潛在的加害人，但為何不規定男性晚上 11 點後不准出門？

Q：「女性專用車廂」的設置，是在保護女人，還是標籤化女人的「準受害位置」？

「前美國總統柯林頓（H. E. William Jefferson Clinton）的訪臺演講文稿，〈擁抱我們共通的價值：創造 21 世紀的安定與繁榮〉（Embracing Our Common Humanity: Security and Prosperity in the 21st Century, February 27, 2005, Taipei）中特別提到，21 世紀僅用『全球化』（globalization）一詞來形容是不夠的，因為『全球化』對大多數人而言主要在於經濟上的意義，他認為更好的用語是『相互依賴』（interdependence），柯林頓以他多年來在國際間奔走斡旋的經驗呼籲世人，應該從一個『互賴的世界』（interdependent world）之角度出發，努力將全球推向一個更為『整合的世界』（integrated world）。自我實現誠屬重要，但若沒有悅納異己的胸襟，一個整合的世界如何可能？」

～～～林麗珊 [1]

網路上有一則極簡單卻很少人回答得出的問題：「警察局長在路邊與一位老人談話，這時跑過來一個小孩，急忙地對警察局長說：『你爸爸和我

1 林麗珊，〈從傅柯的「自我關照」到德悉達的「悅納異己」〉（From Foucault's "care of the self" to Derrida's "Hospitality"），刊載於《哲學與文化月刊》，新莊：哲學與文化月刊雜誌社，2006 年 5 月，384 期，頁 33 ～ 34。

爸爸吵起來了！』老人問：『這孩子是你什麼人？』警察局長說：『是我兒子。』請問：這二個吵架的人跟警察局長是什麼關係？」據說，出問題的人做過實證調查「一百個大人只有二個答對」，看答案之前先想一想自己答對了嗎？答案是「警察局長是小孩的媽媽，所以『你爸爸』是警察局長的爸爸，『我爸爸』是警察局長的先生，小孩的爸爸」。多年前開始教女性主義課程時，也遇到過類似的問題：「有一對父子發生車禍，父親死亡，兒子被送往醫院開刀急救，值班醫師看到病患立即說：『我無法動手術，他是我兒子』，爲什麼？」當時乍見這樣的謎語，的確一時回答不出來，經過女性主義的洗禮，去除性別刻板印象，答案輕鬆可得，「醫生是男孩的母親」。近代女權運動的實質成果正是：打破「警察局長」、「醫生」、「司機」……等同於男性工作的性別偏見，並也因此樹立典範鼓勵女性走入男性獨占的領域。

不過這並不表示女權運動已然成功，傳統的兩性觀念雖然在表面上已起了若干變化，但性別刻板印象依舊蟄伏於人心，實質的改善仍屬有限[2]。以

2　下列圖表即可約略看出性別平等的理想仍有一段距離：

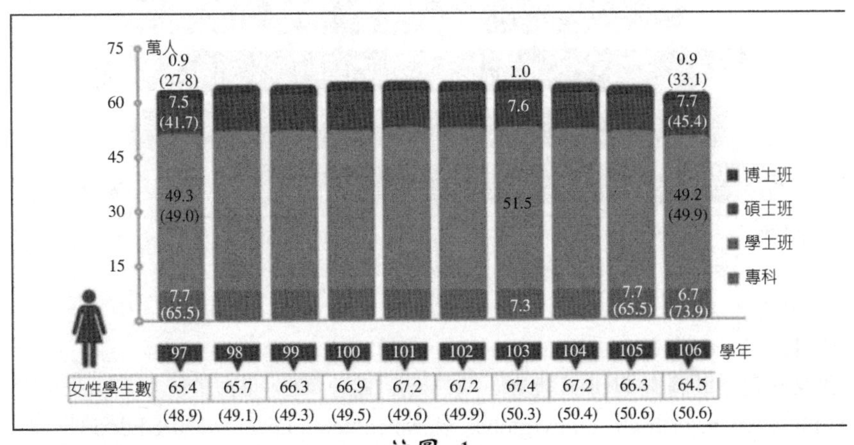

註圖 -1

( ) 爲女性占比

資料來源：教育部

圖表繪製：「高教創新」網站

http://www.news.high.edu.tw/global_vlews/content.php?cid=170&did=531

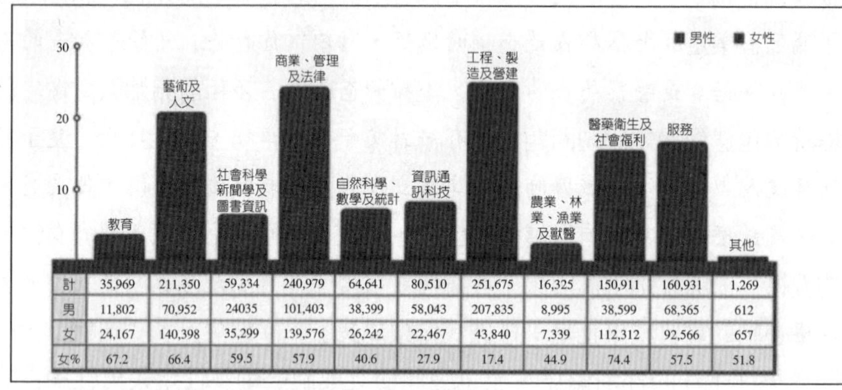

	教育	藝術及人文	社會科學新聞學及圖書資訊	商業、管理及法律	自然科學、數學及統計	資訊通訊科技	工程、製造及營建	農業、林業、漁業及獸醫	醫藥衛生及社會福利	服務	其他
計	35,969	211,350	59,334	240,979	64,641	80,510	251,675	16,325	150,911	160,931	1,269
男	11,802	70,952	24035	101,403	38,399	58,043	207,835	8,995	38,599	68,365	612
女	24,167	140,398	35,299	139,576	26,242	22,467	43,840	7,339	112,312	92,566	657
女%	67.2	66.4	59.5	57.9	40.6	27.9	17.4	44.9	74.4	57.5	51.8

註圖 -2

資料來源：教育部

圖表繪製：「高教創新」網站

http://www.news.high.edu.tw/global_vlews/content.php?cid=170&did=531

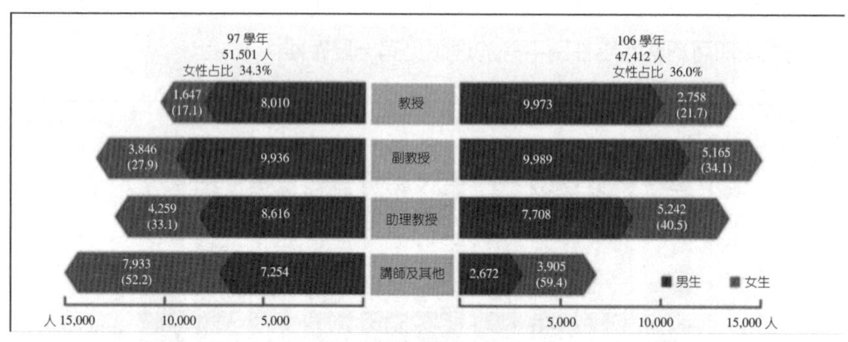

註圖 -3

( ) 爲女性占比

資料來源：教育部

圖表繪製：「高教創新」網站

http://www.news.high.edu.tw/global_vlews/content.php?cid=170&did=531

立法委員及高階公務員女性比率

- 105 年第 9 屆立法委員女性比率為 38.05%，為歷屆最高，顯示女性政治參與比率逐步提升。
- 104 年簡任（派）公務人員女性比率為 30.63%，103 年為 30.2%，每年持續上升。

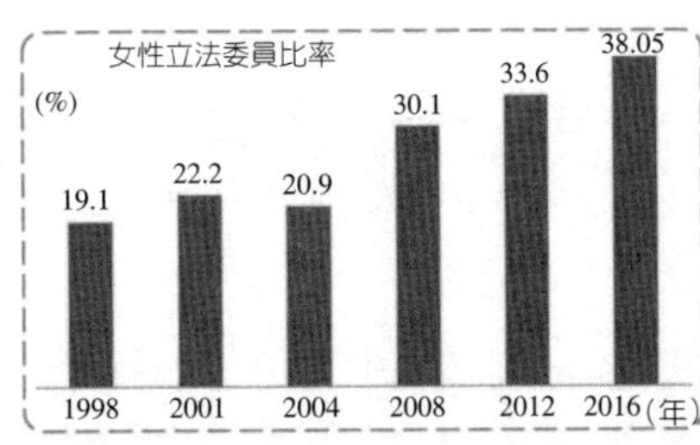

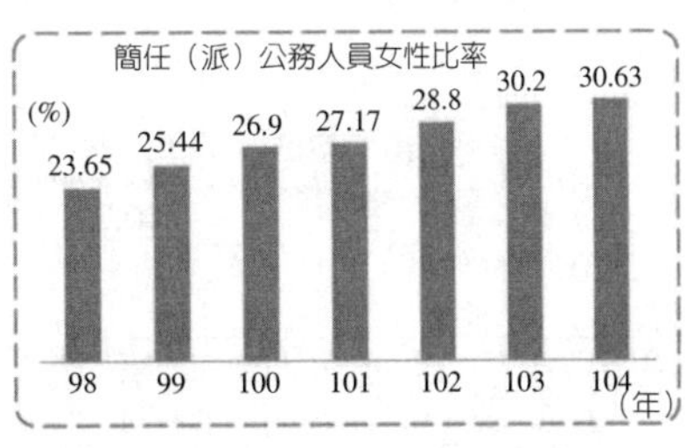

註圖 -4

資料來源：行政院性平處《2016 性別圖像》

委員會、企業及人民團體決策階層性別比率

- 行政院暨所屬部會委員會符合 1/3 性別比例已達 95.48%。
- 104 年企業女性獨立董事為 10.2%，董事為 12.6%，監察人為 23.2%，女性比率較低。
- 依據 104 年中小企業白皮書，103 年企業負責人女性占 36.19%。
- 104 年人民團體理事女性比率為 28.2%，監事女性比率為 34.5%；農漁會選任人員女性分別為 5.4%、7.8%，農田水利會會務人員女性比率為 3.4%。

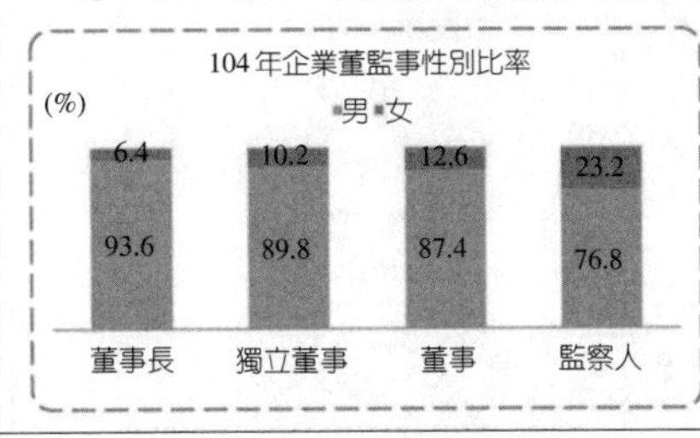

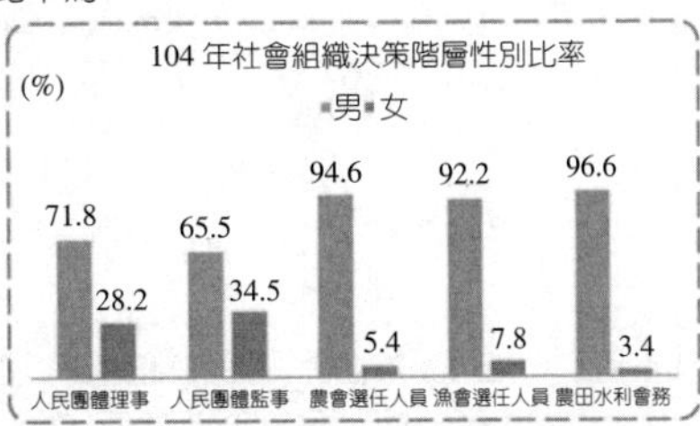

註圖 -5

資料來源：行政院性平處《2016 性別圖像》

全國各直轄市與縣（市）等地方政府中，105 年底女性主管占全體主管比率已有 20 個縣（市）高於三成，其中有 14 個縣市超過四成，有 1 個縣市達五成以上。

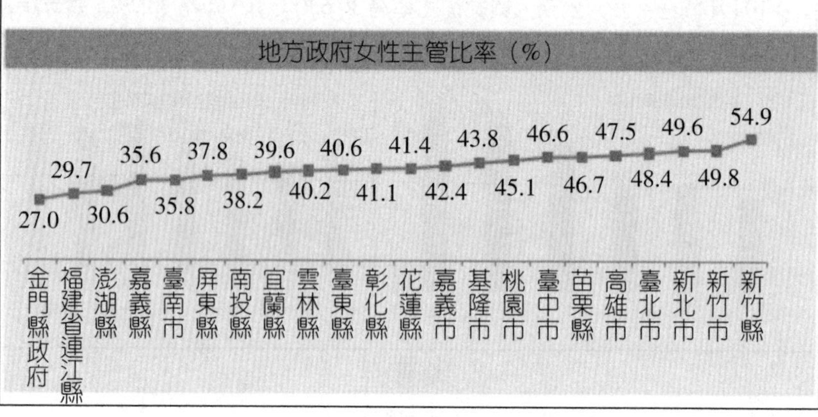

註圖 -6

資料來源：行政院性平處《2017 性別圖像》

105 年女性勞動力參與情形，以 25～29 歲勞參率最高（占 90.38%），並隨年齡上升逐漸下降。

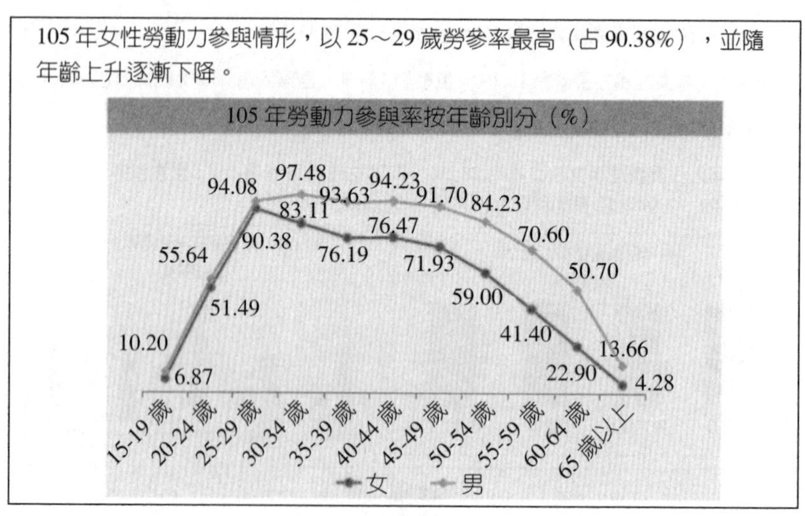

註圖 -7

資料來源：行政院性平處《2017 性別圖像》

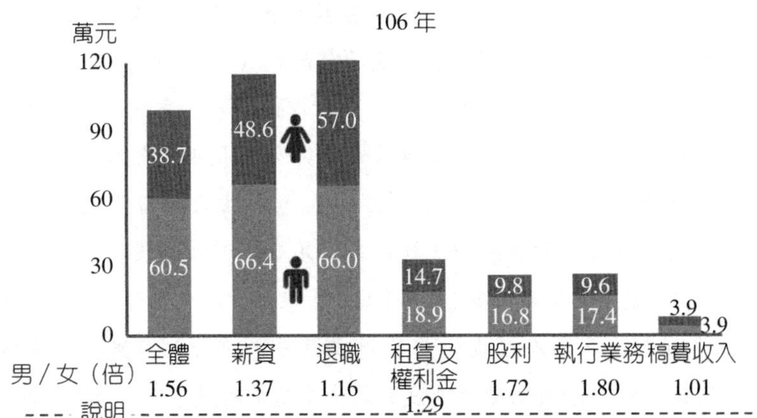

依據 106 年綜所稅各類所得統計，男性平均每人所得 61 萬元，女性為 39 萬元，男性為女性之 1.56 倍；就各類平均所得觀察，男性皆高於女性，其中薪資所得為 1.37 倍，執行業務所得 1.80 倍，差距最大。

註圖 -8

資料來源：2017 年財政部性別統計

註圖 -9

資料來源：2018 年勞動部性別統計

藏傳佛教女喇嘛丹津・葩默（Tenzin Palmo, 1943～）的求道過程爲例，更可以看出傳統難以撼動的性別偏見。丹津・葩默是在倫敦土生土長的英國女人，18 歲時就一心嚮往皈依佛門，後來單獨一人在一萬三千多呎高的喜馬拉雅山雪窟中冥思修練十二年，作家維琪・麥肯基（Vicki Mackenzie）將她的故事寫成《雪洞——丹津・葩默悟道歷程》（*Cave in the Snow*）一書出版[3]。丹津・葩默在書中就不斷地強調：「女性被隔絕於寺院組織之外，無法學習也沒有地位」、「這就是女性達賴喇嘛與女性上師無從誕生的原因」[4]，「西藏語中，女性的意義代表『劣等生命』，女性的身體使她們不能與男性相比。因此，所有宗教法會中，比丘尼必須坐在僧人的後面。……西藏女性的主要祈禱，就是轉世爲男身」[5]，「目前，在大寺院中眾多穿著僧袍的形象中，還是沒有女性。令人沮喪的是，新被指認的轉世大師與執掌傳承者都是男孩，因此，父系階級制度還是沒有什麼希望被打破」[6]。丹津・葩默面對這些傳統偏見感到十分反感與悲哀，「男性占據的最後城堡，就是宗教」[7]，因此她「從內心深處立下誓願：『我將生生世世誕生爲女性，直到獲得開悟。』」[8]在 21 世紀的今天，類似的故事在各行各業依然時有所聞，女性主義仍有漫漫長路要走。

本章嘗試以亞里斯多德和約翰・羅爾斯（John Rawls, 1921～2002）的正義理論爲主，探討性別正義的可能性；亦即，如何在性別的差異上尋求合

---

3 維琪・麥肯基（Vicki Mackenzie），《雪洞—丹津・葩默悟道歷程》（*Cave in the Snow*），葉文可譯，臺北：躍昇文化，2001。

4 維琪・麥肯基（Vicki Mackenzie），《雪洞—丹津・葩默悟道歷程》（*Cave in the Snow*），頁 92。

5 維琪・麥肯基（Vicki Mackenzie），《雪洞—丹津・葩默悟道歷程》（*Cave in the Snow*），頁 93。

6 維琪・麥肯基（Vicki Mackenzie），《雪洞—丹津・葩默悟道歷程》（*Cave in the Snow*），頁 298。

7 維琪・麥肯基（Vicki Mackenzie），《雪洞—丹津・葩默悟道歷程》（*Cave in the Snow*），頁 278。

8 維琪・麥肯基（Vicki Mackenzie），《雪洞—丹津・葩默悟道歷程》（*Cave in the Snow*），頁 98。

理和公正，以便建立合乎性別正義的秩序？就性別而言，男女的確不同，據其差異而求其平等（亞氏的差等原則），讓最不利之條件獲得最大之利益（羅氏的補償原則），才合乎上述之正義概念，忽略差異力求齊頭式的平等，反而是不義。但這裡衍生的問題是，差異是指不同，而非優劣之別，有些女性主義者認爲，接受補償原則就無異於承認傳統認知中「女性就是差人一等的看法」，事實上，許多男性也因爲這樣的認知而願意「優待」女性，因此部分女性主義者反而主張齊頭式的平等，以貫徹男女平等的精神。但正義應優先於平等，只求平等，反遭不義之責。本文試圖釐清性別在先天和後天的差異性，以尋求性別平等的可能性，如此方能眞正趨近性別正義的實現。

第一節　性別正義的重要性

在女權運動蓬勃發展、女性主義論述推陳出新的今天，傳統文化中因性別刻板印象所造成的兩性之間不平等的權力關係，依然是普遍的現象[9]。常聽

9 趙碧華教授發表的〈2014 臺灣婦女人權指標調查報告〉，婦女人權指標部分，共分為七大項，按該項指標受保障程度分為 5 個等級，保障程度最差給 1 分，保障程度最佳給 5 分，3 分為普通，經各細項指標統計，總平均數為 3.27，是「普通傾向佳」的程度：

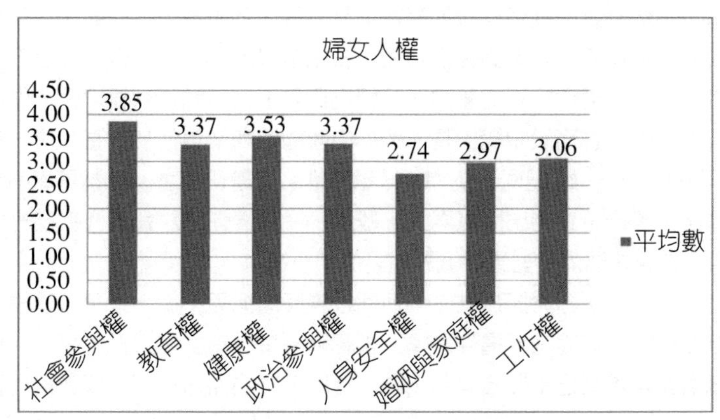

到如下的對話：「臺灣有金權、黑權，現在又多了個女權，眞是要國破家亡了」，「某某老婆經常不在家，家不像家，都是那些女性主義惹的禍」，甚至離婚率升高了，犯罪年齡層下降……，都和女性主義有關。誠然，女性主義的主張的確改變若干現代社會的結構和傳統的價值觀，也無可避免地衍生出許多負面的現象，但是它並不是社會變遷、風俗改變的唯一因素，更非全無可取之處。在過去兩、三百年來，作爲一個社會運動，女性主義已逐漸改變傳統的性別觀念，讓越來越多才華出眾的女性，成功地擠入幾乎爲男性所壟斷的各行各業之中。從現階段的發展局勢來看，女性主義顯然已有燎原之勢，必然爲未來世代思想的主流之一。

女權運動所批判的父權體制並不等於是在反抗男人，而女性主義並不就是女人的主張。雖然女權運動一開始是以批判父權體制來揭露兩性的不平等，從黃色笑話、輕蔑的言詞、色情書刊影帶、機構的排斥、性騷擾性虐待，和強迫性交等等，就是由輕而重、由顯而微的各式性別歧視的表現，但是，父權體制不等於男人，反對父權不等於反對男人，事實上捍衛父權體制的有很多就是女性自己，甚至也可說男人也是父權體制的受害者[10]；而從事女權運動、提倡女性主義者也不全都是女人，從文獻上可以看出早期女權運動的啟蒙者有很多是男人[11]，現在許多專爲女性服務的團體，也常可見熱心

---

10 男人不能也不會示弱，這不僅是男性成長歷程中被刻意強化的部分，「你怎麼像個女人」這句話本身就是一種性別歧視，使得男人即使打落牙齒也要和血吞，不能訴苦、不能流淚，要有堅毅的陽剛氣質，長久下來男人的心靈幾乎已忘記微笑的意義。近幾年來，中年男性憂鬱症、失業自殺率……的攀升，以及在女性主義的刺激下，針對男性特有的壓力與苦悶之探討，也有聞雞起舞之姿，關於男性解放的論述如雨後春筍般相繼出現。例如中國國際商業銀行文教基金會，就曾經在1993 年 6 月 25 ～ 26 日兩天召開「『新男性』專題研討會」，邀請學者專家發表論文討論，會後更集結出版《男人，難！──新男性研討會》（宇宙光，1994）的專書，這算是國內針對男性議題討論的頭一遭。

11 清代的貞節牌坊頒給貞節烈女，不包括被強姦而抵死不從，或事後羞憤自殺者，史書記載紀曉嵐曾經為了這件事情上書乾隆皇帝，為女性大抱不平：「臣愚昧之見，竊謂此等婦女捨生取義其志本同，徒以或孱弱而遭獷悍，或孤身而遇多人強

投入的男性。

女性主義追求性別的正義，依照羅爾斯之見，「正義即是公平」（a theory of justice as fairness），亦即社會合作應該在何種公平的條件下進行才是合乎正義的要求？環顧目前的環境，至少有如下較爲嚴重的社會不公現象，企待我們以凸顯性別正義之議題的方式加以改善：

壹、貧窮、階級、種族都會是兩性共同遭受壓迫的原因，唯獨女人多了「性別」壓迫。

貳、「男性養家女性持家」的觀念依然深植人心，男女工作報酬和升遷機會仍不平等[12]。

參、女性仍爲幼兒與老殘的主要照護者，相關社會福利未能貫徹，職業婦女婚姻與事業難以兼顧[13]。

本文嘗試以羅爾斯的正義理論爲主，探討性別正義的可能性；亦即，如何在性別的差異上尋求合理和公正，以便建立合乎性別正義的男女合作關係與秩序。

肆姦淫，竟行汙辱，此其勢之不敵，非其節之不固，卒能抗節不屈，捍刃捐生，其心與抗節被殺者實無以異。譬如忠臣烈士，誓不從賊，而四體縶縛，衆手把持，強使跪拜，可謂之屈膝賊庭哉！臣掌禮曹，職司旌表，每遇此等案件，不敢不照例核辦，而揆情度理，於心終覺不安。」

12 根據《聯合報》2001 年 3 月 9 日第 10 版的報導：為慶祝國際婦女節，「國際勞工組織」發表報告稱，女性參與勞工比例逐年升高，已達世界工作人口的 40%，但晉升的階梯上面卻似乎有一面似無實有的「玻璃天花板」存在，目前全世界最高行政主管中，只有 3% 是女性，八個國家有女元首，但國會中女性議員比率還不到 14%，工會領袖只有 1% 是女性，女性就算能爬上高位，薪水依然不如男性。

13 根據潘淑滿教授〈2005 年臺灣婦女人權指標報告〉，「婦女工作權心痛指數最高三項」依次是：

(1) 婦女有照顧角色壓力、缺乏選擇工作的社會支持體系。

(2) 婦女二度就業缺乏資源協助與能力培養。

(3) 婦女有職場性騷擾和性侵害的威脅。

第二節　性別的差異與正義

壹　正義的概念

古希臘時期有一則流傳久遠的傳說指出：在宇宙太初之時，諸神在適當的時機用火和土以及兩者混和的元素，塑造出宇宙萬物，並派遣 P（Prometheus）、E（Epimetheus）二神分別賦予各物以相當的能力，以維持彼此間的平衡。E 神想要獨攬這項權力，就提議自己先下凡去分配能力，再由 P 神做最後的審核。於是 E 神把強力、疾馳、羽翼以飛翔、密毛厚皮以禦冬、尖爪硬殼以抗敵等所有能力分派給各物後，才發現唯獨人類給遺漏了。人類因爲沒有一項自我保存的天賦異稟，P 神前來審核後，乃趕緊從司火之神與司智藝之神中，盜取了用火的能力與技藝的智慧賦予人類，使人類得以自保。人類因爲體質低劣而不利生存，但卻由於擁有智慧，而得以依賴這種複雜的天賦系統，裝配起來與萬物並存於世。此事後來被宙斯發現而處罰 P 神，但宙斯見人類雖能夠生存卻無治國的技術，恐日後仍難免不互相侵害而導致滅亡，乃派遣 H（Hermes）神帶著「敬畏」（respect）與「正義」（justice）來到人間，讓人類建立穩定的秩序，國家於焉產生[14]。

這雖然是一則神話故事，但饒有意義的是，它指出人類在建立政治與社會組織單位的時候，最重要的考量之一就是「秩序」，一種不論是在自然界或社會組織中對於和平、穩定、安全的需求，這種需求根源於整個自然結構的運轉之中，更是人類社會進化發展過程裡不斷嘗試確立的生存形式。而對於「正義」的諸多探討，就是爲實現秩序提供理性的基礎，以保護每一個人的生存所做的努力，換句話說，大部分的人之所以遵守秩序（秩序的表現形式可以是宗教戒律、道德要求、法律規則的廣泛被奉行），是因爲它合乎於

---

14 這則神話係蘇格拉底（Socrates, 470 ～ 399 B.C.）和普羅塔克拉斯（Protagoras, 481 ～ 411 B.C.）在討論關於德行（virture）可否傳授之問題時，由普氏所提出。見 Plato, Protagoras, 320c ～ 322d, in *The Collected Dialogues of Plato*. E. Hamilton & H. Cairns (eds.), Bollingen Foundation，臺北：馬陵，1985。

正義的要求。有許多學者認爲「正義感」是人天生的一種特質，就像人之異於動物是因爲人天生的理性能力般，所謂的正義它表達人理性認知和公平的意願，所以它的特色必須具備「合理性」以及「公正性」。

那麼，如何才能合理才能公正？或者合理與公正如何可能？這類正義理論的文獻探討可謂汗牛充棟。首先，柏拉圖在《理想國》（*Republic*）中一開始對於「正義」的定義就有一段相當精彩的分析。文中蘇格拉底和他的學生討論到「正義之人和不義之人何者有利？」時，蘇氏認爲這個問題應該從兩個極端來講較能分辨，因爲如果是中間狀況，我們無法分辨究竟是爲行正義而正義或爲得美名而行正義。此兩種極端的情形是：

↗有正義之實卻無正義之美名（正義的極端）
↘無正義之實卻有正義之美名（不義的極端）

依照蘇氏之意，從利益的觀點來看當然是不義之人較爲有利，但是，雖然利益和正義都是價值，正義的價值卻高於利益，況且正義是靈魂的完滿狀態，更應值得追尋。蘇氏主張，就個人而言，每一個器官充分發揮至完滿狀態即爲正義，例如：頭部的理性魂臻於智慧境界，胸部的氣魂發揮勇敢的德行，腹部的欲魂能有效節制，即是正義之人；國家如同個人之放大，理性發達的人當執政，勇敢的人充當軍警捍衛國家，慾望旺盛的人在基層繁榮農工商各行各業，此即是正義之邦[15]。據此，蘇氏進一步提出正義的差異原則：

↗相同的事物要相同對待
↘不同的事物在相同的情況下相同對待

例如：女人能否執政，不是看她的性別，而是依其理性是否發達爲依據，因此，女性也可以成爲「哲學家皇帝」（philosopher-king）[16]。

---

15 Plato, *Timaeus*, 69b ～ 70e; *Phaedrus*, 253c ～ e.

16 Plato, *Republic*, 454b ～ 456b.

再以亞里斯多德的主張來看正義的差異原則，亞氏認為正義的定義應依兩項原則進行[17]：

↗相同的事物要相同對待——平等原則，例如就業問題。
↘不同的事物要不同的對待——差等原則，例如飯量問題。

正義在字面上的意義就是各適其所的意思，具體而言，相同的事物要相同對待，不同的事物要不同的對待，才稱得上是各適其所，才是正義。正義和平等的理念不太一樣，平等當然合乎正義，但正義未必就是平等，所以在正義和平等這兩項道德原則上，正義要優先於平等。亞氏進一步區分正義為「廣義的正義」和「狹義的正義」。「廣義的正義」是指符合城邦（國家）的法律和道德標準的正義，是屬於政治上的正義；「狹義的正義」又分兩種，即「分配正義」和「交易正義」。分配正義無法達到一對一的數學比例，只能根據差等原則做到幾何學上的比例，例如資本社會按造能力貢獻的所得分配；交易正義又分為「自願的」（合約規定的行為，又稱「合約正義」），例如商場上的買賣，以及「非自願的」（對於某種既成的不義結果予以矯正或重新分配，又稱「矯治正義」），交易正義要符合平等原則，但平等的交易很難，例如鞋子換衣服，鞋子所值要換等值的衣服回來有其困難，所以必須有相對的補助（例如金錢）：

↗廣義的正義→符合城邦法律和道德標準的正義，屬於政治正義
↘狹義的正義↗分配正義：根據差等原則→例如按能力貢獻的所得分配
　　　　　　↘交易正義：根據平等原則↗合約正義（自願的）
　　　　　　　　　　　　　　　　　　↘矯治正義（非自願的）

亞氏在分配正義中根據差等原則，以分配人們的政治職務和經濟利

---

17 Aristotle, Nicomachean Ethics, Book V, in *The Complete Works of Aristotle*. J. Barnes (ed.), New Jersey: Princeton University Press, 1984.

益，在交易正義中根據平等原則，以調節人民之間的利益糾紛。正義是屬於德行之一，而且是最重要的德行，因爲諸多德行本身雖然沒有衝突，但在應用中卻常有衝突的情況發生，例如忠孝不能兩全的問題，德行在實踐中有優先秩序、價值層級的區分，而正義的重要性就是使諸德的適當性有正確的衡量，所以說正義是最重要的德目。

羅爾斯也提出正義的兩個原則[18]：第一個原則是，每一個人都具有和他人同樣的最廣泛的基本自由之平等權利；據此平等權利，面對社會和經濟的不平等，就可歸納出如下第二個原則，即讓最不利之條件的人獲得最大之利益，以符合正義之補償原則，且地位和官職對所有人開放，以符合正義之平等原則。據羅爾斯之意可簡列如下：

一、每一個人都具有和他人同樣的最廣泛的基本自由之平等權利（平等自由原則）。

二、爲改善社會和經濟的不平等需滿足下列條件：

㈠ 地位和官職對所有人開放（公平機會原則）；

㈡ 社會中處境最不利的成員獲得最大的利益（差異補償原則）。

其中有適用的先後秩序：一優先於二，二之㈠優先於㈡；亦即不能爲了讓社會中處境最不利的成員獲得最大的利益，而限制或阻礙地位和官職對所有人的開放，也不能爲改善社會和經濟的不平等狀態，而侵害各項基本自由之平等權利。亦即，羅爾斯有一套建立正義的「辭典式序列」（lexical order）：平等自由原則→公平機會原則→差異補償原則，貫徹「平等自由原則」可以實踐正義的政治制度，後兩個原則則是正義的經濟秩序所依循的目標，「公平機會原則」強調工作職務、地位必須向所有人開放，當然機會開放後也必須擁有足夠的競爭力；而「差異補償原則」可以照顧到處境最差者的福利，這是追求功利最大化的效益主義所可能犧牲掉的一群人，差異補償原則正可以彌補這種社會資源分配不公的現象。

羅氏強調，並不存在一種可爲大家共同接受的、普遍的正義理論，普遍

---

18 John Rawls, *A Theory of Justice*. Cambridge, Massachusetts: Harvard University Press, 1971, pp. 60 ～ 67.

的正義觀只會增加獨斷的可能性而引發衝突，我們需要的是對各種主張的理解（知），和在進行裁量時的合法程序與選擇的正確（行）。因此，羅氏基本上認爲[19]：

一、人是理性的，可以被合理的理由所說服，正義的實現反映在社會成員的品行和態度中。

二、人性傾向服從互惠的公平安排，社會是一「合作的體系」，人類存在是一展現「自由平等」的多元文化。

三、所有的理論都應當滿足「反思平衡」（reflective equilibrium）的觀點，「平衡」是指原則和判斷相互調整最後取得和諧一致，「反思」意味著我們能夠瞭解判斷是根據何種原則；而這種反思平衡不是一種穩固的狀態，它是在反覆思辨的訓練時於歷程中顯現的特質。

 性別的差異

以上述對正義的分析爲主，我們可進一步的探討，性別的正義如可能？亦即，如何在性別的差異上尋求合理和公正，以便建立均衡差異與平等的性別正義？就性別而言，男女的確不同，據其差異而求其平等（亞氏的差等原則），讓最不利之條件獲得最大之利益（羅氏的補償原則），才合乎上述之正義概念，忽略差異力求齊頭式的平等，反而是不義。但這裡衍生的問題是，差異是指不同，而非優劣之別，有些女性主意者認爲，接受補償原則就無異於承認傳統認知中「女性就是差人一等」、「女性是第二性」的看法，「不要像女人一般小心眼」、「不要與女人計較」……這類阿 Q 式的精神勝利法會使男人在實質利益上「讓渡」女人，因此部分女性主義者反而主張齊頭式的平等，以貫徹男女平等的精神。但正義應優先於平等，只求平等，反遭不義之責。

因此，首先應瞭解，男女畢竟有別，但並不意味著男女有先天上的優劣之別，優劣是後天的評斷。目前在男女性別的研究上，一般皆以「生物性

---

19 John Rawls, *A Theory of Justice*. p. 20.

別」（sex）和「社會性別」（gender）作爲區分，前者是指先天生理上雄性（male）和雌性（female）的區分；後者代表經由後天文化所界定的男性（man）和女性（woman）的分別。根據這些研究指出，男女兩性的表現和兩性之間的關係，不僅僅只是簡單地反映生物性的「既定條件」而已，反而大部分是文化歷程下的產物。

就「生物性別」而言，男女性的主要差別決定於染色體、激素、內生殖器和外生殖器上，從這四個要項來看，越來越多的研究資料顯示，女性並非「劣等動物」，反而是男性具有較多先天上的生理弱點。因爲，在遺傳歷程中，女性有兩個 X 染色體具有互補的作用，個體較不容易產生隱性的疾病，以至於，不論是男女胎兒的流產率或出生時先天疾病的罹患率，男嬰皆高於女嬰。其他對雄性和雌性的動物試驗中，也顯示出不論在忍受痛楚、抵抗飢寒或適應環境的能力上，雌性也普遍有高於雄性的現象。至於數學、語言、機械操作、家事料理、智力、理解力等傳統上因性別而有差異的看法，實在很難在先天生理上找到確實的證據，反倒是後天的影響成分較大；即使是普遍公認的男女體型、肌肉、運動的差異，也沒有我們想像中有那麼大的區別，藉由訓練經常可以縮小這方面的差距。換句話說，大部分因性別不同所產生的差異，大都可歸因於後天環境的影響，因爲社會文化對男女生不同的教養態度與期許，形成不同的發展，在成長的過程中，經由家庭、學校、社會、傳播媒體，幾乎是全方位的影響，建立符合預期的「社會性別」之行爲：

一、父母的態度——對男孩是「期望型」，女孩是「保護型」。

二、學校的教育——美國學者曾就 14 家主要出版公司的 134 本小學生讀本進行研究發現：男、女孩擔任主角的比例是 5：2；男、女性的傳記比例是 6：1；男性角色常是「發明家、冒險家、勇敢解圍的英雄……」，女性角色常是「慈愛的母親、等待救援的公主、以溫柔愛心獲得幸福的女人……」[20]。

---

20 Susan A. Basow，《兩性關係——性別刻板化與角色》，劉秀娟、林明寬譯，臺北：揚智，1996；以及 Bernice Lott，《女性心理學》，危芷芬、陳瑞雲譯，臺

三、社會的複製——報章雜誌、廣告媒體不斷複製、再現「性別的刻板化」。例如：「電視連續劇」和「廣告內容」男性要陽光、女性要美白；男性要理財、女性要理家；男性搬重物、女性學插花……的反覆灌輸；「少女漫畫和羅曼史小說」女性角色也經常是害羞、被動、臉紅，主要活動是做飯、洗衣、整理房子，男性角色相對正面且多元（例如偵探柯南、怪醫黑傑克），女性在社會各項活動中遭受「物化」十分嚴重。

不論是在任何文化中，性別唯一且不可改變的基本差異就是「女性會有月經、懷孕及哺乳的行為，男性是射精」，其餘性別上的差異皆可溯源於社會的期許，社會透過各種管道表達符合性別期許的酬賞，這些期許逐漸內化成為男女認同的價值與信念，形成牢不可破的陽剛陰柔之性別刻板印象。

所謂的性別正義，應根據「生物性別」和「社會性別」的部分來瞭解，兩性在社會化的過程中，立基於生物性別而發展出社會性別，就前者而言，男女是有所不同，但優劣之別卻是後者的界定。因為，在父權文化形成之後[21]，男性被鼓勵培養「男性特質」：積極、主動、冒險、進取，女性則被教導成依賴、被動、順從、溫柔的「女性特質」。男性特質有助於在公共

北：五南，1996，兩書有詳實之研究資料分析。Bernice Lott，《女性心理學》（*Women's Lives*），頁 86 ～ 87。

21 就宗教發展的學者之瞭解，神的崇拜是一個受歷史條件所左右的活動，它與父權體制的形成有關。人類歷史的演進可做如下的推測：人從母親流血孕育下一代的過程中，產生「女神崇拜」，以表達人們對承擔生命生產的女性能力的敬畏及對豐收的祈禱，從人類考古出土的遺物中，常可發現女性的土偶，或女性性器官的壁畫、雕刻物可茲證明；進入戰爭時期時，人一方面與大自然的連結仍密不可分，一方面嚮往有各類動物的專長，例如猛獸之威儀、鷹之犀利、蛇之矯捷……等，於是出現「圖騰崇拜」，在宗教儀式或戰爭中，經常可見人們臉上漆上繽紛的色彩，或帶上動物面具模仿動物的呼嘯；當人類的技巧發展到工匠製作的階段時，人類形成對泥土、金、銀、銅鐵所鑄造的「偶像崇拜」，這是人類擺脫與動物並列的期盼而誇耀自身本事的時期；隨後從對動物的認識和馴養中，發現生殖作用中的男性角色，以及私有財產制的出現，逐步促成「父權宗教」的建立，這種「男神崇拜」的社會，是以父親提出原則或法律的形式出現，最相似、最服從的兒子，就是最適合繼承一切的人選。

領域裡獲得成功，而女性特質卻是家庭這類私人領域裡必須具備的條件，所以，男性害怕沒有成就，女人卻害怕事業太成功影響婚姻的美滿。在這兩個領域內的性別分工，造成女人在公共領域裡屢遭打壓，只好退居幕後，以男人的得力助手自許，這也是人類輝煌歷史中，女性於創作發明以及各項文藝表現上缺席的主因；至於男性，早在童年時期，就被訓誡不能女性化，「娘娘腔」一語始終被男性視爲奇恥大辱，因此，男性有害怕太女性化的焦慮，進而有些人會以排斥女人、嘲弄女人或攻擊女人，與女人劃清界線，並且表現男性氣概，性別的優劣之分，由此潛移默化形成根深柢固的性別偏見。

誠然，男女的社會分工當然有其生物的基礎，例如女人常因生兒育女必須待在家裡，但這並不就意味著女性在職場上的表現一定遜色於男人，或者，除了沒有子宮生產外，男性對養兒育女就一定是笨手笨腳、無法勝任。養兒育女的技能與其說是先天的不如歸因於後天的訓練，尤其是心理的接受程度，如果男性不認爲那是「女人家」的事大丈夫不爲也，那麼，熟能生巧，說不定比女性更能勝任在家當「主夫」的角色。同樣地，給予女性相同的職業訓練，建立不依賴的獨立性格，女性在職場上的表現也可望不讓鬚眉。總之，針對生物性別的差異，例如：月經、懷孕、哺乳期間，提供差等對待，讓女性接受較多的援助，其餘不論在公共領域或在私人領域，則依照平等原則，不分性別對所有人開放，男主「內」女主「外」，也能獲得機會的平等與輿論的支持，這才較能符合性別的正義。

第三節　性別正義的可行性

根據羅爾斯的正義理論，社會的基本結構是由「主要的社會制度」（major social institutions）所構成，這包括憲法和主要的經濟、社會規劃；例如：法律上思想言論之自由的保障、資本市場之自由競爭與生產工具的私有制，以及一夫一妻的婚姻制度等等；這些制度一起建構社會的各項合作方案，界定人們相對的權利義務關係，影響個人未來的生活願景，並且對於人們將成爲什麼樣的人、可以擁有什麼樣的成就，具有決定性的作用[22]。

羅氏進一步指出「社會生活的基本條件」（social primary goods），包括遷徙擇業等各種基本自由權、擔任公職與各項權力的參與權、財富地位和自尊自信的指標等等，欠缺這些社會生活基本條件的人，即是無法以理性積極規劃其人生願景的「處境最不利的成員」。而造成社會上相對存在著處境最不利的成員，乃源自於歷史的、自然的和社會的等三項偶然因素交集重疊的結果，換句話說，處在最不利條件的人們，有可能是家庭背景出身環境不良、天賦不佳或者人生際遇不順等等狀況；因此，依照羅氏之意，一個合乎正義的社會，應努力持續改善這種不平等的狀況，直到社會中處境最不利的成員能獲得最大的利益，亦即使其利益無法再繼續增加爲止。羅氏以「自由和機會」、「收入和財富」、「自尊的基礎」，視爲社會之主要價值，認爲應重視社會成員間的差異，給以平等的分配，讓理性之人都能追求合乎其價值需求的主要利益[23]；羅氏也提出多項可行的方案，例如：不論每一個人的出生階級、家庭背景如何，都應該排除各項可能障礙，確保每一個人皆有合乎社會生存的基本條件，擁有受教育的權利；各種求才廣告，不得有種族或性別歧視的字眼，以便讓每一個人皆有同樣可以獲得成功的機會[24]；財富分配不宜過度集中或累積，課徵各種遺產稅及贈與稅，必要時採行所得累進稅制，避免少數人壟斷土地及資本等生產資源，等等[25]。

如眾所周知，傳統社會立基於父權意識下不論是有形或無形的各項體制，大都較不利於女性的發展。女性在「自由和機會」、「收入和財富」、「自尊的基礎」等各項社會之主要價值的取得上，至目前爲止，仍是屬於「處境最不利的成員」之一。根據以上羅氏所提出的各項原則或方案，至少應該針對目前不平等狀況，依照平等自由原則、公平機會原則、差異補償原則，提出積極的改善方針，方能達成一個合乎正義的社會之起碼指標。以現階段臺灣社會男女兩性關係來看，有三個面向是企待解決的：

---

22 John Rawls, *A Theory of Justice*. p.7.

23 John Rawls, *A Theory of Justice*. p. 62.

24 John Rawls, *A Theory of Justice*. pp. 73 ～ 87.

25 John Rawls, *A Theory of Justice*. pp. 274 ～ 284.

 在法律上落實平等自由原則

在女性團體積極運作之下，近幾年來法律翻修劇烈，大致分爲三個階段：第一個階段是「夫妻財產制」和《優生保健法》的重新立法；第二階段是《性別平等工作法》和《民法》「親屬篇」裡，藉由修法或另訂新法以改善女性就業和地位的性別歧視問題；第三個階段則是擴大影響層面，推動兒童、老人、殘障者等弱勢團體的福利法案，以減輕女人一直是主要照顧者的負擔。

近幾年來，《家庭暴力防治法》、《性侵害暴力防治法》、《就業服務法》雖然也已經陸續通過立法、公布施行，對婦女同胞增加許多的保障，但是徒有法令條文，相關的軟硬體設備卻未能即時建立，例如法案中規定各縣市要設置「家庭暴力防治中心」、「性侵害防治中心」、「就業歧視評議委員會」等等，以目前的財力和人力實難達到預期的效果，加上傳統觀念依然深植民心，縱有法條也是難以落實。

以 2016 年修訂的《性別平等工作法》爲例，條文中除了「性別歧視之禁止」（例如雇主對求職者或受僱者之招募、甄試、進用、分發、配置、考績或陞遷等，不得因性別而有差別待遇。但工作性質僅適合特定性別者，不在此限），和「性騷擾之防治」外，爲顧及女性生理差異而有所謂的「促進工作平等措施」，其主要內容如下[26]：

一、女性受僱者因生理日致工作有困難者，每月得請生理假一日，全年請假日數未逾三日，不併入病假計算，其餘日數併入病假計算。（第 14 條）

二、雇主於女性受僱者分娩前後，應使其停止工作，給予產假八星期；妊娠三個月以上流產者，應使其停止工作，給予產假四星期；妊娠二個月以上未滿三個月流產者，應使其停止工作，給予產假一星期；妊娠未滿二個月流產者，應使其停止工作，給予產假五日。產假期間薪資之計算，依相關法令之規定。受僱者妊娠期間，雇主應給予產檢假五日。受僱者於其配

26《性別平等工作法》全部條文參見「全國法規資料庫」http://law.moj.gov.tw/Scripts/newsdetail.asp?no=1N0030014。

偶分娩時，雇主應給予陪產假五日。產檢假及陪產假期間，工資照給。（第15條）

三、受僱者任職滿六個月後，於每一子女滿3歲前，得申請育嬰留職停薪，期間至該子女滿3歲止，但不得逾二年。同時撫育子女二人以上者，其育嬰留職停薪期間應合併計算，最長以最幼子女受撫育二年爲限。（第16條）

四、子女未滿2歲須受僱者親自哺乳者，除規定之休息時間外，雇主應每日另給哺（集）乳時間六十分鐘。（第18條）

五、受僱於僱用三十人以上雇主之受僱者，爲撫育未滿3歲子女，得向雇主請求爲下列二款事項之一：

㈠ 每天減少工作時間一小時；減少之工作時間，不得請求報酬。

㈡ 調整工作時間。（第19條）

六、受僱者於其家庭成員預防接種、發生嚴重之疾病或其他重大事故須親自照顧時，得請家庭照顧假，其請假日數併入事假計算，全年以七日爲限。家庭照顧假薪資之計算，依各該事假規定辦理。（第20條）

七、僱用受僱者一百人以上之雇主，應提供下列設施、措施：

㈠ 哺（集）乳室。

㈡ 托兒設施或適當之托兒措施。

主管機關對於雇主設置哺（集）乳室、托兒設施或提供托兒措施，應給予經費補助。有關哺（集）乳室、托兒設施、措施之設置標準及經費補助辦法，由中央主管機關會商有關機關定之。（第23條）

有上述相關規定，女性之事業和家庭理應較爲容易兼顧，可是，數據顯示，女性在這兩方面的發展是「雙輸」的局面，女性就業率、職位升遷不但未能與男性並駕齊驅，生育率還快速下滑[27]。反觀北歐國家的婦女政策從70、80年代就開始探討，並制訂相關的社會政策以便具體落實，至今已有相當成就早爲世界各國爭相取經。根據「財團法人婦女權益促進發展基

---

27 男女薪資差異與職業分布如前註之附圖，女性事業、家庭兩頭燒，生育率逐年下降如下列圖表所示：

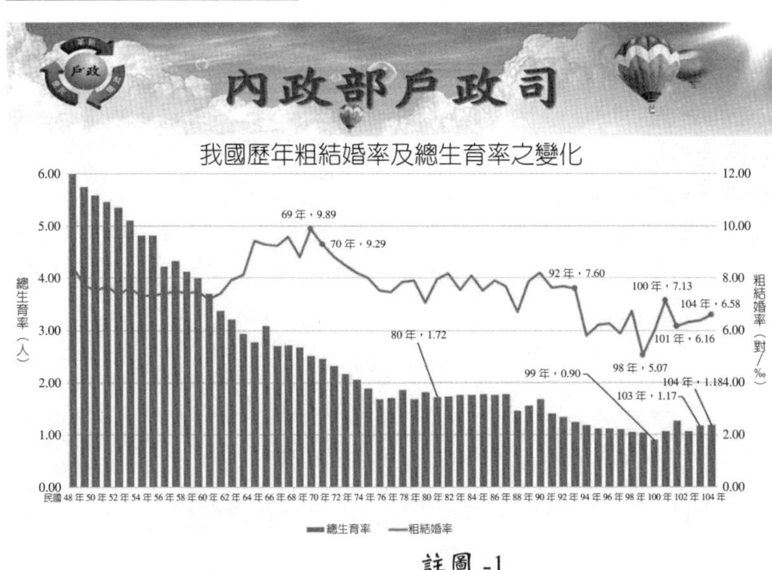

註圖 -1

資料來源：內政部戶政司

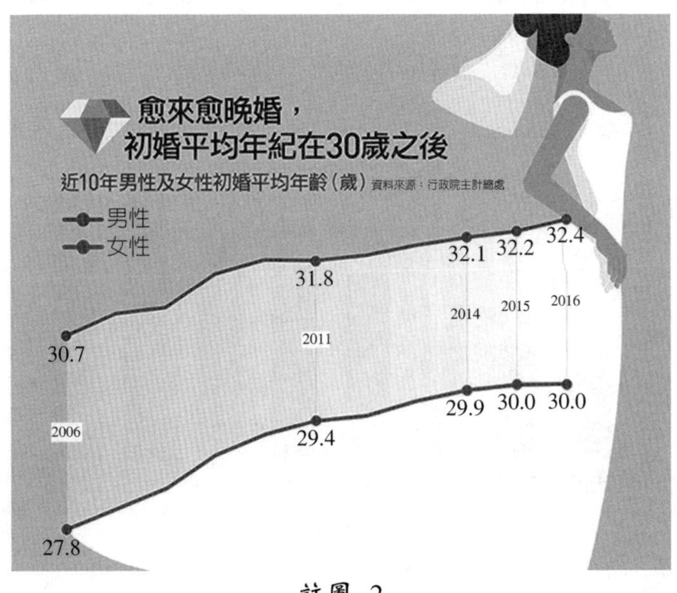

註圖 -2

資料來源：行政院主計總處

圖表繪製：天下雜誌 https://www.cw.com.tw/article/article.action?id=5086899

金會」范德鎣研究員參與 2007 年聯合國第 51 屆「婦女地位委員會會議」（Commission on the Status of Women, CSW）的心得報告指出[28]，該次大會主

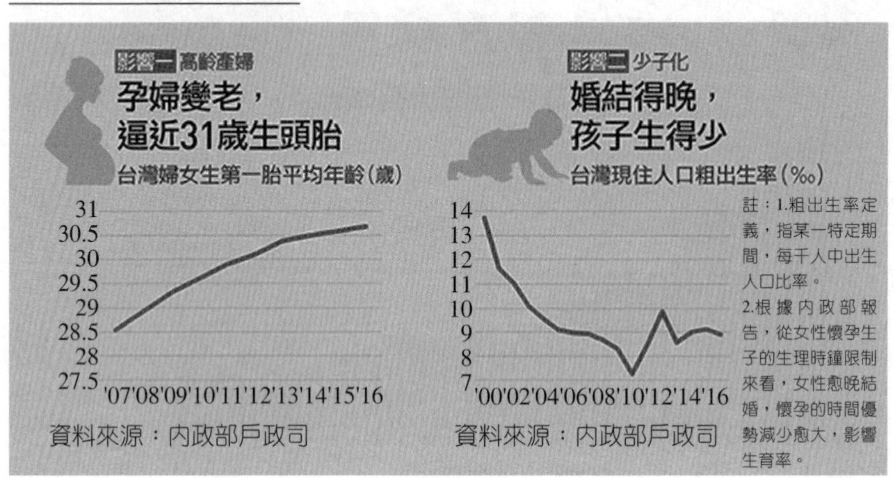

註圖 -3

資料來源：內政部户政司

圖表繪製：天下雜誌 https://www.cw.com.tw/article/article.action?id=5086899

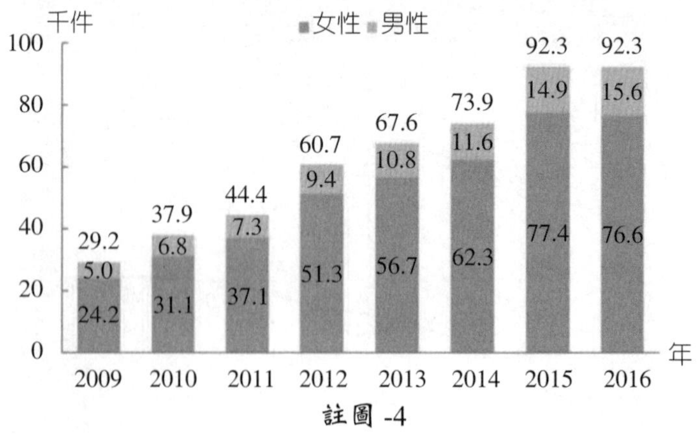

註圖 -4

資料來源：勞動部性別統計

圖表繪製：行政院性平會《2018 性別圖像》

28「財團法人婦女權益促進發展基金會」范德鑾研究員的〈2007 年聯合國第 51 屆

題爲：一、消除各種形式之女童歧視和暴力（The elimination of all forms of discrimination and violence against the girl child.），二、檢視48屆議題：「男性在促進性別平等上的角色」（The role of men and boys in achieving gender equality.）之工作成果。其中北歐父親似乎成爲男性照顧者的典範，北歐各國親職假與津貼等政策對於兩性參與家務分工已有實質的影響，例如：「冰島於2000年5月頒布親職假政策（產假與父親假期規定、彈性工時、津貼），目標爲：一、增加父親在兒童照顧的參與，二、增加婦女在勞工市場上的地位，三、增加生育率，四、家有兒童的家庭擁有更好的經濟狀況。這四個目標，除了第二點還未確定是否達成之外，其他都是肯定達成的。」北歐國家婦女的就業率不僅相當高，生育率也未見降低，這才是眞正雙贏的局面。臺灣女性從家庭走入職場，男性卻未同時反向而行走入家庭，這個問題應該是所有立法考量的重點所在。

 在教育上制訂性別平等教育

「人本教育基金會」曾經將法國2002年的「高中畢業會考」題目整理出來，用來對照臺灣從2001年開始實施的「高中職多元入學方案」。該基金會指出，法國人相當重視哲學教育，他們將哲學列爲高三學生的共同必修科目，於是畢業會考出現如下十分有意思的題目：「『我是誰』這個問題能否以一個確切的答案來回答？」「人的自由是否受勞動的必要性所侷限？」「能否將自由視爲一種拒絕的權力？」「能否說所有的權力都伴隨以暴力？」「『給予的目的在於獲得』這是否是一切交流的原則？」「我們對現實的認識是否受科學知識的侷限？」在臺灣傳統教育方式「問題要有標準答案」的思考模式下，法國這種畢業會考題目若出現在高三畢業生的試卷上，勢必引起家長們群情激憤。該基金會還指出在1992年前後的一個有名的例子，當時有一道考題是「風險」，結果有位學生的回答是「就像這樣！」

婦女地位委員會非政府組織會議與會總心得報告〉，參見網站：http://www.womenweb.org.tw/MainWeb/Discuss/Discuss_Show.Asp?Discuss_ID=76。

（Cest comme ca！），結果這位學生獲得相當高的成績[29]。又2003年7月8日《聯合報》報導：多年來牛津和劍橋面試題目常出人意外，古怪新奇，例如：牛津宗教系曾問：「當耶穌碰上佛陀的對話會是什麼？」劍橋哲學系則是：「古時候的人是怎麼知道二加二等於四？」牛津法律系的面試題是：「如果有人無故衝撞電線桿，會對社會產生什麼影響？」劍橋獸醫系也出過：「爲什麼植物沒有腦袋？」等。這些題目沒有嚇跑想進入英國最高學府就讀的學生，或降低申請入學的學生人數，大家都認同這種不按牌理出牌的面試題目，認爲不但能挑戰頭腦的思維方向，也能眞正測出一個人的IQ與實力。因此大家不但樂於接受挑戰，還深以能夠通過面試爲榮。

臺灣的教育一直強調啟發式教育，要給予學生帶得走的能力而非死背的知識，但是說者諄諄聽者藐藐，升學壓力未見改善，教育內容依然如故。以性別平等教育的成果來看，社會上男尊女卑的觀念其實仍深植人心，例如：在家裡，我們可以聽到許多這類警告小男生的話：「別『婆婆媽媽的』像個女人一樣！」、「你再哭，我就把你的蟲蟲剪掉，讓你跟女生一樣！」；在學校還是會聽到老師說：「現在是實驗課，『女生』對儀器不熟悉，所以，『男生』來調顯微鏡，調好了給『女生』看。『男生』力氣大要幫助『女生』！」在社會上：「不要跟女人一般見識」，「搖錢樹」、「賠錢貨」、「二手貨」這些針對女性的不友善言詞仍充斥在生活四周。

爲促進性別平等教育的具體落實，《性別平等教育法》已於2004年6月23日公告實施，2018年12月28日修訂，條文中規定中央、各縣市主管機關以及學校皆應設置「性別平等委員會」，其任務以學校爲例主要有下列各項（第6條）[30]：

一、統整學校各單位相關資源，擬訂性別平等教育實施計畫，落實並檢視其實施成果。

二、規劃或辦理學生、教職員工及家長性別平等教育相關活動。

---

29 參見《人本教育電子報》：http://iwebs.url.com.tw/main/html/hef/460.shtml。

30《性別平等教育法》全部條文參見「全國法規資料庫」http://law.moj.gov.tw/Scripts/NewsDetail.asp?no=1H0080067。

三、研發並推廣性別平等教育之課程、教學及評量。

四、研擬性別平等教育實施與校園性侵害及性騷擾之防治規定，建立機制，並協調及整合相關資源。

五、調查及處理與本法有關之案件。

六、規劃及建立性別平等之安全校園空間。

七、推動社區有關性別平等之家庭教育與社會教育。

八、其他關於學校或社區之性別平等教育事務。

在「學習環境與資源」上強調：

一、學校應提供性別平等之學習環境，尊重及考量學生與教職員工之不同性別、性別特質、性別認同或性傾向，並建立安全之校園空間。學校應訂定性別平等教育實施規定，並公告周知。（第 12 條）

二、學校之招生及就學許可不得有性別、性別特質、性別認同或性傾向之差別待遇。但基於歷史傳統、特定教育目標或其他非因性別因素之正當理由，經該管主管機關核准而設置之學校、班級、課程者，不在此限。（第 13 條）

三、學校不得因學生之性別、性別特質、性別認同或性傾向而給予教學、活動、評量、獎懲、福利及服務上之差別待遇。但性質僅適合特定性別、性別特質、性別認同或性傾向者，不在此限。學校應對因性別、性別特質、性別認同或性傾向而處於不利處境之學生積極提供協助，以改善其處境。（第 14 條）學校應積極維護懷孕學生之受教權，並提供必要之協助。（第 14-1 條）

四、教職員工之職前教育、新進人員培訓、在職進修及教育行政主管人員之儲訓課程，應納入性別平等教育之內容；其中師資培育之大學之教育專業課程，應有性別平等教育相關課程。（第 15 條）

五、學校之考績委員會、申訴評議委員會、教師評審委員會及中央與直轄市、縣（市）主管機關之教師申訴評議委員會之組成，任一性別委員應占委員總數三分之一以上。但學校之考績委員會及教師評審委員會因該校任一性別教師人數少於委員總數三分之一者，不在此限。學校或主管機關相關組織未符合前項規定者，應自本法施行之日起一年內完成改組。（第

16條）

在「課程、教材與教學」上規定：

一、學校之課程設置及活動設計，應鼓勵學生發揮潛能，不得因性別而有差別待遇。國民中小學除應將性別平等教育融入課程外，每學期應實施性別平等教育相關課程或活動至少四小時。高級中等學校及專科學校五年制前三年應將性別平等教育融入課程。大專校院應廣開性別研究相關課程。學校應發展符合性別平等之課程規劃與評量方式。（第17條）

二、學校教材之編寫、審查及選用，應符合性別平等教育原則；教材內容應平衡反映不同性別之歷史貢獻及生活經驗，並呈現多元之性別觀點。（第18條）

三、教師使用教材及從事教育活動時，應具備性別平等意識，破除性別刻板印象，避免性別偏見及性別歧視。教師應鼓勵學生修習非傳統性別之學科領域。（第19條）

性別平等教育業已立法實施，目前應更積極地推動，尤其是幼稚園、國小、國中等基礎教育的老師應接受這方面的在職訓練，例如針對國小老師的「性侵害防治教育」講習，立意甚美，應確實監督執行。而學童讀本也應打破性別刻板化的描述，重視個別的差異而非強調性別的差異。落實性別平等對待，必須從家庭、學校、社會全面做起。

 在社會上貫徹公平機會原則

根據羅爾斯的正義理論，社會的基本結構是由「主要的社會制度」所構成，根據平等自由原則、公平機會原則和差異補償原則，透過國家立法，建立兩性平等自由、公平機會的制度，提供女性更寬廣的自我實現的空間，並宣揚性別平等的觀念，減輕女性養育和照護的責任，這才是一個符合整體性別正義的社會制度之規劃，也是一個進步、和諧的國家之必備條件；但目前臺灣雖然訂定許多法律保障婦女權益，卻尚未落實爲具體運作的社會制度，例如：現行的法律雖有《勞動基準法》、《工廠法》規定不得有性別歧視、必須同工同酬，違反者處以罰鍰等等，但因爲罰則過低，產生不了太

大的作用。這類無法兼顧現實層面的立法，徒增社會潛在制度面的嚴重缺失，不但未能改善婦女處境，反而是開女性主義之倒車。

以近幾年內政部爲貫徹社會上公平機會原則所倡議的「取消警察人力招考之性別限制」爲例，根據 2007 年 1 月 24 日警政署「性別平等專案小組」會議紀錄[31]，警政署在行政院婦女權益促進會監督下將依下列目標逐步推動「女警政策」（2010 年 7 月起改爲「警察性別政策」）：

一、近程目標：1 至 3 年（至 2007 年止）女警比例可達 4%。

二、中程目標：3 至 5 年（至 2009 年止）女警比例可達 4.5%。

三、遠程目標：5年以上（2010年以後）取消警察人力招考之性別限制。

2006 年底時曾初步統計女警已占警察人員總數 3.91%，2018 年底則已達 10.06%。因此，近程目標已經達成，然而如要實現全面取消警察人力招考之性別限制，恐怕相關配套措施尚未準備妥當之際，貿然執行將產生「女性能力比不上男性尤其在執法上」的反效果。

一　入學的公平性

警校招生有其職業上的特殊考量，在「入學資格」上應先以「專業能力」爲考量，這至少包括「筆試成績」、「體能狀態」和「專業道德」（性向測驗）三方面的標準。女生會考試、男生體力佳這是公認的事實，目前招生筆試沒有分男女，體能測驗卻有性別區分，甚至爲因應婦女團體的要求有放寬女性應考標準之現象，可能錄取了不適任的人選，造成日後人力培訓與值勤調度上的諸多困擾。尤其在實際勤務上，犯罪者不會因爲是女性而較爲善待，反而預設女性好欺負而先下手爲強，體能的要求是打擊犯罪之必須，更是自保之利器。基於專業與安全考量，已有許多國家在招募警察時的體能測驗已經不設性別。以美國 New York「工作標準測試」（The Job Standard Test, JST）、英國 London「工作關聯性體能測驗」（Job-related Fitness Test, JRFT），和加拿大 Saskatoon「警察體能測驗」（Police Officers' Physical

---

31 筆者為警政署「性別平等專案小組」委員之一，本段落根據會議資料內容寫作。

Abilities Test, POPAT）三大城市爲例，受測者不分性別、身高、體重，皆必須在不到5分鐘的時間內完成：跨越、攀爬、脫困、追跑、急救等測驗。所以，建立一套「依照專業能力而非性別」的入學標準和確實執行的「淘汰制度」乃爲當務之急，藉此也才能經由選才再訓練出具備專業能力的執法人員。

二 學校教育的內容

檢視現今警校的性別平等教育，不但相關課程和訓練仍有不足，我們更可深入反省：在柔道、射擊、站崗、巡邏等各種專業能力的訓練上，教育者有沒有做到一視同仁的要求？子曰：「以不教民戰，是謂棄也」，不教導人民，便叫他們作戰，簡直就是遺棄他們。而受教的女學生有沒有足夠的自覺意識自動接受同樣的訓練？淘汰制度有沒有確實嚴格執行？大談性別平等卻經常退縮到優待女性的權利中，不盡義務只談權利，這種選擇性的正義常是引發反感的最大原因。一旦進入警察這個行業，就應該要有「先做警察，再做男警或女警」的覺悟，努力學習作爲一個警察所必須具備的各項技能，不要預設性別差異而自我設限，不要自我窄化學習的空間，多一些嘗試就多一份技能。

三 社會制度未改善

少數傑出優秀的女性警官，並不足以解釋整體組織中女性警員的實際困境。有些女性主義者早已提出，女性階級中貧富差距的不平等，遠勝於男女階級的不平等，女性員警在照顧家庭小孩的現實壓力未獲制度性的協助之時，會以內勤工作爲主的選擇，不應苛責爲是「不知長進」、「迴避艱鉅任務」的心態。放眼望去現今社會上傑出的女性，單身未婚者何其多？即使婚姻、家庭、工作得以兼顧，也大都是依賴家族的協助，而非現行制度的具體規劃。在女性仍是家庭老弱之主要照顧者，而社會制度未能充分配合的情況下，無異於是讓有心一展長才的女性選擇不婚、離婚或者不生養小孩的變相發展。當然，女性的低成就慾望，除了現實生活壓力外，缺乏自覺，缺乏認同，主管、男警或民眾對女性員警專業能力的質疑等等，都是企待深入討論的議題[32]。

四 相關設備未齊全

警察擔負之勤務深具危險性、機動性、辛勞性、24 小時晝夜輪替等特性，以往執行各項警察勤務均以男警爲主、女警爲輔，爲避免對社會造成衝擊，近年來是以循序漸進方式期望達成「警察性別政策」及落實《性別工作平等法》等規定。目前招考女警人數已達 10% 以上，報名簡章上明訂不分男女「經警察特考及格後分發各警察機關，係從事分駐（派出）所、交通、保安、刑事偵防及其他第一線外勤工作」之規定，但經調查女警專屬手槍、防彈衣均尚未購置，僅依與男性身形接近之配備替代，住宿衛浴、托兒處所等工作設備也未齊全，硬體設備、保護設施還在建構中，實應積極正視這許多尚待改善的問題。

上述四個議題應該分類成四個領域，邀集學者專家分別討論出具體可行的方案作整體的改革建議，否則片面宣布取消女生入學名額的限制，容易招致是爲平撫議論的應急政策，而非眞正解決問題的長遠規劃，制度面的全面考量才眞正是爲女性謀福利，也才能促進社會整體之發展。

影片資料

・妮琪・卡羅（Niki Caro）導演，《北國性騷擾》（*North Country*），臺北：華納兄弟影業，2006，片長 126 分鐘。

---

32 例如：男女員警夜間巡邏的意願應都不強，但女性就是多了一把性別的保護傘，主管也大都能善解人意地體諒配合。但女性許多不方便的理由其實男性也一樣有，只是不好意思說出口，例如：害怕、危險、疲倦、照顧家庭等等，這之中最大的差別應該是女性比較有「遭受性侵害」的恐懼。貞節觀念使女性承受比男性更多性暴力的傷害，男生性侵女生可使女生蒙羞，反過來若男生遭受性侵反倒成為笑話一樁。如果「遭受性侵害」一如「被毆打搶劫」一樣，可以大聲地說出來，這和女性「清白」無關，那麼所有的問題就只是「如何預防夜間巡邏的危險和暴力」、「如何保障員警夜間巡邏的安全性」之考量而已，何來男女之分？

簡介：這是一部改編自美國真實性騷擾案件的電影，敘述一位年輕單親媽媽為了孩子回到家鄉明尼蘇達州北部當礦工，卻與其他女礦工一樣必須忍受男性同事的性騷擾，若不忍氣吞聲就會慘遭礦場及鋼鐵公司資方的修理；女主角選擇捍衛自己的工作權，不畏權勢揭發一切，雖然歷經各方打壓與挫折，最後還是贏得大家的支持，成功打贏美國史上第一場性騷擾集體訴訟案官司。本片榮獲奧斯卡最佳女主角、女配角提名，以及金球獎最佳女主角、女配角提名，並被「紐約女性電影與電視工作者」票選為最值得一看的電影。

· 麥可・摩爾（Michael Moore）導演，《科倫拜校園事件》（*Bowling for Columbine*），臺北：金明國際股份有限公司出品，2003，片長120分鐘。

簡介：「科倫拜校園事件」記錄發生在1999年4月20日美國科羅拉多州立托頓市（Littleton）的科倫拜高中校園槍擊事件，影片創下美國影史上「紀錄片」八億美金的票房紀錄，獲得160多個國際大獎，在坎城影展首映後，全體觀眾更是起立鼓掌達13分鐘之久，熱情獻上對該影片的最高敬意。這部紀錄片具備多元思考的要素，可以從歷史、戰爭、媒體、環境、社會等等各種角度，省思與自身經驗相扣的環節，例如：「天使的童顏為何變成猙獰的魔鬼」、「SNG轉播鏡頭下的恐怖社會」、「暴力的社會嗜血的媒體」、「保全人員是否應該佩帶槍械」……，都是值得深入探討的主題。

主要參考文獻

一、中文部分

Bernice Lott，《女性心理學》，危芷芬、陳瑞雲譯，臺北：五南，1996。

Helen Fisher，《第一性：女人的天賦正在改變世界》（*The First Sex: The Natural Talents of Women and How They Are Changing the World*），莊安祺譯，臺北：先覺，2000。

Linda Nochlin，《女性、藝術與權力》（*Women, Art, and Power and Other Essays*），游惠貞譯，臺北：遠流，1995。

Mortimer J. Adler，《六大觀念：真、善、美、自由、平等、正義》（*Six Great Ideas: Truth, Googness, Beauty, Luberty, Equality, Justice*），蔡坤鴻譯，臺北：聯經，1986。

Nancy Friday，《男人的慾望城國》（*Men in Love: Men's Sexual Fantasies*），林寰譯，臺北：展承文化，1995。

Pemela Abbott and Claire Wallace 合著，《女性主義觀點的社會學》（*An Introduction to Sociology: Feminist Perspectives*），俞智敏等譯，臺北：巨流，1995。

Richard A. Posner，《道德和法律理論的疑問》，蘇力譯，臺北：元照，2002。

Susan A. Basow，《兩性關係——性別刻板化與角色》，劉秀娟、林明寬譯，臺北：揚智，1996。

Toril Moi，《性別／文本政治：女性主義文學理論》（*Sexual/Textual Politics: Feminist Lilerary Theory*），陳潔詩譯，臺北：駱駝，1995。

Whitney Chadwick，《女性、藝術與社會》（*Women, Art, and Society*），李美蓉譯，臺北：遠流，1995。

中央研究院近代史研究所編輯，《近代中國婦女史研究》（第一～九期），臺北：中央研究院近代史研究所，1993、1994、1995、1996、

1997、1998、1999、2000、2001。

中國論壇編委會主編，《女性知識分子與臺灣發展》，臺北：聯經出版社，1989。

李又寧、張玉法主編，《近代中國女權運動史料》（上冊）、（下冊），臺北：傳記文學社，1975。

林麗珊，〈從傅柯的「自我關照」到德悉達的「悅納異己」〉（From Foucault's "care of the self" to Derrida's "Hospitality"），刊載於《哲學與文化月刊》，新莊：哲學與文化月刊雜誌社，2006年5月，384期。

維琪．麥肯基（Vicki Mackenzie），《雪洞——丹津．葩默悟道歷程》（*Cave in the Snow*），葉文可譯，臺北：躍昇文化，2001。

二、英文部分

Aristotle, *The Complete Works of Aristotle*. J. Barnes (ed.), New Jersey: Princeton University Press, 1984.

Beneria, L. & Bank, R., *Women and the Economics of Military Spending*. A. Harris & Y. King (eds.), Boulder: Westview Press, 1989.

Braswell, Michael C., et al., *Justice, Crime and Ethics*, third edition. Ohio: Anderson Publishing Co., 1998.

Bryson, V., *Feminist Political Theory: An Introduction*. New York: Paragon House, 1992.

Clark, L., *The Rights of Women, in Contemporary Issues in Political Philosophy*. J. King-Farlow & W. Shen (eds.), New York: Science History Publications, 1976.

Coole, D. H., *Women in Political Theory: From Ancient Misogyny to Contemporary Feminism*. New York: Harvester Wheatsheaf, 1993.

Donovan, J., *Feminist Theory: The Intellectual Traditions of American Feminist*. New York: Continuum, 1992.

Ferguson, K. E., *The Feminist Case Against Bureaucracy*. Philadelphia: Temple University Press, 1984.

Jaggar, A. M., *Feminist Politics and Human Nature*. New Jersey: Totowa,

Rowman &

McNamara, J. & Wemple, S., *Women in European History*. Boston: Houghton Mifflin, 1977.

Okin, S. M., *Women in Western Political Thought*. New Jersey: Princeton University Press, 1979.

Plato, *The Collected Dialogues of Plato*. E. Hamilton & H. Cairns (eds.), Bollingen Foundation, 臺北：馬陵，1985。

Rawls, John, *A Theory of Justice*. Cambridge, Massachusetts: Harvard University Press, 1971.

Rawls, John, *Justice as Fairness: A Restatement*, Edited by Erin Kelly, Massachusetts: Harvard University Press, 2001.

Rorty, A. O. (ed.), *Essays on Aristotle's Ethics*. Berkeley, Los Angeles, London: University of California Press, 1980.

Ruddick, S., *Mothers and Men's War*. A. Harris & Y. King (eds.), Boulder: Westview Press, 1989.

Sydie, R. A., *Natural Women Cultured Men: A Feminist Perspective on Sociological Theory*. U. K., Buckingham: Open University Press, 1987.

Urmson J. O., *Aristotle's Ethics*. UK/USA: Blackwell Publishers, 1988.

三、網路資料

《人本教育電子報》：http://iwebs.url.com.tw/main/html/hef/460.shtml

「內政部警政署全球資訊網」之「警察法規查詢系統」，http://notes.npa.gov.tw/police/laws.nsf/Main1?OpenFrameSet

《性別平等教育法》全部條文「全國法規資料庫」：http://law.moj.gov.tw/Scripts/NewsDetail.asp?no=1H0080067

《性別平等工作法》全部條文「全國法規資料庫」：http://law.moj.gov.tw/Scripts/newsdetail.asp?no=1N0030014

「香港人權監察人權教育慈善基金」：http://www.hkhrm.org.hk/database/8h1.html

「財團法人婦女權益促進發展基金會」范德鑾研究員的〈2007 年聯合國第 51 屆婦女地位委員會非政府組織會議與會總心得報告〉，參見網站：http://www.womenweb.org.tw/MainWeb/Discuss/Discuss_Show.Asp?Discuss_ID=76

國家圖書館出版品預行編目資料

女性主義與性別關係／林麗珊著. ——七版. ——臺北市：五南圖書出版股份有限公司, 2023.09
面； 公分
ISBN 978-626-343-375-5（平裝）

1.CST: 女性主義 2.CST: 性別研究

544.52 111014707

1JA7

女性主義與性別關係

作　　者— 林麗珊（126.2）
發 行 人— 楊榮川
總 經 理— 楊士清
總 編 輯— 楊秀麗
副總編輯— 李貴年
責任編輯— 沈郁馨、李敏華、 何富珊
封面設計— 姚孝慈
出 版 者— 五南圖書出版股份有限公司
地　　址：106台北市大安區和平東路二段339號4樓
電　　話：(02)2705-5066　　傳　　真：(02)2706-6100
網　　址：https://www.wunan.com.tw
電子郵件：wunan@wunan.com.tw
劃撥帳號：01068953
戶　　名：五南圖書出版股份有限公司

法律顧問　林勝安律師

出版日期　2001年10月初版一刷
2003年7月二版一刷
2007年10月三版一刷
2013年2月四版一刷
2014年9月五版一刷
2019年9月六版一刷
2023年9月七版一刷

定　　價　新臺幣600元

經典永恆·名著常在

五十週年的獻禮——經典名著文庫

五南，五十年了，半個世紀，人生旅程的一大半，走過來了。
思索著，邁向百年的未來歷程，能為知識界、文化學術界作些什麼？
在速食文化的生態下，有什麼值得讓人雋永品味的？

歷代經典‧當今名著，經過時間的洗禮，千錘百鍊，流傳至今，光芒耀人；
不僅使我們能領悟前人的智慧，同時也增深加廣我們思考的深度與視野。
我們決心投入巨資，有計畫的系統梳選，成立「經典名著文庫」，
希望收入古今中外思想性的、充滿睿智與獨見的經典、名著。
這是一項理想性的、永續性的巨大出版工程。
不在意讀者的眾寡，只考慮它的學術價值，力求完整展現先哲思想的軌跡；
為知識界開啟一片智慧之窗，營造一座百花綻放的世界文明公園，
任君遨遊、取菁吸蜜、嘉惠學子！